Ullstein Sachbuch

# André Glucksmann

# Die Macht der Dummheit

Aus dem Französischen übersetzt
von Thomas Dobberkau und Josef Winiger

Ullstein Sachbuch

Ullstein Sachbuch
Ullstein Buch Nr. 34472
im Verlag Ullstein GmbH,
Frankfurt/M–Berlin
Französischer Originaltitel:
*La bêtise*
Übersetzt von Thomas Dobberkau
und Josef Winiger

Ungekürzte Ausgabe

Umschlagentwurf:
Theodor Bayer-Eynck
Alle Rechte vorbehalten
Mit freundlicher Genehmigung
der Deutschen Verlags-Anstalt GmbH,
Stuttgart
© 1985 Edition Grasset & Fasquelle,
Paris
© der deutschen Ausgabe 1985,
Deutsche Verlags-Anstalt GmbH,
Stuttgart
Printed in Germany 1991
Druck und Verarbeitung:
Clausen & Bosse, Leck
ISBN 3 548 34472 0

3. Auflage Juni 1991

Vom selben Autor
in der Reihe
der Ullstein Bücher:

Philosophie der Abschreckung (34356)
Die Meisterdenker (34604)
Vom Eros des Westens (34702)

Zusammen mit Thierry Wolton:
Politik des Schweigens (34588)

Die Deutsche Bibliothek–
CIP-Einheitsaufnahme

**Glucksmann, André:**
Die Macht der Dummheit/
André Glucksmann. Aus dem Franz.
übers. von Thomas Dobberkau und
Josef Winiger. –
Ungekürzte Ausg., 3. Aufl., –
Frankfurt/M; Berlin:
Ullstein, 1991
    (Ullstein-Buch; Nr. 34472:
    Ullstein-Sachbuch)
    Einheitssacht.: La bêtise ⟨dt.⟩
    ISBN 3-548-34472-0
NE: GT

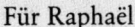

Für Raphaël

# Inhalt

# Die Dummheit als Daseinsform und als Logik
## 167

# Theorie der Idiotie in sechs Punkten
## 213

# Verteidigung des Intellektuellen
## 267

# Nachwort
### Aus den Notizen eines Lesers
### von Helmut Kohlenberger
## 333

# Anmerkungen
## 339

# Vorwort zur deutschen Ausgabe

Dieses Buch erschien in Frankreich, als der Präsident der Vereinigten Staaten gerade mit einem Deutschlandbesuch den vierzigsten Jahrestag der Niederlage des Naziregimes beging. Eine schönere Einführung in die Macht der Dummheit, die auf den Begriff zu bringen ich mir vorgenommen habe, läßt sich schwerlich erdenken. Man braucht die gute Absicht des Präsidenten und seiner europäischen Ratgeber gar nicht in Frage zu stellen, er tat, was man von ihm erwartete, er gewährte, was man von ihm begehrte, und erfüllte die Wünsche der Anwesenden, wo immer er hinkam. Im ehemaligen Konzentrationslager Bergen-Belsen rief er beschwörend, wie es sich gebührt: *Don't forget,* vergessen wir es nicht. Auf dem Soldatenfriedhof Bitburg, wo, neben anderen Toten, auch Rekruten der Waffen-SS liegen, bedeutete er: *forgive,* und seine so umstrittene Gegenwart dort schien eine blutige Vergangenheit dem Vergessen anheimzugeben. Als er sich am Tag darauf an die »deutsche Jugend« wandte, tat er, was jeder politische Entscheidungsträger tut, seitdem Athen die Demokratie und die Demagogie gleichzeitig erfunden hat: er appellierte an die junge Generation, ihre Zukunft selbst in die Hand zu nehmen. Für sich genommen, mochte jede Zeremonie schicklich und neutral erscheinen. Zusammen ergaben die drei eine ebenso unglaubliche wie erbärmliche Kakophonie.

Was hätte man dem Präsidenten raten sollen, um ihm eine solche Enttäuschung zu ersparen? Diese oder jene Etappe auszulassen? Ausgeschlossen, denn an jeder wurde er erwartet, und es wäre wenig loyal erschienen, wenn er sich davongestohlen hätte, da es doch um die Begegnung mit der Geschichte ging. Man kann nicht an den Krieg 1940–1945 erinnern wollen und seine entsetzliche Grausamkeit vertuschen. Bergen-Belsen mußte also sein. Hätte man Bitburg um jeden Preis vermeiden sollen? Auch nicht, denn die abendländischen Friedhöfe stehen jedermann offen, auch Präsidenten, und die Friedensschlüsse, derer man dort gedenkt, nehmen niemanden aus, nicht einmal eventuelle Mörder. Wenigstens solange wir uns mit Antigone in Einklang mit jenem ungeschriebenen Gesetz wissen, das die Konten mit dem Leben bereinigt und allen die Gleichheit im Tod gewährt. Jeder Sterbliche, wer er auch sei, hat das Recht auf eine anständige Grabstätte, und jedes Opfer auf ein Gedenken; diese beiden Regeln unterscheiden unsere Gesellschaften von den totalitären Regimen, wo die Vergangenheit je nach dem augenblicklichen Nutzen retuschiert wird, während auf den sorgfältig heruntergespielten Massengräbern Spinat und Porree wachsen.

Erinnern, vergeben, versöhnen: der Weg eines Gedenk-Präsidenten führt notwendigerweise durch diese Stationen hindurch. Das verhindert aber nicht, daß jede von ihnen zur Falle wird. Das Verhalten der Amtsträger scheint den örtlichen Gegebenheiten perfekt angepaßt zu sein: zu angepaßt eben. Immer in redlichster Gesinnung, paßt sich Reagan den Erfordernissen des Augenblicks an und verkündet von Fall zu Fall das, was sich gerade schickt. Anders gesagt, seine Berater sperren ihn ins Labyrinth der ersten, elementarsten Dummheit ein, die ich im Kapitel »Die Dummheit als Daseinsform und als Logik« dieses Buchs untersuche. Worin besteht sie? Systematisch, Zug um Zug, wird die spontane Geste mit der Etikette, die Frage mit der Antwort lupenrein in Übereinstimmung gebracht. Diese vollkommene, also primäre und mechanische Entsprechung von Begriff und Sache ist der Motor von zwanghaftem Handeln, das vorgefertigte Meinungen auf stereotype Situationen aufpfropft. Man erspart dem erlauchten Besucher auch nicht die zweite, hier (im Kapitel »Theorie der Idiotie in sechs Punkten«) als Idiotie umschriebene Dummheit, die vor den Problemen, Konflikten und Antinomien flieht, indem sie sie von vornherein als gelöst erklärt, und sich arglos in der besten aller Welten häuslich niederläßt. Auf den Spuren des Dostojewskischen Idioten wandelnd, schien das Gefolge des Präsidenten die Widersprüchlichkeiten der verschiedenen Zeremonien nicht zu bemerken, auch nicht, als Journalisten und Publikum die einzelnen Deklarationen erstaunt miteinander verglichen. Ohne mit der Wimper zu zucken, verhielt sich der Präsident so, als sei die Versöhnung des deutschen Volkes mit seiner Geschichte eine unumstößliche und bereits existierende Tatsache, obwohl es sein eigentlicher Reisezweck gewesen war, diese Versöhnung in die Wege zu leiten. Kurz, der Krug ging nicht zu Bruch, denn es gab gar keinen Krug.

Die viele Mühe und der ganze Medienaufwand wären vielleicht nicht umsonst gewesen, wenn der Präsident die sklavische Anpassung an die Umstände verweigert und sich auf die Strategie des Slapstick nach Buster Keaton besonnen hätte. Vielleicht hätte er dann seine Energie darauf verwenden können, die verschiedenartigen Erwartungen dadurch zu enttäuschen, daß er sein Publikum gegen den Strich gebürstet hätte. Auf dem Friedhof hätte er dann keinen Bogen um gewisse Gräber, er hätte vielmehr davor haltgemacht: »Soldaten der Waffen-SS, ich bedaure nichts. Es war richtig, euch zu töten. Für unsere Freiheit. Und für die Freiheit eurer Kinder, die nunmehr die seltene Gunst genießen, in einer Demokratie zu leben, und nicht wie ihr dazu gedrängt werden, sich einer Armee von Mördern anzuschließen.« Und was die Notwendigkeit betrifft, die Deutschen mit sich selbst zu versöhnen, so hätte er es denen überlassen, darüber zu reden, für die diese Notwendigkeit keine Selbstverständlichkeit ist: den Vertriebenen zum Beispiel und ganz allgemein den jetzigen Verbündeten, denen es keineswegs mißfällt, wenn die Bundesrepublik ein »wirtschaftlicher Riese« und »politischer Zwerg« ist.

Phantasieren wir. Ironische Fortsetzung: Kann man sich seine Eltern aussuchen? Juristisch: Erbt man ihre Verbrechen? Ethisch: Setzen gleiche Pflichten nicht gleiche Rechte voraus? Vor allem für jede Demokratie das Recht, ihre Freiheit zu verteidigen, und sei es mit dem Leben, und sei es atomar? Der Bürger der Bundesrepublik hat zu entscheiden, nicht wir an seiner Stelle. Biblisch: Bis zu welcher Generation werden wir der deutschen Jugend die Last von Auschwitz aufbürden? Philosophisch: Welche vorgebliche Unschuld und welche wohlfeile Arglosigkeit berechtigen uns dazu, eine Bevölkerung definitiv zu entmündigen, deren Kultur das Herz Europas schlagen läßt?

Wäre er so den stereotypen Emotionen entgegengetreten, dann hätte der Redner auf die üblichen Komplimente verzichtet und statt dessen dem jungen Publikum die Leviten gelesen. Indem er zum Beispiel bemerkt hätte, daß der Fehler der Großväter, die Hitler zujubelten – oder sich ihm beugten – vermutlich weniger fatal war als die Fehler, die wir heute in Gefahr sind zu begehen. *Sie* konnten nicht wissen, was kommen würde. *Wir* jedoch können uns nicht darauf berufen, die fortschreitende Verkettung und die verheerenden Konsequenzen nicht zu kennen: Wir wissen alles. Wir sind gebührend vorgewarnt, sowohl was die Ungeheuerlichkeit des Übels als auch was seine Alltäglichkeit betrifft. Doch nichts gibt uns die Gewähr, daß wir widerstehen werden. Als ein Viertel oder ein Drittel der kambodschanischen Bevölkerung massakriert wurde, haben wir uns da gerührt? Wir alle, Amerikaner wie Deutsche, Linke wie Rechte, Christen, Juden und angebliche Freidenker, ausnahmslos alle sind wir ruhig und beschaulich geblieben. Waren zwischen 1975 und 1979 die Fernsehgeräte defekt, die Journalisten gelähmt, die Kehlen tonlos? Warum diese weltumspannende Gleichgültigkeit? Wie alt waren Sie? Wie alt werden Sie bei der nächsten Explosion kollektiver Grausamkeit sein? Auschwitz sollen Sie nicht vergessen, doch lassen Sie Ihre Vorfahren die Vorfahren begraben. Denken Sie an den Blick, mit dem Ihr Kind Sie messen wird: Es spielt sich etliches ab im Hier und Jetzt, an dem wir mitschuldig sind, weil wir schweigen. Nichts ist definitiv, die Verbrechen im Jahre 2000 könnten die Spitzen von 1940–1945 erreichen, und unser stillschweigendes Einverständnis könnte die Schuld der Vorfahren um schwindelerregende Höhen übersteigen.

Der Präsident meiner Phantasie gestattet sich wider alle politischen Regeln solche Reden, und ich amüsiere mich damit, ihn nach einer Grundregel handeln zu lassen, die der Leser schnell entdecken wird: Die Dummheit ist etwas Ursprüngliches; unsere Geistesblitze stammen nicht aus einer anderen Welt, sie sind immer sozusagen aus zweiter Hand und entstehen aus dem Zurückweichen vor der steigenden Flut der modernen Torheit, aus dem Grauen, das sie allgemein verbreitet, und aus den Rebellionen, die sie von Zeit zu Zeit auslöst.

\*

Jedem seine Dummheit, man beklage das nicht, denn die unverhoffte Begegnung mit dieser Intimfeindin kann einen banalen Lebenslauf in ein Schicksal verwandeln. Was wäre Fausts Leben ohne die irritierende Begegnung mit Gretchens beschränkter Existenz gewesen, und was wäre aus Gretchen geworden, hätte es sich nicht mit der dünkelhaften Blindheit Fausts auseinanderzusetzen gehabt. Einerseits ist die Dummheit ein so einzigartiges Ereignis, wie der Tod oder (für manche) Gott; andererseits ist sie die verbreitetste Nebensache der Welt. Keiner kommt ganz ohne sie aus (so wie »jeder an irgend etwas glaubt, auch Sie haben sicher irgendein Ideal …«), doch niemand identifiziert das, was ihn in seinem tiefsten Inneren gefesselt hält, mit dem, auf das er bei seinem Nächsten mit Fingern zeigt.

Jeder gibt nach seiner Dummheit, jeder erhält nach seiner Dummheit – diese Maxime erlaubt die Umkehrung des Individuellen ins Kollektive und zurück, die Aufhebung der Vereinzeltheit in die Allgemeinheit, die freie Dialektik von privat und öffentlich, von einzeln und allgemein, von Sonderwunsch und öffentlichem Wohl. Es wird heute von einem Niedergang der Ideologien gesprochen, weil nur noch selten jemand daran glaubt, daß ein definierbares, nicht zweischneidiges Allgemeinideal die Welt erleuchten könnte. Der universell gültigen Klasse ist es ergangen wie der reinen Rasse, und die unbefleckte Nation ist in der historischen Kuriositätensammlung. Was soll's! Es war ein Kinderspiel und ein Zeitvertreib für eine oder zwei Generationen. Diese exklusiven Ideale brachten nur ständige und aufreibende Streitereien: meine Klasse ist nicht deine Klasse, meine

Rasse nicht deine Rasse, meine Nation nicht deine Nation. Wenn hingegen, nachdem die Masken endlich zerrissen und die Verkleidungen abgelegt, die Dummheit *in persona* das Regiment übernimmt, empfinden wir kaum das Bedürfnis, uns um ihre Gunst zu reißen: Sie gibt sich allen und jedem als ein unerschöpflicher gesellschaftlicher Reichtum, als geistiges Manna, das desto reichlicher fließt, je mehr man es austeilt.

Schießen die Dummheiten auch noch so ins Kraut, Hans' Dummheit ist immer anders als Peters oder Pauls Dummheit; als geschlossene Welt zieht jede Dummheit ihre Bahn um die andere, stößt gar mit ihr zusammen, beharrt aber hartnäckig auf der Koexistenz der Ignoranzen und auf der Ignoranz der Koexistenzen. Bei den gesellschaftlichen Gruppen ist es nicht anders: Auf der einen Seite des Rheins gefällt sich eine Generation darin, die pazifistischen Credos zu vervielfachen, auf der anderen haben dieselben Altersklassen, wenn auch mit Vorbehalten, mit dem Stimmzettel sozialistische Glaubensbekenntnisse unterschrieben, die sich, seltsam unzeitgemäß, mit keinem Jota von denen des 19. Jahrhunderts unterscheiden. In diesem idealistischen guten Willen, der seine Nebelschwaden mal auf das eine, mal auf das andere Ufer des europäischen Stroms bläst, diagnostiziert eine mehr barsche als weise Kritik »mangelnden Realismus«. Was für ein Irrtum, etwas Existierendes durch einen Mangel erklären zu wollen! An Realismus mangelt es niemandem, und gerade darin liegt das wirkliche Problem: Es gelingt nämlich allen wunderbar, den Realitäten das Widerspruchsrecht gegen fromme Wünsche abzusprechen.

*Doxa* nannten die griechischen Philosophen jenes Irrtumsvermögen, kraft dessen wir glauben, wir wüßten etwas. Sie sahen in ihr mehr als nur einen einfachen Mangel an Aufmerksamkeit oder Charakter und etwas Subtileres als eine reine intellektuelle Unfähigkeit. Sie erkannten, daß ein positives Fehlleitvermögen in uns wohnt, und sie schätzten dessen Reiz und Verführungskraft so hoch ein, daß sie lobend von der *doxa theou* sprachen (»Ruhm«, nicht »Meinung« Gottes). Wenn wir *doxa* mit »Meinung« übersetzen – selbst mit der Kraft, die

Hegels Kommentare diesem Wort einhauchen –, so unterschätzen wir den Eroberungswillen der *doxa,* die mit der ganzen Autorität eines Wissens daherkommt, dessen Ansehen um so größer ist, als es kein Wissen im strengen Sinne ist. Die *doxa* ist das Welt-Wissen, die Wissenschaft der Wissenschaft, womit sich der gewöhnliche Sterbliche über die Natur, die anderen und sich selbst auf den Standpunkt eines Gottes erhebt. Doch: »Qui veut faire l'ange, fait la bête« – »wer sich zum Engel versteigt, wird zum Tier«, bemerkte Pascal; und seither gibt es nur noch eine moderne Übersetzung von *doxa: bêtise* – Dummheit.

Die Welt des Meinens umfaßt einen partikulären, subjektiven, im Vergleich zum weltgeschichtlichen Zeit-Raum notwendigerweise abgewerteten Kosmos, den berühmten primären Gemein-Kosmos, mit dem uns die bedeutenden Geister berieseln. Und die Welt der Dummheit ist als Gemein-Welt nicht weniger originär als die Lichtsphäre, auf deren Zugehörigkeit sich der Held, der Weise und der Heilige berufen. Weshalb die beiden sich zum Verwechseln ähnlich sind. Jedenfalls obliegt unseren edlen Geistern der Beweis, daß sie nicht so sind wie der Dummkopf: Der Heilige hat zu beweisen, daß er nicht dumm zum Kreuzzug aufruft, der Weise hat dafür zu sorgen, daß er nicht dumm selbstgenügsam erscheint, und der Held hat blutige Dummenjungenstreiche zu vermeiden.

\*

Der Palast der Dummheit ist nicht weniger weitläufig als die Organisationen der UNO, die verehrte Kundschaft okkupiert die Wohnungen ihrer Wahl selbst und privatisiert die Ein- und Notausgänge. Reagan verhedderte sich erbärmlich, als er das Schlüsselsystem nicht beachtete, das den Deutschen den personengebundenen Zutritt zu einer durch und durch weltweiten Dummheit garantiert. Weil unsere europäischen Dummheiten einander mit so viel Unverständnis begegnen, möge man mir, bevor ich ein erstes Kapitel den neuesten französischen Beiträgen zum Thema widme, erlauben, einen kurzen Blick auf die Lage der deutschen Intelligenz zu werfen. Ich habe für so viele Attakken, die es gleichzeitig aus Bonn, Frankfurt, Berlin, Teheran und sogar Moskau gegen den Provinzialismus der kleinen Pariser Teufel hagelte, den Kopf hinhalten müssen, daß man diese kurzen Betrachtungen entschuldigen oder meinen Ressentiments, meiner Unkultur und meiner Stupidität zuschreiben möge.

War Hitler ein Deutscher? Ist, was Hitler zutage förderte, nur in Deutschland möglich? Zwischen Oder und Rhein bohrt die Frage dumpf in den Gewissen. Sicher, auch anderswo ist etliches geschehen, der von der Roten Armee bewußt herbeigeführte Hungertod von fast 7 Millionen Ukrainern war eine ebenso effektive Methode wie die Endlösung. Unter ganz verschiedenen religiösen und philosophischen Bannern inszenieren ganz verschiedene Diktaturen ihre regionalen und lokalen Massaker und beweisen damit, daß die Idee des Konzentrationslagers überall gleich gut verstanden wird.

Der deutsche Fall bleibt dennoch einzigartig. Zum einen durch die Geballtheit des Dramas, das da im Herzen der alten europäischen Zivilisation und keineswegs hinter geschlossenen Türen über die Bühne ging, aber mehr noch dadurch, daß es nie vergessen werden kann: Nachrichtenwesen und Massenmedien verhindern ein Verblassen und verewigen die Nachricht. Der Sowjetbürger, der Ugander und der Kambodschaner verdanken es der Agentur Tass und dem Zentralen Rundfunk, daß sie nie Zeitgenossen ihrer eigenen Geschichte sind. Irgendwann einmal wird der ukrainische Völkermord zur öffentlichen Angelegenheit werden, und die betroffenen Bevölkerungen werden an Allerheiligen die Enkelgräber der Opfer und die der fernen Nachkommen der Henker mit Blumen schmücken. Das Schicksal der Deutschen aber bleibt beispiellos, sie werden die Augen vor ihrer Vergangenheit nie verschließen können, man hat ihnen die Lider abgeschnitten.

Die Liste von Stalins rühmlichen Taten ist nicht weniger lang als die Hitlers, dennoch haben die Erben des Völkervaters ihren Untertanen die Peinlichkeit erspart, der unverhüllten Wirklichkeit ins Gesicht blicken zu müssen: Da wurde weder abgerechnet noch ein Schlußstrich gezogen. Der Deutsche hingegen, der sein Tatenregister so plötzlich zuschlägt, kann des Grauens in seinem ganzen Ausmaß nicht auf einmal ansichtig werden. So hat dieses Land Angst, unmenschlich zu sein. Hier begegnet das 20. Jahrhundert sich selbst, im Spiegel der Nacht-und-Nebel-Aktionen fragt es sich: Wie konnte ich nur? Die Erfahrung ist ganz neu, denn jedem Verbrechen, und sei es auch noch so unsühnbar, hat bisher die Geschichte eine Art automatischer Barmherzigkeit angedeihen lassen. Seit jeher hat die Zeit Vergebung und Vergessen gewährt. Doch in Westeuropa fand die Verjährung nicht statt. In den Lichterstädten, wo gestern, heute und einst zu abrufbaren zeitgenössischen Daten werden, ist die Vergangenheit nie wirklich vergangen, sie bleibt griffbereit, fernsehbereit.

1945: Der Apparat der Massenmedien läuft. Die alliierten Truppen kommen an, öffnen die Massengräber, veröffentlichen Fotos. Die Nachricht erreicht die Bevölkerung vor Ort nicht früher als den Rest der Welt. Die Haufen aus Haut und Knochen sprechen mit einer Deutlichkeit, gegen die kein Dementi ankommen kann. Eines Morgens wagt Müller nicht mehr, seinen Nachbarn Kaltenbach anzusehen. Das Schweigen der Waffen hallt plötzlich in diesem Land, in dem das einzeln oder kollektiv gehandhabte Gewehr seit dreißig Jahren kaum mehr geschwiegen hat. Diesmal kein Baltikum-Korps, keine Heckenschützen, keine Geächteten, nur eine unerwartete Entnazifizierung, die den ideologischen Hitler-Apparat restlos und völlig ersatzlos zerschlägt. Die Propagandadienste, die demokratischen Parteien im Exil und die antifaschistischen Schriftsteller hatten, nicht ohne Angst, die lange Arbeit des Aussiebens, Jätens und Hackens vorbereitet, die die Perversionen mit der Wurzel ausreißen und, eine nach der anderen, mit wohlgepflanzten humanistischen Überzeugungen ersetzen sollte. Nichts von alledem war möglich und notwendig.

Die geistige Operation, die darin besteht, die fanatischen Überzeugungen auszutreiben und lahmzulegen, ohne sie durch neue Glaubenssätze zu ersetzen, wollen wir Abschreckung nennen: Das ans grelle Tageslicht gezogene Auschwitz schreckte die Deutschen davor ab, vorher Nazis gewesen zu sein, und das, ohne daß sie sich zu fragen brauchten, was sie sonst hätten sein sollen. Gab es im übrigen einen Grund, nach Ausflüchten zu suchen? Es schien zu genügen, daß man zum *statu quo ante* zurückkehrte. Vor 1933 hatte Deutschland den Stolz, die besten Universitäten der Welt zu besitzen, nach dem Sieg über Hitler entdeckte es die ehrwürdigen Stätten der Bildung wieder, die Gewerkschaften, die Industriellen, die Parteien und all die anständigen Leute. Schließlich reichen fünfzehn Jahre nicht, um all das Können und Wissen, die Sitten, die Handels- und Produktionsweisen zu zerstören, die das gesellschaftliche Leben eines Landes prägen. Der Zustand »davor« erklärt das Wiederaufblühen »danach«, das Wirtschaftswunder der sechziger Jahre. Alles läuft, als ob nichts geschehen wäre, als sei dies bloß ein kleines Malheur in einem uralten Werdegang, ein Schönheitsfehler in einer sonst makellosen Geschichte. Doch da liegt der Haken: Etwas Unfaßliches, nicht Hinnehmbares quält die guten Gewissen von davor und danach – ist der Teufel, Hitler, ein Deutscher?

Die Frage schwebt über der deutschen Gesellschaft wie ein Schicksal (für den Menschen der Moderne ist das Schicksal das als Bewußtsein des anderen wahrgenommene Selbstbewußtsein, sagt Hegel). Unter der Hand bestimmt sie das ganze intellektuelle und institutionelle Leben der Bundesrepublik, obwohl niemand sie stellt, vor allem nicht sich selbst. Einzig ein junger Essayist übte sich im einsamen Mut, sie auszusprechen; er zeigte gleichzeitig, warum sie unaussprechbar ist: Wer »wir Deutsche« sagt, nennt sich in einem Zug mit den anderen, stellt ein Ganzes her, eine Verbindung zwischen dem »ich« und dem »sie« – so jedenfalls sagt W. Pohrt*, der daraus auf die geistige Unmöglichkeit dieses »Zwischen« schließt. Er schwört, diese unerträgliche Gemeinsamkeit nicht mitzumachen, der Teufel war Deutscher, den Deutschen gibt es also nicht mehr. Indem er es ablehnt, sich, auch nachträglich, in eine Gemeinsamkeit

---

* W. Pohrt, *Endstation*, Rotbuchverlag, Berlin.

mit dem Zerstörungsprinzip jeglicher Gemeinschaft einzufügen, bringt er seine früheren grünen und pazifistischen Freunde in die Zwickmühle: Ohne eine solche rückwirkende Komplizität einzugehen, können sie ihren Anspruch nicht begründen, die »Reinheiten« des Heimatbodens und der Muttersprache gegen den kulturell heimatlosen Yankee-Imperialismus zu verteidigen – denn der Kampf ist schon einmal mit diesen Begriffen geführt worden und hat sich als teuflisch erwiesen.

W. Pohrt löst die Frage dadurch, daß er den Fragesteller verschwinden läßt und damit die Fragestellung unmöglich macht: Der Teufel war Deutscher und nach ihm gibt es keinen Deutschen mehr, der dieses Namens würdig wäre und sich darüber wundern könnte. Die Lösung des Essayisten taugt ausschließlich zum individuellen und literarischen Gebrauch. Tatsächlich können diese Leute, die mangels Besserem sich weiterhin Deutsche nennen, untereinander nicht auf die erste Person der Mehrzahl verzichten; sie beschließen also, den Satz vom anderen Ende her anzugehen und, statt in der Vorstellung den Fragesteller abzuschaffen, versuchen sie, die Aussage unmöglich zu machen: entweder das eine oder das andere, der Teufel ist ein Teufel, der Deutsche ist ein Deutscher, das Problem also ein bloßer Denkfehler. Der Trick existiert in zwei meteorologisch verschiedenen Varianten:

1. Bei stürmischem Wetter werden die Unterschiede zu Gegensätzen, und die Gegensätze zu Paroxismen, die immer hysterischer werden, bis die Krise nicht eine Folge der Frage ist, sondern ihr vorausgeht und sie *a priori* verbietet: Der andere ist so anders, daß er nicht mehr *mein* anderer ist. Deutschland stürzte sich in den Kalten Krieg der fünfziger Jahre mit einem anderswo unbekannten Eifer, und dies aus besonderen, anderswo unterschätzten Gründen: im Westen wurde der totalitäre Hitler von früher zum »Roten« von heute, von der offiziellen Pädagogik der Sowjetzone wurde er als Imperialist und Pro-Amerikaner gebrandmarkt. Die Ergebnisse von Jalta konfrontierten Deutschland weniger mit der Wirklichkeit einer neuen Weltenteilung als mit dem eigenen Schatten. Das Schnitt-

muster wurde von der bürgerlichen Gesellschaft verinnerlicht: Wegen ein paar angezündeter Möbel in einem Warenhaus – in Paris hätte es ihm bestenfalls eine Schlagzeile auf Seite eins eines Witzblattes eingebracht – erhob man Baader zum öffentlichen Feind Nummer eins und zum neuen Hitler. Seine Freunde drehten das Kompliment vorsorglich um und etikettierten die Gesellschaft als faschistisch, bekriegten also das »Vierte Reich«. Diese Verstiegenheit in die Extreme zeigt, wie sehr jeder im anderen seine eigenen Zwangsvorstellungen verfolgt: Individueller Terrorismus und Gegenterror der Polizei wurden beide von der gleichen Vergangenheit terrorisiert, von derselben, die sie, das Bewußtsein der verflossenen Zeit verlierend, zu bekämpfen vorgaben.

2. Bei freundlicher Witterung ignorieren sich die Unterschiede gegenseitig. Mangels Kämpfender flaut der Kampf ab. Die ideologische Arbeitsteilung ist dermaßen perfekt, daß die antagonistischen Positionen ihre Argumente in parallelen Welten entfalten, die sich nie begegnen. Vor einigen Monaten noch (1984) glaubte ein Deutschlandkorrespondent behaupten zu können, in der Bundesrepublik sei die Meinung über die Aufstellung der Mittelstreckenraketen geteilt. Tatsächlich gibt es nicht eine geteilte, sondern zwei einhellige öffentliche Meinungen, die beide behaupten, die Mehrheit zu vertreten (unter Hinweis auf demokratische Wahlen bzw. Meinungsumfragen): Jede besitzt tatsächlich die Mehrheit in einem deutlich abgegrenzten Bezirk (praktisch alle politisch oder gewerkschaftlich Engagierten und Intellektuellen neigen den pazifistischen Thesen zu), jede monopolisiert bestimmte Sprachrohre (die Meinungs-Wochenblätter führten alle irgendwann eine Anti-Pershing-Kampagne, die Blätter mit Massenauflage nie).

So ist der Streit vollkommen frei und absolut wirkungslos, da jeder Prediger sich die Selbstbeschränkung auferlegt, nur den Überzeugten zu predigen. Die Debatte schließt nicht mit einem Ergebnis, sondern mit dem Abflauen der Emotion, auf die dann eine andere, genauso gebieterische Emotion mit einem neuen Schattenboxen folgt. Und die »Realpolitiker« fangen wieder an, alles in den Zeiträumen ihrer Mandatsausübung zu sehen, und die sind sehr kurz. Die »utopistischen« Intellektuellen hingegen betrachten die Sache nach den ihnen geläufigen Zeitabständen, die zwischen einem Jahrhundert und einer Ewigkeit schwanken (angesichts der schreckenerregenden technischen Fortschritte: welcher Friede könnte besser sein als ein kernwaffenfreies Europa in einer versöhnten Welt …). Und die Universitätsprofessoren zählen die Punkte; stellen sie tatsächlich fest, daß die Protagonisten nur mit ihresgleichen diskutieren, so schreiben sie diese Besonderheit des intellektuellen Austauschs der bekannten von Max Weber getroffenen Unterscheidung zwischen macchiavellistischer »Verantwortungsethik« und idealisierender »Überzeugungsethik« zu. Sie übersehen dabei geflissentlich, daß diese beiden angeblich einander ausschließenden Positionen heute in vollkommen komplementärer Weise wirken. Realisten und Idealisten teilen sich listig in die Chronologie und verstehen sich allerbestens, wenn es darum geht, die Worte erstarren zu lassen. Kurzfristig erbringt nur die Politik praktische Antworten. Langfristig stellt nur der Intellektuelle Fragen. Doch der erste bietet dem zweiten nie Antworten an, und der zweite stellt sich nie die Frage des ersten; ihre Augenkrankheiten passen zueinander wie die Kurzsichtigkeit und die Weitsichtigkeit, und, statt sich zu kompensieren, kumulieren sie manchmal die negativen Effekte.

Es gibt die Praxis des Weiterwurstelns, und es gibt die messianische Predigt, aber es gibt kein mittelfristiges Denken, mit dem eine Generation für die nächsten zehn oder zwanzig Jahre einen *modus vivendi* basteln würde, anders zwar als bisher und siegessicher, doch ephemer und von vornherein der Vergänglichkeit anheimgegeben. Der Bereich zwischen dem Tag-für-Tag, in dem der Berufspolitiker arbeitet, und dem Endgültigen, in dem der Visionär herumspekuliert, dieser Zwischenbereich findet in der Bundesrepublik keine Liebhaber. Weil man nicht bereit ist, seine Widersprüche als solche anzugehen und mutig die Dummheit des einen an der des anderen reiben zu lassen, blockiert sich die Gesellschaft unmerklich.

Die verschiedenen Komponenten des geistigen und gesellschaftlichen Lebens halten sich fortan gegenseitig in Schach in einem Bürgerkrieg, der nie heiß, nicht einmal heimlich oder latent, sondern kunststoffummantelt ist. Die Enthüllung der Hitler-Verbrechen scheint die deutsche Intelligenz *ad infinitum* strahlenverseucht zu haben. Die heimtückische und dauerhafte Strahlung ist nicht weniger wirksam als die von Hiroshima, die schlagartig den japanischen Militärapparat hinwegfegte. In einem zweiten, von der Bibel nicht vorgesehenen Abenteuer macht Lots Frau die Erfahrung, daß die Vergangenheit in Wirklichkeit die Furchtsame, die nicht zurückzublicken wagt, erstarren läßt; je schneller sie davonläuft, desto fester packt sie das Ereignis beim Schopfe, so daß es kein Entrinnen gibt. In der Flucht nach vorn und im Kreis herum haben A. und M. Mitscherlich »die Unfähigkeit zu trauern« erkannt: Unfähig, dem Grauen von gestern in die Augen zu sehen, hat sich die Bevölkerung vom öffentlichen Unglück in das Privatglück gestürzt und sein moralisches Elend mit dem wirtschaftlichen Aufschwung kompensiert. Das Rätsel des deutschen Teufels ist historisch, es zog den Teppich hinweg, um die Frage zu Fall zu bringen und die Geschichte zu verlassen; statt Menschen zu regieren, verwaltet es nun Dinge, wurde ein Wirtschaftsriese, nicht *obwohl*, sondern *weil* politischer Zwerg. Dieser geradezu theologische Aufstieg zur außergeschichtlichen Existenz gestattet farbenfrohe Inszenierungen, das Alles-für-die-Natur des grünen Fundamentalisten verspricht eine ebenso radikal erlöste neue Welt wie das Alles-für-den-Aufschwung, das seinen Vater mobilisiert hat. So löst eine naturalistische Dummheit eine ökonomische Borniertheit ab.

Welcher dumpfe, aber unersättliche Wille, Schluß zu machen mit den verhängnisvollen Erinnerungen, fesselt den Deutschen an sein Gedächtnis? Wie ein verkrampfter Schmerz, der sich nicht zugibt, so hat Deutschland nach Goethes und Thomas Manns Diagnose sich immer dem Teufel verweigert, nicht einmal auf Distanz, mit langem Löffel, würde es sein Mahl teilen. Das Tintenfaß, das der junge Luther eines Nachts dem Dämon ins Gesicht schleuderte, verbreitet immer noch seine nachtfinstere Tinte. Jedes Volk geht mit der Dummheit seine eigene Beziehung ein. Der Italiener glaubt sich schön, das ist oft seine nette Sünde. Der Franzose will die Wahrheit besitzen, er deduziert und bürokratisiert. Der Deutsche mag im Guten schwimmen. Entweder auf die alte Art: Er setzt zum höchsten Glück eine natürliche, von Geburt an bestehende Beziehung voraus; mit Gretchens und Beatricens Hilfe »zieht sie ihn hinan«. Oder auf die neue Art: Er stellt zum Guten eine Produktionsbeziehung her, wobei Ordnung und Disziplin weder Mittel noch Zweck, sondern das sich selbst regulierende Gute selbst sind. Die eine wie die andere Weise postuliert die Nichtexistenz oder radikale Äußerlichkeit des Bösen. Der Liebende und die Geliebte, der Offizier und der gemeine Soldat, der Parteimann an der Basis und sein Führer, sie alle schließen aus, daß sie sich jemals betrügen könnten. Geschieht es dennoch, so ist die Katastrophe perfekt, und es herrscht Panik: Die Welt der makellosen Freundlichkeit stürzt zusammen.

Die elektronische Wiederauferstehung der Nazi-Schandtaten verletzt hier und jetzt, sie bohrt in der Wunde herum, die Wagners Parzifal als unheilbar besingt. Wir brauchen den Verzögerungseffekt nicht mit der schwarzen Magie der neuen Medien zu erklären, in denen die sich seriös nennende Presse zu leichtfertig orwellsche Manipulationsmöglichkeiten sieht. Da ist ein Trauma; nicht nur im fernen Dänemark Shakespeares ist etwas faul, sondern ebenso in Charlottens Unschuldsblick und in Gretchens blauen Augen, die ja auch nicht geschlossen waren, als die Leiber zu Seife gesotten und ihre Haut gelegentlich zu Lampenschirmen verarbeitet wurden. Deutschland war kulturell am allerwenigsten vorbereitet für die Schandtaten, gerade seine Blindheit für das Böse ließ es dazu neigen, sie sozusagen unwissentlich geschehen zu lassen. Der Pfeil der Erinnerung ist nicht vergiftet, doch der gesellschaftliche Körper, den er trifft, scheint um so verletzlicher zu werden, je mehr er sich aufbäumt und verkrampft, um seine Verwundbarkeit nicht zu zeigen.

Das Drama der Deutschen ist nicht die Heimsuchung durch Satan. Sie sind nicht die einzigen, die diese peinliche Ehre hatten. Es besteht darin, daß sie ihm nie das geringste zugestehen wollen, nicht einmal eine überwachte Gastfreundschaft, eine provisorische Aufenthaltsgenehmigung, ein Touristenvisum. Für den Italiener ist Häßlichkeit abstoßend, für den Franzosen Mangel an Geist. Die Angst der Deutschen ist, nicht gut zu sein. Die geophilosophischen Risse traten auf, als es zu Ende ging mit dem christlichen Europa, dem Europa Thomas von Aquins, der im Handumdrehen das Sein in das Wahre, das Wahre in das Gute, das Gute in das Schöne verwandeln konnte. Als es mit dem Verwandeln nicht mehr klappte, wich der christliche Kosmos dem modernen Europa, und Kultur besteht seither darin, daß man gegen den Strom lebt: das heißt in Frankreich ohne den Glauben, von Geburt an im Wahren zu stehen, und in Deutschland ohne die Vorstellung, Teil einer guten Menschheit zu sein.

Ein Italiener hat versucht, im Bild des Fürsten die – uns unweigerlich eigentümliche – Grausamkeit der Geschichte durchzudenken. Es war möglich geworden, weil seine Renaissance eine besondere Beziehung nicht zum Guten, sondern zum Schönen herstellte, eine Beziehung, die sie *Wollust* nannte. Am Tor zum Klassizismus gab es einen Franzosen, der einen teuflischen Schatten – den täuschenden Gott, den *malin génie* – zum unzertrennlichen Gefährten aller Wahrheitssuche erhob. Hier steht die Beziehung zum Wahren, die ironisch mit *gesunder Menschenverstand* tituliert wird, vor der Sorge um das Gute. Beelzebubs Hochkonjunktur erweist sich als direkt proportional zum Unglauben, mit dem wir ihm begegnen. Je mehr wir ihm das Existenzrecht absprechen, um so mehr erfüllt er uns. Je weniger das gegenwärtige Deutschland der »schrecklichen Versuchung der Güte« (Brecht) widersteht, desto schneller wird es mit dem Teufel, der ihm nicht aus dem Gedächtnis will, fertig werden, und wenn es sich nicht mehr für eine erhaben schöne Seele hält, braucht es auch sein übeltäterisches Double nicht mehr zu verbergen.

»Gottes Fehl hilft«* – bevor er den Vers wagte, zögerte Hölderlin lange, berühmte Kommentatoren beugen sich über seinen Gedankengang. Wonach der Schlußsatz zu interpretieren bleibt. Wie ist »Fehl« zu verstehen? Handelt es sich um ein Fehlen, wenn man ihn anruft, wenn ich ihn anrufe? Ertappen wir Gott bei einer Schwäche? Hat er uns auf dem Bahnsteig stehen lassen wie ein Zug, der vergessen hat, im Bahnhof zu halten? Antwortet er nicht oder nicht mehr, oder noch nicht? Habe ich eine falsche Nummer gewählt, einen abwesenden Teilnehmer oder eine besetzte Linie? Ist die Leitung gestört? Diese Kommunikationsprobleme riechen nach ihrem 20. Jahrhundert. Die Zeitgenossen des Dichters verstanden die Abwesenheit Gottes spontan als die Gegenwart des Teufels. Heute, wo »Teufel« immer mehr Lager, Diktaturen, Massenmord bedeutet, erschallt das Wort des Dichters wahrer denn je. Der Teufel ist nicht das, wovor wir fliehen sollen, sondern das, wovor wir als Schildwachen des Nichts stehenbleiben sollen.

Schlußfolgerung: Die Europäische Gemeinschaft gründet nicht auf die Montan-Union, nicht einmal auf eine integrierte Informatik-Expansion, sondern auf die Philosophie, die sich im Teufel wie in einem Spiegel betrachtet. Typhon ist eine höllische Gestalt der Mythologie, Hesiod hat ihm drei Adjektive zuerkannt, die in der griechischen Tragödie den Höhepunkt des Schreckens ankündigen (schrecklich: *deinon;* gesetzlos: *anomoi;* trotzig-übermütig: *hybristes*). Sein Lebenslauf erwähnt eine Lebensgemeinschaft mit der Echidna, einem Wesen halb junge Frau, halb Schlange. Er gilt als der Erzeuger unter anderen des Zerberus, des Wachhundes der Unterwelt »mit der erztönenden Stimme, mit fünfzig Häuptern, erbarmungslos und mächtig«. Verkörperte Typhon bloß einen heftigen Wind oder war er ein Vorgeschmack auf die unheimlichen Kohorten mit den Totenköpfen? Beides vielleicht. Doch Sokrates' Frage schürft tiefer: »Nicht jene Geschichten prüfe ich, sondern mich selbst, vielleicht bin ich ein Tier, das noch absonderlicher ist

* »Dichterberuf«

25

und noch schäumender vor Übermut als es Typhon ist.« Die Ablehnung einer solchen Selbstprüfung meldet und bewirkt unweigerlich das Wiederaufleben unserer eigenen Dummheit.

P.S.

Eine erste Fassung dieser Gedanken erschien als Vorwort zu dem Buch, das der ehemalige Kultur-Attaché der Bundesrepublik in Paris, Jörg von Uthmann, in dankenswerter Weise den Klischees und Stereotypen gewidmet hat, die ein Jahrhundert lang die deutsch-französischen Beziehungen zu Eis erstarren ließen. Für die anachronistischen Gehirne, die heute noch gerne ein »französisches Denken« konstruieren und es einem nicht weniger ungreifbaren »deutschen Denken« gegenüberstellen möchten, füge ich diesen kurzen Hinweis auf eine neuere philosophische Geschichte an:

Der Erste Weltkrieg mobilisiert wie nie zuvor mit Leib und Feder die Intellektuellen, er gibt sich als Kampf »Descartes gegen Kant« aus. Doch das Spiel endet mit dem Friedensschluß von Versailles. Zwischen den beiden Weltkriegen sind die beiden Leuchten des offiziellen Denkens, Valéry und Gide, bewußt und mit Methode Nietzscheaner, obwohl sie sich hüten, es zu öffentlich zu zeigen. Die darauffolgende Generation sitzt in den dreißiger Jahren in den Seminaren Kojèves; die aufmerksamen Zuhörer heißen J.-P. Sartre, R. Queneau, R. Aron, J. Lacan, M. Merleau-Ponty, G. Bataille usw. Die Hegel-Interpretation, der sie lauschen und die für viele von ihnen zum kaum noch überschreitbaren Horizont wird, ist das Ergebnis einer stalinistisch-revolutionären Zurechtbiegung der Vorlesungen über die *Phänomenologie des Geistes,* die Heidegger eben gehalten hat.

Von den dreißiger Jahren an ist der Mythos eines »nationalen Denkens« also klar und endgültig aus der französischen intellektuellen Szene ausgeräumt, in der er ein Jahrhundert lang seine Vorstellung gegeben hatte. Was 1945 als »Existentialismus« und danach als »Strukturalismus« Furore macht und dem breiten Publikum als »französisches Denken« verkauft wird, ist nichts speziell Gallisches. Sartre bezieht von Heidegger mchr als von seinen französischen Professoren. Und wenn es widersinnige Entgegnungen gibt, so ist das in ihnen bewiesene Unverständnis nicht bezeichnender für Paris als für Berlin oder Honolulu. Und Foucault denkt das Eingeschlossensein im kontinentalen Maßstab, nicht im kleinkarierten.

Dieselbe Arbeit der geistigen Reeuropäisierung wird auf der anderen Seite des Rheins von Heidegger geleistet, als er, mitten im Zweiten Weltkrieg, aus der nationalsozialistischen Fetischisierung des »deutschen Denkens« den Eckstein herausbricht: Dadurch, daß er den Kartesianer in seinem Nietzsche entdeckt und seinen Descartes als Nietzscheaner wiederaufbaut, zertrümmert der große Philosoph die Hypothese des geopolitisch-philosophischen Parallelismus, den der Deutsche Idealismus – o Hegel! – zementiert hatte. Wie das Volk, so sein Geist, so seine Philosophie! Kinder, Küche, Kirche, Volkswagen und Volksgeist!

Die Ideen kennen keine Grenzen, dieses Axiom ist seit Kratylos und Platon integrierender Bestandteil ihrer Definition, weshalb der philosophische Nationalismus etwa gleich gut funktioniert wie ein quadratisches Rad. Das schließt nicht aus, daß es nationale Unterschiede und spezifische Schicksale gibt, doch wenn einerseits die persönliche Gleichung der europäischen Völker sorgfältig untersucht und akzeptiert werden muß, so gibt es andererseits keinen Grund, weshalb sich das Denken darin einschließen soll. Es war griechisch und nicht städtisch im zersplitterten Griechenland, es wurde europäisch im Europa der Nationen. Gemessen wird es nicht am lokalen Humus, der es angeblich nährt, oder an der Folklore, die seine Wiege sein soll, sondern an dem, was seine tödliche Bedrohung ist. Es muß dem Teufel in die Augen sehen, selbst wenn es in ihm seine eigene Karikatur erkennen muß.                    *André Glucksmann*

# Agnes

Wie Sand am Meer gibt es sie, die Beispiele für Dummheit, täglich nehmen sie zu und bestärken uns in der Illusion, wir seien unbeteiligte Beobachter. Aber es gibt keine Dummheit, die nicht auf irgendeine Weise auch die unsere wäre, und so wird der Wunsch, sie von Grund auf zu verstehen, von der Sorge hintertrieben, sich vor ihr zu schützen. Wir versuchen Distanz zu halten, tun es aber nur jenem gleich, der vom Regen in die Traufe geriet. Auf diesem Terrain wären die ausgepichtesten Kenner der Materie Ignoranten geblieben, hätten sie sich nicht mit Leib und Seele in dubiose Kämpfe und Erniedrigungen gestürzt, aus denen sie um Haaresbreite nicht mehr herausgekommen wären. Es ist ein Akt der Vorsicht, die Dummheit dem Gegenüber anzulasten, und so hält der Franzose den Deutschen für dumm, der Linke den Rechten, und umgekehrt. Doch nur die kennen die Dummheit, die sich in Gefahr begeben, die mit ihr auf du und du sind, sich ihrem Geschwätz aussetzen, ihre Fadheit auskosten, die sich von ihr behexen lassen, die Geschmack an ihr finden. So haben die härtesten Kritiker des Totalitarismus – Solschenizyn, Orwell, Suwarin – ihre Lichter am Feuer eines Stalinismus entzündet, in dem sie selbst einmal gebrannt haben. Wer nie betrunken war, kann das Drama der Trunksucht schwerlich begreifen. Solange ich glaube, daß Dummheit etwas Zufälliges ist, etwas, das nur den anderen zustößt, und mir nur dann, wenn ich unter Fremdeinfluß stehe – Ich war außer mir! Ich wußte nicht mehr, was mir geschah! –, werde ich nie begreifen, wie subtil dieses Phänomen ist. Wahrlich harte Tatsachen und Erfahrungen, aber sie aufzulisten bringt niemandem etwas ein, außer meinem eigenen Selbstbewußtsein. »Wie töricht er ist! Bin ich dumm!« Hinter diesen

Feststellungen verbirgt sich ein vertrackter und versteckter Mechanismus.

Mit der Dummheit läßt man sich nicht ein, ohne zu mogeln. Selbst wenn wir uns in gutmütiger Bescheidenheit darein fügen, den Dummen zu spielen, bleibt der Verdacht bestehen, daß der Trumpf im Ärmel steckt und wir uns für besonders klug halten. Behandeln wir aber die Dummheit von oben herab, verzerrt sie den Blick, den wir herablassend auf sie richten. »Wir befinden uns fortan in der Lage eines Spielers, der zu seiner Verblüffung feststellen muß, daß sein Mitspieler ihm ein nie zuvor gesehenes Blatt austeilt und daß sich die Spielregeln in einem fort ändern. Da hilft keine Wahrscheinlichkeitsrechnung mehr, und selbst die Möglichkeit, die Karten einfach hinzuwerfen, ist uns genommen. Warum? Nun, je länger wir unserem Gegenüber ins Gesicht schauen, um so deutlicher erkennen wir uns selbst darin …!« (Paul Valéry)

Dummheit – das sind wir. Und umgekehrt. Aus diesem Kreis gibt es kein Entrinnen. Er ist teuflisch, aber er gab den Philosophen zu denken. Historische Bedeutung erhielt diese Feststellung, als Sokrates, Nummer 1 unter den Philosophen, auf den Spruch des Orakels: »Erkenne dich selbst«, die richtige Antwort fand. Mit seinem »Ich weiß, daß ich nichts weiß« faßte er eine neue Art der Selbstreflexion in Worte, undogmatisch und ohne den Ehrgeiz, mehr zu wissen als die anderen oder eine Krankheit heilen zu können, die ihm selbst gänzlich unbekannt war. »Erkenne dich selbst« fordert behutsam dazu auf: »Wisse, daß du nichts weißt«, und ergänzt: »Erkenne die Dummheit in dir«.

Vielleicht taucht Sokrates aus diesem Grund nur selten auf den Vortragslisten gelehrter Gesellschaften auf, deren erklärtes Ziel es ist, die Welt zu retten, indem sie uns von der Dummheit kurieren oder, genauer gesagt, von der (stets etwas ungenauen) Vorstellung, die wir von der Dummheit haben. Es ist natürlich leichter, die Vorstellung loszuwerden als die Dummheit. Daß wir versucht haben, ein Jahrhundert lang ohne Philosophie auszukommen, das heißt, ohne die Dummheit eines Blickes zu würdigen, hat uns jedenfalls nicht zu höherer Weisheit verholfen.

Schlichte Dummheit scheint es nicht zu geben, zumindest ist sie schwer zu finden. Die aufgesetzte Schlichtheit gleicht einer Maske unter vielen, in einer Pantomime, deren Mitwirkende allesamt verkleidet sind.

Kaum geht man einem Fall nach, um ihn eingehender zu prüfen, schon kompliziert er sich. Madame Bovary gilt zweifellos als ein Musterbeispiel der Entfremdung, und zwar in solchem Maße, daß ihr Fehlverhalten als »Bovarysme« in der allgemeinen »Bêtisensammlung« Eingang gefunden hat. Zu Recht! Die Erfahrung ist schlüssig. Beschäftigt man sich etwas näher mit einem noch so beliebigen Fall, vertieft man sich bis zu dem Punkt, an dem einem selbst der Ausruf Flauberts entschlüpft: »Madame Bovary, das bin ja ich«, wird die scheinbare Banalität der Dinge aufgehoben und das Labyrinth einer spezifischen Dummheit erweist sich als ebenso einzigartig, lächerlich und unverwechselbar, wie der Mensch, der sich darin verirrt hat. Der Alltag setzt einen unter den Druck schneller Entscheidungen. Man sagt: »Wie dumm«, und geht seiner Wege, auf die Gefahr hin, prompt den nächsten Fehler zu begehen. Kunst und Literatur hingegen setzen Akzente, vertiefen, gehen ins Detail und legen Zusammenhänge bloß, wobei sie uns eine Bescheidenheit aufzwingen, in die sich angesichts der ungeheuren Komplexität der Dinge Betroffenheit mischt. Will man allzu großen Vereinfachungen entgehen, wird man auf die Kunst zurückgreifen müssen. In diesem Buch soll das systematisch geschehen, wobei das, was die Künstler uns zu sagen haben, eher Stoff zum Nachdenken liefern wird als Sicherheiten. Hinzu kommt der Verdacht, der sich im Laufe dieser Untersuchung erhärten wird, daß die Kunst und die Literatur des 19. Jahrhunderts in der steigenden Flut der modernen Dummheit ein einzigartiges Bollwerk, ein Beobachtungsposten und eine Stätte des Widerstandes gewesen sind.

Muß man, da es ebenso viele Erscheinungsformen wie Fälle von Dummheit gibt, darauf verzichten, gewisse Gesetzmäßigkeiten hinter einem so allgemeinen Phänomen zu suchen? Wenn man davon überzeugt ist, daß alle Arten von Dummheit in denselben Topf gehören, wenn man von der Annahme ausgeht, man könne sie alle auf einen gemeinsamen Nenner bringen – dann ja. Gleichfalls ja, wenn man sich damit begnügt, die Beispiele aneinanderzureihen und eine Art Herbarium anzulegen, das angesichts der unsinnigen Blüten, die zu sammeln wären, doch ewig Stückwerk bliebe. Der Sammler von Schnurren und intellektuellen Absonderlichkeiten wird kaum auf seine Kosten kommen, denn die moderne Dummheit hatte von Anfang an Methode. Gewissermaßen ist sie »ein System veräußerungsfähiger Gedankengänge, die Geistesarbeit besser bewältigen als der Geist selbst«. Wörtlich genommen legt Valérys Definition der Methode den Schluß nahe, daß die Dummheit etwas Einzigartiges ist, denn sie triumphiert dank einer Ersatzmimikry, die das Fehlen eines Urteils zu einem Surrogat des Urteils selbst erhebt. Gäbe sich die Dummheit nicht den Anstrich von Intelligenz, sie könnte niemanden täuschen, und die Nichtigkeit ihrer Komödien würde keine Folgen haben. Sie ergeht sich in Scheingefechten und verbirgt sich somit hinter den konkreten Gebilden, die sie schafft. Da eine Dummheit, um sich nicht selbst zu verraten, niemals gänzlich dumm ist, wird man sie auf frischer Tat ertappen müssen und nicht bei dem, was sie anrichtet, ähnlich einem Denkprozeß, der fortwährend mit den Fakten operiert, in denen er sich tarnend offenbart.

Die Dummheit ist weder unordentlich noch verworren, und folgt man ihr bis in ihre unterirdischen Schlupfwinkel, erahnt man ihre außerordentliche Beharrlichkeit. Niemand wird von ihr verschont, sie hat überall die Finger mit im Spiel, und wenn eine Methode allein dadurch gültig ist, daß sie weder vom einzelnen abhängt, der sie anwendet, noch vom Gegenstand, auf den sie angewandt wird, wenn ihre Tauglichkeit für den Benutzer wie für die Benutzung daran gemessen wird, daß sie in beiderlei Hinsicht wie ein universelles Instrument zu wirken vermag, dann erweist sie sich als eine vollkommene Methode, die jedermann handhaben kann und die allen Bedürfnissen gerecht wird.

Eine Methode ist Mittel und Zweck in einem. Sie ist ein Weg, der seine Bestimmung vorwegnimmt, und ein Ziel, das den Weg vorzeichnet, der zu ihm führt. Im Griechischen heißt Weg *odos,* und *Meta* bedeutet »zu«. Die Methode ist der Weg, der zu etwas führt. Zur Wahrheit, sagt Descartes (»eine Methode, um seinen Verstand wohl zu leiten und in den Wissenschaften die Wahrheit zu suchen«). Und die Dummheit? Wohin führt sie, wenn sie geistlos die Tätigkeit des Geistes nachzuahmen sucht? Wer hinter der unbeschreiblichen Vielfalt ihrer grotesken Entgleisungen die Geisteshaltung, die dafür verantwortlich ist, aufspüren will, macht gleich zu Beginn die Feststellung, daß sie durch nichts zu beirren ist, da sie nur sich selbst kennt. Folglich stößt sie stets mit dem Unvorhergesehenen zusammen und verwirrt alles. Auch darf keinerlei konkurrierender Gegensatz ihren Argwohn erregen; der sie beherrschende Anspruch auf Alleinherrschaft nährt in ihr die Eifersucht. Kurz, sie *glaubt an sich.* Der Gelehrte beweist sie in Sachen Theorie, der Maulheld auf dem Feld des Praktischen. Man braucht nur dieses Vierergespann zu nennen, mit dem sie ihre urigen Possen treibt, um zu erkennen, daß sich in ihr die Schande des Jahrhunderts spiegelt, daß sie als das goldene Maß all seiner Verwirrungen gelten kann: Wie viele völkerführende Generäle haben allein die doppelte Ruhmbegierde des Maulhelden und des Gelehrten als einzige Größe zur Schau getragen, die Seele eines Platon unter der Schirmmütze eines Cäsaren gehätschelt? Und welche Demokratie verdiente es nicht, mit dem bezeichnenden Adjektiv »unbesonnen« charakterisiert zu werden, das heißt, »beherrscht von einem ganz und gar konfusen Verstand« (Molière)? Die Charakterisierung »unbesonnen« weist auf klassische Weise auf die erstaunliche Gabe hin, stets das Falsche zu tun und durch systematische Gedankenlosigkeit Pech und Ungemach auf sich zu lenken.

Den literarischen Texten wäre noch die reine Information hinzuzufügen, die aus unerschöpflichen Quellen fließt und rund um die Uhr den alphabetisierten Menschen des 20. Jahrhunderts überflutet. Wenn die tägliche Lektüre des Nachrichtenblatts Hegel noch als eine Art Morgengebet des modernen Menschen galt, so kann die Sturzflut wahllos ausgestrahlter Rundfunk- und Fernsehnachrichten letzteren nur noch tief verwirren, zumal keine neue Priesterschaft zur Stelle ist, um den Rezeptionsschock durch den Filter eines Rituals zu dämpfen. Die Nachrichtengebung wirkt chaotisch, denn sie ist Ausdruck des herrschenden Chaos, sie ist dumm, weil die Aktualität der Dummheit und der Information – jene unerschöpfliche und laufend erneuerte Fülle von Dokumenten – eher zu Interpretationen Anlaß gibt als zu einem beherrschten Umgang damit. Jener Eiferer, der seinen Namen auf die erste Seite eines Essays setzt, das sich mit der Dummheit befaßt, versteht sich als die Maus, die mit der Katze spielt; er tröstet sich mit Descartes und mit den unendlichen Mühen, die er darauf verwandte, seinen Leser von der möglichen Existenz eines betrügerischen Gottes oder irgendeines bösen Geistes zu überzeugen, der alle Schliche des Verstands gegen den Verstand selbst kehrt und das Wissen anruft, um dem Wissen einen Streich zu spielen. Man braucht keine derart hyperbolische Hypothese aufzustellen, um bei der zufälligen Lektüre eines Fernschreibens der zweifelsfrei bestehenden Dummheit auf die Spur zu kommen, einer Dummheit, die unsere Schwächen wägt, in Erwartung, daß wir ihr ein Quentchen Urteilskraft entgegensetzen, die ihr Aufschlüsse gibt, ohne daß die Urteilskraft von ihr umgehend absorbiert würde.

Wer wünschte sich nicht einen direkten Zugriff auf die Wahrheit? Nichtsdestoweniger scheitert das aggressive Bestreben, sie festzuhalten, zu behalten und zu besitzen, an ihrer Scham, die dem Wahrheitsliebenden ein bestimmtes Maß an Zurückhaltung auferlegt und, wie in den Dingen der Liebe überhaupt, ein hohes Maß an Feingefühl verlangt. Die Wahrheit achten, heißt vor allem, daß ich sie nicht daran hindern will, hoch und heilig zu schwören, sie existiere nicht. Und zweitens, daß ich sie nicht zwingen will, indem ich mich ihrer zu bemächtigen suche. Wir sollten ihr zu begegnen bereit sein, ohne sie von vornherein kontrollieren zu wollen. Der Autor verlangt also von seinen eventuellen Lesern nicht, daß sie sich im Besitz der Wahrheit befinden, wozu niemand ein Recht hat, sondern, daß sie bereit sind, zwischen Lüge und Nichtlüge zu unterscheiden; daß sie den Mut aufbringen, den Esel an seiner Glocke und das Falsche als das Falsche zu erkennen. Kurz, er bittet sie, sich zu der Ansicht zu bekennen, daß ein jeder Mensch vom Irrtum eine gewisse Vorstellung hat, und daß wir das Widersinnige schneller erkennen als das, was nicht widersinnig ist.

Die Fähigkeit, das Falsche in sich selbst aufzuspüren, wurde im 17. Jahrhundert »Urteilsvermögen« oder »Geistesgegenwart« genannt, also die Gegenwart des Geistes bei dem, was nicht er selbst ist, und in erster Linie bei dem, was ihm feindlich ist, bei der Dummheit. ... »So jung noch und spielst solche Streiche schon?« ruft Arnolphe in Molières »Schule der Frauen« aus, als er Agnes' Schlagfertigkeit bemerkt. Er hatte sie in vollkommener geistiger Isolierung aufgezogen, um aus ihr sein Geschöpf, und später, nach gründlicher Verdummung, seine Frau machen zu können. Worüber wundert er sich? Er selbst war doch der schlechte Lehrer der arglosen Schönen; die Erbärmlichkeit und Langeweile, die er selbst ausstrahlte, mußten den Reiz des erstbesten blonden Jünglings nur noch erhöhen:

*Agnes:*
*Sie schelten mich zu Unrecht! Weshalb haben Sie*
*Nicht so wie er gelernt, wie man ein Herz gewinnt?*
*Ich hab es Ihnen, meines Wissens, nie verwehrt.*

Die Sterblichen, die um ihre Sterblichkeit wissen, lernen weit mehr aus den schlechten Beispielen als aus den guten; zumindest ist das die Überzeugung, die diesem Essay zugrunde liegt.

»Von welchem Standpunkt aus sprichst du? Wähle dein Lager, laß deine Prinzipien hören, bekenne Farbe.«

»Die Antwort fällt leicht: Ich stehe im Lager der Agnes, deren Unbefangenheit zwei Anhaltspunkte liefert. Erstes Prinzip: Die Dummheit existiert (ich bin ihr begegnet). Zweites Prinzip: Es gibt die Wahrheit (man muß ihr nur die Chance einer Gegenüberstellung gewähren, indem man die Liebe und den Zufall abwechselnd mit ins Spiel bringt.«

# Lob der Cremetorte
# Ein Kapitel nur über Frankreich

Vertraulicher Bericht an
Bruder Josquin, eingeholt in einem Bistro
in Saint-Germain-des-Près

Es gibt Augenblicke im Leben, in denen die Frage, ob
man anders denken kann, als man denkt, und anders
sehen, als man sieht, unerläßlich wird, will man weiter
sehen und weiter nachdenken können.

MICHEL FOUCAULT

Genossen Sozialisten, Freundinnen und Freunde, die Zeit ist gekommen, Bilanz zu ziehen. Wir hatten einst die Mehrheit, nun sind wir in der Minderheit. Kein Grund zum Verzweifeln. Angesichts solcher Rückschläge, die in demokratischen Ländern an der Tagesordnung sind, tut der Weise gut daran, auf bessere Zeiten zu warten, und hält unerschüttert an der These fest: »Meine Partei hat immer recht.« Vor allem geht es jetzt darum zu erkennen, von welchen Beweggründen wir uns in unserem Handeln leiten ließen, leiten lassen und leiten lassen werden.

Unsere Bilanz ist positiv, insofern wir die Dinge weder zu tragisch nehmen, noch sie ins Komische ziehen. Tragik führt zu einem bösen Ende, und wir sollten unser Unglück nicht übertreiben. Komik wendet die Dinge zum Guten und endet in Euphorie. So weit sind wir noch nicht. Es gibt eine unbeschwertere Art, die Dinge ins Auge zu fassen. Erinnern wird uns: Außer Atem versucht der Held, den Widrigkeiten des Schicksals zu entgehen, außer sich vollführt er eine letzte Verbeugung – läßt einen letzten Hagel von Beschimpfungen über sich ergehen –, und was tut das Publikum? Es jubelt, es lacht, weint und trampelt vor Begeisterung mit den Füßen, es ist entzückt. Auch wir, liebe Freunde, können die Gunst und Zuneigung der Wähler zurückgewinnen. Trotz unserer Niederlagen? Jawohl! Führen Laurel und Hardy ihr Programm nicht zu Ende? Und die Marx Brothers? »Konkretisiert« und »verwirklicht« nicht Harry Langdon, wie wir von unserem eigenen Handeln schmeichelnd zu sagen pflegen, die einhundertzwölf Punkte seines Programms für ein besseres Leben? Und Charlie Chaplin, unser Charlie, bleibt er nicht Herr der Lage, eilt er nicht von Sieg zu Sieg? Das Volk, Genossen, das Volk ist großmütig. Und auch wenn dieser Umstand der Rechten nicht gefällt: es nimmt uns nicht so tragisch ernst, es hat schon Schlimmeres erlebt. Trotzdem sollten die unentwegten Optimisten in unseren Reihen nicht allzu eilfertig frohlocken, denn komisch findet man uns auch nicht gerade. Die steigende Arbeitslosenzahl und die sinkenden Zuwendungen an die Betroffenen sind absolut nicht »zum Lachen«.

Wie mir scheint, murren da einige im Saal: Der Mensch muß wissen, was er will. Eben nicht! Das Volk trifft keine Wahl, es läßt sich nicht auf irgendeine erstarrte Alternative festlegen, es erfindet etwas Neues. Lassen wir dem Theater der »Belle époque« die Sorge, ein Stück nach seinem Ausgang zu beurteilen: Wenn die Verliebten auf der Bühne heiraten und viele kleine Abgeordnete in die Welt setzen, wird gelacht und es ist eine Komödie. Wenn nicht, dann wird geweint. So scharf lassen sich die Dinge heute nicht mehr trennen. Enttäuscht durch eine Reihe schmerzlicher Erfahrungen, ist sich der aufgeklärte Teil der Menschheit heute darin einig, daß das Irren und das Unglück zu den unveräußerlichen Rechten des Menschen gehören. Die Tatsache, daß kein Despot sie abzuschaffen vermochte, beweist es, und wenn es versucht wurde, gelang es nur, wenn im gleichen Atemzuge der Begriff des Menschen im Menschen ausgelöscht wurde. Unsere Demokratien, in denen dieser Gipfel der Beschränktheit wohl ausgeschlossen ist, haben einen Helden neuen Typs hervorgebracht, der als tragische Gestalt von Niederlage zu Niederlage einer endgültigen Weisheit entgegenstrebt: nur daß diese Weisheit niemals eine endgültige ist. Sie läßt ihn nicht los, sie befähigt ihn vielmehr, lächelnd von einer Katastrophe in die andere zu stolpern und uns dabei noch zum Lachen zu bringen. Wir sollten die herkömmliche Tragödie, die vom Schein zur Wahrheit voranschreitet, gut beginnt und böse endet, vergessen. Lassen wir auch ab von der überbrachten Komödie, die schlecht beginnt und gut endet. Wagen wir frisch und munter eine Modernisierung des Ganzen (mit überholten ästhetischen Kategorien läßt sich eine Politik wie die unsere sowieso nicht objektiv bewerten), eine Modernisierung, die eine Vielzahl verstreuter Erlebnisse, die dem Anschein nach weder Hand noch Fuß haben, in Bewußtsein verwandelt: Ich spreche vom Slapstick.

Liebe Freunde! In der Vorweihnachtszeit drängen sich die Köpfe vor den Schaufenstern der Elektrogeschäfte: Gastarbeiter, alte Damen, Arbeiterkinder, Bürgersöhne und jene bewußten und organisierten Franzosen, die wir auf unserer politischen Veranstaltung vergeblich suchen. Sie gaffen. Was schauen sie sich an? Eine Parade auf dem Roten Platz? Einen Dokumentarfilm über die neue Armut? Einen realistischen und äußerst sozialkritischen Bericht über das Leben der unteren Schichten? Keineswegs! Selbst ein Fußballoberligaspiel würde kein so gemischtes Publikum zusammenführen. Hier gebrauchen alt und jung die Ellbogen, und ihre Münder, die sich gewöhnlich Feindseligkeiten zurufen, öffnen und schließen sich im gleichen Takt. Man tritt sich auf die Füße und hält den Atem an, obwohl nichts zu hören ist. Das ist Liebe: Man blickt sich nicht in die Augen, sondern gemeinsam in dieselbe Richtung. Die Einheit, die ihr suchtet, Genossen, hier, vor diesem Schaufenster, findet ihr sie. Kommunikationsprobleme? Von vornherein gelöst: Der schwarzweiße Stummfilm ist über fünfzig Jahre alt und verzaubert noch immer. Der Zustand der Gnade, der eure ersten Schritte in der Ausübung der Macht verklärte? Ihr scherzt! Und lächerlich ist wohl auch die Sehnsucht nach der verlorenen Einmütigkeit. Das Stimmungstief in den Meinungsumfragen? Die vorherzusehene Wahlniederlage? Eine Tragik, die nicht lange währt: Regierungswechsel und Machtübernahme erfolgt unter Absolventen der Ecole Nationale d'Administration. Kein Grund zum Ausrasten. *Keep smiling.* Max Linder hat sich das Leben genommen, Mack Sennet beschloß seine Laufbahn im Armenhaus. Mabel Normand, die lange Zeit seine Geliebte und möglicherweise der größte Star des Stummfilms war, wurde des Mordes verdächtigt und mit Berufsverbot belegt; sie starb mit sechsunddreißig Jahren, rauschgiftsüchtig und erschöpft in einem Sanatorium. Buster Keaton geriet in Vergessenheit, verfiel dem Trunk, ging eine unglückliche Ehe ein, landete schließlich in einer Privatklinik, konnte ihr aber zu guter Letzt noch entrinnen. Doch sowohl er als auch seine Leidensgenossen »kommen« besser »an« als unser Präsident. Welche Erfahrung verkörpern sie denn, die er, wie ihr meint, nicht hat, und die er, meiner Meinung nach, doch hat, ohne es zu wissen und, vor allem, ohne sie zu zeigen? Die Erfahrung von der alles erfassenden Komik des Lebens!

Eine Synthese von Komödie und Tragödie, die die Grenzen der Helden sprengt, sie erhebt und auflöst und in das Gefühl eintaucht, sie hätten endlich den Grund aller Dinge erreicht, doch weder auf komische Art – alles ist gut – noch tragisch – alles ist schlecht –, sondern in einer Art nicht zu überbietender Explosion des Possenhaften: Ende schlecht, alles gut.

Freunde, erinnern wir uns an jene gewaltigen Mahlströme, die jede verabredete Szenenfolge ins absolut Unvorhersehbare umschlagen lassen: »Bevan hat als Zuschauer auf dem Balkon eines Variététheaters Platz genommen und seine Zigarre mit einer ungezwungenen Geste auf dem Geländer abgelegt. Zumindest glaubt er das, denn das, was er für den Handlauf einer Brüstung hält, ist in Wirklichkeit die Sitzfläche eines Schaukelstuhls, auf dem die Variétésängerin zum Balkon emporschwebte. Diese Verwechslung reicht aus, um das beschauliche Theater in den Schauplatz eines prächtigen und reinigenden Sturms zu verwandeln, der nacheinander sämtliche Anwesenden und Dinge im Raum durcheinanderwirbelt. Das Kleid der Sängerin geht in Flammen auf, Billy versucht es mit einem Siphon zu löschen, die unglückselige Dame fällt vom Schaukelstuhl in eine riesige Cremetorte in der Mitte des Saals, die Crememasse spritzt auf den Fußboden (den schon Unmengen von Papierschlangen bedecken), die Tänzer rutschen darauf aus und fallen der Reihe nach hin … Am Ende hält sich nur noch Billy auf den Beinen, auf einem Parkett, das sich in wenigen Sekunden in ein Schlachtfeld verwandelt hat, das nunmehr Leiber und diverse Gegenstände übersäen. Und während der Held mit je einem Tablett voller Geschirr in den Händen verzweifelt um sein Gleichgewicht kämpft, rutscht seine Hose, die ihm aufgegangen ist, unaufhaltsam an seinen Beinen entlang zum Boden herab …« Und da behaupten wir, wir wüßten nicht, an welche Heiligen wir uns halten sollen! Unsere Partei, sagen die Medienexperten, habe wegen ständiger Kehrtwendungen ihre »gutes Image« verloren. Welches Image, frage ich sie? Das Bild des großen, genialen Führers der Wirtschaft, der einen Fehler nach dem anderen begeht und sich wissentlich in die Patsche bringt, um dann mit einem meisterhaften Streich die rettende Wendung herbeizuführen? Zweifellos, der erste Teil des Manövers ist uns gelungen, aber die geheime Volte, die die Partie zu unseren Gunsten entscheiden soll, die steht noch aus. So frage ich weiter: Wer zwingt uns dazu, die Pose eines expansionslüsternen Napoleon einzunehmen? Wißt ihr nicht mehr, wie sogar jene endeten, die sich nur für den Ersten Konsul hielten? Hören wir auf zu erklären, wir seien gar nicht so, wie man uns sehe, und wir erschienen als das genaue Gegenteil dessen, was wir gerne wären, wir gern sein möchten, und wenn wir die Ampel der Konjunktur in Industrie und Handel auf Rot schalten würden, so doch nur, um sie definitiv auf Apfelgrün zum Stehen zu bringen. Wir sollten uns im Gegenteil so akzeptieren, wie wir uns nach außen hin geben.

Unsere Wähler haben per Plebiszit über unsere Versprechen abgestimmt. Wir haben sie enttäuscht. Wer ist dafür verantwortlich? Wir, die wir ihnen etwas versprachen? Oder sie, weil sie uns aufs Wort geglaubt haben? Fügen wir uns in die Rolle der professionellen Enttäuscher! Wenn die Wähler uns diesen Vorwurf machen, so doch nur, weil sie sich länger schon als wir dem Träumen hingegeben haben. Auslachen wird man den, der als letzter einem Paket Wahlreden Glauben schenkt, deren Demagogie schon unter der Sonne des alten Rom nicht mehr ganz neu war. Eine kleine Erinnerungsstütze: »Die Reichen zur Kasse bitten, um die Armen reich zu machen; mehr verdienen bei weniger Arbeit; und ›morgen wird alles besser sein, es wird alles anders werden, in der Arbeit, in der Liebe, in allen Dingen‹. Oder auch: ›Millionen Arbeiter sind aufrechter, stolzer durch die Tore ihrer Werke gegangen ... Sie hatten das Gefühl, sie betreten ein wenig das Elysée‹ (Pierre Mauroy).« Wenn ihr es tatsächlich für möglich und erstrebenswert haltet, Genossen, daß »Millionen« Arbeiter es sich wünschen, allesamt im Elysée zu wohnen, dann phantasiert ihr. Dann fügt ihr dem Image, das sich unsere Partei langsam, mühsam zu schaffen versucht, großen Schaden zu.

Hier höre ich einen Einwand und wünsche, daß es der letzte

sei. Wie bitte? »Warum etwas versprechen, wenn man es dann nicht hält?« Genosse, du hast dir die Antwort selbst erteilt: Wir haben versprochen, um nichts zu halten. Als erstes haben wir in aufrichtiger Absicht eine strahlende Zukunft beschworen; aufrichtig waren wir auch, als wir unsere optimistischen Prognosen überprüften. Und so reagierten wir von einer Aufrichtigkeit zur anderen stets aufrichtig auf die jeweiligen Umstände und Zwänge einer plötzlich zutage tretenden Situation. Ergebnis: Man hält uns für Trottel, die, gelinde gesagt, einen Knick in der Optik haben*. Genug! Es ist höchste Zeit, das Kompliment an den Wähler zurückzugeben; er war gläubig – nicht wir. Wir haben uns damit begnügt, seinem Glauben Gestalt zu geben, um ihn hurtig davon zu kurieren.

Unsere politische Linie ist nur in parodistischer Hinsicht heroisch. Sie scheint allem und jedermann gegenüber an einem Programm festzuhalten, nimmt dieses aber nur ernst, um im Zuge seiner Verwirklichung seine Nichtanwendbarkeit zu beweisen und den Wähler damit vor sich selbst zu entlasten. Erinnern wir uns an unseren Präsidenten, als er, frisch gewählt, zur Eröffnung der Messe der Luftfahrtindustrie erschien. Er forderte die sofortige Abrüstung des Jagdbombers, an dem er vor den versammelten Objektiven der TV-Gesellschaften vorbeiwandelte. Was dachtet ihr damals? a) daß der Präsident mutig seine ultrapazifistischen Gefühle zum Ausdruck bringt und ostentativ Waffen jedweder Art (Offensiv-, Defensiv-, Abschreckungs- und Kommerzwaffen) verurteilt; b) daß der Präsident es wie ein schlauer Fuchs darauf anlegt, den friedliebenden Teil seiner Wählerschaft oder vielleicht gar sich selbst symbolisch zu beglücken, ganz wie Tartuffe, der auf billige Weise seiner Frömmigkeit Genüge tat (»Verhüllt diesen Busen, den ich nicht zu schauen wage ...«); c) daß der Präsident seine pazifistische Wählerschaft dadurch erzieht, daß er ihr zu verstehen gibt: ich verstehe eure Sorgen wohl, und ich artikuliere sie,

* Starrsinn und Proselytenmacherei ist der sicherste Beweis für Dummheit (Montaigne).

aber seht, welcher Lächerlichkeit ich mich damit preisgebe; wenn ihr darüber lacht, dann wißt, daß ihr über euch selbst lacht. Mögen die mir zuhörenden Genossen die Antwort ankreuzen, die sie für die respektvollste halten.

Würden wir ernsthaft – und nicht durch unlautere Spitzfindigkeiten – zu verschleiern versuchen, daß ein Kriegsflugzeug zum Töten gebaut wurde, hieße das doch, auf die Dummheit der Massen spekulieren, was am Ende darauf hinausliefe, daß unsere eigene Dummheit bemerkt würde. Das Bild vom guten Sozialisten müßte sich weiterhin eintrüben. Denn dieser ähnelt einem Sonderling, der die Welt von Grund auf verändern und dabei keiner Fliege etwas zuleide tun möchte, oder einem Saint-Simonisten, der trotz aller ätzenden und blutigen Dementis der letzten einhundertfünfzig Jahre in seinem Glauben verharrt und schmetternd verkündet: »Wir stehen an der Schwelle einer Epoche, in welcher Einheit und Harmonie zwischen allen Neigungen des Menschen Wirklichkeit werden, in der es folglich nur noch eine Gesellschaft und eine Macht geben wird … Das Cäsarengesetz ist abgelaufen.«

Aus all diesen Gründen steht es uns nicht an, über den Pazifismus unserer sozialistischen Brüder in Deutschland und England zu spotten, die glauben, daß gute Absichten allmächtig sind und daß es genügt, Integrität ohne Falsch zu demonstrieren, um die Bösen zu entwaffnen, die Mißtrauischen zu beruhigen, die Feindseligen zu bekehren und den gesamten Planeten, vor allem die Supermächte, zu befrieden. Stehen auch wir unter dem Bann einer so kindlichen Erleuchtung, können auch wir nicht umhin, diese Art von Wunschdenken in uns zu pflegen, und unser Territorium – und zwar ausschließlich dieses – mit den wundertätigen Wirkungen eines Idealismus zu besprengen, den unsere Brüder jenseits des Ärmelkanals und des Rheins mit raumgreifender Großzügigkeit über alle Grenzen hinweg ausschütten?

Ein Zitat – noch eins! – wird mir zugeflüstert: »Die Grenze, die wir am 10. Mai überschritten haben, jene Trennungslinie zwischen Dunkelheit und Licht.« Das sind die Worte unseres

Ministers für Kultur. Wir glaubten, oder vielmehr ihr glaubtet, daß er mit seinem Pathos unseren Sieg vom 10. Mai 1981 würdigen wollte. Mitnichten. Das Zitat ist selbst wieder ein Zitat. Ihr kennt doch seine Liebe zur Musik. Dem Kenner tat er damit kund, daß derjenige, der ein für allemal die Finsternis von der Klarheit, das Gute vom Bösen, die Hölle vom Paradies scheiden wolle, sofort seinen Fernseher auszuschalten und die aktuelle Nachrichtengebung ihren Irrungen zu überlassen hätte und geduldig auf jenen Tag warten müsse, an dem ein alternder Minister unter ewig während sozialistischer Präsidentschaft die Oper des Jahres Zweitausend einweihen würde. Dann endlich könne er den Gegenstand erblicken, der alle seine Wünsche erfülle: die Zauberflöte, Libretto von Schikaneder und Musik von Mozart.

Die Partie ist wahlpolitisch verloren, wenn ihr tatsächlich geglaubt habt, es genüge, einem Jagdbomber scharf ins Auge zu sehen, um ihn zu entwaffnen; oder man könne einen dieser blutigen Popanze, die die Dritte Welt verheeren, durch einen herzlichen Händedruck läutern und zum Guten bekehren. Einige wenige unter uns haben die militärische Intervention Frankreichs im Tschad gutgeheißen, weil sie es skandalös fanden, daß der reichste Staat Afrikas – himmlisches, libysches Erdöl – eines der ärmsten Länder des Kontinents einfach überfällt, besetzt und sich anzueignen versucht. Sie haben daran erinnert, daß der Norden des Tschad in die Sahelzone übergeht, daß er seine Hungersnöte und dickbäuchigen Kinder hat, denen man wegen der libyschen Aggression nicht zur Hilfe eilen könne. Zahlreicher waren jene Genossen unter uns, die sich zurückhielten, als unsere Armee sich den Panzern und Bombern aus dem Norden entgegenwarf; sie haben die zweite Phase der Operation mit Nachdruck begrüßt, sowie auch unseren einseitigen, diskret vonstatten gehenden Rückzug, wobei sie allerdings den burlesken Aspekt desselben nicht zu würdigen wußten. Unsere Genossen bekennen sich zu einem unerschütterlichen Geist der Öffnung, und sie lassen für die Dritte Welt charmante Praktiken gelten, die sie zum Glück um keinen

Preis bei uns dulden würden: die Knute, die politische Polizei, die Diktatur borTnierter Militärs, die willkürliche Verhaftung der Unliebsamen, der »Befreiungs«-Überfall auf Nachbarvölker. Ihr angeblich antikolonialistischer Standpunkt entbehrt nicht einer gewissen Logik; was für die Neger und andere »Unterentwickelte« gut sei, könne für uns nicht von Nutzen sein; was für uns hingegen geeignet sei, z. B. die Demokratie, stelle für die »Hungernden« einen unnützen, »formalen« Luxus dar.

Ich muß zugeben, der Eifer, mit dem wir unsere exotischen Genossen Diktatoren umwerben, hat eine solide Tradition. Père Enfantin, der nach Saint-Simons Tod die Führung der Schule übernahm, versäumte es seinerzeit nicht, nach Kairo zu pilgern, ganz so, wie andere heutzutage den Weg nach Kuba finden. Gewiß, Enfantin war kein Dritte-Welt-Verfechter; er begab sich damals lediglich auf die Suche nach der »saint-simonistischen Jungfrau«; gleichwohl, »das politische Werk des Mehmet Ali fand sofort seine begeisterte Zustimmung; dieser hatte allen Grund und Boden im Lande an sich gebracht und zahlte den Landarbeitern lediglich eine Leibrente. Der Pater erblickte darin eine glückliche, vielleicht etwas verfrühte Verwirklichung der saint-simonistischen Ideen der Abschaffung der erblichen Besitzverhältnisse. Er erwog schon den Ausbau eines kunstvollen Ausbeutungssystems Ägyptens, die Erschließung der Bodenschätze, die Vervollkommnung des Bewässerungssystems, die Gründung einer polytechnischen Schule. In allem, was er dachte, war er voller Überschwang. In jedem Wort, das er aussprach, sah er eine Offenbarung. Über Nacht hatte er die prophetische Vision eines veränderten Ägypten. Mehmet Ali war der Mittelpunkt der Neuen Welt.« Wo ist da der Zusammenhang? Nun, wenn unser Minister für Kultur vor den Photographen posiert, während er in Gesellschaft eines bärtigen *Lider maximo* – der (neben anderen) nicht linientreue Dichter für zwanzig Jahre ins Gefängnis steckt – Langusten verspeist, dann gilt sein Entzücken zweifelsohne den Schalentieren. »Gags sprechen für sich selbst«, bemerkte Buster Keaton.

Hüten wir uns vor Mißverständnissen; selbst manche, die uns nahestehen, sind mitunter nicht frei von Spott auf Kosten »derer, die, im linken Lager, die Vielvölkerstadt Paris preisen und scheinbar mühelos hinnehmen, daß die Kanaken gleiches für Nouméa ablehnen« (J. Daniel). Lassen wir die neukaledonische Frage beiseite. In Dreux klingt das Schlagwort »Ins Meer mit den Gastarbeitern« reaktionär und menschenfeindlich; an den Wänden eines Anwesens im Busch am anderen Ende der Welt wird es dagegen zum befreienden Leitspruch von Organisationen, an deren zutiefst fortschrittlichem Charakter nicht der geringste Zweifel bestehen kann. Von einigen Ausnahmen abgesehen, bestimmt die Strategie der traurigen Posse in allen Dingen die Linie der Partei. Laßt ab von euren Fraktionssitzungen und geht mal wieder ins Kino. Wutentbrannt beißt der Darsteller in seinen Strohhut. Stellt euch einen Diktator vor und, ihm gegenüber, französisch-sozialistische Minister, die ihren gerechten und demokratischen Zorn nur mit Mühe niederkämpfen; den Mund voller Langustenfleisch hält jener den Atem an und beginnt zu ahnen, daß der symbolische Biß (in die Krempe) eine weit feierlichere Mahnung zum Ausdruck bringt als zwölf Reden vor den Vereinten Nationen. Und wenn er Salvador Dali durchgeblättert hat, wird er nicht ohne Bangen dem Augenblick entgegensehen, da man zur Tasse Kaffee die Zigarre anzündet. »Mir scheint außer Zweifel zu stehen, daß Menschen, die in ihrem poetischen Empfinden weitgehend pervertiert sind, durch den Akt des Kaffee-Eingießens, der in einem neurotischen ›Zeremoniell‹ besonders feierlich und bedeutungsvoll vonstatten geht, nicht nur dazu angeregt werden, das Getränk als solches einzunehmen, sondern darüber hinaus die Tasse als etwas Eßbares symbolisch zu vereinnahmen (was beim Menschen einem stürmisch fordernden Wunsch nach einem ›Kannibalismus des Objekts‹ entspricht).« Nach reiflicher Überlegung hat unser Vorstand beschlossen, die dalische Strategie zu vertiefen, damit die poetische Perversion auf halbem Wege zum Stehen komme, ohne den »Kannibalismus des Objekts« auf die sozialistische Spitze zu treiben, wo er in einen Kannibalismus des Subjekts umschlagen würde. Ich verschlinge den Bomber mit den Augen und er fliegt als weiße Taube davon. Und den Terroristen? Den küsse und drücke ich, bis er erstickt. Die Mörder, die über die Hälfte des Erdballs herrschen, nehme ich mir einzeln vor und verpasse ihnen eine tötende Mund-zu-Mund-Beatmung.

*

Unter uns befinden sich besorgte Gemüter, die in ostentativer Beharrlichkeit die Schultern zucken. Auch wir wissen um die Schwierigkeit von Zauberkunststücken; die Wirkung ist keine sofortige, das Gelingen zweifelhaft und ungewiß der erhoffte Erfolg. Aber sie befinden sich da auf einem »rechten« Holzweg. Wer hat behauptet, wir strebten nach dem Erfolg? Überlassen wir doch die kurzsichtigen Prognosen den Emporkömmlingen. Unser Bestreben ist es, die Dinge von Grund auf zu ändern, und das scheinbare Scheitern unserer Methode ist das probateste Mittel, um dies auch zu erreichen. Seien wir Materialisten, zum Teufel noch mal! Was passiert denn in diesen Filmen, die mehr taugen als sechsunddreißig Resolutionsentwürfe, wenn der Held – wie Lenin – erklärt, die Fakten seien hartnäckig, und sich – wie Lenin – hartnäckiger zeigt als sie? Er fängt sich eine, zwei oder drei Cremetorten ein. Die Genossen zeigen sehr viel Geschick darin, Thesen und Programme zu zerpflücken und Marx durch Marx zu widerlegen, wenn sie nicht gerade ihre Hauptmühe darauf verwenden, die erste und die zweite Linke vom dritten und vierten Sozialismus zu unterscheiden; sie sollten, sofern ihre Zeit es ihnen erlaubt, sich dazu bequemen, ein wenig über die »Moral der Cremetorte« nachzudenken. Diesen Ausdruck habe ich beim tschechischen Autor Petr Král gefunden, dessen dreihundertzweiunddreißig Seiten starkes Buch die Entstehungsgeschichte obiger Torte nachzeichnet. So erfahren wir, daß das erste Backwerk dieser Art rein zufällig in den Slapstick Eingang fand; von Mabel Normand geworfen, die als einfache Zuschauerin den Dreharbeiten zusah, traf sie mit voller Wucht Ben Turpin mitten ins Gesicht. Hingerissen vom unwiderstehlichen Effekt dieses ungewollten Zusammentreffens, begriff Mack Sennett sofort den Wink des Schicksals. Die Geschichte läßt sich nicht zurückdrehen, und sosehr man nach Austauschmöglichkeiten sann – Eier, Tomaten, in Hosen geschüttete Eimer Wasser, Senf auf der Schminke –, diese Ersatzmittel blieben nur die ewig treuen Sekundanten und bescheidenen Diener der unvergleichlichen Cremetorte, deren politische und philosophische Haupttugenden ich euch nun darlegen möchte. Ihr werdet dadurch begreifen, warum und wie sie zur Ehrensache und zur schönsten Zierde unserer weisen Partei werden mußte. Unter uns gesagt, unsere Symbolblume, die Rose ... habt ihr sie nicht manchmal satt? Ist sie nicht etwas kitschig? Nein? Stellt euch vor, sie wäre aus Marzipan und thronte hoch oben auf einem prächtigen Hochzeitskuchen; unsere Rose entpuppte sich gleichsam als der Marschflugkörper der kämpfenden Arbeiterschaft im Zeitalter der Massenmedien.

Die Komik der Torte rührt nicht von dem her, der sie wirft. Das Ereignis erhält seine Sinnfälligkeit durch den, der sie empfängt: Er hat sie nicht kommen sehen, er begreift nicht, was ihm geschieht. Die Wiederholung des cremigen Wurfs verstärkt dann noch die Verwirrung des Unglückseligen, der nicht das Opfer irgendeines zufälligen Tölpels, sondern seiner eigenen Unfähigkeit ist, das Unvorhergesehene zu erahnen. Der Absender zählt kaum; bisweilen fliegt das Ding von allein, meist löst der Empfänger, gegen seinen Willen, den fatalen Mechanismus selbst aus. Welcher Art die Ursachen des hereinbrechenden Unheils auch sein mögen, an ihnen selbst ist nichts komisch, allein der Augenblick der Kollision löst die allgemeine Heiterkeit aus. Habt ihr euch schon einmal gefragt, mit welchem Bild man das Gefühl »die Welt bricht über einen herein« visuell wiedergeben könnte? Es versteht sich, daß die hereinbrechende Welt den Betroffenen nicht zermalmen darf, sonst könnten keine Gefühle aufkommen. Die Welt fällt nicht herab wie ein Stein oder wie ein Eiszapfen, sie ist kein harter, schwerer Gegenstand; man denke sie sich als etwas, das wie in Zeitlupe weich und völlig überraschend gegen ein Gesicht prallt und es dann in voller Breite zudeckt: klebrig süß wie Honig, betäubt die Torte ihre Opfer, beschmiert sie und breitet sich auf ihnen aus.

Wer von uns hat nicht schon darüber geklagt, daß unsere schönsten, edelsten, ja sogar liebevollsten Programme sich »gegen uns kehren«. Kaum hatten wir begonnen, »die Einheitsschule für alle« in die Wirklichkeit umzusetzen, da ging die Mehrheit derer, die wir als »alle« bezeichneten, auf die Straße und manifestierte ihren Unmut. Wir wenden uns der Jugend zu – sie wendet sich ab. Wir rufen die Intellektuellen auf, unsere Aktionen zu unterstützen – der zuständige Minister registriert nur Schweigen. Gewährt die Partei eine neue Freiheit – schon wird nach mehr verlangt; die freien Radiostationen sind unzufrieden und die wilden Fernsehsender werden beschlagnahmt. Wir säen Sonne und ernten Sturm, wir predigen brüderliches Miteinander der Industrie, kolonialen Frieden, soziale oder internationale Eintracht und surfen dabei von Konflikt zu Konflikt; machen wir mobil, stiebt alles auseinander; blasen wir zum Sturm, jagen alle Mann in heilloser Flucht davon. Unserem Programm gemäß werden wir am Ende die Mehrheit der Bevölkerung vereinigen – gegen uns. Bemühen wir uns hingegen um Aufrichtigkeit, bewirkt dies ebenfalls einen demoskopischen Sturz. Der französische Sozialismus wird zur belagerten Festung, er umzingelt sich selbst, indem er sich dem Rückprall seiner jahrhundertealten Übereinkunft aussetzt. In diesem Gesetz von der unabwendbaren Rückläufigkeit könnt ihr die dialektische Biegsamkeit der Flugbahn der Partei erkennen; unsere eigenen Träume zerplatzen auf unserem Gesicht.

Die Cremetorte beleidigt das sozialistische Verhältnis zur Welt. Sie zielt auf das Unangebrachte und ist Ausdruck seiner Phasenverschiebung. Phantasieren wir, belastet sie uns mit Wirklichkeit. Verharren wir in der Idylle und der Welt des Groschenromans, stöbert sie uns auf, jenseits jeder Illusion, ohne Wehklage und ohne Mythologie. Wir sind mit dem Kopf durch keinerlei Wand gerannt, nicht einmal durch die berühmte Mauer des Geldes. Wir sind auf Bananenschalen ausgerutscht und mit der Nase in die Schlagsahne gefallen. Von Buster Keaton können wir einiges lernen: unter einem Hagel von Projektilen hält er die Stellung, bückt sich, und die netten Flugobjekte, die für ihn bestimmt waren, treffen die Leute, die sich hinter ihm herumdrücken. Ihr sagt, unsere Wähler beklagen sich? Worüber? Großer Gott! Sie sind uns doch gefolgt, warum sind sie nicht vorangegangen? Die Torten, die uns getroffen haben, blieben ihnen erspart, aber jene, vor denen wir uns verbeugen, könnten sehr wohl sie treffen, es sei denn, sie tun es uns gleich.

Wir werden bald Bilanz ziehen. Und indem wir unsere Mißerfolge den Fehlern unserer Vorgänger und unsere Niederlagen der Mißgunst unserer Gegner zuschreiben, werden wir es schaffen, zuletzt noch als Sieger dazustehen. Durch übermäßiges Beharren auf den materiellen Aspekten der Dinge könnten wir aber möglicherweise den einzigen Triumph unserer Legislaturperiode verwirken, und der ist moralischer Art: Wir haben es gelernt – und vermutlich auch gelehrt –, zu den Torten eine adäquate Beziehung herzustellen. Die Preise für Emanzipation und Befreiung, die wir natürlich nicht versäumen werden, uns zu verleihen, zeugen jedoch nur für die Selbstverehrung, die sich der ausgezeichnete Verleiher entgegenbringt. Angesichts der vielen kleinen Wohltaten, für die wir Sozialisten das Volk auffordern werden, uns dankbar zu sein, wird man an Harpo Marx' Erlebnis in dem Film *Love Happy* erinnert: Aufgefordert, seine Taschen zu leeren, um seine Unschuld in einem Diebstahl zu beweisen, holt er als erstes ein Paar Kunstbeine hervor und dann nacheinander einen riesigen Eiswürfel, eine laufende Spieldose, einen Schlitten, einen lebenden Hund, einen Fußabtreter mit dem eingearbeiteten Spruch »Happy Welcome« und anderes mehr. Und womit beweisen wir, daß wir keine Betrüger sind? Mit der Viertelstunde des Vertrauensmanns der Gewerkschaft oder der neuen Wandtafel des Betriebsrates? Ungeachtet der tausend und einem Wunder, deren Vaterschaft wir uns zuschreiben, sollten wir in Sachen

Sozialleistungen und Ankurbelung der Wirtschaft das Thema rasch und diskret wechseln. Auf die Frage: »Haben Sie den Eindruck, daß die soziale Ungleichheit seit der Regierungsübernahme durch die Linke zugenommen hat?« antwortete Edmond Maire, ein befreundeter Gewerkschafter, ohne zu zögern: »Das liegt auf der Hand ...«, und verschwieg nicht, was da auf der Hand lag: »... man denke an die Zunahme der Arbeitslosigkeit, die heute die größte soziale Ungleichheit darstellt ...« Freunde, was ist übriggeblieben von unserem lieben Sozialismus, zumal der Diskurs über die Ungleichheit, ewiges Privileg der Rechten, durch unser Tun in Wirklichkeit umgesetzt, vom Arbeitsamt statistisch erfaßt und unseren Wählern als tägliches Brot aufgetischt wird? Die einzige Errungenschaft unserer Amtszeit ist die Tatsache, daß Cremetorten – und die Erklärung unseres Edmond ist eine schöne, in der Tat – uns nicht mehr erschüttern können.

Ich habe das nicht kommen sehen, versichern die gewählten Volksvertreter. Was? Das Ansteigen der Arbeitslosigkeit, oder daß Edmond Maire es wagt, laut auszusprechen, was ein jeder flüstert; auch nicht die Cremetorte? Ich habe es außerdem nicht gewollt. Eine schöne Entschuldigung! Selbst Edmond Maire spricht ein paar sanfte Trostworte, indem er erklärt, daß die Partei – obwohl sie keine Ungleichheiten schaffen wollte – »es nicht verhindern konnte, daß diese sich vertieften«. Bewundern wir die geschniegelte Artigkeit dieser Worte, und nutzen wir die Gelegenheit, um uns mit der subtilen Dialektik der Cremetorte vertraut zu machen. Unser Verhältnis zur Wirklichkeit ist ganz in Watte gebettet, Tolpatsch-Edmond bleibt unser Freund: Ein Kuchen ist doch kein Stein, der Schock ist rein psychischer Art, die Wirkung eher moralisch als körperlich, allein der Überraschungseffekt verleiht der Torte jenen Touch des erschreckend Geheimnisvollen, nach dem man sich alle Finger lecken sollte. So viel Schmeichelei mindert jedoch nicht die Heftigkeit der Schläge; so wie im Kino ein Projektil nach dem anderen aus der Gagschleuder angeflogen kommt, so deckt die kleine Wahrheit, über die ich stolpere, eine zweite auf, in der ich mich verfange, um gleich darauf in eine dritte zu tapsen, die mich zu Fall bringt. In einem Slapstick-Film, in der Liebe oder in der Politik, folgen die Torten einander rein äußerlich gesehen aus dem Bodenlosen; die erste ist kaum zum Vorschein gekommen, schon holt die zweite sie ein. Man braucht nur die Entschuldigung, die Maire bereitwillig vorbringt, ein wenig abzuklopfen, um festzustellen, daß sie uns mit einer weit schlimmeren Sünde belastet als die, von der sie uns freispricht: Wir wollten das nicht, wir haben das nicht kommen sehen. Gewiß, aber was sind das für Minister, Sekretäre und diplomierte Berater, die nicht imstande sind, etwas vorauszusehen? Und was sind das für Basismitglieder und einfache Wähler, die nicht voraussehen, daß die Gewählten ihrer Ideologie eventuell nicht in der Lage sein könnten, das vorauszusehen, was wichtig ist? Die eine Torte verbirgt die nächste, eine unliebsame Wahrheit bringt eine weitere zum Vorschein, und die Brutalität des Schocks rührt nicht so sehr vom ersten Moment der Überraschung als von der unvorhersehbaren Folge von Überraschungen, die durch das Zusammentreffen von Unerwartetem und Unvorhergesehenem das Opfer aus der Fassung bringt.

Die Torte ist die Materialisierung der Tatsachen. Sie ist das filmische Gegenstück zum Stock des Kasperle. Sie erinnert daran, daß jedes Programm Verpflichtungen und Sanktionen nach sich zieht; was du und ich mir auch sagen: Wenn du mich schlägst, wird es mir weh tun, und wenn ich meine Stelle verliere, werde ich arbeitslos sein. Die Marxisten unter uns werden einwenden, daß wir sie nie als rohe Gewalt zu spüren bekommen, daß ihr Materialismus rein dialektisch sei. Es ist einfacher als das: Ihre Kraft beruht auf unseren Schwächen, ihr Realismus zählt *ad hominem,* sie informiert in dem Maße, wie sie widerlegt, sie zerstört unsere Illusionen, doch im Tausch erhalten wir keineswegs ein erschöpfendes Panorama der Wahrheit. Auf den ersten Blick strafen Torte und Stock den Tolpatsch, der in den Wolken schwebt und sich in die »schreckliche Unbill des Lebens« verstrickt. Bei aufmerksamerer Betrachtung der hohnenden Zusammenhänge hageln die Schläge nicht von ungefähr, wir haben sie herausgefordert, und der Zuschauer würde weniger darüber lachen, wenn er nicht der Ansicht wäre, daß wir sie allemal verdient haben. Zufall und Cremetorte sind in jedem Fall unabwendbar; sie verhelfen uns zu mehr Selbsterkenntnis, wenn auch auf unsere Kosten, und sie eröffnen uns: »Aber du hast es so haben wollen, George Dandin, du hast es so haben wollen! Dir geschieht nur dein Recht, und nun hast du genau das, was du verdienst.« (Molière, »George Dandin«). George ist zum Sozialisten geworden, Dandin zum Nationalisten; er gibt die Fabriken dem Volk zurück, er hat den Zeitpunkt gut gewählt: kaum waren die neuen Unternehmer eingesetzt, schon wurde entlassen oder der Umsatz ging zurück. Gestern noch zogen wir durch die Straßen und demonstrierten gegen die Schließungen, heute schließen *wir,* und die Genossen liegen auf der Straße. Was ist denn in uns gefahren, daß wir Reduzierung der Belegschaftsstärke, Personalabbau und sämtliche unangenehmen Aufgaben der Unternehmensführung auf uns nahmen?

Eine geheime Seite der Cremetorte — deretwegen sie so schmerzlich ist für den, den sie trifft, und so belustigend für den, der Zeuge ist — ist ihre Verwandtschaft mit dem Bumerang. Sie fällt nicht vom Himmel, sie schlägt nicht blindlings zu; die Häme ihres luftigen Charakters verrät sich in der Ähnlichkeit zum diskreten Triumph der Retourkutsche, die sowohl auf den Empfänger als auch auf den Absender zielt, wovon die unzähligen Varianten der Geschichte vom Gärtner zeugen, der andere naß sprengte und selbst naß wurde. Die Schicksalsschläge treffen nur jene, die ihrer würdig sind. Der Knüppel ist mit dem Rücken, den er gerbt, nicht wesensgleich, ebensowenig die Torte und das Gesicht, dem es zur Zierde wird; Molière hebt dies in seinem »Arzt wider Willen« hervor: Martine bekommt von ihrem Mann Sganarelle eine Tracht Prügel, ein Nachbar will dazwischengehen; sogleich versöhnt sich das Paar und macht Front gegen ihn, im Namen der unlösbaren Dialektik von Stock und Geprügeltem: »Ihr seid überhaupt ein unverschämter Mensch, Euch in andrer Leute Angelegenheiten zu drängen; lernt auch von mir, daß schon Cicero gesagt hat, man solle zwischen Baum und Finger nicht die Rinde stecken.« (Molière, »Der Arzt wider Willen«.) Der Lapsus weist unbeabsichtigt auf das Geheimnis von Prügelndem und Geprügeltem hin. Cremetorten sind personenbezogen, sie betreiben die Revolte der Mittel gegen den Don Quichotte, der so tut, als gäbe es sie nicht.

Wie bereitet man nun eine wirksame Cremetorte zu? Das Rezept sollte in allen Einzelheiten befolgt werden: »Man verwende keine Buttercreme; ist die Zielscheibe blond, garniere man den Teig mit einer Mischung aus Brombeeren, Mehl und Wasser, und bestreiche das Ganze mit einer Schicht Schlagsahne. Ist der Empfänger brünett, so nehme man anstelle von Brombeermus geschlagenes Eiweiß mit Zitrone, was bei einem matten Teint auf dem Bild besser zur Geltung kommt« (Buster Keaton.) Abgesehen von dieser eben erwähnten, unerläßlichen Abstimmung der Torte auf das Zielgesicht, bemerkt man, wie sehr die Genauigkeit der beschriebenen Vorbereitungen der Ansicht Umberto Ecos widerspricht, der die Regelverletzung durch eine glorreiche, erhabene Gestalt als »tragisch« und eine gleichartige Übertretung durch einen minderen, gewöhnlichen Helden, einen Schmierenkomödianten, als »komisch« bis »burlesk« definiert. Woraus er logischerweise auf den witzigen Aspekt der Torte schließt: Da sie ursprünglich der Ernährung dient, ist ihre Verwendung als Wurfgeschoß eine Verletzung der Norm. Einspruch: Derjenige, der die Torte zweckentfremdet, ist der Werfer, und dieser bleibt außer Betracht. Zuweilen bleibt er völlig anonym, was dem Lachen aber keinen Abbruch tut, denn der Gag vollzieht sich ganz allein am Empfänger, der darauf nicht gefaßt war – der Überraschungseffekt ist das »Hauptelement der Burleske« (Keaton).

Die Alternative – eine Regel verletzen oder einhalten – nimmt die Dinge viel zu ernst; Gilles de Rais oder die Königin Victoria können kaum als Wegbereiter des Slapsticks angesehen werden, ein Wort, das im Englischen ursprünglich die Harlekinpritsche und im erweiterten Sinne eine Harlekinade oder Posse bezeichnete. Umberto Eco ist die Komplexität unseres Verhältnisses zu den Normen entgangen. Was verhöhnt die Torte? Eine durch den Absender entfremdete Regel? Gewiß nicht. Viel eher – vom Empfänger aus gesehen – den allgemeinen Glauben an die Regeln, die einfältige Vorstellung, sie seien naturgegeben, ein für allemal begründet, ausnahmslos unantastbar, unverletzlich, unanfechtbar. Die in ihre eigenen Reize verliebte Kokette, der sich taub stellende Polizist, der alles niederwalzende Muskelprotz oder der fanatische Präsident haben ihre persönlichen Lebensregeln zu allgemeingültigen Maximen erhoben: sie leben glücklich und zufrieden im absoluten Ernst der Schönheit, der Kraft, der Ordnung und des Glaubens, wenn plötzlich ein Sandkörnchen – ein listiger Einfall von Keaton oder Charlies Spazierstock, oder eine Cremetorte – ihren dogmatischen Glauben an die Allmacht der Regel in seinen Grundfesten erschüttert. In »*Eine Nacht in der Oper*« sabotieren die Marx Brothers die Vorstellung, indem sie Jazz-Partituren auf die Notenständer des ehrwürdigen Orchesters schmuggeln. Das schnurrige Backwerk, die vulgäre, demokratische Banane, die einen Scheingott zu Fall bringt: sie haben Gerichtshoheit über die jeweilige (absolute oder relative) Modalität, wonach eine Regel für uns auch als Regel gilt, bevor wir sie auf ihren angenehmen oder unerfreulichen, annehmbaren oder unerträglichen Inhalt hin prüfen.

*

Befürchtet das Schlimmste: Die Cremetorte ist eine ihrem Wesen nach zutiefst antisozialistische Waffe. Ich sage: ihrem Wesen nach und nicht zufällig. Daß sie wie ein Schock wirkt, indem sie den, der sie abbekommt, in die Wirklichkeit zurückruft, darin liegt nichts, was uns in besonderem Maße beträfe. Es liegt in der Macht und dem Ermessen eines jeden, Fehleinschätzungen zu korrigieren (die Rechte wird es an unserer Stelle tun, wenn …). Daß die Torte darüber hinaus der Selbsteinkehr förderlich ist, bringt uns weniger in Verlegenheit als unsere kommunistischen Verbündeten, die sich für unfehlbar halten.

Der französische Sozialismus hat wiederholt seine Fähigkeit zum Gesinnungswandel unter Beweis gestellt, eine Kehrtwendung in unseren Überzeugungen hat uns noch nie aus der Fassung gebracht. Einige Freunde und zahlreiche Feinde drängen uns, ein Unternehmen in der Art des Bad Godesberger Programms ins Leben zu rufen. Könnt ihr euch vorstellen, daß wir, fünfundzwanzig Jahre nach der Sozialdemokratischen Partei Deutschlands, feierlich mit dem Marxismus brechen und damit, ein Vierteljahrhundert nach ihnen, in eine ähnliche Patsche geraten wie sie? Der harte ideelle Kern des französischen Sozialismus ist nicht marxistischer Art, er ist eher in der Nähe des »Neuen Christentums« eines Saint-Simon anzusiedeln; eine antimarxistische Welle würde ihn nicht berühren, er entstand vor Marx und Engels. (Die jungen Genossen, die es vielleicht nicht wissen, möchte ich daran erinnern, daß das Kommunistische Manifest dem Geiste nach sehr viel aus dem Manifest der Saint-Simonisten von 1830 schöpfte und wörtlich einige markige Sprüche daraus entnommen hat, die seitdem um die ganze Welt gingen.) Kraft seines Erstgeburtsrechtes dürfte unser Sozialismus mühelos ein Absterben der sowjetischen Glaubenslehre überleben, doch gerade dieses Kernstück, das älter ist als der Marxismus, der nur eine besondere Variante davon ist, ist nunmehr angeschlagen.

In der Gestalt von Torten treffen uns mit voller Wucht drei neuartige und ausgesprochen philosophische Eigenschaften. Sie sind zuckersüß. Sie sind trüb. Sie sind weich. Sie treffen uns in dem, was wir für gut, wahr und schön halten. Die in Buttercreme gehüllten Geschosse überfallen die Sanftheit mit Süßigkeit und die Einfalt mit Raffinade; sie verkörpern nicht nur den Aufruhr des Realismus der Mittel gegen den Idealismus der Zwecke, sie kehren diese Zwecke gegen sich selbst um. Sie schlagen uns mit Blindheit, indem sie unser Klarheits- und Wahrheitsideal vollspritzen. Sie stehlen den Endkämpfen die Schau, an die Stelle ihrer schneidigen Schönheit tritt die Lächerlichkeit, die nicht tötet. Die Torten entzaubern die bessere Welt und die Wege, die dahin führen; die Windbeutel- und Rumkugelschlachten versetzen uns wider Willen in das Unberechenbare. Woran dachten wir an jenem 10. Mai 1981, als wir endlich die Regierung antraten und voller Rührung den entscheidenden Bruch mit der alten Welt einleiteten? Stellt euch vor, was Gott nicht zulassen möge, unser Präsident wäre am 11. Mai verschieden, gleich Moses an der Schwelle zum Gelobten Land; ihr wißt alle, wie sehr er es liebt, den »gemeinsamen Stamm« der alten sozialistischen Bewegung in unserem Lande zu beschwören, jenen Geist der Zusammengehörigkeit, der älter ist als alle Spaltungen und trotz aller Bruderzwiste unentwegt für ein bleibendes Einvernehmen sorgte; hier nun seine letzten Worte, die er zu den Freunden sprach, die sich um sein Bett versammelt hatten: »Ihr steht vor einer Epoche, in der klug miteinander kombinierte Anstrengungen zu großem Erfolg führen werden. Die Birne ist reif, ihr könnt sie pflücken. Der letzte Teil unseres Werkes, das Neue Christentum, wird nicht sofort verstanden werden. Man war der Ansicht, daß jede Art von Religion verschwinden müsse, weil es gelungen war, die Hinfälligkeit des Katholizismus zu beweisen. Das war ein Irrtum; die Religion kann nicht aus der Welt verschwinden; sie fängt gerade an, sich zu wandeln … Rodrigues, vergeßt das nicht und denkt auch daran, daß man nur durch Leidenschaftlichkeit große Taten vollbringt …; mein ganzes Leben wurde durch einen einzigen Gedanken beherrscht: allen Menschen die freieste Entfaltung ihrer Fähigkeiten zu ermöglichen. Achtundvierzig Stunden nach unserer zweiten Veröffentlichung wird die Arbeiterpartei gegründet werden: die Zukunft gehört uns.« Er führte die Hand an die Stirn und starb. Setzt an die Stelle von Rodrigues, dem geistigen Sohn, den Namen Josquin, und jedes stolze Wort, das Saint-Simon am 19. Mai 1825 sprach, hätte einhundertsechsundfünfzig Jahre später über die Lippen unseres großen Genossen kommen können. Sogar die Religiosität der Sprache paßt zur großen, in langen Jahren gereiften Union der linken Pfarrer und Linksstalinisten. Manche werden sich erinnern, daß dieses heikle Paktieren nicht erst von gestern datiert; gleich nach dem Ende des Zweiten Weltkrieges einigten sich

Christen und Kommunisten auf eine gegenseitige Vergebung ihrer Sünden: »Frankreich, das ist Pétain, und Pétain, das ist Frankreich«, diese tönende Erklärung des Primas der gallischen Lande, des höchsten Vertreters der katholischen Kirche, wurde vergessen; als Gegenleistung wurde das Techtelmechtel der PCF mit den deutschen Okkupanten aus dem Gedächtnis getilgt. Als wir durch das Tor zum Elysée schritten, tanzten nicht wenige Leichen in den Kellern.

Der Genosse Zwischenrufer fordert mehr Wissenschaftlichkeit. Saint-Simon auf dem Totenbett überzeuge ihn nicht. Er finde ihn dumm. Nun gut. Schwingen wir uns zum Begriff auf. Was ist unser Ziel? Was bezeichnen wir als Sozialismus? Ganz sicher nicht jenen Zustand der Gemeinschaftlichkeit, wo alles allen gehört und alle Katzen ausnahmslos grau sind – selbst die Kommunisten nennen diese Art von Kommunismus »primitiv«, wobei es mir bis heute nicht gelungen ist, einen anderen, moderneren mir vorzustellen, der nicht auf eine ebenso primitive Weise gleichmacherisch und gestaltlos wäre. Der Sozialismus dagegen mobilisiert in fast allen seinen Varianten – auch in der marxistischen – die Wissenschaft und die Aufklärung. Wie Durkheim betonte, zielt er auf die Angliederung aller ökonomischen Funktionen an die leitenden und bewußten Zentren der Gesellschaft. Denkt zum Beispiel an eure großartigen Verstaatlichungen – ein schönes Beispiel für eine solche Angliederung. Hätten wir denn dulden können, daß der Geldumlauf, die wichtigsten Investitionen und die großen Produktionszweige nicht den »leitenden und bewußten Zentren«, das heißt uns, unterstellt worden wären? Das sei Marxismus, hat die Rechte laut gerufen und damit einmal mehr ihre Unbildung bewiesen. Das ist Saint-Simon, meine Herren! »Alle wesentlichen Elemente der sozialistischen Lehre befinden sich in der saint-simonistischen Philosophie« (Durkheim). Wir haben den Entwurf des geistigen Vaters respektiert: Beseitigung des Trüben und Irrationalen in der Gesellschaft durch organisatorische Kontrolle der kapitalistischen Anarchie und Unterstellung der industriellen Mißwirtschaft unter die Autorität der Wissenschaft

– die Ausbeutung des Menschen durch den Menschen, das ist der Stand der zwischenmenschlichen Beziehungen in der Vergangenheit; die Ausbeutung der Natur durch den mit dem Menschen vereinten Menschen, das ist das Bild, das die Zukunft bietet« – das ist unser Manifest, das Manifest von 1830!

Der Sozialismus war für uns *die* Wissenschaft, aber nicht irgendeine, sondern die Wissenschaft vom Guten. Nachdem einmal feststand, daß die Hoffnung auf das Paradies und die Furcht vor der Hölle in ihrem traditionellen Verständnis für die Lebensführung unserer Zeitgenossen keine Grundlage mehr darstellten, daß man vielmehr von ihren gegebenen, realen und faßbaren Bedürfnissen ausgehen müsse, eröffnete unsere Lösung den »gemeinsamen Weg zu den Interessen des Einzelnen und zu denen der Allgemeinheit« (Saint-Simon). Wir haben die Privatbetriebe nicht beschlagnahmt, um sie treuherzig in gleichen Teilen wieder herzugeben, sondern um die Flut der Reichtümer zu kontrollieren und den Fluß der Investitionen zu lenken, um unser Schicksal zu meistern und (nicht weniger als das) um das Leben zu ändern. Der Sozialismus ist die Produktionsweise des Guten durch die Guten.

»Unbesiegbar, weil wahr.« Wir brauchten uns ein solches Zeugnis der Selbstzufriedenheit, mit dem Lenin seine eigene Lehre zierte, nicht auszustellen. Es ist Teil unseres Erbes seit dem Ende der napoleonischen Kriege, als Saint-Simon – wieder er – seinen Plan für die »Umgestaltung der europäischen Gesellschaft« veröffentlichte. An wen wandte er sich damit? An die Schriftsteller und an die Gelehrten: »Ihr herrscht über die öffentliche Meinung und die öffentliche Meinung herrscht über die Welt.« Die Genossen, die Saint-Simon ermüdend finden, können sich nach Belieben an Gramscis Thesen über die »kulturelle Hegemonie« sattlesen, mit der unsere Lehre ihre Herrschaft einleitet. Sie sollten nur wissen, daß dieser Begriff ein Jahrhundert früher, als unser guter Freund aus Rom auf ihn verfiel, von einem anderen geprägt wurde. In seiner alten Form ist er klarer als in der neuen. Die Idee, man könne jene, die das

Wissen haben, dazu einspannen, daß sie für die moderne Menschheit einen nationalen Katechismus des Höchsten Gutes verfassen – dieser Gedanke ist ohne Scheu und falsche Scham schon einmal vorgebracht worden: »Solange die Herrschenden die Gelehrten (der reinen und der angewandten Wissenschaften) schützen, wird man im alten Regime verharren; sobald hingegen die Gelehrten die Herrschenden schützen, beginnt in der Tat das neue Regime.« Was tun unsere Genossen Minister für Kultur und Forschung? Sie bauen eine Oper, sie sorgen für das materielle Wohl der Forscher und sie haben das Gefühl, »tatsächlich am Anfang einer neuen Epoche zu stehen«. Auch wir hegen den Wunsch, die Wissenschaft möge in der Ausübung der geistigen Macht an die Stelle des Klerus treten, damit die Führung des Menschengeschlechts einem hohen Rat von Gelehrten übertragen werden könne, der nicht mehr in der überlebten Art Saint-Simons »Newton-Rat«, sondern nach einem gehörigen Akt der Modernisierung »Einstein-Rat« heißen würde. Oder wenn es euch besser gefällt, könnte man ihn nach einem unserer noch jungen, aber hervorragenden Genossen benennen. Der Sozialismus ist die Produktionsweise des Guten für die Wahrhaftigen.

Die sozialistische Umgestaltung, die wir in Angriff genommen haben, hat ihre Theologie: die Wissenschaft; ihren Kult: die Industrie und ihre Ästhetik: die Geschichte. In den meisten seiner Spielarten beschreibt der Sozialismus die Entwicklung Europas als einen Walzer im Dreivierteltakt. Am Anfang steht – humanistisches Griechenland oder romantisches Mittelalter – eine durch die Tradition geeinte Gesellschaft (heute ist jede x-beliebige Volksüberlieferung aus der Dritten Welt dafür gut genug – der Mythos des »edlen Wilden« ist zählebiger als der völlig überholte Mythos des guten Europäers im Mittelalter). Heute wird die gleiche Gesellschaft durch die bewußte Kraft unserer Lehre zusammengehalten. Dazwischen liegt die Zeit der Unruhen und Spannungen, eine Zeit, in der durch den Warenfluß, der Subjekt und Objekt, Hersteller und Produkt, Mensch und Ding einander gleichsetzte, die alten zwischenmenschlichen Beziehungen entfremdet wurden. Der Sozialismus, meine Freunde, stammt weder von links noch von rechts, er geht tiefer, er artikuliert den uralten Traum von einer Rückkehr Europas ins gelobte Land des Mittelalters. Dabei ist es kaum von Belang, ob man in der Art Voltaires den schändlichen Obskurantismus jener Zeit anprangert oder wie Chateaubriand dieselbe Zeit kultisch feiert, denn unsere Nachahmung des Mittelalters ist rein ästhetischer Natur; wir werden weder die Gläubigkeit des Mittelalters noch dessen Barbarei zu neuem Leben erwecken; wir entleihen dieser Zeit die reine Form der Einheit; wir blicken nostalgisch auf eine ganze Menschheit, die sich auf einem einzigen kleinen Kontinent zusammengefunden hat: »Die im gesamten Europa praktizierte Religion gilt als das passive Band der europäischen Gesellschaft; der römische Klerus war deren aktives Band. Er war weithin verbreitet und allerorten nur sich selbst verpflichtet, seine Vertreter waren Mitbürger aller Völker und hatten dennoch ihre eigene Regierung und eigenen Gesetze; so bildete er das Zentrum, dessen Wille den großen Körper belebte und dessen Impulse sein Handeln bestimmten ...«

Historiker, die ein so idyllisches Zeitgemälde für falsch halten – der Beruf verpflichtet –, übersehen das Wesentliche: Allein die Erbauer der Zukunft besitzen den Schlüssel zur Vergangenheit. Was wüßten wir von der erhabenen Rolle des Lateins, wenn die Eliten der Erde unseren, auf mannigfaltige Weise wissenschaftlichen Sozialismus nicht schon als »Kauderwelsch« in Gebrauch genommen hätten? Was zählt da schon Europa, wichtig ist das Modell der »organischen Gesellschaft«, das wir in der Dritten Welt, vor und nach dem Durchgang der Europäer, verkörpert sehen. Unsere Hauptsorge ist es, die uns umgebende Anarchie durch eine gestaltete Gemeinschaft zu ersetzen, die nicht mehr kritisch und zerrüttet wäre wie die heutige, sondern wieder schön und symbiotisch, so wie sie Saint-Simon und Auguste Comte vorschwebte. Der Sozialismus ist die Gestaltung des Guten durch die Schönen.

Sozialismus, das ist die gute Gesellschaft, die schöne Gesellschaft, die wahre Gesellschaft. Verschiedene nationalistische Ideologien und sogar einige besonders anmaßende rassistische Doktrinen haben sich erlaubt, auf unserem geistigen Grund und Boden zu wildern; aber wir sind nicht mehr die einzigen, die eine Reise ohne Wiederkehr ins Gelobte Land versprechen, wo die Menschheit das Gute erfahren soll, das allein wir heute schon kennen. Ein Philosoph würde vielleicht darauf verweisen, daß das Gute, das Schöne, das Wahre sogenannte transzendentale Begriffe sind, unter denen man sich im Mittelalter das Sein und im erweiterten Sinne die Welt vorstellte. Wer außer uns verspricht schon den Menschen eine Welt, in der sie sich »zu Hause« fühlen können? Ohne Sozialismus wäre der Mensch ein ewig wanderndes Wesen, das rein zufällig auf einen naheliegenden Planeten gefallen ist. Unser Problem liegt aber darin, daß wir das, was für alle gut ist, besser wissen als diese selbst, und das verurteilt uns dazu, ihnen dieses Glück zu bringen und als Lohn ihren Undank zu ernten.

Sehen wir uns noch einmal die Flugbahn einer Cremetorte an. Sie kommt von irgendwo her, trifft irgend jemanden und erscheint angesichts ihres Auflösungsvermögens besonders schicksalhaft. Sie ist umwerfend im wahrsten Sinn des Wortes. Nach ihrem Auseinanderplatzen gerät unsere heile Welt, in der die Mittel sich den Zwecken angleichen und diese sich wiederum unseren Illusionen, wie ein zerlumptes Etwas aus den Fugen. In *City Lights* betrachtet Charlie verliebt ein junges blindes Mädchen, das an einem öffentlichen Brunnen Wasser trinkt; sie spült das Glas aus und schüttet ihm unvermittelt den Inhalt ins Gesicht. Die Welt des Burlesken kennt weder Höhen noch Tiefen; ihre Helden tragen einen respektlosen und mißtrauischen Blick zur Schau, »den man von unten zu den Gipfeln der sozialen Hierarchie emporhebt, um die Losungen, die dort erlassen werden, in die Gosse und den Staub, wo man sich durchhungert, herabzuziehen; ihr Sinn für das Konkrete ist gleichfalls ein Mittel, um die Ideen an der Wirklichkeit zu prüfen, und die Befreiung, deren Träger sie sind, beginnt mit der Absage an die Illusionen, die wir über uns selbst hegen. Der einfache Gag des klebrigen Stück Papiers, das hartnäckig an den Sachen, den Händen oder den Schuhsohlen eines armen Wichts haften bleibt, ist in diesem Sinne eine recht nützliche Ermahnung: bevor sich der Mensch anmaßt, die Herrschaft über die Welt anzutreten, sollte er zusehen, wohin er seine Füße setzt« (P. Král). Ich weiß, in unseren Kreisen spricht man gern über die entmystifizierenden Eigenschaften unserer Lehre. Aber auf diesem Gebiet, Genossen, wurden wir für immer übertroffen, nicht etwa durch die Bekenntnisse Charlie Chaplins, die gleichfalls nur Mache sind, sondern durch das Augenzwinkern, das Charlie im Rücken seiner Angebeteten an uns richtet, während er diese umarmt. Der Ritter des Guten, der einmal in seinem Leben die Cremetorte ernst nimmt und ihr bis in die letzten Konsequenzen folgt, ist nicht mehr von dieser Welt. Unentwegt steht er da wie Buster Keaton, der in der offenen Tür eines über ihm zusammenstürzenden Gebäudes auf wundersame Weise die Stellung hält, und betrachtet mit neuem Blick unsere wohlgemeinten Proklamationen – wie Tapeten auf Wänden aus Pappmaché.

Das Auflösungsvermögen der Torte zermalmt die Welt, eben weil unsere Welt auf der Negation der Trennung errichtet ist. Artikel eins: die Menschen werden geboren, um sich zu verstehen, zu vertragen oder zu lieben, und nicht, um sich mit in Honig getauchten Pflastersteinen zu bewerfen. Artikel zwei: daß sie sich Nasen drehen und gegenseitig ein Bein stellen, dafür können sie nichts, denn sie sind vom Teufel besessen, ein System hat sie sich selbst gegenüber entfremdet. Unser Sozialismus hat auf die Kinder Gottes gesetzt und nicht auf Wilde; er versteht sich in seinem innersten Verhältnis zur Torte als irdischer Nahrung und befindet sich daher fernab von der Torte als geistigem Projektil. Die saint-simonistische Weste wurde über den Rücken geknüpft, was per Neunerprobe die unverbrüchliche Solidarität beweist, die unserer Ansicht nach die neuen Gotteskinder miteinander verbindet. »Diese Weste ist das Symbol der Brüderlichkeit, man kann sie nicht anziehen, ohne die Hilfe eines der Brüder in Anspruch zu nehmen, und so gemahnt sie jedesmal an das Gemeinschaftsgefühl.« Höre ich mir die Anträge und Erklärungen an, mit denen wir unsere Kongresse reichlich schmücken, muß ich immer wieder an die feierlichen Einkleidungen denken, wie sie von den Jüngern des Père Enfantin vorgenommen wurden; der Wille, sich durch die Aufgabe von moralischer und geistiger Unabhängigkeit die Hände zu binden, bestätigt nur das Prinzip der Unzertrennlichkeit alter Ehen, starker Parteien und der sozialistischen Gesellschaft.

So lange wie wir Sozialisten sein werden, werden wir auch den Streuungseffekt einer Cremetorte durch ein uns eigenes, erhöhtes Überraschungsmoment verstärken; mit einem Patsch! prallt sie auf unser Weltbild und löst einen Zusammenbruch aus, der jedes Abenteuer des Sozialismus in der Art eines Taifuns beschließt, welcher Dinge, Dekors, Paare, Überzeugungen, Himmel und Erde am Ende eines burlesken Films durcheinanderwirbelt. Es ist an der Zeit, eine Wahl zu treffen: Entweder wir sozialisieren weiter und ersticken unter dem süßen Backwerk oder wir üben uns darin, die Patisserien der Geschichte einzustecken und flugs an die Adressaten zurückzuschicken. Es ist höchste Zeit, den Sozialismus aufzugeben mit seiner Anmaßung, alle Finsternis, Vergangenheit und Zukunft bewußt beherrschen zu wollen – mit seinem Wunsch, ein für allemal dem überraschenden Tortenangriff zu entgehen. Aber wenn wir abschwören, ergeben wir uns auf Gnade und Ungnade der Rechten, werdet ihr mir entgegenhalten? Warum so defätistisch, meine Freunde? Woher wollt ihr wissen, ob die Rechte nicht ebenfalls von dem einen Wunsch beseelt ist, der unseren Kanzelreden nicht unähnlich ist? Laßt im Hinblick auf die Interessen des einzelnen die Zügel schießen, und man wird unweigerlich den Weg zum Interesse der Allgemeinheit finden! Der traditionelle Liberalismus postuliert das Bestehen einer vorherbestimmten Harmonie, die mittels unsichtbarer Kunstgriffe den freien Warenhandel reguliert, genauso wie der Sozialismus auf den Heiligen Geist spekuliert, der in den Kulissen den freien Wettbewerb der ideologischen Interessen harmonisiert. »Der klassische Liberalismus beruhte auf dem Glauben an eine objektive Gerechtigkeit«, erkennt Hayek, der kaum im Verdacht steht, eine Doktrin zu karikieren, zu der er sich bekennt. Der Liberalismus in seiner klassischen Ausprägung wie auch der Sozialismus brauchen die Vorstellung einer guten Welt, einer »objektiven Gerechtigkeit«, in der sich die Unterschiede durch Ergänzung ausgleichen, während die Differenzen in den Zielvorstellungen des einzelnen durch einen spekulativen und unfehlbaren Kraftakt dem Allgemeingut zum Nutzen gereichen. Wir werden den zugrunde liegenden Archetypus dialektisch nennen, zu Ehren Hegels und seines Leitmotivs von dem Einen, das Alles ist (en kai pan). Unser großer Jaurès berief sich ja auch auf Leibniz. Liberalismus und Sozialismus reimen sich mit Wahldemokratismus und sind zwei Versuche zu erklären, daß in der schönsten aller französischen Welten alles zum besten steht, wie uns die Ideologen von rechts und links mit ihren Glaubensbekenntnissen partout einreden wollen.

\*

An einem Apriltag im Jahr 1959 machte der Regierungschef General de Gaulle die beiläufige Bemerkung: »Das Algerien unserer Väter ist tot, und wenn wir das nicht begreifen, werden wir mit ihm sterben.« Noch drei Jahre dauerte dann der Algerienkrieg, aber die Bemerkung traf ins Schwarze, und die politische Führungsschicht nahm es hin – und überlebte. Es ist höchste Zeit, daß wir uns leise zuraunen: der Sozialismus unserer Väter, der Sozialismus *à la française* ist tot – sonst krepieren wir noch daran, daß wir zu lange brauchen, um zu dieser Einsicht zu kommen. Sehen wir uns die Parallele etwas genauer an: Da die Truppen des Generals weder durch vertrauliche Gespräche noch durch doppelsinniges Schweigen zu einer Entkolonialisierung zu bewegen waren, entschloß sich der General zwei Jahre später zu der einsamen Entscheidung, den Moslems Algeriens die uneingeschränkte und vollständige Unabhängigkeit zu gewähren, ungeachtet aller schmerzlichen oder tragischen Konsequenzen, die sich daraus für die dort residierenden Franzosen ergaben. Stellt euch vor: Der französischste aller Franzosen, der nationalste unter den Nationalen verschleuderte damit unsere Departements jenseits des Mittelmeers, brach seine Eide und ließ seine Mitbürger im Stich. Diese Kappung der Nabelschnur zwischen der Rechten und ihrer jahrhundertealten Tradition, dieser in Blut und Schande vollbrachte Vatermord bewirkte ein epochales Debakel. De Gaulle zögerte nicht lange; er handelte nach einem strategischen Plan, der um so bemerkenswerter war, als er auf einer Fehleinschätzung der Lage beruhte. Im Sommer 1961 zementierte die Mauer die Teilung Berlins und schloß siebzehn Millionen Deutsche im Osten ein; Chruschtschows großsprecherische Auftritte mehrten sich und de Gaulle war davon überzeugt, daß der Ausbruch des dritten Weltkriegs bevorstand. »In der Sorge, der Überzeugung, daß ein dritter Weltkrieg in der Mitte des Sommers 1961 nicht auszuschließen sei, liegt wohl der Grund für die erschütternden Revisionen, die im Hinblick auf Algerien vom Herbst an erfolgten und in wenigen Wochen die Aufgabe der bis dahin feierlich verkündeten und für unantastbar erklärten Prinzipien besiegeln sollten« (P. Viansson-Ponté). Das Kalkül war unter den gegebenen Umständen falsch, aber auf lange Sicht hin richtig: Frankreich, das sich seit mehreren Jahrzehnten immer tiefer in einen feindseligen und rebellischen Maghreb verstrickt hatte, hätte auf dem europäischen Schauplatz kaum gezählt. Der Bruch, zu dem wir heute genötigt sind, scheint mir von der gleichen Art zu sein. Im Innern schwierig und schmerzlich wegen der Erinnerungen, die wie Wunden aufreißen, und der Gewohnheiten, die damit zerbrechen, erweist er sich dennoch als ein leichter und heilsamer Schritt, sobald wir die Türen und Fenster unserer Überzeugungen aufstoßen: Unsere Zeitgenossen verstehen unter Sozialismus durchaus nicht das, was wir in unseren erlauchten Köpfen damit verbinden, sondern das, was – schon? noch immer? – fast die Hälfte der Erde verwüstet.

De Gaulle zeigte wahre Größe. Anstatt zu warten, daß ihn die Ereignisse zum Handeln zwangen, nahm er sie vorweg, griff ihnen vor und trieb sie voran; wie ein Elefant im Porzellanladen der überlebten Anschauungen, gleich einer Kugel, die mit einem Wurf die heiligen Kegel einer hurrapatriotischen und chauvinistischen Rechten auseinandersprengt, lichtete er rigoros seinen eigenen Generalstab, setzte selbst seine Truppen außer Gefecht, zwang den Waisen der Petroleumlampe und der Segelschiffahrt seine Einsamkeit auf. Und es wurde elektrisches Licht. Ihm verdanken wir es, daß wir heute in der Lage sind, in das Geheimnis eines burlesken Helden einzudringen, der sich als eine Mensch gewordene Torte erwies. Um sie nicht mehr erleiden zu müssen, verkörperte er sie und war eifrig bemüht, um sich herum ihren Verwüstungen breiten Raum zu geben. Buster Keatons Karriere dokumentiert den Ruhm und die Verklärung der Jux-Bombe. Schon im Alter von drei Jahren wurde er von seinem Vater zu allerlei Hilfsarbeiten auf der Bühne eines Variététheaters herangezogen; er begann als »Scheuerjunge« und löste bald beim Publikum regelrechte Lachsalven aus, aber auch die empörten Proteste der Vereinigung zur Förderung der Tugend. Von den guten Feen des Schicksals mit etlichen Gaben gesegnet, verstand er es von Anfang an, in den Filmstudios, die er betrat, den Zufallsgeschossen auszuweichen, bewältigte jede ihm gestellte Aufgabe und setzte sich durch als die Seele des Torpedos oder als die zum Selbstbewußtsein erhobene Cremetorte. Die anderen Großen – Langdon, Chaplin – verkörperten auf andere Weise diese Wandlung des originären Objekts zum Subjekt. Wir sollten den großen Vorbildern nacheifern, das Backwerk eröffnet nur zwei Wege in der Politik: entweder man ist Empfänger der Cremetorte oder man ist sie selbst.

Wenn wir zum Backpfeifengesicht absinken oder Gefahr laufen, den Professorentitel für die Erhaltung der fortgesetzten Enttäuschungen verliehen zu bekommen, rettet uns die Kunst, nach links, nach rechts und zurück zu steuern. Posten zu besetzen wird einer die Mehrheit erringenden Opposition leicht fallen, und wir werden sie lehren, Schicksalsschläge elegant einzustecken und die Form zu wahren, wenn die Substanz getroffen wurde, auf die Gefahr hin, in einem Wesen Zuflucht zu suchen, das sich nur den Erwählten erschließt, wenn auch der Schein zerbröckelt. Die Verbindung, die wir wider Willen mit dem gegnerischen Lager eingehen, erscheint dem Publikum weniger konträr, als es uns dünkt. Die Allmacht der burlesken Torte salbt nur in den seltensten Fällen den unbefangenen Virtuosen, der imstande ist, ein so hohes Amt einsam auszuüben; in Ermanglung eines Keaton vollzieht sich die Menschwerdung der magischen Blätterteigtorte durch Verdopplung, und ihre Allgegenwart produziert sich in den jeweiligen Paarungen: schlau und arglos, lang und dick, gerade und krumm, vermeintlich normal und pseudopathologisch; so erhalten wir Laurel und Hardy, Abost und Costello, Dean Martin und Jerry Lewis. Von einigen rühmlichen Ausnahmen abgesehen, wird man die Liste mit der paarigen Aufzählung der Kostgänger des Elysées abschließen können.

Den größtmöglichen Effekt erzielt man, wenn man die Torte auf einen pyramidalen Hochzeitskuchen schleudert. General de Gaulle führte zwei Luftangriffe dieser Art gegen die Kartenhäuser. Er verhalf der Force de frappe zum Durchbruch, denn Verteidigung ist nur möglich, wenn man die Risiken der Abschreckung mit den anderen teilt und nicht, indem man sich hinter betonierten Stellungen oder in den stumpfsinnigen Bunkern einer Maginotlinie verschanzt. Danach hob er die Zoll- und Handelsschranken auf, zum großen Schaden eines provinziellen Frankreich, das noch immer davon träumte, sein Kolonialreich und seine Fabriken aus dem 19. Jahrhundert ewig zu erhalten. Nachdem die strategische Unverletzbarkeit und die ökonomische Autonomie verlorengegangen waren, blieb uns nur noch der kulturelle Ehrgeiz, die Heimat der größten Schriftsteller, der besten Künstler und der einzigen, derb-gallischen Kalauer sein zu wollen, die die Welt je gehört hat. In unseren Kampagnen haben wir es nie versäumt, dieser Kulturträger ehrend zu gedenken, und haben sie auch zu einem netten kleinen Besuch ins Pantheon geladen, wenn die Stunde des Sieges geschlagen hatte. Was bedeutet es schon, daß Voltaire sich erlaubte, seine »englischen« Briefe zu schreiben, und daß Sartre den amerikanischen Roman in Frankreich einführte; die Forderung nach nationaler Unabhängigkeit in Sachen Kultur und Bildung dürfte so manchem ein Lächeln entlocken; wir gingen daran, die Einfuhr nichtfranzösischer Chansons zu beschränken und die Rhythmen und Bilder, mit denen uns die bösen Ausländer bombardieren, mit Quoten zu belegen. Das Kikeriki wurde zu unserer Nationalhymne und der amerikanische Koloß fiel in Ohnmacht.

Und überhaupt, was wird denn in unseren Schulen gelehrt? »Unsere« Klassiker, das sind nicht Shakespeare – oder höchstens für die Anglisten – und auch nicht Äschylos, es sei denn, man lernt Altgriechisch. Wir – Opposition und Mehrheitspartei von heute und gestern – bildeten eine geschlossene Front, als es darum ging, unsere geistigen Wurzeln zu retten: 1920 gegen das seriengefertigte Automobil und 1980 gegen den privat genutzten Videorecorder. Heute ist niemand mehr Herr im eigenen Hause, die »splendid isolation« der Kultur, einst symbolisiert durch das blau-weiß-rote Fernsehen, hat dasselbe Los ereilt wie so manches Wahrzeichen des ewigen, fernabliegenden Frankreichs der Belle Epoque. Die »Maginotlinie«, die wir versprachen aufzurichten, um Bilder, Klänge und Ideen abzuwehren, erweist sich als ebenso kostspielig und trügerisch wie die militärischen Schutzwälle und Zollschranken, die einst die Unverletzbarkeit der Grenzen und ein Wirtschaftsleben frei von fremden Einflüssen sichern sollten. De Gaulle ließ auf einen Schlag die Verteidigungsanlagen niederreißen. Wir tun dasselbe, häppchenweise, mal »von links«, mal »von rechts«, im fröhlichen und unwillentlichen Gleichklang der berühmten Slapstick-Duette.

»Beim erstenmal als Tragödie, beim zweitenmal als Posse ...« Das erste Mal: der reale Sozialismus von Prag nach Havanna via Moskau. Als Antwort darauf dann ein Sozialismus aus zweiter Hand – die französische Variante. Marx' Parabel persifliert die grotesken Verirrungen einer Geschichte, die sich wiederholt: 1848, ein zweiter Aufguß von 1789, und Napoleon der Kleine, eine Karikatur von Bonaparte; das gleiche gilt für uns. Auch wenn wir uns längst über den Irrwitz des Vorgangs im klaren sind, so sinnieren wir doch weiter über eine traumatische Vergangenheit, die unsere Kapriolen in eine selbstmörderische Spirale einfügt. Sieht man das oft: eine Regierung, die sich mit einzigartigem Geschick selbst ins Fleisch schneidet, genau das Gegenteil von dem erreicht, was sie wollte, und das Gegenteil von dem wollte, was sie dann tut? Das sei mangelnde Voraussicht? Aber nicht doch! Nehmt Europa: ein Schlachtenpferd, eine Pferdeschlacht, das Nonplusultra unserer Bilanz, das gehätschelte Kind unseres Präsidenten. Was sagten doch darüber unsere denkenden Köpfe im Jahr 1981? Nichts, nicht viel, wenn überhaupt:

*– Was fällt Ihnen ein, wenn Sie das Wort Europa hören?*
*Jacques Attali –* Gar nichts. Oder genauer gesagt, etwas sehr Negatives. Für mich hat es die Sache nie gegeben oder höchstens in dem totalitären Machtstreben einiger Diktatoren: Napoleon, Hitler, Karl der Große, Karl der Fünfte ... Ich gehe sogar so weit zu sagen, daß es sich um eine gewaltige politische Mystifikation der schlimmsten Art und aller Zeiten handelt. Europa hat es nie gegeben, gibt es nicht; allein das Wort ist ein Begriff, von dem ich weder den Ursprung noch die Geschichte kenne.

(Die tschechischen Dissidenten in Prag, die sich als Heizer oder Nachtwächter verdingen mußten, um, wie sie sagen, ihre europäische Selbstachtung nicht zu verlieren, können über solchen Unsinn nicht lachen; da sie kaum amerikanische Filme zu sehen bekommen, haben sie den Sinn für den kruden Gag und die schockweise vorgetragenen Grausamkeiten nicht entwickelt, zumal die Vision des so brillanten Fürstenberaters zu einem ganz anderen Höhenflug einlud.)

*– Haben Sie nicht das Gefühl, von einer europäischen Kultur umgeben zu sein?*
*Jacques Attali –* Ich persönlich überhaupt nicht. Zu keiner Zeit

Ich halte Vorlesungen in den Vereinigten Staaten, in Mexiko, in Israel, in Brasilien, in Indonesien. Nach Deutschland bin ich noch nie eingeladen worden ... Es gibt keine europäische Kultur ... Was versteht man eigentlich unter europäischer Kultur? Es sind die Massaker, die die Europäer im Namen ihrer Kultur begangen haben ... Europa ist eine Erfindung des europäischen Kolonialismus, und zwar im ältesten Sinne des Wortes, das auf Karl den Großen zurückgeht. Es ist eine Erfindung, die eine Eroberung rechtfertigen soll, um anderen eine Welt von außen aufzuzwingen.

Die Egozentrik dieses Überintelligenzlers soll uns nicht weiter beschäftigen: nach Deutschland wurde er nicht eingeladen, also gibt es Deutschland nicht. Warschauer Schüler und Großmütter fordern das Recht, ihren Gott so zu ehren, wie sie es verstehen; sie würden für die Freiheit des Gebets und die freie Meinungsäußerung kämpfen, wenn es sein muß, und sie würden instinktiv zur Erkenntnis gelangen, daß die Toleranz in Europa seit den alten Griechen auf dem Spiel steht. Wer sich im Elysée niederläßt, sieht die Dinge durch eine andere Brille: »Das Originelle an Europa ist die Tatsache, daß es die Wiege des Kapitalismus ist; dieser wurde in Europa geboren, hat sich in Europa entwickelt, und tatsächlich gibt es eine Art europäische Gemeinsamkeit im Hinblick auf die Werte des Kapitalismus (und nicht auf dem Gebiet der Menschenrechte), die Freiheit der Wirtschaft und die formellen Freiheiten; diese zwei Begriffe liegen eng beieinander. Der Kapitalismus wurde in Europa geboren, und wenn es eine europäische Einheit gibt, dann ist dies die ideologische Einheit der Ware. Diese Einheit ist aber keine Kultur, eben weil die Ware die Negation der Kultur ist.« Ein extremerer Standpunkt ist wohl kaum denkbar! Wenn nach einer so zwingenden Rede die Börse nicht zusammenbricht, dürft ihr daraus auf unsere geringe Glaubwürdigkeit schließen.

Ihr zuckt die Schultern? Unser brillanter Berater habe dieselbe kleine Sünde begangen wie Bouvard und Pécuchet: Er habe eben abgeschrieben, möglicherweise von einem Leitfaden des Marxismus für untere Parteifunktionäre. Doch laßt euch eines Besseren belehren; selten, und selbst in seinen plattesten Verallgemeinerungen, hat der Marxismus eine derart einseitige und antieuropäische Epistel verbrochen. Mit diesen Blüten seid ihr im Besitz der originellsten Ergüsse unserer jungen sozialistischen Generation, das ist die Überwindung des Marxismus durch die Dritte-Welt-Solidarität. Aufgepaßt! Ich habe nicht Antikolonialismus gesagt, welcher auf Montaigne zurückgeht. Unsere Dritte-Welt-Solidarität ist nicht antikolonialistisch, sondern antiokzidentalistisch: Alles, was anti-europäisch – oder anti-amerikanisch – ist, kann nur recht sein. Wenn das zuträfe, dann hätte unser vorher zitierter Freund auch erkennen müssen, daß Imperalismus und Kolonialismus keine ausschließlich europäischen Errungenschaften sind. Fragt die Sikhs, ob sie der Meinung sind, es gäbe keinen hinduistischen Rassismus. Fragt einen Moi, einen laotischen oder kambodschanischen Bauern, was er über den kommunistischen Kolonialismus der Vietnamesen denkt, und wie der Afghane zum sowjetischen Imperialismus steht, was die Schwarzen von der Diskriminierung der Dunkelhäutigen im arabischen Maghreb oder auf Kuba halten, was die Biafraner über die Nigerianer zu sagen wissen …, aber ich erspare uns weitere, noch grausamere Beispiele. Attali schert das herzlich wenig: Europa ist die Mutter aller Laster und die Dritte Welt der Garten aller Tugenden.

In Anbetracht der ethnischen, sozialen und religiösen Intoleranz, die auf dem gesamten Erdball ihr Unwesen treibt, dürfte unserem Kampfgefährten und Herzensbruder nicht entgangen sein, daß der Kolonialismus unabhängig von Rasse und Kontinent weltweit gedeiht, während sich der Antikolonialismus als eine europäische (und amerikanische) Spezialität manifestiert. Keine vergleichbare Bewegung wie jene, die in den westlichen Metropolen ausbrach, hat je die Intellektuellen oder die Jugend der Dritten Welt beispielsweise zugunsten der Kurden erfaßt, die abwechselnd von den Türken, den Irakern, den Iranern und sogar den Sowjets massakriert wurden; auch keine Solidarität für die Eritreer, die von Äthiopien überfallen und ausgehungert werden, oder für die Misquito-Indianer, die von den Leninisten Nicaraguas aus ihren Dörfern vertrieben werden. Wenn Imperialismus gleichzusetzen ist mit einer Negation der Kultur, dann gibt es keine arabische Kultur ... Wir haben den Antikolonialismus von einst in der Art Montaignes gründlich ausgekehrt, denn er war abstrakt, »formal«, er unterschied nicht zwischen den unzulässigen Ausrottungsfeldzügen der Europäer und anderen Blutbädern, denen wir zusehen müssen, ohne daß uns übel wird. Schluß mit dem doppeldeutigen Antikolonialismus, gegrüßt sei die Dritte-Welt-Solidarität! Wir werden jeden Tag unsere unerschütterliche Entschlossenheit zum Ausdruck bringen, den Despotien die Medaille der moralisch meist bevorzugten Nation unter der einzigen Bedingung zu verleihen, daß diese Diktaturen exotisch bleiben und sich als anti-okzidentalisch zu erkennen geben.

Wir schmieden eine neue Generation, die gewillt ist, die Fehler der Eltern nicht zu wiederholen. Was haben wir dem Ideenbestand, den wir von Saint-Simon, Marx und Jaurès ererbten, hinzuzufügen? Was wissen wir, das sie nicht wußten? Daß es in der Dritten Welt Unabhängigkeitskriege gibt, daß Frankreich Algerien aufgeben und die Vereinigten Staaten Vietnam und die angrenzenden Länder verlassen mußten. Was hat uns das gelehrt? Daß diese Bewegung zugleich unaufhaltsam und gut ist. Wenn ein Tyrann Asiens oder Afrikas das Hohe Lied von den Sünden Europas anstimmt, dann ist das für uns die Stimme des Fortschritts und der unwiderstehlichen Vernunft der Geschichte, die ihr Urteil spricht.

Kaum ist Westeuropa zu einer Region geworden, in der nicht mehr (von höchst seltenen Ausnahmen abgesehen) Hungers gestorben wird, schon grämen sich dessen Einwohner: Jeder Bissen, den wir aus reiner Eßlust zu uns nehmen, ist eine Überlebensration weniger für die Hungernden der anderen Kontinente. Diese diätetische Haltung – sowie das intensive Schuldgefühl, das sie hervorruft – ist für jeden einigermaßen integralistischen Christen eine Selbstverständlichkeit. Auf unergründlichen Wegen, deren Geheimnis Er allein kennt, trage Gott in diesen Ländern Nahrungsmittel im Überfluß zusammen, sorge für den Transport, die Lagerung und vor allem die Verteilung derselben ... Die Weltlichkeit, die wir für uns beanspruchen, schließt eine solche Hypothese aus, wir müssen vielmehr die Feststellung machen, daß die den armen Ländern gewährte finanzielle Hilfe zur großen Zufriedenheit der Industriemanager hier und der militärischen oder bürokratischen Führungsgruppen dort oft in Form von Aufträgen für Nutzfahrzeuge, Panzer und Überschalljäger zurückfließt. Die dicken Bäuche indessen schwellen weiter, mit oder ohne unser schlechtes Gewissen. Keine kommunizierenden Röhren leiten den europäischen Überfluß in die Hohlräume der Antipoden. Daraus ergibt sich für uns die Aufgabe, nicht allein Lebensmittel zu exportieren, sondern auch unsere Verteilungsmethoden, die ein gewisses Maß an minimaler, aber kontrollierbarer Gleichheit der Schwachen gegenüber den Starken vor dem Gesetz voraussetzen, also Demokratie, Menschenrechte, wie sie, Attali zum Trotze, von der europäischen Kultur geschaffen wurden.

Wenn ich das Wort europäische Kultur höre, ziehe ich meine Dritte-Welt-solidarische Korkenpistole aus der Tasche. Es lebe jeder Kolonialismus, der eine anti-okzidentale Fahne schwenkt! Es lebe Assad! Gaddafi, hurra! Es lebe der Hunger, sobald er sich als der Preis herausstellt, den man zu zahlen hat, um das Fehlen von Demokratie zu gewährleisten. Ein dreifaches Hoch auf Mengistu! Diese Gedanken stehen heimlich Pate, wenn wir uns kritik- und wahllos mit den Leadern der Dritten Welt verbrüdern, von Mehmet Ali bis Fidel Castro und Kim Il Sung. Das Verdienst unseres Freundes war es, sie laut und ungeniert auszusprechen. Daß nicht gelacht wurde, liegt nicht an ihm. Seine Enttäuschung als unverstandener Ironiker ist von derselben Art wie die Unbill einer Regierung in einem feindlichen Milieu, dem es nicht nur an Sinn für Geschichte fehlt, sondern auch an Sinn für Humor.

Genossen, gehen wir mit gutem Beispiel voran: Brechen wir

in lautes Lachen aus. Was ist der Sozialismus französischer Art? – Die Begegnung einer Petroleumlampe, einer Admiralsfregatte, eines schlechten Gewissens und einer Mustersammlung verschiedener Cremetorten am Boden einer Wahlurne.

(Beifall. Ovationen. Die im Saal Versammelten singen gemeinsam ein Lied und die ausländischen Delegierten intonieren ein Te Deum in Esperanto.)

# Wie die Dummheit
## weltweit wurde

Das Wesentliche kann ökonomisch sein (die Eisenbahn)
oder epidemisch (die Schwarze Pest) oder rein politisch
oder von den unbewußten Launen eines Herrschers
abhängen. In den meisten Fällen ist es wahrscheinlich der
Krieg (der gewöhnlich nur wenig untersucht wurde);
aber es gibt auch eine große Triebkraft, die Dummheit
und ihre Schwester, die Eitelkeit: jene, die Karl VIII. dazu
brachte, mit Italien, und Colbert und seinen Fürsten mit
Holland ihr Spiel zu treiben; den kaum mündigen
Ludwig XVI., die hervorragenden Reformen Ludwigs XV.
rückgängig zu machen; die Revolution, Europa anzu-
greifen; Napoleon, in Spanien und in Rußland seine
Kräfte zu verschleißen, und die Generalstäbe zwischen
1870 und 1940, so gut wie nichts zu begreifen. Wer wird
es einmal wagen, über die Dummheit als Triebkraft
der Geschichte einen Essay zu schreiben?

PIERRE GOUBERT

Wisset die gewaltige Energie zu erkennen, die sich unablässig an der Verachtung rächt, mit der unser Jahrhundert sie straft; versucht, sie zu bündeln, da Ihr sie nicht wegzaubern könnt, und macht sie Euch zunutze, sonst wird sie Euch überwältigen. Ihr Kämpfer an der Basis oder Diplom-Politologen, vielleicht glaubt Ihr, gegen sie gefeit zu sein, und schwenkt über Euren Köpfen irgendwelche ideologischen Rezepte, die auf alles eine Antwort haben, keinerlei Fragen stellen und Euch zu schwören erlauben: »Ich irre mich nie«. Ihr träumt wohl! Glaubt nur nicht, der Wähler lasse sich täuschen und halte Euch für unfehlbar. Da er weit weniger als Ihr den modernen Mythen verhaftet ist, gibt er seine Stimme dem (scheinbar) weniger Dummen und nicht dem Intelligenteren. Selten nur glaubt er, er könne der Herrscherin der Welt, jener Macht der Illusion und Verführerin entgehen, die von den Klassikern Einbildungskraft genannt wurde. Sie vermittelt uns die einzige plausible Definition für ein disparates Ganzes, das wir die Gattung Mensch nennen. Alle-Menschen-sind-schön ist ästhetisch betrachtet eine unhaltbare Behauptung; daß ein jeder sich in einen guten Menschen verwandeln könne, ist ein Glaubenssatz, also anfechtbar. Aber daß wir uns ausnahmslos alle als Idioten erweisen können, duldet keinen Widerspruch: Der Mensch ist das einzige Tier, das der Dummheit verfallen kann.

### Zu den Waffen!

Man hänge zwei Weltkarten nebeneinander an die Wand. Die eine in der Art, wie sie zur Jahrhundertwende die Kinderstuben schmückten; die andere ein Spiegelbild der gegenwärtigen Weltlage. Die unerwarteten Ereignisse, die in wenigen Jahrzehnten das Antlitz unseres Planeten verändert haben, ließen sich mühelos darauf ablesen. Könnte man die Kriege und Revolutionen der jüngsten Periode unserer Geschichte einfach wegzaubern, wäre die Zeit nicht mehr verloren und die ewig blühenden Mädchen würden noch immer mit strahlenden Augen den Männern Europas nachschauen, wenn sie mit siegesgewohntem Schritt in die fernen Länder aufbrechen ... Kriege und Revolutionen haben indessen stattgefunden; europäischer Eifer hat sie vom Zaun gebrochen, geschürt und vier Kontinente damit in Brand gesteckt. Wie konnte das geschehen? Der Historiker befragt das Ereignis, das den Unfrieden zwischen den Völkern heraufbeschwört und soziale Zusammenstöße auslöst; an Antworten mangelt es nicht. Seit dem Neolithikum haben unzählige Zwischenfälle die Zahl der Konflikte stetig anwachsen lassen. Das Geheimnis wird undurchdringlich, sobald man jenseits der Gelegenheit, die Diebe macht, die Frage stellt, warum denn selbige Diebe mit solch ungebrochenem Starrsinn ihr blutiges Geschäft betreiben und zu guter Letzt selbst unter den Trümmern begraben werden. Wie sehr man auch die Hintergründe zu erklären versucht und dabei den ökonomischen Konkurrenzkampf, die Rivalitäten zwischen den Großmächten, die tief verwurzelten Haßgefühle und die altüberlieferten Engstirnigkeiten befragt, der große Krieg von 1914–1918 bleibt ein für alle Zeit irrwitziges Ereignis. Vielfältige, historisch gesicherte Fakten ermöglichen eine klare Aussage darüber, wann zum Beispiel ein Konflikt zum Ausbruch kommt; sie erklären aber nicht das völlige Fehlen von Zurückhaltung auf allen Seiten und auch nicht, warum sich die Gegner mit solcher Vehemenz und Geschlossenheit in die Bresche werfen und trotz Blut und Tränen »bis zum Schluß« durchhalten. Nicht einmal die Forderung nach der bedingungslosen Kapitulation des Gegners reicht aus, um alle Rechnungen zu begleichen. Die Erfahrenen sagen gleich nach der Unterzeichnung des Waffenstillstands voraus, daß nur ein neuer Krieg die offene Rechnung des vorangegangenen bereinigen könne.

Europa – dieses »Gehirn der Welt« (Valéry) – betrieb mit einem bis heute unerklärt gebliebenen Geschick und Eifer seinen eigenen Untergang. Das 20. Jahrhundert wurde zu dem, was Lenin prophezeit hatte: zum einem Jahrhundert der Kriege und Revolutionen. Es waren Akte der Vergeltung, wie es sie schon immer gegeben hatte, doch eskalierten sie zum erstenmal bis zum Äußersten. Muß man nun angesichts der Harmlosigkeit der Beweggründe, der Heftigkeit der Konfrontationen, des einzigartigen Gemetzels von Verdun, der ungeheuren Folgen, des rätselhaften Eröffnungsrituals des großen Krieges und des jähen Selbstmordes der europäischen Zivilisation ein Raymond Chandler sein, um sich bei alledem wie ein Bürger des Landes »Absurdia« vorzukommen?

In einem der seltenen Momente unverblümter Komik, die Solschenizyns gewaltiges Werk zu bieten hat, erleben wir einen Iwan Denissowitsch – jenen sympathischen Häftling und Maurer bäuerlicher Herkunft –, den ein plötzlicher und wilder Freudentaumel erfaßt: Er schafft und schafft, spornt seine Mitgefangenen an, die Arbeitsbrigaden fordern sich gegenseitig heraus, der sozialistische Wettbewerb läuft auf Hochtouren und das Gebäude wird in einer Rekordzeit fertiggestellt. Dies geschieht so prompt und so gut, daß Iwan und seine Zek-Brüder, diese Stoßarbeiter, früher als geplant in den Kerker wandern, den sie so glorreich selbst errichtet haben. Zu einer Zeit, als man Alexander Solschenizyn noch beim ZK der KPdSU loben konnte, fanden sich nicht wenige edelgesinnte und scharfsinnige Kenner der Materie, die den ideologischen Experten einzureden versuchten, Alexander Issajewitsch sei ein wahrer Marxist, der den prometheischen Elan der Arbeiterklasse besinge und die Verzerrungen anprangere, die durch Stalins Ruchlosigkeit der reinen Lehre des schöpferischen Volkes zugefügt worden sind. Wohlwollende Kommentatoren übersahen geflissentlich die Anspielung: Iwan ereilt dasselbe Geschick wie den blinden, sterbenden Faust, der im Glauben, er leite ein großes Bauvorhaben zum Wohle der Menschheit, in Wirklichkeit eine Grube ausheben läßt, in die sein Körper gerade hineinpaßt.

Die bewußte und konsequente Ausnutzung der sonderbaren Fähigkeit des Menschen, sich selbst gefangenzusetzen, hebt den roten Faschismus weit über den seiner blutigen Widersacher. Die Naziherrschaft verkündete den Sieg über die anderen; der Marxismus erreichte mit dem Sieg über sich selbst eine viel grausigere Wirksamkeit. Die erstgenannte Ideologie ist im

Endeffekt nicht mehr als das räumlich begrenzte und längst überlebte Hirngespinst einer lokalen Elite, die sich selbst zur Herrenrasse deklarierte und ihren Anspruch nach außen nur mit Waffengewalt durchsetzen konnte. Mit Hilfe der Macht des Geistes über den Geist jedoch gelang es der zweiten, die Grenzen durchlässig zu machen und sich selbst zum universellen Prinzip zu küren, noch bevor sie die ganze Welt erobert hatte. Daß sich die Wege der Freiheit im Nachhinein als direkte Wege in die Knechtschaft erweisen können, ist an und für sich nichts Außergewöhnliches. Würden sich die Mißgeschicke eines Revolutionärs auf eine derartige Banalität beschränken, sie unterschieden sich kaum von den Nöten eines durchfrorenen Liebhabers oder eines enttäuschten Wählers. Die Originalität des revolutionären Kämpfers liegt darin, daß er sich in einem fort selbst betrügen muß: Er erzählt sich »Märchen« und weiß, daß er das tut. So mobilisiert der radikale Intellektuelle alle seine geistigen Fähigkeiten, um unentwegt seinen Intellekt als Opfer darzubringen, während der kommunistische Arbeiter sich einredet, er verwirkliche die Diktatur des Proletariats und errichte sie, indem er sich ihr unterwirft. Diese Gabe, bewußt und methodisch gegen sich selbst zu handeln – die Hegel als die Arbeit des Negativen und La Boétie als freiwillige Knechtschaft bezeichnet hat –, verdeutlicht die Voraussetzungen für die Errichtung und den Fortbestand eines konzentrationären Systems. Vergleicht man etwa die Zahl der Aufseher mit der Masse der Häftlinge, wird man erkennen, daß die Anstalt nach dem Prinzip der Selbstverwaltung funktioniert und die Zwangsverschleppten, würden sie sich nicht gegenseitig bewachen, durch ihre Wächter von außen so leicht nicht zu kontrollieren wären. In den nazistischen Konzentrationslagern untermauerte eine Einteilung nach Nationalität und Rasse, nach gewöhnlichen Straftätern und politischen Gefangenen, sowie eine Unterscheidung der Politischen untereinander die todbringende Ordnung. Im sowjetischen Lagersystem grenzen sich die Sozialdemokraten vorsorglich von den Reaktionären ab, und das geschieht unter dem wachsamen Auge der Trotzkisten, die selbst von den Stalinisten angefeindet werden, deren verschiedene Klüngel sich ebenfalls untereinander heftig befehden. Iwan Denissowitschs Baufieber dokumentiert eine allgemeingültige Regel: Ein jeder trägt eifrig seinen Stein zum Gefängnis aller bei – Sisyphus wurde zum kollektiven Arbeiter.

Die phänomenale Gabe der Dummheit, sich selbst zu züchtigen, bildet in einer jeden Ideologie den harten Kern des Selbsthasses. Zum Beweis dafür genügt es, einmal festzustellen, was nach vierzig Jahren von der nationalsozialistischen Doktrin übriggeblieben ist. Ihre positiven Thesen sind nicht mehr im Kurs, und die Überlegenheit der arischen Rasse lockt niemanden mehr hinter dem Ofen hervor. Die negativen Zwangsvorstellungen dagegen bestehen weiter, allen voran der Antisemitismus – von Libyen bis Nicaragua, vom roten Moskau bis, kürzlich noch, zum schwarzen Buenos Aires. Der deutsche Sozialistenführer August Bebel faßte den Judenhaß unter dem Begriff »Sozialismus der Dummköpfe« zusammen und hob damit, ohne es zu wollen, die bedenkliche Nähe dieser Form des Rassismus zu den linken Ideen hervor. Nicht weniger zutreffend wäre gewesen, ihn als den »Patriotismus der Torheit« zu pointieren. Beide Formeln bleiben jedoch doppeldeutig und verleiten dazu, die Dummheit zu unterschätzen, zumal sie diese auf eine Unterentwicklung der Hirnlappen zurückführen. Der Antisemitismus hat sich als eine erobernde Kraft erwiesen, die imstande war, sich die als »intelligent« geltenden sozialistischen und nationalistischen Doktrinen einzuverleiben und letztlich zu beherrschen. Woher kommt nun diese dem Menschen innewohnende und unersättliche Kraft? Dem Anschein nach richtet sie sich gegen einen äußeren Feind, in Wirklichkeit aber wird sie, wie auch der Marxismus, gegen sich selbst aktiv.

Ist denn der Jude, dem eine Assimilation verwehrt wurde und der sich dem vorgefertigten Feindbild nur noch anzupassen hatte, eine Erfindung des Antisemitismus? Dieser Variante, die Jean-Paul Sartre als Erklärung anbot, entsprach Punkt für Punkt eine Gegentheorie vom erhabenen Judentum, die aber ebenso zwangsläufig den Antisemitismus herausforderte, wie die Tugend die (mitunter tödliche) Huldigung des Lasters empfängt. So antagonistisch auch beide Erklärungen erscheinen mögen, sie messen gleichermaßen dem Antisemitismus eine allzugroße Bedeutung zu: ihm wird sogar konzediert, er mache sich ein einigermaßen zutreffendes Bild vom Gegenstand seines Hasses; er sei entweder hinreichend scharfsinnig genug, um im guten Juden Züge des fast Erhabenen und ein Auserwähltsein zu erblicken, das ihn abstößt, oder er sei stark genug, um ein ganzes Volk mit der Karikatur in Einklang zu bringen, die er von ihm entworfen hat. Darin liegt jedoch die leichtfertige Annahme, der Haß sei ein transparentes Gefühl und erfasse auf das Genaueste den Gegenstand seines Abscheus. Der Rassist indes will die Rassen, die er für minderwertig hält, gar nicht kennen, er reagiert lediglich auf ihr fremdartiges Aussehen; seine Feindseligkeit steht im umgekehrten Verhältnis zu seinem Wissen, sie schließt den Andersartigen in seinem Anderssein ein und besudelt danach die hohe Mauer, die sie um ihn errichtet hat. Die Hypothese, der Antisemit mache sich vom Juden – im Guten oder im Bösen – ein zutreffendes Bild, ist derart skurril, daß die Erklärungsversuche, die sie implizit mit in Betracht ziehen, allesamt zurückzuweisen sind.

Wen meint der Antisemit, wenn er über den »dreckigen« Juden herzieht? Den Reichen (Rothschild), den Intellektuellen (Einstein), den Ungläubigen (Freud). Er erklärt als höchst hassenswert einen nicht nationalen Reichtum, ein von Fesseln freies, zügelloses Denken, ein fortgesetztes Infragestellen der Sitten, der Sexualität und der Traditionen: vom 19. Jahrhundert an verkörpert der Jude alles, was im jungen nationalstaatlichen Europa als Inbegriff des Heimatlosen empfunden wird, also die Freizügigkeit der Bürger, des Geldes, der Ideen und der Lust. Darüber hinaus stellt er seit der Gründung des Staates Israel den »siegesgewissen und selbstsicheren« Bürger-Soldaten (de Gaulle) vor, eine Figur, die vom friedlichen und befriedeten Europa nicht wenig absticht. Mit seinen Hieben gegen den Juden, den er verkennt und haßt, tötet der Antisemit Eros, Logos und Polemos und ruiniert seine eigene Zivilisation. Wer erfand die Geldwirtschaft? Das antike Griechenland. Wann wurde durch die Freiheit des Denkens und der Sitten eine neue Kultur begründet? In der Ära des griechischen Wunders. Wann entstanden die ersten abendländischen Demokratien? Mit dem Auftauchen des »Hopliten«, jenes für Athen kämpfenden Infanteristen, der die militärischen und politischen Privilegien der Kriegeraristokratie abschaffte. Die Freiheiten, die das moderne Europa als gemein und jüdisch abqualifizierte, sind letztlich nur die geheimen Waffen, mit denen die abendländische Zivilisation ihren Fortbestand sichern konnte. Was bliebe ohne die Demokratie von Europa übrig? Ohne die andauernde Revolutionierung der Sitten und den laufenden Austausch von Waren und Erkenntnissen zwischen den Staaten? Die griechischen Stadtstaaten waren nicht weniger kriegslüstern als die Nationen des 19. Jahrhunderts, aber im Gegensatz zu ihnen haben sie nie danach gestrebt, sich gegeneinander abzuschotten, sie blieben Teil einer über ihre Mauern hinausreichenden Zivilisation. Die nationalistischen Kräfte Europas hingegen träumten in krankhafter Weise davon, den Sinn der Geschichte innerhalb der Staatsgrenzen einzuschließen, und kultivierten den Mythos des in sich geschlossenen Handels- und Kulturstaates.

Indem die jungen europäischen Nationen ihre Aversionen gegen die Juden als Inbegriff und Überbleibsel eines grenz- und heimatlosen Verkehrs richteten, zogen sie, ohne es zu wollen, just gegen die Prinzipien zu Felde, aus denen sie hervorgegangen waren. Der Chauvinismus, der Staatssozialismus und deren Krönung, der Antisemitismus, verursachten durch den wiederholten Zusammenbruch in zwei Weltkriegen das faktische Koma Europas. Die Ideologien des 19. Jahrhunderts hatten diesen verhängnisvollen Prozeß auf geistiger Ebene vorweggenommen, indem sie den Dolch ihrer Zwangsideen gegen die Fundamente der europäischen Geschichte richteten. Der Antisemitismus als Surrogat des Selbsthasses wiederholt auf seine Weise den Gag vom Tölpel, der akkurat den Ast absägt, auf dem er sitzt. Er ruft »es lebe das Abendland« und versetzt dabei der Sache, die er zu verteidigen glaubt, den Todesstoß.

Die Dummheit frißt sich, wie es scheint, selber auf und verstrickt sich in ein Gespinst von Widersprüchen, die man sich als selbstzerstörerisch wünschen möchte: »Das Wahre, das Gute, das Schöne fordern ihre Rechte. Man bestreitet sie, aber zuletzt bewundert man sie doch. Was diesen Stempel nicht trägt, wird wohl eine Zeitlang bestaunt, aber dann gähnt man. Gähnen Sie nur, meine Herrschaften, gähnen Sie nach Herzenslust, tun Sie sich keinen Zwang an. Das Reich der Natur und meiner Dreifaltigkeit, das keine Hölle je bezwingen wird – das Wahre, welches der Vater ist, der das Gute zeugt, welches der Sohn ist, aus dem das Schöne entspringt, welches der Heilige Geist ist –, ersteht allgemach. Der fremde Gott stellt sich bescheiden auf den Altar zu den Landesgötzen; nach und nach gewinnt er an Raum; eines schönen Tages schubst er den Kollegen mit dem Ellbogen an, und rums, liegt der Götze am Boden!« (Diderot, Rameaus Neffe).

Dieser bewundernswerte Optimismus, der uns die Hoffnung eingibt, der Glanz des Guten werde die Finsternis schon vertreiben, gab schon im Jahrhundert der Aufklärung zum Schmunzeln Anlaß. Die Dummheit läßt sich nicht mit dem Ellbogen wegstoßen; Anfeindungen gereichen ihr kaum zum Schaden, sondern eher zum Vorteil. Da sie sich beharrlich nur mit sich selbst befaßt, fehlt es ihr nie an Argumenten, und so erfindet sie stets von neuem die ewige Geste des Menschen, der sich selbst züchtigt. Sie hadert nicht mit den Widersprüchen, die sie schafft, sie nimmt sie hin, prallt an ihnen ab, integriert sie auf eine ebenso dialektische Weise, wie wir es vom Bedauern und von der Reue kennen, jenen moralischen Leidenschaften, deren innere Dynamik sie sich zu eigen macht:

> *Heautontimorumenos*
> *Ich bin die Wunde, bin der Stahl*
> *ich bin der Streich und bin die Wange*
> *ich bin das Glied und bin die Zange*
> *und bin der Quäler und die Qual.*
>
> BAUDELAIRE

In seiner *Phänomenologie des Geistes* hat Hegel die Wirkung einer erobernden Intelligenz beschrieben, die sich in den Widersprüchen, die sie schafft, entfaltet und in der allergrößten Zerissenheit selbst begegnet. Die Beschreibung scheint zu stimmen, läßt man den Einwand gelten, daß die Weltwerdung des 19. Jahrhunderts wohl eher eine Folge der Dialektik der Dummheit ist als der Dialektik des Geistes.

Die beiden großen Kriege des 20. Jahrhunderts wurden mit einiger Übertreibung Weltkriege genannt, weil sie die Zentren des europäischen Geschäftslebens mit Blut besudelt haben. Beim zweiten Versuch war die Wortwahl schon etwas weniger hochtrabend; die Trümmerfelder in Asien und die Blutbäder in Afrika zeugten davon, daß es mit der Planetarisierung des Krieges voranging. Das Gefühl, Bewohner derselben Welt zu sein, wächst mit dem Ausmaß der Schäden, die die Bewohner selbiger »Welt« imstande sind, sich gegenseitig zuzufügen. Der dritte Krieg verspricht, planetarisch zu sein, also ein Weltkrieg im umfassenden Sinn des Wortes; niemand würde es wagen, ihn für unmöglich zu erklären; das Gefühl für seinen vorweggenommenen Ausbruch einigt die verschiedenen Lager, die sich in diesem Krieg bis zum letzten Mann zerfleischen würden; schon heute besitzt er eine Allgemeingültigkeit, die weiter verbreitet ist als die ehrlichen Überzeugungen, die man ihm entgegenhält. Die Weisen, die Helden, die Heiligen und die Cricket-Champions regieren lediglich über sehr kleine Teilgebiete unseres Erdballs, ihre regionalen Einsichten gedeihen unter einem kommunalen Himmel. Das an und für sich irrwitzige Bild einer Menschheit, die drauf und dran ist, sich selbst in die Luft zu jagen, wird künftig über den Kirchtürmen, den Moscheen und Synagogen unserer lokalen Streitigkeiten schweben; unter dem Eindruck dieser Gefahr werden die Schwächen des Priesters und die des Schamanen völlig nivelliert. Wenn allein die Perspektive einer drohenden Katastrophe Einigkeit zu schaffen vermag, wenn die Menschen sich erst dann ein wenig verbrüdern, wenn feststeht, daß sie in der Lage sind, sich gegenseitig auszurotten, und zwar bis zum letzten Mann, dann hat wohl das 20. Jahrhundert etwas entdeckt, das allmächtiger ist als Gott, wahrhaftiger als die Erkenntnisse der Wissenschaft und allgemeingültiger als alle vernünftigen Einsichten – das ursprüngliche, apokalyptische Verhältnis zur Sinnlosigkeit. In der Komödie des Selbstmordes enthüllt dieses Verhältnis die vollkommene, vollendete Daseinsform unserer Menschheit.

In ihrer höchsten Aktualität erweist sich die Dummheit als die einzig mögliche Ursache für einen dritten Weltkrieg. Was sonst könnte die atomaren Gegner dazu verführen, aufeinander loszugehen, da die verhängnisvollen Folgen allen gut bekannt sind? Was sonst sollte sie dazu treiben, schon heute die Requisiten für die Aufführung eines Dramas anzuhäufen, das sowohl ihren vitalen Interessen als auch ihren ökonomischen Prognosen und altruistischen Idealen derart widerspricht? Es genügt nicht, der Ursache auf den Grund zu gehen, um sie aus der Welt zu schaffen. Gewiß, Kinder sollte man nicht mit Zündhölzern spielen lassen; die Gefahr liegt aber nicht so sehr in den leicht brennbaren Stäbchen als beim kleinen Mann, der für sein Spiel mit dem Feuer zu jedem Hölzchen greifen würde. Ich bewaffne mich nicht, um mich in meiner Dummheit zu suhlen, sondern um die meines Gegenübers zu kontern, der wiederum die meine argwöhnisch beäugt. Solches Mißtrauen kommt nicht von ungefähr; unzählige historische Beispiele beweisen, wie begründet es ist: sah man je einen Potentaten, der in seiner Hand ein großes Zerstörungspotential konzentrierte und darauf verzichtet hätte, seine schwächeren Partner damit unter Druck zu setzen? Mit dem Willen zur Ächtung der nuklearen Zündhölzer läßt sich die Dummheit nicht austreiben, die sie zum Ausdruck bringen, denn die Dummheit steckt in den Benutzern und nicht im veränderlichen und austauschbaren Gerät: die Zahl der mit nicht nuklearen Waffen gemordeten Völker ist Legion; moderne Techniken, Eisenbahn und Stacheldraht verkürzen seit Jahrzehnten schon die Durchführungsfristen. Ganz offensichtlich sind die Völker aber nicht dumm, wenn sie sich dummer Handlungen für fähig halten und bemüht sind, sich gegen diese Gefahr zu wappnen. Die Geschehnisse des 20. Jahrhunderts beweisen, daß man auf dumme Weise sein Leben verlieren kann, ohne deshalb ein Dummkopf zu sein.

## Der post-totalitäre Geist

Es hilft nichts. An die Rolle der Dummheit zu erinnern, scheint unziemlich. Die Geschichte hat eine Geschichte des Klassenkampfes zu sein, eine Geschichte des wirtschaftlichen Aufstiegs, des Aufschwungs von Kunst und Literatur, des Bevölkerungswachstums, des Pflugs und des Pferdes, der Erfindung des Getreides, des Maises, des Reises, der Axt und des Feuers – aber mitnichten eine Geschichte der Dummheit. Solange die Chronik des laufenden Geschehens scheinbar im Geheimen durch eine schöpferische Macht oder durch irgendeine schicksalhafte Triebkraft geführt wird – man denke an das Voranschreiten der Völker auf dem Weg zur Selbstbestimmung, an die Harmonie von Markt und Selbstverwaltung, an den Geschichtssinn, an das System, an die Fortschritte der Wissenschaft oder die Liebe zur Menschheit –, herrscht auch Ordnung in den Hirnen, die sich damit befassen. Gott oder der Teufel eröffnet den Reigen ... stellen wir uns vor, es gäbe einen guten oder einen bösen Willen oder auch einen streng funktionierenden Mechanismus: das Aktualitätenballett betritt die Bühne, der Sessel des Beobachters wird etwas vorgerückt, und der Sandmann zieht vorbei. Nehmen wir einmal an, unsere geräuschvollen, furiosen Auftritte folgten einander in ihrer relativen Zufälligkeit, ohne daß eine heilsame oder unheilsame Vorsehung ihren Ablauf bestimmte, so müßten wir auf jede Sublimierung und Verklärung verzichten und wohl oder übel zu ergründen versuchen, auf welche Art und Weise die wunderlichen, im Zeitgeschehen aneinandergereihten Figuren gekoppelt sind. Dieser Kleister, der aus den Fugen des Ungleichartigen quillt, ist das nicht die Dummheit? Ist diese Annahme allzu beunruhigend? Ließe sich der Nachweis erbringen, daß der

Lauf der Geschichte durch irgendeinen fremden Willen oder durch eine höhere Gewalt bestimmt wird, würde das gewiß all jene entschuldigen, die vor den Mächten des Schicksals klein beigeben; das Erkennen der schleimigen Ausschwitzungen der Dummheit in den Ritzen der Geschichte ist weniger entwaffnend, aber um so beunruhigender. Wenn allein dieser Kleister die beweglichen Teile eines ungewissen Szenariums zusammenzuhalten vermag, dann platzt das bequeme Argument, wonach die Geschichte irgendwo schon niedergeschrieben sei.

Es ist dann schon besser, man glaubt an den großen bösen Wolf. Ihm gegenüber gilt noch die Devise: alles oder nichts. Zum Beispiel der Totalitarismus: Entweder man macht ihm den Garaus oder man läßt ihn in Frieden. Eine dritte Möglichkeit gibt es nicht – *tertium non datur*. Und in den Kreisen der Linken denkt man so darüber: ein Minister (»für Kultur«) schmähte kürzlich ein paar Nichtswürdige, die sich zu der Behauptung verstiegen hatten, zwischen der Sprache des Pulvers und den frommen Reden gäbe es ein weites Spektrum von diplomatischen, handelspolitischen, elektronischen und kulturpolitischen Druckmitteln, die zwar allesamt friedlich seien, aber nicht gänzlich ohne Gewicht. »Diese Witzbolde! Und was für eine Unredlichkeit! Glucksmann, Foucault, Montand und all die anderen, schwingen große Reden ohne nachzudenken! Es gibt nicht vier Möglichkeiten, Polen zu helfen, sondern drei. Ein Lebensmittelembargo? Nein, sie auszuhungern kommt nicht in Frage, der Präsident der Republik hat sich dazu klar genug geäußert. Waffengewalt? Wer möchte schon Krieg führen, und gegen wen? Bleiben also die Worte. Damit werden wir nicht geizen, denn ein Kulturvolk sollte die Macht des Wortes nicht unterschätzen« (gesprochen im Anschluß an eine Protestaktion französischer Intellektueller gegen die besänftigenden Erklärungen der französischen Regierung, ein Tag nach dem Staatsstreich in Warschau, am 13. November).

So argumentiert die Rechte: der erbauliche Wunsch, »nicht zu vergessen« und jegliche »Heuchelei« zu vermeiden, veranlaßt sie jedoch nicht dazu, ihre zwangsläufig verbalen Verlautbarungen durch konkrete Maßnahmen zu untermauern, sondern hält sie lediglich davon ab, einen Krieg zu beginnen (bravo!), *also* überhaupt etwas zu tun (woher kommt dieses *also?*) und folglich auch in den Worten zurückhaltend zu sein: »Wir dürfen niemals die Europäer vergessen, die von der Weichsel bis zur Donau in Nacht und Nebel leben … Wahrscheinlich kommen die Gewissensskrupel des Westens daher, daß in der heutigen Welt manche Probleme nur mit den Mitteln des Krieges zu lösen wären, daß aber niemand bereit ist, einen weltweiten Konflikt heraufzubeschwören, dessen Folgen unabsehbar wären. Deshalb müssen wir, wenn wir über diese ernsten und schrecklichen Fragen sprechen und über jene, die im Osten ihrer Freiheit beraubt sind, sehr viel Zurückhaltung an den Tag legen, jedoch nicht, weil wir ihren Schmerz nicht teilen, sondern weil wir wissen, daß Worte allzuoft doppelzüngig sind« (Raymond Barre, in Valence am 29. Mai 1984). Und deshalb werden wir stumm bleiben.

In der Auseinandersetzung mit dem Totalitarismus wechselte der Westen – die Linke wie die Rechte – zuvorkommend von einer Strategie des Stillhaltens zur Strategie der totalen Zurückhaltung über, bald entwaffnet angesichts der Gewalt der Dummheit (die begrifflich mit dem Totalitarismus im herkömmlichen Sinne gleichgesetzt wird), bald perplex, unbeholfen und einfallslos vor der Dummheit der Gewalt (jenem höchsten Stadium der sozialistischen Gesellschaft, das besonders die tschechischen Dissidenten als »Post-Totalitarismus« begreifen).

Denn die Geschichte – wie es so schön heißt – »schreitet voran«, und die Dummheit sogar mit Siebenmeilenstiefeln. Die zeitweiligen Zustände, die von den besten Autoren als »totalitär« charakterisiert worden sind, gehören der Vergangenheit an. Nicht, weil sie sich geirrt hätten, sondern weil der Totalitarismus nach Vereinnahmung der halben Erde die sozialen Vergletscherungen des Post-Totalitarismus hervorbrachte.

Der Begriff des Totalitarismus wurde in den fünfziger Jahren, ausgehend von den Erfahrungen mit dem Nazismus und dem Stalinismus, geprägt; er ist in einigen relevanten Zügen Ausdruck des Denkens jener Zeit, heute aber überholt. So unterscheidet H. Arendt folgende Formen: 1.) Die Pädokratie oder Zwangsmobilisierung der Jugend (Hitlerjugend, sowjetische Jugendbrigaden, Rote Garden in der chinesischen Kulturrevolution) zum Sturm auf die »alte Welt«; im Zuge einer periodisch wiederkehrenden, gewaltsamen Umwälzung des riesigen Verwaltungsapparates werden ohne Ansehen der Person die Veteranen liquidiert und die Hierarchien zerschlagen, die sich auf Dienstalter und Verdienst gründeten. In einer Zeit, da Gerontokratien in den sozialistischen Staaten die Herrschaft ausüben, wirken die unangebrachten Erneuerungen der »großen Wenden« wie Kinderkrankheiten. 2.) Die Monokratie: die permanente Säuberung der Führungsschicht unter der Fuchtel eines großen Führers unterscheidet die extrem wandelbaren Diktaturen der Neuzeit von früheren autoritären Gesellschaften, deren weniger terroristischer Despotismus eine zeitlich fast unbegrenzte Erneuerung der feudalen Herrschaftsstrukturen und der körperschaftlichen Vorrechte ermöglichte. Heute käme niemand mehr auf den Gedanken, das »Fehlen einer Führungsclique« für einen Grundzug der sowjetischen Gesellschaft zu halten. Unabhängig vom Grad ihrer Inkompetenz brauchen sich die leitenden Funktionäre des Sozialismus um die Sicherheit ihrer Ämter keine Sorgen zu machen. 3.) Die Hämokratie – Herrschaft durch massiven Terror und Blutbäder – als eine Begleiterscheinung bei der Errichtung eines totalitären Regimes (in Vietnam, Kambodscha, in einigen »marxistisch-leninistisch« regierten Ländern Afrikas und Amerikas hat diese besondere Art der Staatsgründung fröhliche Urständ feiern können); sie erweist sich als derart erfolgreich, daß einige Jahrzehnte später die Unterdrückung selektiver und differenzierter vonstatten gehen kann. Abgesehen von Krisenzeiten, in denen meist drakonisch durchgegriffen wird, tritt alsbald die psychiatrische Anstalt für Gesinnungstäter an die Stelle der Massenverschleppung von ganzen Volksgruppen und Gesellschaftsschichten in Arbeitslager. 4.) Die Ideokratie, die durch Indoktrination, Propaganda, Fanatisierung, Zerstörung des alten Brauchtums und Glaubens die Gleichschaltung der Gesellschaft oder dessen, was von ihr übriggeblieben ist, erzwingt, die Partei auf eine einzige Ideologie einschwört und einen hervorragenden Führer mit dem Nimbus der Unfehlbarkeit an die Spitze hebt. Diese Art von »Totalmobilisierung« ist heute aus der Mode. Das »Alles für die Ideologie« wurde durch die institutionalisierte Lüge ersetzt, und die Regierenden legen weniger Wert darauf zu überzeugen, als die Köpfe der Bürger zu benebeln, sie zu einem Ritual und nicht sosehr zu einem Glauben zu bekehren. »Der Mensch wird keinesfalls dazu gezwungen, diesen Mystifikationen Glauben zu schenken, er muß sich aber so verhalten, als glaubte er daran, und er soll sie stillschweigend dulden oder bereit sein, mit denen zusammenzuleben, die die Macht haben. Von diesem Moment an wird er in der Lüge leben müssen. Niemand zwingt ihn dazu, sie für wahr zu halten, es genügt schon, wenn er fortan mit der Lüge lebt. Damit bestätigt er das System, gibt ihm einen Inhalt, baut es mit auf und wird zu einem seiner Bestandteile« (Vaclav Havel).

Da der einfache Bürger seine Zustimmung meist versagt und die offiziellen Parolen nicht für bare Münzen nimmt, sprechen westliche Beobachter häufig vom »ideologischen Fiasko« der marxistischen Regime. Der Schluß ist allzu kühn! Die Dissidenten sind mit ihrer Diagnose weit vorsichtiger. Das Regime führt nicht mehr die Massen – oder die einst mobilisierten Teile der Masse – zum Sturm auf die »himmlischen Höhen«, eine solche Komödie ist heute überflüssig: »Die Wirksamkeit der offiziellen Propaganda wird in der Tat nicht an dem Prozentsatz der Bevölkerung gemessen, der ihr Glauben schenkt oder der sie ablehnt. Das ›Geheimnis‹ ihres Einflusses liegt nicht in der Absicht, ›ihre Wahrheit‹ durchzusetzen. Es handelt sich vielmehr um eine arglistige Beeinflussung, die darauf zielt, den Begriff der allgemeingültigen und mitteilbaren Wahrheit an sich in Frage zu stellen und diese als den reinsten Unsinn oder als einen nicht realisierbaren Traum abzustempeln ...« Das Ost-Fernsehen lügt heute ebenso dreist wie früher, aber für die

Partei gilt nicht mehr die Devise: »Je dreister die Lüge, um so eher wird man sie glauben«, an die man sich noch zu Goebbels und Schdanows Zeiten gehalten hatte. Die schamlos vorgetragene Lüge, die heute scheinbar nicht mehr als etwas anderes gelten soll, wird als eine Autoritätsbekundung begriffen. Der totalitäre Sender demonstriert damit, daß er sich alles erlauben kann, und die offizielle Wahrheit gibt sich als so unbestritten, daß ihre Verkünder nicht einmal mehr den Versuch unternehmen, einen ohnehin der Verantwortung enthobenen Fernsehzuschauer davon auch noch zu überzeugen.

Das junge totalitäre System in der Machart Hitlers oder Stalins propagierte das Falschdenken (nach den Regeln der Rassenkunde oder nach denen des Klassenkampfes). Heute halten die Gerontokratien zum Nulldenken an. Die Falschmeldungen, die sie unverhohlen verbreiten, sind Signale, keine Zeichen; es liegt ihnen nicht daran, die Hirne der Bürger für sich einzunehmen; aber als Wegweiser markieren sie die Grenzen des Staatsdenkens, vor dem sich der Staatsbürger zu verbeugen hat. »Das Leben in der Lüge manifestiert sich nicht unbedingt dadurch, daß man etwas bejaht, was man angesichts der bewußten Entstellung der Tatsachen als falsch erkannt hat ... Denn das Wesen des Lügenstaates besteht darin, daß man (›bewußt‹ oder ›unbewußt‹, wie auch immer) an der kollektiven Entwertung dessen teilnimmt, was die ganze Würde und Herrlichkeit des Menschenlebens ausmacht: man beteiligt sich nicht nur an der Abwertung der Wahrheit als solcher, sondern auch des Strebens nach Wahrheit. Der Mensch, der in der Lüge lebt, handelt schlimmer, als nur ›die Wahrheit nicht zu sagen‹: er ist bestrebt, der Tatsache selbst, daß man von der Wahrheit im allgemeinen spricht, jeglichen Sinn zu nehmen« (P. Fidelius). Der Massenterror verbreitete Schrecken, die post-totalitäre Lüge verdummt – zwei Möglichkeiten, den einzelnen daran zu hindern, als Mensch seinen Kopf zu gebrauchen.

Früher zielten die massiven und blutigen Terrorwellen darauf ab, durch angedrohte Massenverschleppung jede Form von Widerstand zu brechen; der Bürger wurde von seinen Mitbürgern abgeschnitten, Mißtrauen griff um sich und schloß jeden einzelnen in einen durch und durch einsamen Tod ein, den er vorausschauend angstvoll erlebte. Die Aufsplitterung der Gesellschaft durch die aufeinanderfolgenden Säuberungsaktionen wurde als die originäre Produktionsweise eines geistigen Sklaven neuen Typs, eines Gefangenen seiner selbst in seiner »trostlosen Verlassenheit« beschrieben (siehe hierzu »Loneliness« von H. Arendt sowie den von Big Brother geschaffenen Raum 21 in »1984«). Was passiert eigentlich, wenn ein »Leben in der Lüge« an die Stelle des offenen Terrors tritt? Man stelle sich den neuen Menschen als ein doppeltes Wesen vor, wie es einerseits unentwegt wirtschaftet und andererseits so wenig wie möglich denkt, da ein Übermaß an Denkleistung ihm gefährlich und außerdem vergeblich erscheint. »Wir sind fest wie eine Wand, warum rennen Sie mit dem Kopf gegen uns an? Sind Sie verrückt?« halten die Polizei-Psychiater den sowjetischen Dissidenten entgegen. Der totalitäre Terror führte zur vollkommenen, an Wahnsinn grenzenden Einsamkeit. Die post-totalitäre Lüge etabliert die Dummheit: ein jeder hat sich selbst zu bremsen und seinen Nebenmann zur Nichtausübung seiner geistigen Fähigkeiten anzuhalten.

Indem westliche Beobachter einzelne Merkmale des post-totalitären Phänomens hervorheben, geben sie sich der Illusion hin, ihre frommen Wünsche seien auf wunderbare Weise in Erfüllung gegangen. Unbekümmert beschreiben sie als Niedergang und Verfall einen Vorgang, in dessen Verlauf die totalitäre Gesellschaft sich festigte, ihren Handlungsspielraum ausweitete und sich für alle Ewigkeit etablierte. Lange vor Chruschtschow konnte man voraussehen und -sagen, daß die führende Elite, wenn schon nicht aus Achtung vor dem Menschen, so doch aus einem Erhaltungstrieb heraus aufhören würde, sich selbst auszurotten. In einer Gesellschaft, die durch einen gewaltigen Militärapparat schonungslos zur Ader gelassen und mit einem landesweiten Überwachungsnetz überzogen wurde, versteht sich der Übergang zu einer »milderen« und dauerhafteren Gewaltherrschaft von selbst: »Ein totalitärer

Staat verfügt über eine Waffe, die weit schrecklicher ist als die Gewalt: alle Bürger sind seine Angestellte, er kann sie auf der Leiter der Förderungen hin- und herbewegen, die Guten belohnen und die Schlechten bestrafen. Diese Möglichkeit ist eine ausgesprochen neuzeitliche Waffe. Ihre Wirksamkeit wird dadurch bewiesen, daß sie erst eingeführt wurde, als der reale Sozialismus sich in seiner inneren Struktur einer Konsumgesellschaft angeglichen hatte und damit über die Mittel verfügte, mit denen er seine Bürger belohnt oder bestraft.« Mit anderen Worten, der Post-Totalitarismus signalisiert keineswegs das Aussterben des Totalitarismus, er ist vielmehr sein fortgeschrittenes Stadium, die Fortsetzung des ersteren mit »zivilisierteren« Mitteln, die weniger gezielt zur Wirkung kommen, dafür aber unumkehrbar sind.

Der Totalitarismus dauert fort im Post-Totalitarismus. Das Wesentliche bleibt bestehen. Die gerontokratische Machtergreifung hat jedoch die Schreckensbilder der nationalsozialistischen und stalinistischen Diktaturen nicht aus der Welt geschafft. Noch gilt Solschenizyns Prüfstein: das System der Einkerkerung und Ausrottung wurde nicht zerschlagen; der Polizeiapparat, das juristische System zur Bemäntelung der Menschenrechtsverletzungen, die Intoleranz gegenüber jeder nicht genehmigten Protestaktion, die Gewohnheiten und die Handelnden sind dieselben geblieben und werfen noch immer ihre drohenden Schatten. Zu nennen wäre ebenfalls die soziologische Invariante der unveränderten Polarisierung einer allmächtigen Nomenklatura auf der einen Seite und der machtlosen Mehrheit auf der anderen; der Sozialismus »wird durch die extreme Konzentration und Zentralisierung einer Macht charakterisiert, die sämtliche Bereiche der Politk, der Wirtschaft, der Gesellschaft und des geistigen Lebens okkupiert und zugleich behauptet, sie habe jede Trennung zwischen ihnen aufgehoben«. Allein die Formen dieser Monopolisierung haben sich geändert; Schritt für Schritt hat ein implizites und streng befolgtes Gesetz über die »Sicherung der Kader« die Hierarchien und Privilegien fixiert und zementiert. Das Ende der Zeit der Unruhen und Revolutionen von oben wird durch die »post-totalitäre« Ära eingeleitet – und nicht das Ende des Totalitarismus. Drittes Kennzeichen eines solchen Systems: seine außergewöhnliche Stabilität. Das Hitlerregime wurde von außen zerschlagen, durch den Krieg. Der sowjetische Sozialismus dauert schon seit sechs Jahrzehnten; in dem Land, das russische Panzer überrollten, wächst noch immer keine Freiheit. Die faschistischen Diktaturen Spaniens, Portugals und Griechenlands – eher klassische, blutige und autoritäre, aber nicht totalitäre Gewaltherrschaften – brachen unter den Schlägen einer inneren Opposition zusammen, und dasselbe gilt für die artverwandten Regime in Lateinamerika. »Das Hauptkriterium ist die mögliche Wandelbarkeit oder die Unumkehrbarkeit eines Systems« (Linz).

Die herkömmlichen Totalitarismus-Analysen beschäftigen sich alle im Kern mit der Form der Machtergreifung. Das Prinzip der Führerschaft, eine eiserne Ideologie und die Mobilisierung der Jugend ermöglichen gleichzeitig den Zugang zu den Hebeln der Macht und deren ausschließliche Besetzung ohne Beteiligung Dritter. H. Arendt erblickt in der Rückläufigkeit der großen Säuberungsaktionen einen permanenten Staatsstreich, in dessen Verlauf Big Brother Nr. 1 seinen Staatsapparat, der sich ständig zu verselbständigen sucht, wieder fest an sich bringt, wobei er für dessen Erneuerung auch zerstörerische Eingriffe in Kauf nimmt. Das stützt die Annahme, wonach es zwischen dem System und seiner Verkörperung eine zwangsläufige Verbindung gibt. Wie Arendt hervorhebt, waren Hitler und Stalin durchaus keine Einzelerscheinungen, sie beweisen vielmehr, daß ein gewisser Voluntarismus vonnöten ist, damit sich die einzelnen Bestandteile und Fragmente des modernen Despotismus zusammenfügen können. Widersprüche zerrütteten die Gesellschaft, und der Apparat, der über sie zu wachen hatte, wurde selbst durch antagonistische, materielle und ideologische Interessen seiner Aktivisten aufgerieben. Deshalb mußte ein willensstarker Führer an die Spitze rücken und für alle gültige Ziele und Richtlinien aufstellen: der Totalitarismus war nur als eine Alleinherrschaft denkbar. Das Führerprinzip war damit nicht nur die Wahnvorstellung eines paranoiden Anführers, es war das Richtmaß des Systems selbst.

Es kam zu einer merkwürdigen Angleichung der ersten Analysen des Totalitarismus an die Illusionen seiner Anstifter, die sich allesamt für absolut unersetzbar hielten. Selbst der kritische Beobachter, der den Totalitarismus als ein frei gewolltes System konzipiert, wird zum Opfer der Mythen, die in der untersuchten Gesellschaftsordnung umgehen. Inbesitznahme des Staates, Ergreifung und Monopolisierung der Macht, Eroberung der Welt – diese Vorgänge erscheinen allein im Streben eines individuellen Willens verständlich, der sie involviert. Big Brother plant, Big Brother befiehlt, Big Brother organisiert sogar die Anfechtung seiner eigenen Person. Mit einem glitzernden Anstrich von Wissenschaftlichkeit bestimmt diese irrige Vorstellung noch immer die Forschungsarbeit zahlreicher »Kremnologen«; in diesem Sinne enträtseln sie die weltweiten Absichten und weitsichtigen strategischen Ziele eines Superhirnes, das in den verborgenen Gelassen des Kremlpalastes wohnt oder unter den aufgereihten grauen Filzhüten auf den Tribünen des Roten Platzes spukt. Der Pessimismus der Analysen verführt zu allzu optimistischen Prognosen: Ein Wille, der ganz von sich selbst durchdrungen ist, werde sich schließlich auch selbst verschlingen, ähnlich wie der verheerendste Sandsturm sich zu guter Letzt selbst auflöst. »Die Gefahr, daß sie eine dauerhafte Welt begründen könnte, besteht nicht. Die totalitäre Herrschaft trägt, nicht anders als die Tyrannei, in sich den Keim ihrer Selbstzerstörung« (Arendt). So löste sich Dschingis Khan, die »Geißel Gottes«, wie Hegel ihn nannte, von einer Sintflut in eine Myriade von harmlosen Tröpfchen auf.

In dem Maße, wie der Wille als das wesentliche Bindeglied eines Systems begriffen wird, »in dem niemand als vertrauenswürdig gilt, in dem man sich auf nichts verlassen kann«, müßte man den logischen Schluß ziehen, daß eine tödliche Krankheit diese Antiwelt befallen und zerstören werde; der Terror müsse sich gegen den Terroristen kehren, man brauche nur geduldig auf den 9. Thermidor zu warten. Er wird kommen! Da ist er! Der Henker wird gehängt. Stalin verschwindet von der Bühne. Aber – man staune! – das System bleibt bestehen.

Unter den Bedingungen des Post-Totalitarismus werden Mißtrauen und Rivalität zu Allgemeinerscheinungen, die dabei aber immer mehr abstumpfen. Die inneren Konflikte des Apparats spitzen sich zu, sind aber kaum noch tödlich. Der Betroffene steigt ein paar Stufen tiefer und büßt seine Vorrechte ein, aber selten das Leben. Kein umfassendes Vorhaben harmonisiert die widerstreitenden Interessen und keine streitbare Ideologie schweißt mehr die erstarrte Gesellschaft zusammen, denn von der Basis bis zur Spitze zählt allein noch der Grundsatz der Selbsterhaltung. Die Kader hindern sich gegenseitig daran, den Streit um Vorrangstellungen zu weit zu treiben und schrecken den Mann auf der Straße davon ab, weiter oder höher zu denken, als es die offizielle Doktrin erlaubt. Die Sorge ums Überleben beansprucht die volle Aufmerksamkeit: »Der Wunsch nach Ruhe und der rein biologische Rhythmus zügeln und kontrollieren am Ende jeden einzelnen, und es setzt sich das banale Leben durch, solange, wie nichts weiter in Sicht ist als der jetzige Tag« (Fidelius).

Das gleiche Schema finden wir in der Außenpolitik: Da gibt es den Widerpart in der Gestalt des amerikanischen Staates, mit dem die Machthaber Beziehungen der gegenseitigen Abschreckung unterhalten und eine konkurrenzbetonte Koexistenz verwirklichen. Und es gibt die anderen, die verschiedenen Spielarten des inneren Ichs, die es zu erschrecken und – wenn die Winde günstig stehen – auch zu beherrschen gilt. Das Über-Ich ist nicht verschwunden. In den höheren Sphären ist es wahrscheinlich ein jeder für sich selbst, doch versucht er, dem anderen die Anerkennung dieser Überlegenheit nicht aufzuzwingen. Der Kampf um höheres Ansehen wurde durch Abschreckung eingefroren und wird nur noch ausnahmsweise um Leben und Tod ausgetragen. Der Post-Totalitarismus zeigt die totalitäre Gesellschaft nicht als ein monolithisches und eigenwilliges

Ganzes, sondern als etwas Weiches, das durch seine Klebrigkeit einen lähmenden Zwang ausübt.

Seit dem Ende des im Geiste oder auch im Glauben einheitlichen und unteilbaren Europa – wie wir es aus jener Periode kennen, für die es die etwas irreführende Bezeichnung »Mittelalter« gibt – gilt für jede Gesellschaftsordnung das weltliche Konzept: Meine Freiheit hört da auf, wo die des anderen beginnt. Kein gemeinsamer Gott kann heute noch von den Bewohnern Europas angerufen werden, da sie sich antagonistischen Glaubensrichtungen verschrieben haben. Wo sollte man also die Grenzen ziehen zwischen zwei Freiheiten, die beide in sich unbegrenzt sind? Die »bürgerliche« Lösung stattet jede Rechtsperson mit verschiedenen, gesetzlich garantierten »Besitztiteln« aus (zu denen materielle Güter gehören, aber auch Handlungsfreiheiten: Freiheit der Meinungsbildung und -äußerung, Bildungsfreiheit, Streikrecht, usw.). Diese »Besitztitel« sind unveräußerlich; kein Teil der Gesellschaft hat das Recht, sie ausschließlich für sich in Anspruch zu nehmen, dennoch sind die Grenzen fließend, und ihre Fixierung bringt Interessenkonflikte mit sich und damit die permanente Gefahr politischer und gesellschaftlicher Konflikte. Indem die modernen Revolutionen den Umsturz dieser bürgerlichen Ordnung herbeiführten, haben sie die impliziten Versprechungen der Mini-Terrorregime des 18. Jahrhunderts erfüllt. Die Originalität der neuen Ordnung besteht darin, daß sie jene »Besitztitel« nicht nur vorübergehend – unter dem Druck der Ereignisse (Hungersnöte usw.) –, sondern grundsätzlich abgeschafft hat. Da die Bürger einander keinerlei Freiräume für ihren Besitz und ihre unveräußerlichen Rechte gewähren, prallen ihre Freiheiten mit voller Wucht aufeinander; es herrschen Verdacht und Denunziation; wohl oder übel, und sei es, um eine angedrohte Bedrohung zu kontern, »verfolgt jedes Bewußtsein den Tod des anderen«, wie schon Hegel mit Bestimmtheit vorauszusagen wußte.

So viel Raserei hat auch ein Ende. Die sich zurückziehende Welle bringt jedoch die »bürgerliche« Welt unter den Trümmern nicht wieder zum Vorschein. Hinter dem revolutionären und voluntaristischen Totalitarismus wird aber das sichtbar, was man als den »post-totalitären Totalitarismus« erkennen muß; der Widerspruch zwischen den Worten ergibt sich nicht aus dem so bezeichneten System, sondern aus der schwierigen Deutung, der wir uns gegenübersehen, weil wir die charakteristischen Merkmale des jungen Totalitarismus zu sehr hervorgehoben und sein Stabilisierungsvermögen unterschätzt haben. Das System hat Bestand. Zum Leidwesen der einstigen Propheten hat sich die Alternative, auf die sie die Zukunft der totalitären Gesellschaften festnageln wollten, als unwirksam erwiesen: Der Totalitarismus tendiert keineswegs dazu, sich in irgendeine Schlußkatastrophe zu manövrieren, und steht ebensowenig durch eine allmähliche Rückkehr zur bürgerlichen Gesellschaft unter dem inneren Druck einer Liberalisierung. Er hat sich vom zügellosen Terrorismus befreit, der für die ersten Jahrzehnte seines Bestehens kennzeichnend war; ein neues Gleichgewichtsmoment wird sichtbar. In der bürgerlichen Gesellschaft wird der Besitz durch gegenseitige Zusicherungen der einzelnen Freiheiten gesichert. Im revolutionären Totalitarismus bekämpft man sich ohne jede Gewähr und schonungslos; »die Hölle, das sind die anderen« (Sartre). In der post-totalitären Ära duldet ein jeder die Dummheit seines Nachbarn unter der Bedingung, daß sie nicht allzusehr auf die eigene übergreife.

Das bürokratische Gegeneinander läßt nach, sobald die Kontrahenten ihren jeweiligen Inkompetenzlevel erreicht haben (Peter-Prinzip). Eine bürokratische Gesellschaft stabilisiert sich, wenn ein jeder – vom Höchsten bis zum Niedrigsten – dasselbe angeborene Recht auf Unfähigkeit genießt, welches das sowjetische System auf großzügige Weise allen seinen Verantwortlichen gewährt. Genauso, wie der Staat nicht Befürwortung, sondern nur Duldung verlangt, genausowenig wird der *Homo sovieticus* von seinem Mitmenschen Sachkunde auf seinem Fachgebiet fordern oder gar Glaube an die Worte, die er spricht. Alexander Zinowjew hat auf treffende Weise diese Lebenskunst beschrieben, die darin besteht, die Dummheit der anderen auszunutzen, wobei jeder davon ausgeht, daß der andere über dieselbe verfügt. Säuferdialoge sind folglich nicht mehr von wissenschaftlichen, technischen und philosophischen Vorträgen zu unterscheiden: ein Gedanke jagt nicht den anderen, trifft sich nicht mit diesem, sondern setzt torkelnd seinen Weg fort, ohne den anderen auszuschließen oder zu irgendeinem Schluß zu kommen. Zwischen post-totalitären Menschen tröpfelt dieselbe gegenseitige Duldung wie zwischen halbleeren Gläsern auf einer Theke. Während ihrer Frühphase haben der Nazismus, der Stalinismus und der Maoismus den Massen mehr oder weniger nuancenreiche Leitgedanken eingehämmert; dem Anschein nach hatte mit ihnen das Zeitalter der monolithischen und überzeugenden Ideologien begonnen. Als die totalitäre Gesellschaft in ihre stabile Reifephase trat, ging es immer weniger darum zu überzeugen, als eben die allgemeine Denkleistung auf das niedrigste Niveau zu drücken, um den einzelnen in seinem sittlichen und sozialen Handeln nicht weiter zu gefährden. Auf diese Weise vollzog sich der Übergang von der Herrschaft der Ideen zur Herrschaft der Idioten.

Alle Macht den Sowjets. Alle Macht den Dummköpfen. Die erste dieser Parolen ziert die Mauern der Fabriken und die Giebel der Bahnhöfe, denn sie ist Ausdruck des Scheins; die zweite spiegelt die Wirklichkeit wider, kam aber erst in der Dissidenten-Literatur zum Vorschein. Die Ablösung der einen durch die andere zieht die Bilanz aus den sieben Jahrzehnten ununterbrochener sozialistischer Macht. Das Hauptanliegen eines Staates, der die Selbsterhaltung der Privilegien zum obersten Prinzip erhebt, ist nicht der wirtschaftliche Erfolg, der Konsum der Bevölkerung und die Amortisation der Investitionen. Im Unterschied zu ihren westlichen Kollegen (die diesen Unterschied so gut wie nie wahrnehmen) brauchen sich die sowjetischen Machthaber keiner hinreichend informierten Wählerschaft vorzustellen, die in regelmäßigen Abständen und auf der Grundlage fünfjähriger Bilanzen über die Wiederwahl oder Zurückweisung der amtierenden Politiker entscheidet. Weil das Hauptziel der Macht Schutz und Stärkung dieser Macht ist, ist jedes Vorhaben, das sie erschüttern könnte –

beispielsweise eine Wirtschaftsreform, die errungene Positionen in Frage stellt – von vornherein zum Scheitern verurteilt. Wo die Polizei die Straße beherrscht, die Armee ihr dabei hilfreich zur Seite steht und die Gasthäuser sich eines immer größeren Zulaufs erfreuen, kann keine Wirtschaftskrise – auch keine andauernde – die öffentliche Ordnung und den ruhigen Schlaf der Parteikader ernsthaft stören. Im totalitären Regime stellt die Inkompetenz keine politische Gefahr dar, also kann sie sich allgemein ausbreiten und jedes Streben nach höherer Leistungsfähigkeit verhindern, das doch nur Zwietracht säen und die Hierarchien auf den Kopf stellen würde. Ausnahmen bestätigen die Regel: Befähigung ist in all jenen Bereichen geboten, die zum Erhalt des Regimes unerläßlich sind, also in der militärischen Forschung und Industrie, in den Sicherheitsorganen und den Führungsstäben der Polizei. Diese Inselchen der Rationalität und Effektivität in einem Meer von gebilligter Unfähigkeit werden der Not gehorchend unter der einzigen Bedingung geduldet, daß sie die allgemein vorwaltende Dummheit tolerieren. Ein solcher Modus vivendi scheint mittelfristig von Bestand zu sein; die Gesellschaft kann in ihrer Gesamtheit weiter bestehen, wenn jedermann so wenig wie möglich denkt. Ein jeder nützt der gemeinsamen Dummheit, indem er die eigene pflegt: Der freie Markt der totalitären Dummheit funktioniert wie der Freihandel der ultraliberalen Ökonomen, während eine unsichtbare Hand – die politische Polizei – in den Kulissen und Anstalten darüber wacht, daß der Wahn der einzelnen der Verdummung aller zugute kommt.

Rückblickend läßt sich anhand des post-totalitären Phänomens die »voluntaristische« Lücke im alten Begriff des Totalitarismus deutlich machen. Siebzig Jahre lang haben die bedingten und die bedingungslosen Anhänger des sowjetischen Modells oder ähnlicher Experimente angenommene objektive Ursachen und besondere Umstände für den wirtschaftlichen und kulturellen Rückstand und die politischen Mißerfolge der unterentwickelten oder zu früh entstandenen sozialistischen Staatsgebilde verantwortlich gemacht. Die Gegner derselben forderten ihrerseits dazu auf, hinter den Massakern das Konzept zu sehen, das diese verschuldet, und die Ideologie, die sie legitimiert. Der böse Wille, den der eine anprangert, wird vom anderen durch die unvorhergesehene Verkettung von Umständen entschuldigt. Der post-totalitäre Fortbestand des Systems setzt allerdings eine unpersönlichere Struktur voraus, als vom Gegner angenommen wurde, widerlegt aber auch endgültig den Befürworter (die Umstände sind geduldig; der totalitäre Apparat bringt sie eher hervor, als daß er sie nur toleriert; so lange, wie er nicht die ganze Erde erobert hat, wird er sich zur belagerten Festung erklären). Indem der junge Totalitarismus seine Revolutionen von oben her wiederholte, verdichtete er anscheinend seinen Willen in einer Person, die alle Gewalt innehat und über alles bestimmt. Mit seinen gerontokratischen und stammelnden Herrschaftsformen manifestiert der gereifte Totalitarismus eine unerbittliche, aber diffuse Gewalt, die weder auf einen Punkt noch in einem Willen konzentriert werden kann. Ein vom Willen bestimmtes Gebilde erscheint zugleich starr und spröde und daher zerbrechlich. Ein auf der Dummheit gedeihendes Gebilde dagegen ist von zäher Konsistenz, zwingender im Detail und unerbittlich im ganzen, und deshalb auch dauerhaft.

Ein akademischer Kartesianismus (habt Erbarmen mit René Descartes!) verführte die ersten Theoretiker des Totalitarismus unbewußt dazu, die äußeren Einflüsse (jene »objektiven Umstände«, *res extensa*) von dem zu trennen, was von der *res cogitans* herrührt, also vom (bösen) Willen, der das System von innen her prägt. Dabei entging ihnen eben das, was zwischen den beiden eine dauerhafte Wirkung ausübt. Obwohl der Wille sich erschöpfte, beziehungsweise erlosch und die Umstände im großen ganzen sich gewandelt haben, dauert der Totalitarismus weiter fort und offenbart damit die treibende und verbindende Kraft der Dummheit. In der bürgerlichen Gesellschaft bestehen die Bürgerfreiheiten nebeneinander durch den gegenseitigen, partiellen Respekt der »Besitzverhältnisse« und Rechte. In der post-totalitären Gesellschaft wird die Koexistenz durch das ebenfalls partielle, aber durch die Gewohnheit garantierte Respektieren der Parzelle Dummheit gesichert, die ein jeder nach Belieben nutzen oder mißbrauchen kann. Wie Sinowjew zeigt, bewirkt diese Art von zwischenmenschlichen Beziehungen einen unglaublichen Energieverlust, eine niedrige Rentabilität, dafür aber eine hohe Stabilität. Da die Grenzen des persönlichen Feldes der Dummheit nicht genau abgesteckt und in keinem Kataster klar und deutlich festzusetzen sind, werden die gut nachbarschaftlichen Beziehungen zwischen den konkurrierenden Dummheiten zu einer Quelle endloser und im hohen Maße beklemmender Auseinandersetzungen. Diesen kommunalen, nachbarschaftlichen Streitigkeiten soll das umfassende System der Geborgenheit Abhilfe schaffen: Der einzelne braucht sich nur in sein Schneckenhaus zurückzuziehen und den übergeordneten Instanzen die Sorge und Aufgabe zu überlassen, für die unangenehmen Probleme eine Lösung zu finden. Die sozialistische Ideologie beschränkt sich nicht auf irgendwelche Gedankeninhalte (eine These, eine Behauptung, ein Glaubensbekenntnis, an das man glaubt oder nicht glaubt), sie wird zu einer Form des Denkens oder Nichtdenkens, zu einer besonderen »Denkungsart«. Man kann sich, wie Petr Fidelus bemerkte, den totalitären Denkmustern unterordnen und dennoch sein skeptisches Selbstverständnis bewahren und sich weigern, die offiziellen Hirngespinste zu übernehmen. Selbst wenn man nicht so denkt wie die Regierung, genügt es, sich ein Andersdenken zu verbieten, um in der allgemeinen Bedeutungslosigkeit unterzugehen und selbst dem intellektuellen Koma zu verfallen.

Zwischen dem »Wesen« einer Regierung (wer besitzt die Macht?) und ihrem »Prinzip« (welche Gefühle bewegen die von ihr Regierten?) muß ein Minimum an wechselseitiger Übereinstimmung bestehen, meinte noch Montesquieu. Die republikanischen Gesetze sollten eine »Tugend« zur Geltung bringen, die es ihnen erlaubt, als republikanische Gesetze zu wirken, so wie die Monarchie den Begriff der Ehre hochhält, der sie von innen her konsolidiert. Die positiven Gesetze und Institutionen

– welche es auch immer sein mögen – müssen von der jeweiligen Bevölkerung, die sie regieren, akzeptiert werden. Der »Geist« des Gesetzes kennzeichnet die Gesamtheit der Bräuche, der Lebensgewohnheiten und -formen, sowie alle Empfindungen, welche die Billigung eines politischen Systems rechtfertigen und zum Ausdruck bringen. »Mehrere Dinge regieren die Menschen: das Klima, die Religionen, die Gesetze, die Grundsätze der Regierung, die Beispiele aus der Vergangenheit, die Sitten, die Gepflogenheiten: aus all dem ergibt sich eine allgemeine Denkungsart, darauf gründet sie.« In diesem Sinne ist die allgemeine Denkungsart des gereiften und gefestigten Totalitarismus die der Dummheit.

Arendt, Orwell und ihre Zeitgenossen rechneten politisch und gesellschaftlich gesehen mit einer recht kurzen Zeitspanne: der totalitäre Wille setze, wie sie meinten, für die Dauer eines Menschenlebens (das des Führers) alles auf eine Karte; auf lange Sicht würde das System zwangsläufig an seinen inneren Widersprüchen zugrunde gehen. Allein, der totalitäre Geist tendiert in seiner post-totalitären Phase keineswegs zur Selbstzerstörung, sondern vielmehr zur Selbsterhaltung; wenn sich der terroristische Wille seinerseits selbst verschlingt, so findet die Dummheit ihrerseits Nahrung in sich selbst. Bürokratie bringt Bürokratie hervor; die Armee beschwört die Gefahr herauf, gegen die sie mobil macht, und die Methoden der Polizei schaffen eine Feindseligkeit, die wiederum ihre Überwachungspraktiken und ihr Einschreiten rechtfertigt. Die dumme Gesellschaft ist also keinesfalls zum Verschwinden verurteilt, sondern erhält sich selbst und erzeugt ihre eigene Ewigkeit; um letztlich ihre ganze historische Spanne zu erfassen, sollte man vom kurzen zum langen Zeitraum übergehen.

Wo vollzieht sich das Schicksal des Totalitarismus? In den Köpfen seiner führenden Vertreter? Scheinbar nicht. Im Wohl und Weh seiner Elite? Vermutlich nur zum Teil. Trotz Katyn und wiederholter Versuche, die Elite auszulöschen, leistet Polen bis heute Widerstand und besteht fort. Die wichtigen Entscheidungen finden im unteren Abschnitt der Stufenleiter statt, auf der Ebene der Plebejer und nicht der Aristokraten eines Gemeinwesens, im »Erdgeschoß der Geschichte«, wie die Historiker dazu sagen. Hier kommen die Invarianten des Alltags zum Tragen, in deren Lichte die Kostenberechnungen des Landwirts von heute in die Nähe der rationellen Sorgfalt rücken, mit der die Bauern Hesiods ihr Tagwerk vollbrachten. In diesen Infrastrukturen verewigt und erneuert sich die »materielle Zivilisation«, und in ihr bilden sich Gesellschaftsalternativen heraus, die mit dem Maßstab des Jahrhunderts und des Jahrtausends das Mögliche und das Unmögliche einer Gemeinschaft bemessen. Das Beispiel der abendländischen Verstädterung, wie sie im umfangreichen Werk Fernand Braudels beschrieben wird, dokumentiert die Art von Entscheidungen, die im praktischen Leben unauffällig getroffen werden, lange bevor darüber politisch debattiert wird. »Allein das Abendland hat sich eindeutig für seine Städte entschieden. Sie haben es vorangebracht. Ein gewaltiges Ereignis ... In Indien zerschlägt und spaltet das Kastensystem von vornherein jedes städtische Gemeinwesen. In China verhindert der Ahnenkult jeden Prozeß der Vermischung, aus dem die Städte des Abendlandes hervorgingen; diese Stadt – wahrlich eine Maschine, die die alten Fesseln sprengte – hat die einzelnen Menschen auf eine Ebene der Gleichheit gestellt, wobei der Zustrom von Zuwanderern, wenn man so will, eine Art ›amerikanisches‹ Milieu schuf ...« Die massiven Säuberungsaktionen des Totalitarismus haben (in der Stadt wie auf dem Land) die Kontinuität der Tradition gebrochen und gleichzeitig die Abschaffung der überlieferten Anschauungen, der elementaren Rationalität der Produktions- und Tauschmittel (»ein Heller ist ein Heller«) und der herkömmlichen Freiheiten zur Folge gehabt (so, zum Beispiel, die nicht minder elementare und jahrtausendealte Freiheit, trotz Hindernissen zwischen den Städten und Landgemeinden frei verkehren zu können. Die administrativ verfügten und im großen Maßstab durchgeführten Umsiedlungsaktionen sind neueren Datums). Indem die post-totalitäre Gesellschaft jeden einzelnen Bürger auf seinen Fußbreit Absurdität festsetzt, vollendet sie diesen Prozeß der Auslöschung; sie vergreift sich nicht mehr an der konkreten Freiheit des Handelns, sondern an der potentiellen Freiheit, sie knebelt den Wunsch und die Freude am freien Reden und Handeln und an der freien Meinungsäußerung. Die klebrige Freiheit wird zum Freiheitsersatz; sie nimmt fortan die Stelle jener Freizügigkeiten ein, die das Leben im Erdgeschoß der westlichen Gesellschaften im Fluß halten.

Langfristig gesehen schlägt der Totalitarismus dreimal zu. Erst zielt er auf den Kopf: seine Staatsstreiche führen zum Austausch der führenden Köpfe an der Spitze der sozialen Pyramide. Auf die Machthaber, die sich noch mit einem »altmodischen«, korrupten Autoritarismus zufriedengegeben hatten, folgte eine Mannschaft dogmatischer und blutdürstiger Modernisten, die ihr nationales Herrschaftsgebiet von der Weltwirtschaft abgrenzten und alle Macht über die Produktion materieller Güter an sich rissen. Zweite Offensive: der Totalitarismus säubert die Kader und – mit ihnen – die Institutionen und Gewohnheiten, die die Reproduktion des Wissens sicherten und für den Aufschwung von Technik, Forschung und Produktion, sowie den Ausbau des Warenaustausches günstige Bedingungen schufen. Während dieser langen Phase kommen sowohl die Methoden der blutigen Liquidierung als auch friedlichere Methoden zum Tragen, die eine allgemeine Verdummung zum Ziel haben. Diese Etappe scheint in der Sowjetunion derzeit zu Ende zu gehen, dauert aber mit wechselndem Erfolg in den »Volks«-Republiken Mittel- und Osteuropas noch an. Dritter Vorstoß: die soziale Pyramide wird an ihrer Basis angegriffen. Diesmal geht es um die altüberkommenen Traditionen des Abendlandes. Ideen? Sie kommen und gehen! Solange der *Homo sovieticus* einfach nur mit gefälschten Informationen und irrigen Ansichten »gefüttert« wurde (die von den zuständigen Behörden verbreitet werden), waren wohl nur diejenigen davon betroffen, die sich der lautstarken Propaganda ausgesetzt sahen. Von dem Augenblick an jedoch, wo die »Denkarten und -formen« in Frage standen, übertrug sich die Krankheit von einer Generation zur anderen; es ist illusorisch, dann noch zu hoffen, man würde seine Haltung ändern können, wenn die Denkgewohnheiten selbst infiziert sind. Da kann beispielsweise das Ministerium für Handel und Planung noch so viele französische Bistrotische für ein schickes Café in der Nähe des Roten Platzes im Ausland einkaufen. Wenn der Großvater, der Vater und der Sohn die Gewohnheit des freien Gesprächs verloren haben, besteht kaum eine Aussicht, daß der Enkelsohn es sich an diesen Tischen bequem machen und wie in einem Bistro von Ménilmontant seinen Gedanken nachhängen wird. Freiheit, die man gebraucht, nutzt sich nicht ab; je weniger sie aber gebraucht wird, um so eher verschleißt sie sich und wird unbrauchbar.

Die dreifache Umklammerung des totalitären Sozialismus entwestlicht nach und nach den europäischen Teil seines Herrschaftsgebietes und belegt auf indirekte Weise die Richtigkeit des Braudelschen Bildes von den drei Aufbauebenen der abendländischen Zivilisation. Die Zerstörung der »alten Welt« erfordert einen langen Atem, seufzte schon Lenin; die gewerbliche Kleinproduktion erschafft jeden Tag, jeden Augenblick von neuem den Kapitalismus und die Bourgeoisie. Da, wo die kleinen Unternehmen und der freie Warenaustausch weiterbestehen, kommt auch der Kapitalismus zum Vorschein. Er fürchtete, seine junge Diktatur könnte durch den kulturellen Widerstand der russischen Bauernschaft überrollt werden. Um auf radikale Weise mit dem Kapitalismus zu brechen, genügt es nicht, die Regierungsgewalt an sich zu bringen und Schritt für Schritt die Mittelschichten und die aufgeklärten Kader auszuschalten. Hat man erst einmal das Kommunikationsnetz und die alten Strukturen des Warenaustausches zerstört, wird man auch die Bräuche und Gewohnheiten an der Basis aushöhlen müssen, denn sie haben einst den Fortbestand der alten Zivilisation gesichert: Familie, Ernährungsweise, Arbeits-, Wohn- und Verkehrsbedingungen – nichts wird ausgelassen. Es werden nicht nur die Konventionen verändert und die Lebensformen zerschlagen, man legt vielmehr das glühende Eisen direkt an die Wurzel, um die phantastische Erfindungsgabe auszubrennen, die zweieinhalb Jahrtausende hindurch der Motor des abendländischen Menschen war; er besaß damit die unerschöpfliche Gabe, nicht so sehr zu überleben, als eben die Existenzbedingungen und – wenn nötig – die Gesellschaft selbst zu ändern. Die individuelle und rationale Initiative in der bäuerlichen oder gewerblichen Arbeit und die Meinungsfreiheit auf dem Marktplatz sind das Erbe des antiken Griechenland. Gesinnungsfreiheit, politische Demokratie und Streikrecht sind Errungenschaften aus einer mehrere Jahrhunderte währenden europäischen Geschichte. Mit all diesen, als »formal« verketzerten Freiheiten kurzen Prozeß zu machen, erweist sich als ein weit schwierigereres und langwierigereres Unterfangen, als es sich die Gründungsväter der totalitären Ideologie und ihre ersten Kritiker haben träumen lassen.

Manche glauben nun einen Gegensatz zu erblicken zwischen den Lehren Solschenyzins (der Kampf gegen den Totalitarismus wird nicht durch ein Duell der Anführer und ebensowenig durch den Einfluß einer starken und aufgeklärten Opposition entschieden, sondern durch die Auseinandersetzungen auf der »unteren« Ebene und im moralischen, philosophischen und religiösen Widerstand der einfachen Leute) und den Aufzeichnungen Sinowjews (die totalitäre Ordnung zielt darauf ab, von vornherein jede Art von Widerstand im Keim zu ersticken, indem sie den *way of life* des *Homo sovieticus* zum obersten Prinzip erhebt). Diese beiden bedeutenden Zeugen, die ihrem Wesen nach grundverschieden sind – religiös und tragisch-optimistisch der eine, ironisch-pessimistisch und wissenschaftlich soziologisierend der andere –, stimmen dennoch auf bemerkenswerte Weise miteinander überein, wenn es darum geht, ihren Kampfplatz zu bestimmen. Wo manifestiert sich der zäheste Widerstandswille (von dem Solschenyzin berichtet)? Wo droht der Totalitarismus entscheidende Vorteile zu erringen (deren Konsequenzen Sinowjew beschreibt und die er mitunter vorwegnimmt)? Ganz offensichtlich auf ein und demselben Aktionsfeld, auf dem Gebiet der Lebensgewohnheiten, in

Braudels »Erdgeschoß«. Auf diese Weise führen beide Autoren die obsolete Mär vom »Big Brother« ad absurdum, derzufolge dieser den Dingen seinen Willen aufzwingt und in die Köpfe der Menschen einbricht: Die Geschichte – selbst in ihrer übelsten Form – ereignet sich »zwischen uns«, im Netzwerk des alltäglichen Geschehens und des gewöhnlichen Gesprächs; sie setzt die große Mehrheit durch die große Mehrheit in Bewegung, und jedermann übernimmt eine Doppelrolle, zum einen als Zuschauer, zum anderen als Darsteller, mal als Objekt, mal als Subjekt, als Zielscheibe oder als Pfeil der post-totalitären Angriffe der Dummheit.

Ein böser Wille kann enthauptet werden. Mit der Dummheit hingegen wird man nicht so leicht fertig; vergeblich wird man davon träumen, ihr die Kehle durchzuschneiden, denn sie besitzt mehrere Köpfe und wandert unkend von einem zum anderen, so daß man sie niemals ganz und gar festmachen kann. Auch wenn der Totalitarismus ihr eine besonders furchteinflößende und aggressive Gestalt verliehen hat, so verfügt er dennoch über kein exklusives Nutzungsrecht. Die Dummheit ist ihrem Wesen nach demokratisch und erheischt die Mitarbeit aller; ohne das aktive und passive Zutun des westlichen Teils unseres Kontinents könnte sie wohl kaum ihren Zugriff auf den Osten Europas derart verstärken. Die materielle Grundlage der totalitären Antikultur besteht in der Anhäufung von Informationen (durch die Staatsorgane, die auf dem Gebiet der Verbreitung von Meinungen, Ideen und Bildern das absolute Monopol besitzen). Durch die Kontrolle über die Druckereien, die Papierproduktion, die Rundfunk- und Fernsehsender, die Fotokopiergeräte und die Schreibmaschinen hat sich die Regierung sämtliche Werkzeuge des Denkens angeeignet; die Gesprächsthemen, die der Bürger der Nachrichtengebung entnimmt, die Bücher und die Zeitungen sind zu ihrem Privateigentum geworden. Die Voraussetzung für eine solche Diktatur über die Medien wurde jedoch im ausgehenden 19. Jahrhundert geschaffen, als die Regierungen Westeuropas sich zum ersten und letzten Mal die technische Möglichkeit schufen, die verwalteten Köpfe vollends zu verriegeln, indem sie zusätzlich zu den politischen Grenzen Schranken gegen den freien Fluß der Gedanken errichteten. Außer dem traditionellen Staatsgebiet, das geographisch genau fixiert war, fiel ein weiterer Bereich unter ihre Zuständigkeit: die verbale und audio-visuelle Kommunikation zwischen den Bürgern. Unter dem Vorwand, ihre »nationale Kultur« schützen zu müssen, tendierten damals alle Staaten zum Kulturprotektionismus. Den totalitären Staaten blieb es aber vorbehalten, die totale kulturelle Abschottung nach außen in die Tat umzusetzen. Die technischen Voraussetzungen für ein solches Staatsmonopol liegen wohl in der Vergangenheit. Verschiedenen Diktaturen auf den fünf Kontinenten ist es bis heute noch möglich, das Denken ihrer Bevölkerungen unter einer Glocke einzusperren und sie von den Informationsströmen in der Welt fernzuhalten; daß sie weiterhin in der Lage sind, das Denken ihrer Bürger solcherart zu erdrosseln, ist nicht zuletzt auch ein Verdienst der Liberalität ihrer Nachbarn. Kein einzelner Staat kann heute noch, im Zeitalter der Satelliten, von sich aus einen für jedwede Information undurchlässigen Vorhang um sich herum errichten. Wenn es einen Eisernen Vorhang gibt, der den freien Austausch von Ideen behindert, so nur, weil er von beiden Seiten gleichermaßen respektiert wird: »Das Verderbnis unseres Jahrhunderts ist nur möglich, weil ein jeder von uns dazu beiträgt« (Montaigne).

Die große Schande für die demokratische Elite des Westens wird offenkundig, sobald man zwei Fakten einander gegenüberstellt, die beide der großen Masse gut bekannt sind. Der erste ist technischer Art: wir brauchen heute nur wenige Sekunden, um Texte und Bildmaterial von Paris nach Tokio zu übertragen. Der zweite ist politischer Art: ein Sowjetbürger riskiert fünf Jahre Lagerhaft mit möglicher Verlängerung, wenn er auf einer Schreibmaschine fünf Kopien eines nicht erlaubten Textes anfertigt. Nach dem Staatsstreich vom 13. Dezember in Polen warteten mehrere französische Forscher drei Wochen lang auf günstigen Wind, bevor sie für Polen bestimmte Ballons aufsteigen ließen, die der unterdrückten Bevölkerung verschiedene

Texte, Nachrichten und solidarische Grüße überbringen sollten. Ihre Geduld und ihr Opfersinn verdienen Bewunderung.
Man hätte aber erwarten können, daß ihre moralischen und
wissenschaftlichen Fähigkeiten im Zeitalter der interplanetari-
schen Kommunikation eine sinnvollere und effektivere Verwendung finden würden. Die informationelle Isolierung der
geknechteten Völker ist allem Anschein nach durch die demokratischen Regierungen mitverschuldet. Die Dummheit der
einen stützt sich erfolgreich auf die der anderen.

## Der Stoff, aus dem man Geschichte macht

Die Dummheit ist um so größer, als sie keine Ausnahme ist.
Wer ihr im Regen zu entgehen versucht, begegnet ihr in der
Traufe. Bekämpfe ich sie bei meinem Gegenüber, verseucht sie
meine Kriegführung; verfolge ich sie in den eigenen Reihen,
verzehrt der interne Säuberungsversuch meine Kräfte, während
die Dummheit von außen meine Stellungen stürmt. Kaum habe
ich mich damit abgefunden, sie an zwei Fronten – oder mehr –
bekriegen zu müssen, findet der vielköpfige Feind zu einer
scheinbaren Einheit zurück, in der sich die extremen Stupiditä-
ten berühren, nachäffen, gegenseitig unterstützen und Schüt-
zenhilfe geben. Zu Unrecht wirft man der Dummheit eine einseitige Böswilligkeit vor. Sie wird personifiziert: Hitler, Stalin,
dann diejenigen, die ihnen Tür und Tor öffneten, diejenigen,
die es versäumten, ihnen den Weg zu versperren, und jene, die
ihre Zustimmung gaben, jene, die schliefen, und jene, die zu spät
oder einen sinnlosen Widerstand leisteten; Schritt für Schritt
breitet sich der Schatten aus; die Eitelkeit derer, die sich in jeder
Hinsicht gefeit glaubten, sorgt für die generelle Ausbreitung des
Phänomens. Die europäische Komödie vollzog sich hinter
geschlossenen Türen; keinerlei moralische Autorität erwies sich
damals als hinlänglich vorausschauend oder klug genug und
ebensowenig heroisch, als es darauf ankam; kein gesundes
Volksempfinden sprang in die Bresche, als die Kirchen und

anderen Institutionen versagten. Erst in der fünfundzwanzigsten Stunde kamen die makellosen Lebensläufe zum Vorschein, meldeten sich die stählernen Nerven, die reinen Gewissen und die Parteien, die stets zu allem entschlossen sind. Kein Heiliger fand sich, den man hätte anrufen können. Und keine gutartige Dummheit war zur Stelle, um ihrer unheilvollen Schwester entgegenzutreten. Solschenyzin würdigt auf gebührende Weise die großen kriegerischen und revolutionären Episoden unseres Jahrhunderts: ein lokaler Krebs, dessen Metastasen das schwarze Wunder bald in alle Himmelsrichtungen trugen.

Rekapitulieren wir: Hitler/Stalin und die ontologische Sorglosigkeit, mit der man sie umgab. Daraus führt kein Weg, denn das bloße Auswechseln der Figuren sowie eine etwas andere Form des Schnurrbarts würden genügen, damit sie ebenso freundlich aufgenommen würden wie ihre Vorgänger. Die Geschichtslektionen werden durch bemerkenswerte Einzelfälle illustriert, über allzu allgemeine Dummheit sagen sie nichts aus. Gegen sie kann man sich nur schützen, indem man nicht davonläuft; man muß sich der Kniffe bedienen, in denen sie selbst enthalten ist. Neuerliche Täuschung, Doppelfalle: Sollen wir vielleicht glauben, daß die Dummheit ihr eigenes Urteil spricht und an sich die höchste Strafe vollstreckt? Wir sollten sie nicht im erasmischen oder dialektischen Sinne für besser halten, als sie ist. Wenn die Dummheit das einzige Mittel gegen Dummheit ist, dürfen wir nicht irgendwelche Intelligenz oder doppelbödige Kontrollinstanz in ihr vermuten, deren höchste Ebene zu unseren Gunsten über die Auswüchse der unteren Ebenen wachen würde. Keinerlei dialektische oder mystische Verklärung hilft uns hierbei aus der Klemme – wir müssen mit einer Dummheit weiterleben, die Dummheit bleibt. Doch ist das möglich?

Rekapitulieren wir noch einmal: Hitler/Stalin, das macht zwei. Wären sie miteinander ein festes Verhältnis eingegangen, Europa, Asien, eine Weile später Afrika und zu guter Letzt die ganze Welt wären ihnen in die Hände gefallen. Ein dauerhaftes Bündnis kam aber nicht zustande. Gewiß. Und warum?

Erste Hypothese: Aus ethischen Gründen? Nicht zu zählen sind die geschlossenen Allianzen zwischen Partnern, die moralisch weit mehr auseinanderstrebten als unsere beiden Diktatoren: Der eine hatte gerade – neben anderen Missetaten – in einem einzigen Jahr sieben Millionen Ukrainer umgebracht; der andere traf Vorbereitungen, um ähnliche Untaten zu vollbringen. Da ihre Vorstellungen von Menschlichkeit beide Kontrahenten nicht daran hindern konnten, sich dauerhafter zu verstehen, als sie es schließlich taten, sollte man vielleicht eine zweite Hypothese in Betracht ziehen: Ihr Zerwürfnis ist eine Folge der Unvereinbarkeit ihrer jeweiligen Interessen. In einer demokratischen Republik gilt das Prinzip der Teilung der Macht und des alternierenden Regierungswechsels; ein Reich, und besonders ein Weltreich, kann nur einem gehören. Der Streit zwischen den Siegern war daher unvermeidlich. Es lag jedoch nicht in ihrem Interesse, ihn zu früh zu beginnen: Ein simples egoistisches Kalkül gebot ihnen, den Ausbruch der Fehde hinauszuzögern, die Beute zu packen und sich erst später darüber in die Haare zu geraten. Unter ethischen Gesichtspunkten schien ein Vergleich zwischen beiden möglich. Rechnerisch gesehen gab es einen Fehler im Timing. Wie ist es also zu erklären, daß beide derart gegen ihre Interessen handelten? Historiker und Politologen haben eine dritte Hypothese aufgestellt: Die Wertmaßstäbe erlaubten und der zu erwartende Nutzen gebot einen Pakt auf lange Sicht; die konkreten Umstände dagegen, das Gewicht der Traditionen, die Trägheit der Apparate und die Schwerfälligkeit der Volksmassen sprachen gegen eine dauerhafte Versöhnung der feindlichen Brüder. Diese Erklärung scheint sehr überzeugend zu sein, jedoch nur unter der Bedingung, daß man den Kern der Sache herausschält: Zwei Diktaturen, die ruhmsüchtigsten und allmächtigsten dieses Jahrhunderts, mußten, eingefangen in ihre jeweilige Borniertheit, gegen ihre Zwangsvorstellungen und gegen ihre vernunftgemäßen Interessen handeln. Mit anderen Worten: Weise Gedanken, Moralvorstellungen und Eigennützigkeiten sind gelegentlich miteinander vereinbar, nicht aber Dummheiten, weil es ihrer zwangsläufig zwei sind oder mehr, woraus sich mehrere Schlußvarianten ergeben.

Einfach oder vielfach? Eigenmächtig oder töricht? Man könnte die Alternativen noch verfeinern und dennoch nicht verhindern, daß die Dummheit sich einschleicht und unmerklich durch die Maschen des Begriffs hindurchschlüpft. Sie kann nicht in der Momentaufnahme einer Situation fixiert und noch weniger auf ein psychisches Versagen reduziert werden; sie läßt sich nicht als das bloß Absurde oder Irrationale festnageln, zumal sie sich der Intelligenz bedient; sie ist aber auch nicht Herrin ihrer selbst, denn sie widerspricht sich, verstümmelt sich selbst, teilt sich. Diese Vieldeutigkeit, die stärker ist als sie selbst, ist ihre Stärke. Da sie an einem einzigen Punkt nicht festzumachen ist, wird man sie auch nicht mit einem Mal ausmerzen können; die Menschen könnten sich nicht gegen sie verbünden, um ihr den Garaus zu machen, ohne daß sie sich in ihre Reihen einschleicht und ihr Werk von vorn beginnt. Ihre zwielichtige Allgegenwart erinnert nicht so sehr an die eines Gottes oder Gegen-Gottes, sondern eher an die eines Wesens der dritten Art, »eine schwierige und dunkle Form« (Timaios), und von jener zwittrigen »Denkweise« wahrgenommen wird, die Platon als Eigenschaft der »Materie« erkannte. Es wäre naiv, im Sinne der extrem pessimistischen Anschauung Schopenhauers zu behaupten, die Dummheit beherrsche und ordne die zwischenmenschlichen Beziehungen; es ist sogar ausgesprochen utopisch, ihr Verschwinden voraussagen zu wollen. Die Dummheit scheint vielmehr so etwas wie das Gewebe oder der Bühnenfond des menschlichen Handelns zu sein, etwa so, wie sich die platonische »Nährmutter« als der Stoff des Universums erweist: Sie ist nicht etwas, sondern eine Art »Behältnis« der Dinge, weiches Wachs, aus dem alle erdenklichen Figuren geformt werden, »Siegelträger«, feuchtes, neutrales und geruchloses Bindemittel zur Aufnahme von Duftstoffen. Die scheinbare Passivität des Trägermaterials verschleiert die unsteten Erschütterungen, die sie durchzucken und jedes Wesen an das ursprüngliche und letztendliche Chaos erinnern.

*Charlie auf der Flucht:* Länger, als die Vorsicht es gebietet, hält sich der kleine Landstreicher damit auf, die ihn verfolgenden Wächter mit Steinen zu bombardieren; ein Wärter nähert sich ihm von hinten; Charlie bemerkt ihn zwar nicht, aber seine Hand, mit der er nach einem letzten Stein tastet, stößt unversehens auf den Schuh seines Verfolgers. Charlie überpudert den bedrohlichen Gegenstand mit einer Staubwolke. Wenn er auch auf diese Weise eine feindliche Realität scheinbar aus der Welt schafft, so wird Charlie als der neue Verfechter der Vogel-Strauß-Politik dennoch nicht zur lächerlichen Figur. Er ist ganz bei der Sache, wenn er flieht, wenn er seine Verfolger heftigst attackiert und sich dagegen wehrt, wieder gefaßt zu werden. Die unermüdliche Hartnäckigkeit, die ihn dabei bewegt, öffnet ihm das eine Mal die Gefängnistore und schließt sie wieder hinter ihm; diese einfältige Energie reißt ihn fort in einen Strudel ohne Ende, der ihn nicht zur Ruhe kommen läßt. Da sich keine hilfreiche Zuflucht bietet, wo er sich mit Verstand und in Sicherheit an seiner Intelligenz erfreuen könnte, macht er aus der Not eine Tugend.

Ist Charlie dumm? Er verwendet seine ganze Kraft darauf, von einer Dummheit zur anderen zu hasten und, wie wir sahen, ist dieses Hin und Her nicht frei von unschuldsvollem Einvernehmen mit den jeweiligen Gegnern. Aufgeklärte, die sich absolut sicher wähnen, gibt es unzählige in Chaplins Filmen: Policemen, Verfolger ... Die Selbstachtung, in der sich diese Bürger erster Klasse gefallen, hat zur Folge, daß sie die Dummheit als eine fremde Angelegenheit betrachten, eben als die Sache eines Charlies, der sie seinerseits zu seiner höchst persönlichen Frage macht. Im Spiel der Wahrheit geht es für jeden um Leben und Tod, aber deutlich sichtbar wird dies erst in den Abenteuern des himmlischen Clochards, der das philosophische Privileg genießt, kein Obdach zu besitzen, das ihn die Höhe des Einsatzes vergessen ließe. Später wird Charlie Chaplin in der Rolle des Bürgersmannes seine Betrachtungen darüber fortsetzen, und Monsieur Verdoux, der zum praktischen Handeln überging, wird erneut die Frage stellen: Sollte man die unerträglichsten Dummköpfe töten? Wenn nicht, wie können wir dann mit ihnen leben und der unvermeidlichen Versuchung widerstehen, uns in ihnen zu spiegeln, sie als unseresgleichen, als Brüder anzusehen? Nichts Dummes ist mir fremd – Charlie doubelt sein Double und entleiht ihm sein Sesam-öffne-dich: so sehr man auch die Dummheit der Vieldeutigkeit und Mittäterschaft verdächtigt, sie bildet ein Doppel mit sich selbst, also mit uns; es gibt einen Weg, Charybdis ist nicht Scylla.

Verstand bedeutet stets Verständnis für etwas und – sieht man von kleinlichen Einwänden ab – Wissen um etwas anderes als dieser Verstand selbst. Die Intelligenz partizipiert auf irgendeinem Umweg am Anderssein der Dummheit. Sie ist es, der man auf Schritt und Tritt begegnet und die uns Charlie als einen so gewitzten Teufelskerl erscheinen läßt, und uns nachgerade den Schluß aufzwingt, aller Geist komme von ihr, gehe aus ihr hervor, werde durch sie genährt und laufe unentwegt Gefahr, ihr von neuem zu verfallen.

# Politik der Dummheit

… Die Dummheit ist ein harter Kern und unteilbar,
urtümlich: Man kann sie nicht wissenschaftlich zerlegen
(wäre es möglich, sie wissenschaftlich zu analysieren,
würde das gesamte Fernsehen in sich zusammenbrechen).
Was ist sie? Ein Schauspiel, eine ästhetische Fiktion,
vielleicht ein Phantasiegebilde? Überkommt uns etwa
die Lust, in das Bild hineinzutreten? Es ist schön, es ist
überwältigend, es ist eigenartig. Über die Dummheit sei
mir nur folgende Aussage erlaubt: sie fasziniert mich.

ROLAND BARTHES

… Wenn sich das Klischee geschichtlich, politisch
verschiebt, besteht die Gefahr, daß man ihm folgen muß,
wohin es sich auch bewegt: was tun, wenn das Klischee
nach links driftet?

ROLAND BARTHES

Es gibt demographische, gesellschafts- und wirtschaftspolitische sowie ökologische Erhebungen; man mißt den Alphabetisierungs- und Motorisierungsgrad, ermittelt die Zahl der Unfalltoten und die der Akademiker, die Truppenstärke, die Ressourcen, die Zukunftsaussichten und die Spuren der Vergangenheit; in dieser Sucht, für alles Berechnungen anstellen zu müssen, wurde die Dummheit glatt vergessen. Die raffinierten Bewertungsmaßstäbe, anhand derer ein unterschiedlich definierter Intelligenzquotient ermittelt werden kann, lassen uns vergeblich darauf hoffen, daß es eines Tages gelingen wird, auch die menschliche Dummheit objektiv zu erfassen, sie gerecht zu wiegen und quantitativ zu entschlüsseln. Obengenannter Quotient mißt höchstens das eingetrichterte Wissen oder die absolvierte Schulzeit; er zeugt von den guten intellektuellen Manieren, die ein Schüler erworben hat, sagt aber nichts aus über die angeborene und mehr oder weniger ausgeprägte Fähigkeit, all dies zu erwerben. Die Dummheit, bescheiden und charmant, flüchtiger Gegenstand von Beobachtungen, die um so ungewisser sind, als sie sich gegen den Beobachtenden kehren und sehr wohl den gegebenen Beispielen von Dummheit noch einige hinzufügen könnten, verdient es scheinbar nicht, ernst genommen zu werden. Sie ist nicht quantifizierbar, also eine *Quantité négligeable*. Sofern der Historiker sie nicht für eine oberflächliche Erscheinung hält, die tiefere Zusammenhänge verdeckt, verbannt er sie in den Bereich des Anekdotischen; sie ist eine Begleiterscheinung, eine Gelegenheit, die keine Diebe macht.

Der moderne Europäer wähnt sich jenseits der Dummheit. Er hat es verlernt, über sie zu weinen: Da sie leicht und flüchtig ist, zählt sie nicht zu den Bedingungen der Tat; Unglück und Mißgeschick sind die Verfehlungen eines Bösewichts, der Dummheit werden sie niemals angelastet, auch nicht mir und schon gar nicht ihrem Wirken in mir. Der Europäer hat es auch verlernt, über sie zu lachen. Wie könnte man auch über den reinen Schein lachen? Man hält sich für überlegen, schüttet sich aus über die Schwäche der anderen, und der fröhliche Schelm wird zur traurigen Gestalt. Europa hat mit tierischem Ernst seine Tränen und sein Lächeln hinuntergeschluckt, es versinkt langsam in einer Dummheit, die es verlernt hat zu erkennen und zu benennen. Die Taktik der Auslassung in der Politik verbrämt unser Verhältnis zur kollektiven Tat und, im Bereich des Geistigen, das Verhältnis vom Ich zum Ich.

Es schickt sich nicht, über nahe Freunde Ermittlungen anzustellen und durch eine Neugier, die schnell als krankhaft empfunden wird, die gutnachbarschaftlichen Beziehungen, die wir mit der Dame Dummheit unterhalten, zu belasten. Ihre Zeitgenossen mischen sich nur selten und sehr behutsam in ihre Privatangelegenheiten ein, obgleich sie selbst sich im umgekehrten Sinne weit weniger Zurückhaltung auferlegt. Diese zimperliche Person ist weniger taktvoll als eben verborgen, sie gedeiht unter dem Deckmantel ihres angeblichen Nichtseins. Zahllose Lehren wetteifern miteinander um Wissenschaftlichkeit und versuchen uns zu beweisen, die Dummheit sei eine Wirkung, keine Ursache, also eher der Schein und nicht die Wirklichkeit, eine Randerscheinung sozusagen, die aus untrüglichen und unerbittlichen Tiefen emporsteigt. Sie sei wie Rauch, eine Dampfwolke oder allerhöchstens die Spur, die eine Verdummungsmaschine hinterläßt, ein Peiniger des Menschen, der allenthalben intelligent geboren wurde, der einem aber allzuoft als Dummkopf begegnet.

Da uns die Gescheitheit von guten Feen in die Wiege gelegt wurde, liegt es einzig an uns, kraft der Wissenschaft zur alten Unschuld zurückzufinden, welche wir niemals hätten verlieren dürfen. Psychologie, Soziologie und Philosophie sowie alle Wissenschaften vom Menschen und ein paar Naturwissenschaften dazu werden nicht müde, uns die Immunität in den hellsten Tönen zu versprechen. So glaubt man zu wissen, daß es die Not ist, die die Armen vom rechten Wege abbringt, und daß der Reichtum daran schuld ist, wenn sie verdummen und zuweilen gegen ihre eigenen Interessen handeln. Plaudern wir also über die Verteilung der Reichtümer! Die soziale Ungleichheit scheint der Schlüssel zu allen seelischen Störungen zu sein.

Man glaubt auch zu wissen, daß der Rassismus der Sozialismus der Dummköpfe ist und Grausamkeit das Vergnügen der Ungebildeten, Folter der Zeitvertreib ungehobelter Wüstlinge; und so folgert man, daß Schule, Erziehung und kluge Ratschläge vor geistiger Unterentwicklung, die wiederum die einzige Ursache unseres Elends ist, bewahren können. Und wenn die wissenschaftlichsten aller Wissenschaften nicht ausreichen, uns von unseren Verirrungen zu befreien, die wir einzig dem Erbe der Vergangenheit zu verdanken haben, dann bestärken uns ein halbes Dutzend Parawissenschaften in der Zuversicht, wir könnten uns schließlich doch noch aus der Affäre ziehen.

### Wer befragt wen?

Kommt ein Schwimmer dadurch außer Atem, daß er die Existenz des Wassers leugnet? Allein, es gibt nur wenige Politiker, die sich nicht der Lächerlichkeit preisgeben, in allen Tonarten zu postulieren: Ich irre mich nicht, ich werde mich nicht irren, ich habe mich nicht geirrt, und damit in dieselbe Bedrängnis geraten, in der sich die meisten Menschen befinden. Als glückliche Nacheiferer des Freiherrn von Münchhausen packen sie sich beherzt an den Haaren und fliegen davon. Sollen sich doch die Intellektuellen und die einfachen Leute täuschen und irren, Selbstkritik üben und Reue zeigen. Solschenyzin steht es frei, wann auch immer zu erklären, daß er das Drama seines Jahrhunderts nicht begriffen habe, daß ihn dennoch Schuldgefühle plagen, weil er in seiner Jugend als überzeugter Stalinist an der allgemeinen Entfremdung mitgewirkt hat. Das ist nicht von Belang. Bei unseren Kommunalwahlen wird man vergeblich nach Kandidaten suchen, die sich nicht für unfehlbar halten. Jeder Politiker hält es für erwiesen, daß er an einem sauberen Wahlkampf teilnimmt, daß er sich in untadeliger Rechtschaffenheit für das über alle Zweifel erhabene Programm zum Wohle des ganzen Volkes einsetzt. Die Dummheit – das sei gesagt – duldet keine Geringschätzung und rächt sich an allen, die sie mit Verachtung strafen. Ungeachtet des Sachverstands und der reichen Erfahrungen, die unsere Mandatsträger meist geltend machen, sind sie durchaus nicht imstande, die tiefe Überzeugung, die sie im Innersten hegen, der großen Wählerschaft mitzuteilen. Wenn es ihnen durch eine Gnade des Himmels dennoch vergönnt sein sollte, von Dummheit frei zu sein, wird dieses Wunder durch ein sonderbares Verhängnis wieder aufgehoben – denn außer ihnen selbst hatte niemand davon etwas gemerkt. Daraus erklärt sich eine scheinbare Ungerechtigkeit: Die Wertschätzung, die sie sich selbst entgegenbringen, verhält sich proportional umgekehrt zur Achtung, die der einfache Bürger für sie empfindet. 82 % der befragten Franzosen waren im Herbst 1984 der Meinung, Politiker sagen nicht die Wahrheit.

Berufene Kommentatoren sehen darin mit Recht eine »Absage an die politischen Parteien« – linke wie rechte. Leichtfertig schließen sie daraus auf eine »Absage an die Politik« und stützen ihre Behauptung mit dem unvermeidlichen Verweis auf geschichtliche Präzedenzien (Bonapartismus, Poujadismus, Boulangismus). Sie machen sich damit die Sache etwas zu leicht und übersehen den feinen Unterschied, der die gegenwärtige Lage charakterisiert: Die »allgemeine Verurteilung der politischen Parteien« geht keineswegs einher mit einer Verurteilung des politischen Berufs (69 % der Befragten sind der Meinung, daß es Berufspolitiker geben muß, weil der Beruf besonders hohe Anforderungen stellt, also Sachkenntnis verlangt). Auch die bekannten Vorwürfe der Antiparlamentaristen – Diätenschnorrer! Bestechung! – tauchen nicht auf; es bleibt zur Verwunderung der Experten bei der Kritik an der »Kumulierung von Mandaten« und Ämtern. Diese Verurteilung führt (noch) nicht zu einer Ablehnung der demokratischen Institutionen, denn die Wahlbeteiligung bleibt relativ konstant und hoch.

Der Ruf nach Wahrheit ist lästig. Wir konnten alle miterleben, wie ein Abgeordneter der Opposition im Fernsehen die Frage des Meinungsforschers zurückwies: Die Wahrheit? Welche Wahrheit? Wie naiv! Wovon ist hier die Rede? Sein Kollege von der Regierungspartei blieb still, Pontius Pilatus ist Mitglied aller Parteien. Der befragte Wähler steht beiden Lagern kritisch gegenüber; er mißtraut selbst dem, der seine Gunst genießt; er will sich nicht mehr herausnehmen, *urbi et orbi* über das Wohl und Weh der künftigen Generationen zu entscheiden, er vertraut auf sein Gespür, es vermag im voraus Wahrheiten zu erkennen, die schwer zu erfassen, zuweilen abschreckend und meist nur kurzlebig sind. Er scheint begriffen zu haben, daß starre, unumstößliche Überzeugungen gefährlich sind. Verglichen mit dieser wohltuenden Behutsamkeit hat sich der von sich überzeugte Politiker seit der Jahrhundertwende kaum geändert. »So wandeln die Parteihäupter, indem sie den Massen, die sie führen wollen, wie Schafe hinterhertrotten«, lästerte einst Clemenceau, als er am Anfang der Dreyfus-Affäre noch völlig isoliert dastand. Dünn gesät sind heute die führenden Politiker, die nicht von sich behaupten, sie verkörperten die »wirkliche«, die »breite« Mehrheit oder zumindest »zwei Franzosen von dreien«. Es gilt schon als eine Ausnahme, oder als originell, wenn einer nur das ausspricht, was wahr erscheint, meist auf die Gefahr hin, daß er sich damit gegen den Strom stellt oder das Fell der Grundstimmung wider den Strich bürstet. Um in dieser Ära der Meinungsumfragen mit dem Ohr an den Massen zu bleiben, wartet ein jeder auf günstigen Wind, hißt seine Segel und versucht, als erster den Punkt zu erreichen, wohin voraussichtlich auch alle anderen abdriften werden.

Wie auch immer die Salon- und Parlamentsnihilisten darüber denken mögen, die Frage der Wahrhaftigkeit des Verantwortlichen ist eine stichhaltige Frage, die keinerlei Dogmatismus unterstellt. Daß alles, was man zu den anderen wie auch zu sich selbst sagt, wahr sei, kann nicht in allen Fällen gewährleistet werden, denn man kann sich irren. Wahrhaftigkeit aber kann und muß man immer garantieren, denn man kann sich über sie unmittelbar Rechenschaft ablegen, sagt Kant. Macht es einen Unterschied, wird man fragen, ob sich der Abgeordnete irrt oder die anderen irreführt? Der Wähler wird in beiden Fällen in Verwirrung geraten. Entscheidend ist allein der Unterschied: Er pointiert die Demokratie als die Gleichheit aller vor dem Irrtum; mein Beauftragter hat dasselbe Recht wie ich, *sich* zu irren, aber nicht das zusätzliche Recht, *mich* zu täuschen, indem er eine Macht mißbraucht, die er durch den Wählerauftrag aller bekommen hat. Die Befragten haben also ihrerseits das Recht zu verlangen, daß der Gewählte »seine Wahrheit sagt«, und von ihm zu fordern, nicht etwa, daß er alles besser wisse als die anderen, sondern daß er sich nach dem Gebot der Offenheit und Glaubwürdigkeit richtet, das in einer Demokratie politisch notwendig und psychologisch möglich ist. Ich – Abgeordneter – weiß nicht, ob ich im Besitz der Wahrheit bin, und ebensowenig weiß es mein Wähler. Nicht anders als er kann auch ich mich im Hinblick auf meinen Glauben irren; er sollte mir das nicht allzu übel nehmen. Erwecke ich aber diesen Anschein, heißt das, ich weiß, wann und ob ich bewußt lüge, und verdiene wegen dieser evidenten Mißachtung der Wahrheit die Mißbilligung, mit der man mich straft.

Die Öffentlichkeit glaubte, sie sei berufen, über die Politiker zu urteilen, und die Journalisten gingen daran, die Öffentlichkeit zu beurteilen: Sie sei von einer galoppierenden *Entpolitisierung* befallen – so lautete die einhellige Diagnose der Experten und der verschiedenen Apparate. Durch eine unauffällige Drehung des Stuhls, die aus dem Beobachter einen Beobachteten macht, stehen die Politiker mit einem Mal am Bett einer offensichtlich kranken Wählerschaft, die ihnen das einst gewährte Vertrauen wieder entzogen hat. Die Gelehrten beugen sich über diese öffentliche Meinung, die sie des Pendelns verdächtigen (»ein Zeichen der Brüchigkeit in der französischen Demokratie«); einmütig diagnostizieren sie: ansteckendes Mißtrauen. Keiner stellt die Frage, ob nun die Bevölkerung – 82% – zu Recht oder zu Unrecht glaubt, daß ihre gewählten Vertreter zur Wahrheit ein gestörtes Verhältnis hätten. Indem die Demoskopie Ursache und Wirkung auf den Kopf stellt, wird sie zum Verwirrspiel: Die Frage bezieht sich zwar auf die Politiker, aber die Antwort dient als ein Mittel zur Charakterisierung der befragten Bevölkerung. Man gibt vor, die öffentliche Meinung einzuholen und begnügt sich damit, die Stimmung und das Wohlbefinden der Wählerschaft zu sondieren. Der Wähler ist wie eine Gußform, er paßt oder er paßt nicht. Die Hypothese, daß er denken, ja sogar richtig urteilen kann, wird erst gar nicht erwogen. Ein Wählervolk, das es für möglich hält, in der Politik die Wahrheit zu sagen, ist sicher alles andere als entpolitisiert! Und der Vorwurf an die Adresse der Verantwortlichen, sie scheuten sich, eine offenkundige Wahrheit zu veröffentlichen, zeugt letztlich von politischem Scharfsinn! Wenn hier gependelt wird, dann auf der Seite der Gewählten, die sich – rechts wie links – mit Pappmessern befehden, und nicht beim Wähler, der die Kandidaten als wankelmütig und widerspruchsvoll erlebt, zumal ihre Konzepte sich vermischen und ihre Gegensätze zuspitzen.

Indem die Politiker die Rollen vertauschen und über den urteilen, der eigentlich sie zu beurteilen hat, verstricken sie sich immer mehr in ihre Widersprüche. Sie glauben, der Wähler verlange nach Gewißheiten, er wolle Versprechungen und Zuneigung. Und der Wähler kommt zunehmend darauf, daß, je mehr seine gewählten Vertreter sich bemühen, die Wünsche zu erfüllen, die sie ihm angedichtet haben, sie um so weniger in der Lage sind – und sei es nur sich selbst gegenüber – ihre wahre Meinung zu sagen. Die Unterscheidung zwischen wirklich glauben und dem Schein nach glauben kann durch mangelnden Gebrauch verloren gehen. Der Ideologe weiß, was man zu glauben hat; der Berater für Öffentlichkeitsarbeit weiß, was der Wähler vom Kandidaten erwartet; ihre vereinten Ratschläge ersparen es dem angehenden Staatsmann, selbst darüber nachzudenken. Es ist gefährlich leicht, einem dummen Irrtum zu unterliegen, sobald man – aus dogmatischen Gründen oder aus Bequemlichkeit – die Fähigkeit einbüßt, sich vor der Dummheit zu schützen, die man glaubt, zu Schau tragen zu müssen. Oder wenn man die Fähigkeit verliert, eine Trennlinie zu ziehen zwischen dem, was man glaubt zu sein, und dem, was man zu verbergen weiß.

Die Ernüchterung des Wählers hat tiefere Ursachen als die

Mißerfolge der regierenden Linken. Der Vertrauensschwund, von dem sie betroffen ist, scheint aber den Stiefkindern der Familie (der zweiten, der dritten oder der extrem linken Gruppierung) nicht zum Vorteil zu gereichen. Es zeigt sich vielmehr eine eigenartige Nebenwirkung: Das Prinzip der kommunizierenden Röhren ist außer Kraft, die Unbeliebtheit der gegenwärtigen Regierungspartei hat noch lange nicht die Beliebtheit der Oppositionspartei zur Folge. Und was noch mehr verwundert: Die Vorurteile des Antiparlamentarismus greifen nicht mehr; einem Abgeordneten wird nicht sein Verhältnis zum Geld vorgeworfen, sondern sein Verhältnis zur Wahrheit – aber wie dumm sind sie doch, uns für so dumm zu halten und zu glauben, wir würden glauben, was sie – ehrlich oder verlogen – vorgeben zu glauben. Die Mißgeschicke der regierenden Mannschaft stellen nunmehr auch die Ersatzlösungen, das herkömmliche System des Regierungswechsels und der Alternativprogramme und zunehmend die seit einem Jahrhundert erstarrte politische Kultur in Frage. Es hat den Anschein, als wollte die Linke den letzten Eckstein eines Weltbildes schützen, das dem vergangenen Jahrhundert angehört; sie braucht nur zu versagen, und ein unerwartet neues Frankreich würde aufhören, an die traditionelle Teilung der Macht zu glauben, und sich blindlings neuen, unbekannten Horizonten zuwenden. Erst die Rechte, dann die Linke, nach der Linken wieder die Rechte – über ein Jahrhundert lang hat sich die französische Gesellschaft diesem wohl abgestimmten Spiel hingegeben, um sich zuletzt die Frage zu stellen: und was kommt nach dem Danach? Ein Blick zurück – weder melancholisch noch nostalgisch – läßt das Ausmaß des Wandels erkennen, dem eine Vergangenheit unterworfen war, die nicht aufhört, auf der Gegenwart zu lasten.

In den totalitären Ländern werden die Staatschefs einstimmig gewählt. Demokratie beinhaltet die Möglichkeit des Wechsels, der von einer Wählerschaft gewährleistet wird, die oft in zwei fast gleichstarke Lager zerfällt. Auf diese Weise schlägt der Wähler zwei Fliegen mit einer Klappe; in einem einzigen Wahlgang erteilt er die Mehrheit dem einen Lager, und in

Anbetracht der knappen Spanne, die über den Ausgang entscheidet, sorgt er dafür, daß dieser Zustand nicht für immer festgeschrieben wird, zumal die augenblickliche Minderheit die Chance hat, bei einer neuen Abstimmung die Gunst der Wähler zurückzugewinnen. Die Teilung in zwei Lager – Regierungspartei und Opposition – bildet die Grundbedingung für ein normales Funktionieren der demokratischen Institutionen; in unterschiedlicher Ausprägung findet man diese Teilung in jedem Land, das nach dem Prinzip der freien Wahlen regiert wird. Die Originalität des politischen Lebens in Frankreich beruht nicht im geringsten auf den hier ausgetragenen Duellen um die Wählergunst – diese zeigen nur an, daß jedermann die Wahl hat –, sondern auf der erstaunlichen Alchimie, derzufolge die praktischen Alternativen sich in metaphysische Dualismen verwandeln. Alle fünf Jahre wird der Franzose an die Urne gerufen, um über das Schicksal der Welt und den Sinn der Geschichte zu entscheiden; er bestimmt damit nicht nur, ob die bisherige Regierungspartei durch die Verschreibung einer Oppositionskur wieder zu mehr Glaubwürdigkeit finden soll, er ist auch aufgerufen, hier, heute und für alle Zeit sein Weltbild klar zu umreißen. Links und rechts sind nicht die einfältigen Bezeichnungen für zwei disparate Gruppierungen, die um eine Majorität mit fließenden und diffusen Grenzen rivalisieren – wie in den Vereinigten Staaten die Republikaner und die Demokraten. Der Kampf um die politische Macht in Frankreich zielt »höher« und »tiefer«, er rührt an die Eß- und Schlafgewohnheiten, er stellt die Art sich zu kleiden und fortzupflanzen in Frage, sowie die Justiz, das Denken, den Teufel und den lieben Gott.

Die barocke Versteinerung der in zwei Lager geteilten politischen Landschaft erfolgt fast automatisch. »Man hat wirklich den Eindruck, daß die überlieferten ideologischen Blöcke mit der gesellschaftlichen Wirklichkeit nicht mehr in Einklang stehen. Alle institutionalisierten politischen Kristallisierungen überleben vor allem dank ihrer Feinde. Die *Labour Party* und die *Conservative Party* in England zum Beispiel stehen eigentlich kurz vor ihrem Zusammenbruch, aber ihre Gegnerschaft hält sie am Leben«, bemerkt der polnische Philosoph Kolakowski. Das ist wohl ein allgemein verbreitetes Phänomen, aber in Frankreich wird der Erstarrungsprozeß des Zweiparteiensystems bis zum Äußersten getrieben; praktische und institutionell bedingte Abgrenzungen werden durch philosophische Anmaßungen überdeterminiert. Diese nationale Besonderheit kam den Intellektuellen zugute und hat sie dazu verführt, ihre Denkmuster an den alltäglichen Problemen zu erproben – Calas- oder Dreyfus-Affäre –, die den Mann auf der Straße bewegen. Eine solche Überfrachtung könnte aber den Politikern den Kopf verdrehen – oder das politische Denken der Intellektuellen trüben –, die sich gern dem Glauben hingeben, ein in die Wahlurne geworfener Stimmzettel würde über Sein oder Nichtsein des höchsten Wesens, über den Wesensgehalt der Menschheit und den Ursprung der Arten entscheiden. Wird die notwendige Auseinandersetzung erst einmal in dem Wettstreit zweier existentieller Alchimien *sub specie aeternitatis* geführt, so verwandelt sie sich bald in ein Gefecht; der Wahlgang wird zur politischen Abrechnung und der Kampf um den Wechsel in der Regierungsverantwortung zu einem tiefgekühlten, frostigen Bürgerkrieg. Auf der Grundlage der Sitzverteilung in der Nationalversammlung hat Frankreich vor zweihundert Jahren nicht nur die Bezeichnung »rechts« und »links« geprägt; durch die Radikalisierung der erbitterten Wortgefechte zwischen den beiden Lagern läutete dieses Frankreich auch das Zeitalter der politischen Visionäre ein, die unter dem Leitmotiv »alles ist Politik« sich anmaßen, nicht allein über einen Zeitraum von fünf Jahren die Regierungsmacht auszuüben, sondern auch noch über Wirtschaft, Kultur und Kunst zu herrschen. Es genügt schon, wenn eines der beiden Lager eine solche Absicht kundtut – zu Beginn dieses Jahrhunderts war es die nationalistische Rechte in der »Action Française«, um die achtziger Jahre war es dann die Linke –, damit das andere Lager sich genötigt fühlt, auf »breiter Front« zurückzuschlagen und ebenfalls ein politisches Weltbild aus dem Boden zu stampfen, das zwar meist nicht offen verkündet wird, aber dennoch in breitem Umfang zur Geltung kommt.

Die hitzigen Querelen zwischen dem Apotheker Homais – einem Freidenker und Voltairianer – und dem Pfarrer Bournisien – einem strenggläubigen Katholiken –, zwischen Bouvard (»diese Sozialisten wollen immer nur die Tyrannei«) und Pécuchet (»Man kann aber nicht länger im Egoismus dahinvegetieren«) wirken nach bis in unsere Tage. Die Linke, das ist der Archipel Gulag, und die Rechte ist eben schuld an der Not der Armen. 82 % der Franzosen hegen gegenüber politischen Reden vermutlich dieselben unguten Gefühle wie Flaubert gegenüber Charles Bovary: »Charles's Art zu sprechen war platt wie das Trottoir auf der Straße: Allerweltsgedanken und Alltäglichkeiten, die niemanden rührten, über die kein Mensch lachte, die nie einen Nachklang erweckten.« Manchmal freilich legen die Ideen von einst wieder ihr sonntägliches Kleid an, und die Kapriolen des Wahlkampfs versetzen uns vorübergehend in einen Zustand ursprünglicher Reinheit; einige Schwärmer lassen sich von Emma Bovarys Euphorie mitreißen, wenn sie beim Kauf einer italienischen Grammatik in Verzückung gerät, und mit ihr träumen sie von einer exotischen Hauptstadt und bestellen weitere Werke in der Buchhandlung »Union et Action«. Die Franzosen scheinen in den von Flaubert beschriebenen Labyrinthen umherzuirren und entdecken dabei die Seelenverwandtschaft und die sich ergänzenden Charakterzüge der Bouvard und Pécuchet von heute: »Ihre Worte strömten unaufhaltsam, Bemerkungen, Anekdoten, philosophische Betrachtungen und persönliche Ansichten folgten einander. Sie zogen über den Straßen- und Brückenbau her, über das staatliche Tabakmonopol, den Handel, die Theater, unsere Marine und das ganze Menschengeschlecht, wie Menschen, die schwere Kränkungen erlebt hatten. Indem er dem anderen zuhörte, entdeckte jeder Eigenes wieder, das er längst vergessen geglaubt. Und obwohl sie dem Alter kindlicher Gemütsbewegungen entwachsen waren, empfanden sie ein neuartiges Vergnügen, eine Art Heiterkeit, den Charme erster Zärtlichkeiten.«

## Das Zeitalter der großen Weltbilder

Aus der Fliege an der Wand wird prompt ein Elefant: Zweihundert Jahre lang heiligte ein geheimnisvolles Nebeneinander von Politik und Philosophie jedes noch so geringfügige Eingreifen in die Tagesfehden und verwandelte sie in einen letzten, beziehungsweise transzendentalen Kampf. Da jede Wahl eine gute Wahl zu sein hatte, wurde sie immer mehr auch zur Wahl des Schönen und des Guten. Indem ihr wählt, rettet ihr Frankreich und eure Seelen. Den Vollidioten erkennt man daran, daß er durch nichts aus der Fassung zu bringen ist. Er ist stets bereit, sich über das eine Meinung zu bilden, was er nicht versteht, und unfehlbar über das zu urteilen, was er nicht weiß. Seine ureigenen Zwangsvorstellungen zu allgemeinen Prinzipien des Denkens erhebend, findet er in seinem Weltbild das wirksame Instrument, das ihm zur Allwissenheit verhilft. Nach außen hin zeigt er sich als ein Mensch wie jeder andere, dem durch Zeit und Raum Grenzen gesetzt sind. Im Verborgenen versteht er sich als die Blüte der Menschheit, denn jede Einzelheit ist eine Ganzheit und alles ist im Ganzen enthalten. Der eine Mensch stiehlt ein Moped, der andere kommt in der Schule nicht mit, ein dritter wird rassisch diskriminiert: Schuld daran ist allein das Geld, sind die Klassenvorurteile und die ungleiche Verteilung der Reichtümer – kurz, die Rechte. Eine alte Frau wird in einer dunklen Straße überfallen; die Jugend des Täters und das unzureichende Polizeiaufgebot werden der Linken angelastet. Wird man das andere Lager für die fehlenden Laternen in dieser Elendsgasse verantwortlich machen? Wenn Borniertheit »sich darin äußert, daß jemand zu voreiligen Schlüssen neigt..., daß er für die Dämmerung kein Empfinden hat, nur den hellen Tag oder nur das Dunkel der Nacht sieht« (Flaubert), dann bekommt man eine Vorstellung von der Überzeugungskraft und Trost bringenden Wirkung der Ideologien, die zwischen der Einleitung und dem Schlußwort eines zündenden Wahlaufrufs eine Welt ohne Zwischentöne versprechen.

Das Systemdenken, das den historischen Materialismus,

seine Spielarten und auch seine antagonistischen Ersatzlehren kennzeichnet, ist eine vortreffliche Anleitung für all diejenigen, die auf alles eine Antwort haben und ihre auswendig gelernten Weisheiten herunterleiern, ohne je auf die gestellten Fragen einzugehen. Das *Ganze* ist der ausschließliche Gegenstand einer politischen Weltanschauung, das Alles-oder-nichts das einzige Subjekt der schaurigen und gewaltigen Zerwürfnisse zwischen der Rechten und der Linken, sowie des unaufhörlichen Murrens, das sie hervorrufen. »O Frankreich!«, erregte sich seinerzeit Flaubert, der stets mit wachem Verstand das Aufkommen der totalisierenden Weltbilder verfolgte: »Obwohl dies mein Land ist, ist es, wie wir zugeben sollten, ein trauriges Land. Ich versinke schier in der Welle von Dummheit, die es überflutet, im steigenden Schwachsinn, der es unter sich begräbt. Und ich empfinde denselben Schrecken, der Noahs Gefährten ergriff, als das Wasser um sie herum immer höher stieg.«

In einem demokratischen Staatswesen treten Raufbolde gegeneinander an, deren Ambitionen sich letztlich in bescheidenen Grenzen halten. Durch einen außergewöhnlichen Umstand, der unverändert erhalten geblieben ist, kann das Streben, die absolute Mehrheit in der Regierung vier oder sieben Jahre lang zu halten, derart extreme Formen annehmen, daß alles aufgeboten wird, was die Erde überhaupt zu bieten hat. Im Zuge der Propagierung eines politischen Weltbildes wird zwischen dem Alltagsgeschehen und dem Sinn der Geschichte eine Verquickung hergestellt, die – in ihrer marxistischen, liberalen, nationalen oder kosmopolitischen Ausprägung – dem Politiker die geradezu göttliche Verantwortung überträgt, die Schöpfung zu bewahren, fortzuführen oder zu korrigieren. Was ist eine politische Vision der Welt? Zunächst eine Vorstellung von der Welt; zu ihr gehören ein Sehender und eine »Sicht«; sie bestimmt einen idealen Ort, einen »Blickpunkt«, von dem aus der sichtbare Teil der Welt sich einem »richtig« – oder auch politisch – eingestellten Auge darbietet.

Was stellt sie dar, diese Welt, die sich die Politik als höchsten und wichtigsten Gegenstand auserkoren hat und die sie sich immer wieder anschickt zu retten oder zu verändern? Die Welt, das ist ganz einfach – wenngleich diese Einfachheit nicht unproblematisch ist – die Gesamtheit der Lebewesen. Eine solche – im Ansatz noch rudimentäre – Definition zieht zwangsläufig einige ernste Konsequenzen nach sich. Die Fragen, mit denen sich der Politiker beschäftigt, sind ihrem Wesen nach nicht ausschließlich politischer Natur. Es ist sicher kein Zufall, daß Produktionsweise und Warenaustausch (»politische Ökonomie«) sowie die Nutzung der Umwelt in Zeit und Raum (»Ökologie«) immer mehr zu Kernfragen der ideologischen und wahlpolitischen Auseinandersetzungen geworden sind. Seitdem die Politik die Welt als »Ganzes« zum Gegenstand und Ziel ihres Strebens bestimmt hat, wurde alles zum Politikum. Wann begann dieser Prozeß? Mit der Entstehung der großen Ideologien im Verlauf des 19. Jahrhunderts? Oder sollte man noch weiter zurückgreifen, etwa in die Zeit des aufgeklärten Despotismus? Oder gar in die frühe Periode der Entstehung des modernen Staates? Anstatt mit müßigen Datierungsversuchen eine kaum wahrscheinliche Zäsur zwischen dem Davor und dem Danach erzwingen zu wollen, sollten wir lieber den Prozeß analysieren, den eine zunehmende Politisierung der Welt nach sich zog.

Was verstehen wir unter dem Begriff »die Welt«? Die Gesamtheit der Lebewesen. Und woher wissen wir, daß diese Wesen eine Gesamtheit bilden und daß diese Gesamtheit die »Welt« ist? Letzten Endes neigten die Philosophen des alten Griechenlands – deren geistige Fähigkeiten niemand in Zweifel ziehen wird – dazu, das Wesen »in seiner Ganzheit« (»katholisch«) aufzufassen, aber sie waren keineswegs der Ansicht, daß diese gedachte Ganzheit sich zu *einer* Welt zusammenfüge. In die Mythologie verlegten sie die ihrer Ansicht nach legendäre Geschichte von der Erschaffung des Eies, eines alles umfassenden Ganzen durch einen allmächtigen Schöpfer. Platon trennt das Sinnliche vom Verstand; Aristoteles unterscheidet zwischen einem infralunaren Ort des Zeitlichen und des Zufälligen und einem supralunaren Ort, einer wesenhaften Sphäre der ewigen Bewegungen. Es wäre wenig sinnvoll, dem einen oder dem anderen vorzuwerfen, sie hätten die »Welt« nur betrachtet, anstatt sie zu verändern, denn das hieße, sie vor eine Idee zu zitieren, die sie nicht entwickelt haben, obgleich wir ohne sie diese Idee nicht hätten.

Um zum Ausdruck zu bringen, was ihnen wesentlich erschien, hatten die Griechen das Wort *usia*, das wir mit »Essenz« übersetzen und das uns ähnlich klingt wie »Präsenz« (*parusia*). Die Alten waren, wie wir auch oder besser noch als wir, gegenwärtig, und zwar in bezug auf eine Menge von Dingen; gegenwärtig waren ihnen auch die abwesenden Dinge: die Vergangenheit im Gedächtnis und im Vergessen, die Zukunft in der Ungewißheit und in der Vorahnung. Aber gegenwärtig sein bedeutete für sie nicht In-der-Welt-sein; sie *unterschieden* zwischen den schönen Dingen und deren Schönheit, wobei sie hofften, die Schönheit würde in den schönen Dingen zum Ausdruck kommen; und obwohl sie nicht notgedrungen zwei Welten zählten, erschien es ihnen nicht notwendig, die Summe der Lebewesen und ihre vielfältigen Sinngehalte in der Einheit einer alles verschlingenden Welt zusammenzufassen.

Wie kam es zu dieser Einheit? Sie ist das Produkt des »modernen« Verhältnisses zur Technik, welches sich in der Renaissance ausprägte und die Gesamtheit der Lebewesen als Bestandteile eine Weltalls auffaßte. Das heißt, als ein Ganzes, das sich eignet, Gegenstand unserer rationalen Denkungsart, unserer Betrachtungen und unseres Einwirkens zu sein. Die Mathematisierung der Natur, die prosaische und weltliche Entweihung der gesellschaftlichen Beziehungen waren die Voraussetzungen für die Herausbildung der verschiedenen politischen Weltbilder, die ebensoviel taugen wie das Latein in einer Gesellschaft, in der diese Sprache nicht mehr gesprochen wird.

Die Politik übernimmt von der Technik das Ganze, das sie in einem unaufhörlichen Hin und Her gestaltet, plant und erhofft. Wissenschaftler, die sich zu Recht über die Kräfte, die sie freisetzen, Gedanken machen, suchen verzweifelt nach einer höheren

Technik, politischer oder ethischer Art, die geeignet wäre, ihre Erfindungen unter Kontrolle zu halten. Die Politiker hingegen stürzen sich gierig auf die angeblich wissenschaftlichen Theorien und übertragen dabei das rationale Wesen der Naturwissenschaften auf die Beziehungen zwischen den Menschen. Dieser unkritische Austausch von Verfahrensweisen hat zwangsläufig herbe Enttäuschungen zur Folge: Man übersieht die Unterschiede und vergißt zu untersuchen, auf welche Weise die moderne Technik zu einer Darstellung ihrer Welt kommt. Das Besondere an der modernen Technik ist der Umstand, daß sie in der Lage ist, gleichzeitig und untrennbar gewaltige Produktivkräfte und nicht minder gewaltige Zerstörungskräfte freizusetzen. Es ist ein und dieselbe technische Potenz, die – wie wir seit der Jahrhundertwende wissen – unsere Sozietäten befähigt, alle Hungernden der Welt satt zu machen oder sie allesamt atomar oder konventionell zu vernichten. Diese Janusköpfigkeit wurde bereits zu Beginn des wissenschaftlich-technischen Aufschwungs des Abendlandes erkannt. In seinem Lob des Pantagruelions, in dem Rabelais neben anderen Mysterien die Verheißungen des wissenschaftlichen Abenteuers aufzählt, erinnert er auch daran, daß glückbringende Erfindungen und unheilvolle Entdeckungen gleichzeitig auftreten können – die Renaissance war auch die Zeit der ersten Feuerwaffen.

Wenn die positiven – konstruktiven – Seiten des Fortschritts ohne die negativen – destruktiven – einfach nicht zu denken sind, dann erweist sich das Streben nach einer Supertechnik, die die Entwicklung der Technologien in eine gute Richtung lenken würde, als eine reine Illusion. Oder als Lüge. Jede Art von Technik, also auch eine Supertechnik, läßt sich sowohl zum Guten wie auch zum Bösen wenden. Wer die Kernkraft positiv anwenden will, entweder als Energiequelle oder zu medizinischen Zwecken, der muß auch um die zerstörerischen Anwendungsmöglichkeiten wissen und sie beherrschen; die Werkzeuge des Lebens und die des Todes sind beide von derselben genialen Machart; die heutigen Gesellschaften können entweder beides oder nichts. Der technische Fortschritt wird für alle

Zeit das Schlimmste wie auch das Beste heraufbeschwören, er wird sich niemals zu einer nur positiven Kaft bündeln lassen und wird sich keinem Willen oder Wissen unterordnen, der oder das ihn vollständig unter Kontrolle hielte. Angesichts dieser Natur der Technik wird ein jeder auf seine Freiheit verwiesen, und von dieser wird er in den engen Grenzen des Möglichen einen guten oder auch einen schlechten Gebrauch machen; sie befähigt ihn sowohl zur guten als auch zur bösen Tat.

Solange die Dinge im Fluß sind, bleiben sie unentschieden; der technologische Fortschritt öffnet mit Schwung die Türen zu verschiedenen Paradiesen, aber auch die zur Hölle; er faßt die Lebewesen in dem Maße zu einem Ganzen zusammen, wie sie alle von der Auslöschung bedroht sind. Er totalisiert allein im Negativen: Die Geschichte ist unendlich, es sei denn, sie verglüht in einem Inferno, dessen Wege und Mittel sich rasant vermehren. Wenn die Welt erst in ihrem potentiellen Untergang eins werden sollte, dann besteht die – von Montaigne klar definierte – Aufgabe des Politikers darin, Katastrophen zu verhüten, anstatt Charterflüge ins Paradies zu organisieren. Nicht höchste Macht, sondern Verantwortung sollte daher seine Bestimmung sein. Die Technik befreit, sie hebt die Fatalität des Lebens auf, zerbricht die eingefahrenen Gleise; durch die stetige Anhäufung von künstlichen Gegenständen und durch den Zwang, in einem fort wählen zu müssen, werden starre Gewohnheiten durchbrochen und vorfabrizierte Weltbilder niedergerissen; der Mensch löst sich von seiner Vergangenheit, von seinen Traditionen und Gefühlsbindungen. Er wird an seine »praktische Freiheit« erinnert. Unter diesem Begriff faßte Kant zwei hinreichende Grundbedingungen für verantwortungsvolles Verhalten zusammen: Einerseits Unabhängigkeit gegenüber äußerlichen Zwängen, andererseits Selbständigkeit des Willens, also die Möglichkeit, eigene Verhaltensregeln aufzustellen. Indem die Technik ihren Zugriff auf die Welt verstärkt, stärkt sie die Unabhängigkeit des sittlichen Geschöpfs und dessen Entscheidungsvermögen; indem sie ihre Ambivalenz offenbart, konfrontiert sie dieses sittliche Geschöpf mit der Notwendigkeit, eine Wahl zu treffen, und zwar auf der Grundlage einer Regel, die sie ihm nicht vorgeben kann, die jenes also in sich selbst finden muß.

Die Welt der Politik indessen gibt vor, im Positiven das zu vereinen, was die Welt der Technik nur versehentlich zusammenbringt. Der Politiker beruft sich nicht auf die praktische Freiheit des Bürgers, sondern auf eine kosmologische Freiheit, die von allen radikalen Strömungen links wie rechts beschworen wird (»denn für den Menschen ist die Wurzel der Mensch selbst«, Marx). Diese kosmologische Freiheit setzt voraus, wir Menschen besäßen eine unbegrenzte Schöpferkraft und die einmalige Gabe, stets von vorn zu beginnen. Angesichts einer derart überragenden Macht wird die Welt zum gedanklichen Entwurf, zum Bauplatz unserer Planungen und zu dem nach Belieben wandelbaren Ergebnis einer unablässig überholten Vergangenheit. Indem sich die politische Anmaßung in ein Weltbild einbringt, schlägt sie die Technik auf ihrem eigenen Feld, sie verspricht eine Machtfülle, über die keine Technik je verfügen könnte, und mit ihr die Unterwerfung aller Geschöpfe unter das Gesetz unserer Tat: Die so begriffene »Welt« wird zum Korrelat einer Neuschöpfung, über die der Mensch als absolutes Subjekt regiert.

Die Frage lautete: Woher kommt die Evidenz einer Welt, die mit jeder Wahlkampagne aufs neue erbaut wird? Die Antwort ist: Von der politischen Vision des Seins. Und wie konnte diese Vision entstehen, die dem alten Griechenland z. B. unbekannt geblieben war? Die Vorbedingung ihres Erscheinens schafft die wissenschaftlich-technische Revolution, die seit der Renaissance das Verhältnis zur Natur versachlicht und die zwischenmenschlichen Beziehungen entweiht hat. Das ist aber nur die eine Hälfte der Antwort, denn die Technik selbst ermöglicht keinen globalen Zugriff auf eine beherrschte und kontrollierte Umwelt. Erst in dem Maße, wie alles mit einem Schlag zu verschwinden droht, ermöglicht sie eine retro-pro-spektive Zusammenfassung in einer Art von vorweggenommenem

Flash-back. Um in einer solchen Evokation der sterblichen Überreste Stoff für Wahlkampfprogramme zu finden, bedarf es schon eines Übermaßes an Gefühl oder an Übermut.

Die politische Vision bedient sich der Technik und der Moral, ohne sich jedoch streng daran zu halten; sie geht über sich hinaus bis zu dem Punkt, an dem die Welt durch eine technisch mögliche Moral und eine moralisch fundierte Technik zu gewinnen und neu zu erschaffen ist. Diese sonderbare Optik, die sich einer Technik bedient, um Techniken zusammenzufassen, und einer Moral, um sittliche Grundwerte zu einem Ganzen zu verschmelzen, wird »Ideologie« genannt. Die Mathematisierung der Natur und die Säkularisierung der gesellschaftlichen Verhältnisse schaffen zwangsläufig die Voraussetzungen für eine Ideologisierung der Welt. Gewöhnlich wird den Ideologen vorgeworfen, sie würden ein falsches, ein irreführendes Weltbild propagieren, dem man dann eine gewollt nüchterne Betrachtung der realen Welt entgegenstellt. Dabei vergißt man zu fragen, ob nicht die Vorstellung vom In-der-Welt-Sein an sich schon durch und durch ideologisch ist. Was sonst als die Ideologie fordert uns dazu auf, in *einer* Welt zu leben, welche *die* Welt sei? Die Technik jedenfalls vereinigt, wie wir sahen, post mortem, also nach dem Atomschlag. Die Ethik scheint ihrerseits fortwährend in »zwei Welten« zu leben, sie ist bestrebt, jedem das zu gewähren, was ihm zukommt: Cäsar die Beherrschung der Mittel und seinem inneren Gott die Herrschaft über die Endzwecke. Könnte sie beide Bereiche miteinander verschmelzen, das große Glück eines dauerhaften Gelingens wäre ihr gewiß. Doch würde sie sich damit selbst abschaffen, denn keinerlei Spannung und keine Trennung des Seins und des Seinmüssens würde mehr ihre Existenz rechtfertigen. Die Ideologie begnügt sich nicht damit, die sichtbare Welt zu fetischisieren, sie bringt den Fetisch aller modernen Fetische zum Vorschein, jene einmalige und »reale« Welt, die sich alle Parteien streitig machen.

Unbekümmert befragt man die »Welt der Technik« – ist sie gut? ist sie böse? –, als ob die Gesamtheit der verfügbaren

Techniken sich in ein bestimmbares Ganzes von Dingen und Wesen zusammenfassen ließe, als ob es eine Supertechnik gäbe, der sämtliche Techniken untergeordnet wären, die wiederum alles andere beherrschen würden. Die einzige Gesamtschau, die die Technik jedoch zuläßt, ist die eines Leichenbegängnisses, sie lehrt uns von neuem, daß es (unter anderem) technologische Varianten des Abgrunds der Geschichte, der Endzeit und des Untergangs der einzelnen Welten gibt. Allein die ideologischen Politiker nehmen sich heraus, das Wissen um den endzeitlichen Weltenbrand mit positiven Inhalten neu zu bestimmen; sie berufen sich auf eine »Welt«, die zu »gewinnen« sei, und gewähren ihren Wählern kulant eine großartige Freiheit: nicht mehr die Freiheit, zwischen dem Guten und dem Schlechten ihre sittliche Wahl zu treffen, sondern die Freiheit, die Welt neu zu schaffen, jene »kosmologische« Freiheit, die Kant als die absolute Möglichkeit des Neubeginns definierte (die Welt wird »auf ein neues Fundament gestellt«, ein »neues Leben beginnt« ...). Eine so umfassende Schöpferkraft verpflichtet denjenigen, der über sie verfügt, wie auch die Menschen, über die sie gebietet, zu den allerbesten Absichten: wenn du alles kannst, dann verhelfe mir zum höchsten Gut – die ideologische Politik bestimmt in Sachen Liebe zugleich Angebot und Nachfrage.

Möglicherweise verlangt der Wähler gar nicht so viel. Er scheint sich nur zu wünschen, daß der Politiker Wahrhaftigkeit beweist statt Zuneigung, und sich wieder auf das besinnt, was dem Philosophen vorrangig wichtig ist: daß die Achtung an erster Stelle kommt. Denn, sagt Kant, es ist möglich, vor jemand sogar große Achtung zu haben, ohne ihn zu lieben, aber es ist nicht möglich zu lieben, ohne Achtung zu empfinden. Achtet eure Mitmenschen, achtet, was euch wahr erscheint, achtet euch selbst und berieselt mich nicht mehr mit euren rührenden und vielversprechenden Gefühlen – lautet vielleicht so die Botschaft der 82 % der befragten Wähler? Und heißt das, die restlichen 18 % sollten weiterhin die nostalgischen Bilder einer heilen Welt pflegen?

## Die Beharrlichkeit des Unverstands

Ist die Dummheit eine Eigenschaft der Rechten oder der Linken? In der Vergangenheit hat die französische Linke häufig darüber geklagt, sie habe es mit der »dümmsten Rechten der Welt« zu tun. Kaum war diese zur Oppositionspartei geworden, gab sie nicht ganz unbegründet das Kompliment an die Linke zurück. In Frankreich wird jeder Berufspolitiker zwangsläufig seine Intelligenz zur Schau tragen; in anderen Breiten würde er als ehrlicher Bürger auftreten, der pünktlich seine Steuern zahlt, oder als guter Vater, der gern für das Familienphoto posiert. Die Furcht, dumm zu erscheinen, ist vermutlich ansteckend. Diese gallische Eigenart hat inzwischen auch andere Staatsmänner in der Welt erfaßt; die Angst vor einem Fehltritt vor den Fernsehkameras bereitet ihnen größeren Kummer als die Möglichkeit, sechsunddreißig Denkfehler zu begehen. Welcher Sonderling würde es schon wagen, gegen den allgemeinen Denkstrom zu schwimmen? Welcher abenteuerliche Demokrat würde so weit gehen, öffentlich zu äußern, er denke anders, als seine Wählerschaft glaubt, daß er denkt? Man stelle sich bloß die heiligen Politmonster von einst vor – Churchill oder de Gaulle –, wie sie sich jeden Morgen nach ihrem Kurswert an der Meinungsbörse erkundigen und sich gar noch danach richten!

Der Kleinmut der öffentlichen Amtsträger findet in den Popularitätsquoten der Meinungsforschungsinstitute und Massenmedien eher einen Vorwand als einen Grund: Es ist hinlänglich bekannt, daß eine demokratische Öffentlichkeit auch Gefühlsschwankungen unterworfen ist und daß ein Politiker nicht an der öffentlichen Meinung »haften« kann wie eine Miesmuschel an ihrem Stein. Nicht etwa, weil er nicht daran klebt wie jenes Weichtier, sondern weil die Öffentlichkeit weder die Festigkeit noch die Unerschütterlichkeit des Steines besitzt. Politische Führer hielten es früher mitunter für angemessen, vorzupreschen und sich von unsicheren Mehrheiten zu distanzieren, indem sie auf die Zukunft setzten. Doch heute gilt das nicht mehr, und so geht man mit der Zeit, lebt ganz und gar in der Gegenwart, das heißt im Augenblick. Aus Angst, dumm zu erscheinen, während man bestenfalls doch nur außergewöhnlich wäre, verurteilt man sich zum Stillstand und verbreitet eine allgemeine Lähmung, eine Art Trägheit des Denkens, die die Urteilskraft vermindert und das Auffassungsvermögen drosselt: »Die Beschränktheit ist in uns wie eine Schwerfälligkeit des Geistes, die in all unseren Handlungen und Äußerungen zum Ausdruck kommt« (La Bruyère).

Man kann die führenden Köpfe zählen, die – ob klein oder groß – nicht gegen ihre Vorsätze gehandelt haben, die nicht das Gegenteil von dem vollbracht haben, was sie anstrebten, und zuließen, daß die Tat ihre Absichten Lüge straft. Fast möchte man es den heutigen Politikern als Verdienst anrechnen, daß sie angesichts der Fähigkeit ihrer Vorgänger, sich selbst etwas vorzumachen, so viel Zurückhaltung zeigen, wenn nicht die Bestürzung, die sie dabei an den Tag legen, den Unverstand von Gestern mit noch bescheideneren Mitteln fortzusetzen schiene und damit eine Nullstufe der Dummheit als Zwangsläufigkeit der Politik instituiert hätte.

Ein dummer Mensch ist allemal ein Mensch, der in eine absurde oder widersprüchliche Lage gerät, die eher von der Tragik menschlichen Seins zeugt als von der Komik der Dummheit, denn diese zeigt sich erst dann, wenn derjenige, der als letzter das Durcheinander erkennt, sich auch noch darin verwickelt; sie liegt weniger in der Wirrnis einer vertrackten Situation, als im mangelnden Gespür für diese. Das Absurde gehört in den Bereich der Logik; die Bestürzung, die uns daran hindert, uns gegen das Absurde zu wehren, und die den Stumpfsinn in sich trägt, gehört in eine andere Kategorie, die man psychologisch nennen könnte, auf die Gefahr hin, die Dummheit auf ein bloßes Fehlurteil zurückzuführen. Sie ist aber weit mehr. Nicht genug, daß der beschränkte Mensch seinen Schnitzer nicht bemerkt, er verschuldet ihn, er unterhält sich mit ihm und folgt beharrlich einer kohärenten, von ihm aber als solche nicht wahrgenommenen Logik. Man lacht über den Menschenfeind, weil ihm seine Niederlagen zum Nutzen gereichen und seine Erfolge sich als Fehlschläge erweisen; der Prozeß, den er verliert, ist ein gesellschaftlicher Fehlschlag, aber ein Erfolg für den Menschenfeind, denn er hat sein Ziel erreicht und gibt, ohne es zu wissen, zu, daß er es erreichte, weil er es so wollte.

> *So fühlbar auch das Unrecht ist, das man mir tut,*
> *Des Urteils Widerruf liegt nicht in meinem Sinn.*
> *Zu deutlich zeigt sich hier, wie man das Recht erdrückt,*
> *Drum will ich, daß der Nachwelt es als schlagender*
> *Beweis, als Zeugnis überliefert werden soll*
> *Für die Verworfenheit der Menschen unsrer Zeit.*
> *Zwar kostet es mich zwanzigtausend Franken, doch*
> *Für zwanzigtausend Franken hab ich auch das Recht,*
> *Zu fluchen auf die Niedertracht der Menschenbrut*
> *Und unversöhnlich sie zu hassen bis ins Grab.*

Beschränktheit ist nicht Heuchelei: sie ist komisch, weil sie nicht doppelsinnig ist. Der heuchlerische Mensch verstellt sich vor anderen Menschen und zuweilen auch vor sich selbst; hinter dem, was er scheinbar beabsichtigt, verfolgt er ein entgegengesetztes, klar umrissenes, wenngleich nicht eingestandenes Ziel. Darin ist nichts Komisches, denn der Widerspruch löst sich auf, sobald er ruchbar wird; dieses fintenreiche Verhalten enthüllt zu guter Letzt sein vernünftiges Gesicht, sobald der verborgene Vorsatz, der ihn bewegt, und das Hindernis, mit dem er sein Spiel treibt, erkannt wurden. Der Menschenfeind erregt Heiterkeit, weil er im doppelten Sinn guten Willens ist: in bezug auf das, was er sich wünscht (Célimène) und im Hinblick auf das, was er tut (die vorweggenommene und vorprogrammierte Niederlage); aber das, was er tut (er ist ein »Griesgram«), will er ebenso wie das, was er will (er ist »verliebt«). Ohne dem einen oder anderen den Vorzug zu geben, widmet er sich beiden Vorhaben gleichzeitig und will auch darin keine Tücke sehen: Stumpfsinn funktioniert wie ein Selbstzweck, er bringt ständig neue Bestürzung hervor, die den Stumpfsinnigen für die Widersprüche, in die er sich verstrickt, blind macht. Wäre Alceste einfach nur verliebt gewesen, erschiene er uns nur ungeschickt; als Griesgram hätte er den rousseauistischen Protest einer empfindsamen Seele gegen die Verderbtheit des Jahrhunderts verkörpert. Aber Alceste bringt selbst diese Verderbtheit hervor, er schürt sie mit seinen übertriebenen Anklagen und er liebt sie in der Gestalt von Celimene, als ein vorzügliches Abbild des Glanzes und der Gebrechen einer ihm verhaßten Gesellschaft. Der Stumpfsinnige ist niemals doppeldeutig, er ist immer nur eines oder beides, er träumt vom Gegenteil dessen, was er tut, und tut das Nötige, damit ihm der Traum als solcher erhalten bleibe. In seiner Starrköpfigkeit offenbart er eine Beschränktheit, die nicht nur in irgendeinem Fehlverhalten zum Ausdruck kommt, sondern ein sich selbst tragendes, ausdauerndes Gesamtverhalten bestimmt. Er zehrt von seinen Niederlagen, verwandelt sie in Siege und erlangt dabei fast eine Ewigkeit, die nur noch in der Starrheit der politischen Kategorien ihresgleichen findet.

Dem politischen Leben in Frankreich verdanken wir die Teilung in rechts und links; sie wurde in den Versammlungen der Pariser Revolution geboren und im Verlauf von zwei Jahrhunderten ohne urheberrechtlichen Schutz von den meisten demokratischen Volksvertretungen übernommen, um die Auseinandersetzungen zwischen Regierung und Opposition zu verdeutlichen. Diese rühmliche Teilung präzisiert die Scheidelinie und sorgt dafür, daß jedwede Standortbestimmung stets klar und eindeutig vorgenommen wird. Obwohl das Rechts-Links-Turnier formal den Ernst der Politik zum Ausdruck bringen soll, gibt es doch zu Ausrutschern Anlaß, die gegen die Spielregeln verstoßen. Dreißig Jahre hindurch hat Frankreich auf besonders komische Weise derart viele Kehrtwendungen vollbracht, daß die grundlegende Trennung in zwei Lager möglicherweise für alle Zeit in Frage gestellt ist.

Ein General und ein halbwegs legalisierter Quasistaatsstreich (1958) waren nötig, damit Frankreich mit dem traditionellen

Chauvinismus brechen konnte, damit ein Kolonialreich zerfiel, die Grenzen sich öffneten und der technologische und gesellschaftliche Fortschitt Einzug hielt. In ihrem Sturm auf die Macht im Namen eines französischen Algerien gewährte die Rechte den Algeriern eine Unabhängigkeit, die ihnen die Linke im Krieg verweigert hatte. Eine von alters her ausländerfeindlich gesinnte Wählerschaft, die »Frankreich den Franzosen« auf ihre Fahnen geschrieben hatte, gab damals ihre Zustimmung zur europäischen Wirtschaftsgemeinschaft und durchbrach damit die *splendid isolation* des Landes, der man unter der III. Republik den Namen »französische Unabhängigkeit« gegeben hatte. Die Verstädterung des ländlichen Frankreichs folgte auf dem Fuße, das moralische Frankreich geriet auf Abwege und »la grande nation« wurde international. Nachdem eine rechte Regierung sich herbeigelassen hatte, auch für Antikolonialismus, Kosmopolitismus und Fortschritt einzutreten – mit solchen Themen war sie bis dahin nur wenig vertraut –, verwunderte es niemanden, daß sich heute eine linke Regierung nach langem Zögern anschickt, den Unternehmergeist und strenges ökonomisches Denken zu feiern, Forderungen also, die eigentlich zur Folklore der Gegner gehörten. Da die Rechte wie die Linke sich jeweils beeilten, das eigene Programm rasch – und ohne sich zu verschlucken – herunterzuschlingen, um auch noch das des gegnerischen Lagers zu erhaschen, konnten sie sich gleichermaßen übereinander lustig machen oder über ein ähnliches Verhalten jenseits des Atlantiks mokieren. Demokratische Präsidenten (im europäischen Spektrum links stehend) haben die Vereinigten Staaten in den Vietnam-Krieg gezogen; es war ein »rechts« angesiedelter, republikanischer Präsident, der den Krieg beendete.

Es bleibt nun einem jeden frei, hinter alledem eine geheimnisvolle Vernunft zu vermuten, die die Ausrutscher der beiden Lager steuert, die in den Herzen der Wähler wohnt, die im höchst scharfsinnigen und machiavellistischen Verstand eines großen Führers Überlegungen anstellt oder die den Dingen innewohnt und das blinde Handeln der Sterblichen lenkt. Hart näckige Optimisten, denen eine solche Vision vorschwebt, nannten jene wundersame Energie, mit der die Linke und die Rechte abwechselnd das Gegenteil von dem tun, was sie sich programmatisch vorgenommen hatten, und genau das nicht verwirklichen, was sie versprochen hatten, eine *List der Vernunft*. Der Beweis, daß Gott der Allmächtige die Menschen braucht, war für die Theologen eine leichtere Aufgabe als der Beweis für die Hegelianer, daß es eine absolute Vernunft gäbe, die sich in der Dummheit und durch sie manifestiere. Die Politiker, denen es Verdruß bereitet, immerzu hin und her zu pendeln und sich in Widersprüche zu verwickeln, sollten sich einfach auf die *Schliche der Dummheit* berufen; indem sie Beschränktheit durch Beschränktheit ausbalancieren, kreieren sie einen Eiertanz, der fast ebenso komisch ist wie jener Watschelgang, der zum Sinnbild des 20. Jahrhunderts wurde, als die Lichter der Politik und der Doktrinen erloschen und Charlie die Bühne betrat.

Wörtlich genommen legt eine polemische Kritik der »bürgerlichen« oder auch der »rechten Weltanschauung« dem aufmerksamen Leser nachträglich den Schluß nahe, Frankreich sei von 1945 bis 1980 durch die Linke regiert worden! Wie sonst ließe sich ihrzufolge der wirtschaftliche Aufschwung des Landes erklären, zumal »der Bourgeois nur kulturelle Werte den industriellen entgegenzusetzen weiß. Er klammert sich an tote Begriffe, weil er an seiner eigenen Existenz zweifelt ...«* Dann erfolgte die Explosion des Schulwesens, und die Zahl der Studierenden verzehnfachte sich. Und was lesen wir? »Jedes fortschrittliche Gesellschaftssystem bekämpft den Analphabetismus: die reaktionären Systeme dagegen – Franco, Salazar – leisten ihm Vorschub. Sobald sich die Rechte stark genug fühlt, setzt sie die Gewalt an die Stelle des Denkens; so geschah es in Nazideutschland.«**

Sollte man nun den Schluß ziehen, daß die »Rechte« sich in

* Emmanuel Berl, *Mort de la morale bourgeoise*, NRF, 1927
** Simone de Beauvoir, *La pensée de droite aujourd'hui*, 1955

Westeuropa seit 1945 nie stark genug gefühlt hat? Oder sollte man schlicht feststellen, daß die bürgerlichen Parteien sich schamlos linkes Gedankengut zu eigen gemacht haben, während das gegnerische Lager auf diskrete Weise ebenfalls Anleihen vornahm? Schon 1965 stellte Jean-Paul Sartre fest: »Die Linke denkt nur noch daran, die Rechte nachzuahmen.«

Und diese leitete den Prozeß des Verfalls ein. Sie hatte sichere Werte: Familie, Nation, Religion. Es ist nicht von Belang, ob sie diese Werte für wahr oder – wie Voltaire meinte – für nützlich hielt; solange diese »Sicherheitspunkte« (Burke) ein globales Bild der Welt zeichneten, berief sich jeder Bourgeois darauf, um sein Leben in Raum und Zeit zu ordnen. Die Familie brachte dem Bürger eine Erweiterung seiner Freizeit und begründete das Sparwesen. Die Nation steckte den Raum des verantwortungsbewußten Bürgers genau ab und sorgte für Disziplin. Die Religion projizierte den Konvergenzpunkt des weltlichen Raums und der inneren Zeit ins Unendliche und kündigte den esoterischen Moment an, da der Mensch als Familienvater und Patriot sich seiner Universalität gewahr werden würde. Die Rechte wußte, was Recht und Ordnung bedeuten, selbst wenn sich ihre verschiedenen Vertreter – Legitimisten, Orleanisten, Bonapartisten – stets um die jeweils richtige Auslegung stritten.

Das Debakel ließ nicht lange auf sich warten, es begann bald nach dem blutigen Sturm von 1914–18. Keynes hat es treffend dargestellt: ob Sieger oder Besiegte, die Eliten Europas erlebten die »Folgen des Friedens« als eine kosmologische Katastrophe. Die Zukunft war nicht mehr sicher, das Sparen wurde vom Konsum verdrängt, die Sitten lockerten sich, der Reichtum verbreitete seinen Glanz und die Nationen fingen Feuer. Der Bourgeois hielt sich nicht mehr für unsterblich; seine Vorstellung vom Guten verfinsterte sich. Der Zweite Weltkrieg kündete dann vom Ende einer Rechten, die, wie Simone de Beauvoir vermerkt, den Glauben an die Gründernatur des Menschen verloren hatte; sie definierte sich nicht mehr für, sondern gegen etwas.

Ohne es zu wollen, schlug die Linke einen ähnlichen Weg ein. Das auslösende Moment kam später; ihr Zustand der Schwerelosigkeit wurde nicht durch einen Krieg ausgelöst, sondern durch die akute Krise der Produktionskräfte in den Jahren 1975–1980. Die Linke, die sich im Verlauf eines Jahrhunderts in den meisten demokratischen Staaten als politische und gewerkschaftliche Macht etabliert hatte, entwickelte verschiedene, miteinander konkurrierende Formen – sozialdemokratische, populistische, stalinistische oder gemischte – einer Arbeitsreligion. Die Welt der Linken blieb ebenso verschlossen wie die der Rechten. Allein die Quader, auf denen die ihrem Wesen nach identischen Tempel errichtet wurden, unterschieden sich voneinander: An die Stelle des Ordnungssinnes trat der Kult der produktiven Arbeit.

Als François Mitterrand im November 1984 über die Arbeiterklasse als »Triebkraft der Geschichte« befragt wurde, antwortete er wohlweislich: »Ja ... Jedermann sollte sich darüber im klaren sein, daß jene, die produktiv arbeiten, im gesellschaftlichen Kräftespiel ein immer größeres Gewicht bekommen werden ... Die Arbeiterklasse ist der Hebel einer jeden fortschrittlichen Gesellschaft.« Einst sorgte die geduldige, aber entscheidende Akkumulationsarbeit der Sparer dafür, daß die Zeit für die Rechte arbeitete, nun sollen Produktionserfahrung und das erwachende Bewußtsein der Arbeiter die Zeit für die Linke kapitalisieren. Nach Ansicht des französischen Präsidenten kann von einer Auflösung des Proletariats in Westeuropa nicht die Rede sein; er sieht in ihm vielmehr den lebendigen Kern, um den sich alles dreht: »Ich glaube eher, daß die Mittelschichten im herkömmlichen Sinne nach und nach in den Produktivkräften aufgehen werden.« Die »Arbeiter« bilden ein Ganzes, sie sind die Macht der Zukunft, das Salz der Erde und der Sinn der Geschichte. Sei es nun ehrlich gemeint oder in demagogischer Absicht geäußert, dieses Glaubensbekenntnis umgibt alle Bekundungen der Linken mit einem Heiligenschein, es bedingt den Zustand der Bestürzung nach dem Zustand der Gnade, zumal wenn die linke Regierung, der es nicht mehr angeraten erscheint, den Aufbau des Sozialismus in einem einzigen Land weiter voranzutreiben, allmählich (ab 1983) den Zwängen einer Weltwirtschaft Rechnung trägt, die selten nur von guten Absichten regiert wird.

Die gelehrten Kontroversen über die Notwendigkeit der Schließung dieses oder jenes Betriebes spiegeln kaum das ganze Ausmaß dieses Ereignisses wider. Zechen, Werften, Stahlwerke, Walzwerke, Automobilwerke, kurz alle großen Unternehmungen, die ein Jahrhundert lang Gesellschaftsgeschichte mitgestaltet haben, sind davon betroffen. Man stelle sich einen Generalstab vor, der mitten in den Kampfhandlungen den kaltblütigen Beschluß faßt, das eigene Waffenlager zu beschießen und damit seine ergebensten alten Kämpfer zu massakrieren. Indes, so wie de Gaulle Algerien aufgeben mußte, wird die Linke ihre »Arbeiterfestungen« nacheinander räumen und der Blüte des Proletariats erklären müssen, daß der Fabrikarbeiter als Arbeitsloser dem Gemeinwesen manchmal weniger teuer zu stehen kommt, als wenn er weiter produzieren würde. Zwei Jahre zuvor erzählte sie den Werktätigen noch, daß diese mit ihrem Werkzeug und dem Stimmzettel die ganze Welt in den Händen hielten. Sie haben es geglaubt, haben gewählt, und gewartet. Als Dank dafür durften sie dann beim nationalen Arbeitsamt stempeln gehen. Wirtschaftswissenschaftler schlagen eine allzu beschränkte und einseitige Erklärung für dieses Phänomen vor. Sie stellen fest: »Vorbei die glorreichen Dreißig!« und fügen hinzu: Drei Jahrzehnte ununterbrochenes Wirtschaftswachstum mußten eines Tages zu Ende gehen und die wachsenden Anforderungen einer Konkurrenz offenbaren, deren Härten man in der expansionistischen Euphorie vergessen hatte.

Das, was in der aktuellen Krise zu Ende geht, muß mit dem Maßstab des Jahrhunderts und nicht mit dem der vergangenen zwei, drei Jahrzehnte gemessen werden. Ein grundlegender, durchgreifender Wandel kündigt sich an; heftige Stöße rütteln an den Grundfesten einer Kultur, in der ein Drittel der Bevölkerung ein Abbild ihrer selbst, der anderen und der Geschichte gefunden hatte. Die Verluste beschränken sich nicht nur auf soundsoviel gestrichene Stellen, abgeschaffte Arbeitsplätze oder geschlossene Hochburgen der Geschichte; das Selbstverständnis des Industriearbeiters, die Vorstellung, die er von seiner – zentralen – Position und seiner – entscheidenden – Macht hatte, trübt sich unwiderruflich.

Gibt es eigentlich diesen Schnittpunkt, an dem sich alles durchdringt, diesen Moment, in dem die Kämpfe der Werktätigen zu »dem« Kampf der Arbeiterklasse werden, der im Namen der Produktion selbst die Produktionsverhältnisse in Frage stellt? Existiert dieser erhabene Punkt überhaupt außerhalb des Bewußtseins eines militanten Kämpfers, dem er eine Sache der Ehre ist? An diesem Punkt konvergierten im Jahr 1981 das gemeinsame Programm und die Wahlkampagne der Linken; ihre Glaubwürdigkeit wurde nicht so sehr durch die technische oder pragmatische Realisierbarkeit der geplanten Maßnahmen bestimmt, als vielmehr durch die im »Klassenbewußtsein« der Aktivisten erzeugten Gefühle. Es wäre naiv, den Zustand der Verzückung – oder des Rausches, wie François Mitterrand sagte – allein auf massive Demagogie und Lüge zurückzuführen. Der Wähler ist weniger beschränkt, als uns diese etwas dürftigen Erklärungen im nachhinein einreden wollen. Der – im Vergleich zu gewissen historischen Präzedenzfällen – relativ maßvolle Taumel, der die große Wiederbegegnung von militantem Geist und politischer Weissagung umgab, flickte noch einmal das visionäre Weltbild zusammen, das die Linke seit einem Jahrhundert kultisch verehrt. Als General de Gaulle nach den Ereignissen von 1958 den Algerien-Franzosen, deren Aufstand ihn an die Macht gebracht hatte, eine Rede hielt, rief er ihnen pathetisch zu: »Ich habe euch verstanden«; das war dann auch der letzte Akt im kleinen Theater, in dem sich die Rechte hinter verschlossenen Türen selbst zujubelte. Drei Jahre später begann die schmerzliche Verschiffung der »Pieds-noirs« nach dem Mutterland. Sie hatten verstanden, daß es nichts zu verstehen gab. Der Zustand der Verzückung von 1981 war so etwas Ähnliches wie ein sozialistisches »ich habe euch verstanden«, implizit und einigermaßen ungewollt, mit dem die Sonntagsredner ihren aufmerksamen Zuhörern eine letzte Botschaft übermittelten.

## Die Linke verliert ihre Welt

Trotz aller Enttäuschungen, die der linke Führer erlitt, ist er noch immer nicht bereit, sich vom Mythos des erobernden und siegreichen Arbeiters zu befreien. Dieses Bild gibt ihm die wohltuende Gewißheit, daß die verstreuten, vereinzelten und sich widersprechenden Anstrengungen in eine einzige, klare Perspektive einmünden werden und daß die Geschichte auf seiner Seite steht. Die simple statistische Feststellung – daß die Mehrheit der Arbeiter für ihn gestimmt hat – genügt jedoch nicht ganz zu seiner Erbauung; das Verhältnis zwischen einer politischen Kraft und ihrer Wählerschaft bleibt mitunter ein rein äußerliches und nicht frei von Schwankungen. So haben zahlreiche Bauern abwechselnd radikal-sozialistisch und gaullistisch gewählt und für Programme gestimmt, die ihnen von Fall zu Fall weniger schlecht als die der konkurrierenden Parteien erschienen. Nichts von alledem kann sich jedoch mit der einzigartigen inneren Beziehung messen, die die Linke für sich und das Proletariat in Anspruch nimmt. Sie könnte sich gewiß damit begnügen, die Forderungen der Arbeiterklasse auf einem verführerischen Wahlplakat aufzulisten und gegebenenfalls später bedauernd auf die unvorhergesehenen Umstände verweisen, die einer Verwirklichung im Wege standen. Die programmatische Pointierung der profanen Forderungen der Benachteiligten verspricht jedoch größeren Erfolg. Der langfristig angelegte Plan mobilisiert das »Klassenbewußtsein« für drei wichtige Kampfziele: Verteidigung der Arbeiterinteressen, Kampf gegen die Übergriffe der Unternehmer und Kampf für die allgemeine Umwälzung der Gesellschaft. Selbstbewußtsein, Bewußsein gegenüber dem Mitmenschen und im Hinblick auf die Zukunft – eintönig grau wäre das Panoptikum der vorgeschlagenen Maßnahmen eines Politikers, würde ihm nicht der ständige Verweis auf die »Arbeiterbewegung« immer wieder neues Leben einhauchen.

Falstaff, der sich im Gasthaus »Zum Strumpfband« eingemietet hat, verschickt unzählige Liebesbriefe an die Weiber von Windsor, verstrickt sich aber bald in seine eigenen Winkelzüge und landet schließlich in einem Korb schmutziger Wäsche in der Themse. Damals wußte er noch nichts von den wunderbaren Vorzügen des Klassenbewußtseins, das erst im labyrinthischen Ränkespiel so richtig gedeiht. Lebensweise, Produktionsweise, gesellschaftliche Entwicklungsmodelle: der Kampf der Arbeiterklasse berührt sämtliche Bereiche des gesellschaftlichen Lebens. Auf prosaische, allgemein verständliche Weise spiegelt er die Spannungen und die Zerrissenheit des gesellschaftlichen Umfelds wider. Die kämpfende Arbeiterklasse wird es wohl kaum schaffen, in einem Zug und gegen alle Unbilden sowohl die Arbeitsplätze zu sichern – indem sie »im Lande bleibt« –, als auch den Produktionsprozeß in der Volkswirtschaft zu modernisieren und zu rentabilisieren; und zugleich im Konkurrenzkampf zu bestehen, und das Leben zu verändern, undsoweiter. In einer poetischen und esoterischen Sicht der Dinge hingegen vermag es die Linke, alle Unterschiede zu integrieren, und zwar bis zu dem Punkt sublimer Erhabenheit, wo die divergierenden Ansichten der Arbeiterklasse über sich selbst, den Gegner und die Zukunft sich spontan der Disziplin einer einzigen Zielsetzung unterordnen: »Für manche besteht die Hauptaufgabe in der politischen Machtergreifung, für andere ist es die Befriedigung der materiellen Bedürfnisse eines jeden oder die Bewahrung der kulturellen Eigenständigkeit der Arbeiterklasse; für einige andere ist es ein Mehr an Gleichheit sowie der Abbau der sozialen Schranken, Unterschiede und Ungleichheiten. Das sind alles wichtige Fragen; aber die Antwort auf die eine wie die andere kann die Analyse der Arbeiterbewegung nicht ersetzen, die sich auf das Klassenbewußtsein des Arbeiters stützt, das heißt auf die bewußte Erfassung der Konflikte, die im Zusammenhang mit der Aneignung der Produktionsmittel entstehen« (A. Touraine).

Was bleibt der ernüchterten westeuropäischen Linken nach den Enthüllungen über die stalinistische Katastrophe, fragte schon vor dreißig Jahren der Philosoph Merleau-Ponty? Die »Abenteuer der Dialektik« wurden vor 1955 geschrieben und behandeln die rückblickenden Debatten einer »a-kommunistischen« Linken, die, aufgeschreckt durch das russische Experiment, sich für die (parlamentarische) Demokratie aussprach und die (totalitäre) Revolution verwarf. Die Ratlosigkeit, die das sowjetische Beispiel hervorrief, führte zu unzähligen Tendenzkriegen, aber zur allgemeinen Überraschung zerschlug sie nicht das Weltbild, an dem die Linke seit einem Jahrhundert schon festhält. Gewiß, es geht nicht nur um »auswärtige« Politik, wenn im Zusammenhang mit den meisten Blutbädern, die immer wieder den Boden von vier Kontinenten tränken, offiziell links zu benennende Ideologien dem Ideal von Brüderlichkeit und Großmut, zu dem sich die linken Schwesterbewegungen bekennen, regelrecht den Hals umdrehen. Obgleich die Verbreitung und universelle Gültigkeit der sozialistischen Botschaft (vorerst) kompromittiert scheint, wird noch immer das Wort verkündet, das die Erneuerung des Lebens und der Zeit verspricht, bevor der Raum dafür gesichert ist.

Auf die Frage: was bleibt? antwortet die Linke: ein Wunsch, die Hoffnung, daß die Geschichte der Menschheit allmählich transparent werde, daß »die Menschen anfangen, füreinander zu leben, der gesellschaftliche Körper sich aus seiner Zersplitterung befreie, um wieder zur Ganzheit zu werden ..., die Momente dieses Geschehens eins ins andere greifen, einander entsprechen und nach und nach zu einem einzigen Ereignis verschmelzen ...« (Merleau-Ponty). Wenn sich aber die zersplitterte Geschichte hinter dem Rücken derer, die sie machen, wieder zusammenfügt? Wenn nun der Sinn der Geschichte den einfachen Akteuren verborgen bleiben sollte, weil er allein im Opus eines im Abseits grübelnden Genies zum Ausdruck kommt? Damit die Gesellschaft von Mensch zu Mensch mehr Transparenz bekomme – und nicht nur in der Betrachtung eines göttlichen Auges, das von oben herab Herz und Niere durchleuchtet –, wird in ihrer Mitte eine Gemeinschaft entstehen müssen, die sich füglich ihrer Selbsterziehung annehmen muß. In demselben Maße, wie Archimedes einen einzigen festen Punkt begehrte, um die Welt aus den Angeln zu heben, und das kartesianische *Cogito ergo sum* Ausdruck des irrenden und zweifelnden Bewußtseins ist, geht die linke Weltanschauung von der Annahme aus, es gäbe einen Teil der Menschheit (im allgemeinen ist es die Arbeiterklasse, mitunter sind es Ersatzgruppen: die Völker der Dritten Welt, die Frauen usw.), dessen Selbsterkenntnis »zugleich eine richtige Erkenntnis der Gesellschaft insgesamt bedeutet« (Lukács). Handelt es sich hierbei um eine wertlose Hypothese, die nach Belieben abgewandelt werden kann? Bleibt die Linke als solche erhalten, wenn es sich herausstellen sollte, daß sich der Arbeiter für die ihm zugewiesene Aufgabe als ungeeignet erweist? Nichts ist ungewisser als das. Wenn die Linke an der Arbeiterbewegung zu zweifeln beginnt, wird sie seelisch an der Welt zerbrechen.

Das Arbeiterbewußtsein taucht nicht erst am Ende der Reise auf wie eine Selbsterleuchtung, die den Leidensweg der Entfremdung beschließt, oder wie ein Feuerwerk, das die Festlichkeiten eröffnet. Der Bezug auf den Arbeiter ist weniger theoretischer als operativer Art; wenn eine politische Linke vorgibt, eher mitzureißen als zu manipulieren, muß sie bereit sein, den Massen voranzugehen, aber »nur um einen Schritt«, wie schon Lenin verkündete, der sich wohlweislich davor hütete, den Gedanken in die Tat umzusetzen. Damit eine Befreiungsbewegung nicht in eine neue schreckliche Entfremdung umschlägt, müssen jene, die der Befreiung teilhaftig werden sollen, gleich zu Beginn – und nicht indem sie hinterherhinken oder sich unterwegs absetzen – den Takt und den Sinn ihrer Befreiung begreifen. Die Anzahl der Wählerstimmen und der politisch Aktiven, sowie die Ergebnisse der Meinungsumfragen sind ein rein äußerlicher Einblick in einen Vorgang, der sich auf ein »Pro und Kontra« beschränkt. Die Linke kann nicht den Anspruch erheben, »die Welt zu verändern«, es sei denn, sie unterzieht sich selbst ihrer allgemeinen Kritik der Entfremdung. Sie kann nicht nur deklarieren: Die Welt ist schlecht. Sie muß auch hinzufügen: Auf diese Weise können wir sie besser machen. Die Gegenwart, auf die sie sich beruft, wird ihrer Auffassung nach durch bloße Selbstkritik in Frage gestellt, durch einen Willen der Negierung und Erneuerung, deren »geschichtlicher Träger« lange Zeit das Proletariat war; zur Zeit hat sie jedoch nur lächerliche Ersatzlösungen anzubieten.

Die Linke hat das Unglück nicht erfunden, auch nicht das Hundeleben, noch die individuellen und kollektiven Auflehnungen. Aber die von ihr vorgenommene Bilanz der Nöte und Aufstände gerät zur visionären Proklamation von dem wundersamen Augenblick an, wo alle diese Leidenschaften miteinander verschmelzen und wo ihre Vielzahl und Mannigfaltigkeit sich zu einem monolithischen und entscheidenden Drama verdichten. Die bewegte Landschaft der zeitgenössischen Gesellschaft unterliegt damit dem Gesetz der Einheit der Zeit, des Ortes und der Handlung, das sich bei den Klassikern so großer Beliebtheit erfreute, das aber weder Corneille noch Racine dazu befähigte, jede Art von Tragödie theatralisch zu meistern. Wenn nur die »Arbeiterbewegung« den zentralen Platz besetzt, den man für sie kultisch bereithält, dann werde man schon eine Lösung finden. Bildet die Industrie denn nicht das Herz unserer Gesellschaft, der wir das schmückende Beiwort »industriell« angeheftet haben? Wie könnten wir auch den »zentralen Konflikt« ignorieren, der ihr Herz zum Schlagen bringt? Eine einzige Zielscheibe, die die miteinander operierenden und konkurrierenden Strategien auf den Plan ruft. So geschieht es, daß die zum »Schmelztiegel« der modernen Welt geweihte Fabrik von der politischen Aktion und ihren parlamentarischen oder revolutionären Varianten von außen zwecks Nationalisierung oder planwirtschaftlicher Integrierung umzingelt wird. Gleichzeitig erfolgt eine Belagerung von innen durch die Gewerkschaftsbewegung und andere gesellschaftliche Kräfte. Troja wird eingenommen. Die Linke triumphiert. Die Republik der Werktätigen wird errichtet.

Oder: nichts mehr. Alles dreht sich um die Existenz einer

»Arbeiterbewegung«, von der die Entscheidungsschlachten der modernen Gesellschaft ausgehen. Als Conditio sine qua non ermöglicht es allein dieses Gestirn der Linken (in all ihren Spielarten: sozialdemokratisch, bolschewistisch, revolutionär-syndikalistisch, selbstverwalterisch usw.), die Zukunft durch eine weltumspannende Vision zu überstrahlen. Es gibt Streitpunkte: Soll die Ergreifung der Macht einer Kontrolle über die Produktionsmittel vorangehen oder umgekehrt? Ist die Arbeiterbewegung eine eigenständige Bewegung? Unterliegt sie Einflüssen von außen? Wird der Sozialismus hineingetragen oder bildet er sich an der Basis heraus? Allein, wie der Fahrplan auch immer sein möge, es bleibt die frohe Botschaft von einer Gesellschaft, die sich selbst erschafft, indem sie verkündet: das ist mein Fleisch, das ist mein Blut, und die allumfassendste Kunde – von der Arbeit, die wieder den Arbeitern gehört –, die in der Forderung: »die Produktionsmittel den Arbeitern« ihren radikalkonkreten Ausdruck findet.

Erdstöße: Ein in sich zusammenbrechendes Weltbild fällt wie das Dach eines Hauses auf jene herab, die darin wohnen. Zur großen Verwunderung der Kommentatoren löste die 180-Grad-Wende der Politik der Sozialisten keine explosiven Reaktionen aus. Der Wähler scheint eher zu denken: »ich habe mich geirrt«, als: »man hat mich betrogen«. Handelte es sich lediglich um einen gewöhnlichen Vertrauensbruch oder um einen Wahlbetrug, hätte er sich durch einen Wutausbruch Luft machen können. Aber die schmerzende Wunde sitzt tiefer: In seiner Enttäuschung wird der Wähler nicht mit einem rein äußerlichen Ereignis konfrontiert – politische Entscheidungsträger haben Verrat begangen, sie sollen gehen! –, sondern mit sich selbst (»vielleicht sollte ich meine Vorstellung von der Veränderung ändern?«). »Der Verfall des klassischen Arbeiterbewußtseins wird immer offenkundiger, die Bezugnahme auf die Arbeiterbewegung immer mythischer ...« (Touraine), stellen jetzt sogar jene Soziologen fest, die einst das »Arbeiterbewußtsein« und die »gesellschaftliche Bewegung« als die Eckpfeiler ihrer Denkweise betrachteten.

Dem manuellen Arbeiter, dem man den Beinamen Produktionsarbeiter gab, hat man ein Jahrhundert lang eingeredet, in seinen schwieligen Händen ruhe die Zukunft der Menschheit. Ob er nun nach dem Gutdünken des revolutionären Gewerkschafters den Generalstreik ausrief oder im Geiste Lenins die Waffen oder den Stimmzettel ergriff – er bestimmte die Geschicke der Welt. Wer ein Schmarotzer, ein Drückeberger und ein Tagedieb war, wurde durch die jeweilige Doktrin festgelegt, aber stets hieß es, deren Herrschaft würde zu Ende gehen, sobald der Arbeiter die Produktionsmittel zurückerobert haben und als Sachwalter der materiellen Produktion mehr und mehr zu dem werden würde, der er, ohne es zu wissen, schon immer gewesen war: zum Schöpfer der Welt.

Der religiöse Kult der Arbeit äußert sich nicht nur in der Wirkung dieser oder jener Doktrin, deren lokale Verbreitung er zuweilen begünstigen kann; er findet Nahrung bei den marxistischen Philosophen, aber auch in der »allgemeinen Theorie der Beschäftigung, des Zinses und des Geldes« von Keynes, der auf diesem Gebiet Autorität hat (auch wenn er sich nicht zu den Hegelschen Themen vom »Menschen, der sich selbst hervorbringt«, bekennt). Die Werte der Linken sind genausowenig Bücherweisheiten wie die der Rechten. Als der verstädterte und meist dem Christentum entfremdete Bauer zum Arbeiter wurde und Respekt vor seinem Schaffen forderte, schuf auch er sich eine Ethik und entwickelte eine ebenso irdische – und konfliktgeladene – Brüderlichkeit wie jene, die einst mit Begriffen wie Familie und Vaterland operierten. Die Romanze beginnt, als die Forderung nach elementarer Würde – die im proletarischen Widerstand wie auch im patriotischen Widerstand entschieden erhoben wird – zum Kernpunkt einer politischen Weltvision wurde. Im Jahre 1907 vermerkte Émile Faguet, daß der Gewerkschafter das Proletariat an drei »Merkmalen der Auserwähltheit« erkenne: »1. Das Proletariat besitzt eine ethische Überlegenheit gegenüber allen anderen Klassen (...), es ist tugendhaft. Es ist rein. Es ist tugendhaft und rein, weil es arm ist. Es wurde nicht durch Reichtum angefochten und durch

Besitz nicht korrumpiert und geschwächt. 2. Das Proletariat ist eine produktive Klasse. Es treibt keinen Handel, macht keine Geschäfte, es produziert ... 3. Das Proletariat ist schließlich eine organisierte Klasse, und in den demokratischen Ländern ist es die einzige organisierte Klasse ...«

*Right or wrong, my country.* Der links engagierte Intellektuelle gesteht dem Proletarier ein besonderes Verhältnis zur Wahrheit zu; die Berührung mit ihr ist ihm wesentlich, ganz wie dem intellektuellen Nationalisten die Wiederentdeckung seiner »Wurzeln« in der heimatlichen Provinz. Das Klassenbewußtsein des Arbeiters genießt unter den Philosophen eine außerordentliche Wertschätzung; für den Befürworter der Selbstverwaltung besitzt es Eigentransparenz und für den Schriftsteller ist es aus sich heraus »materialistisch«, was bedeutet, daß es sich seinem Wesen nach keinen Täuschungen hingibt: »Zwischen dem Proletariat und dem Materialismus besteht eine unzweifelhafte Übereinstimmung. Der Proletarier ist ein Materialist. Er glaubt in erster Linie an den Körper, an die Erfordernisse des Lebens, weil er sie spürt. Wer den Körper verleugnet, beleidigt seine Not. Wer sich vom Materialismus löst, verrät seine eigenen Interessen und liefert dem Feind Munition« (E. Berl). Der wahre Arbeiter-Mensch wurde zur Hauptgestalt einer Betriebsrats-Literatur, ganz nach dem Muster der Elsässerin mit dem weiten Herzen, jener Heldin der hurrapatriotischen Romane der Jahrhundertwende.

Das linke Weltbild erfuhr seine Ausprägung in einer Zeit, in der das allgemeine Wahlrecht, die Schulpflicht und die allgemeine Wehrpflicht endgültig eingeführt wurden. Der Kontext seiner Entstehung ist genauestens abgesteckt: Es bildete sich im Zuge der nationalen Vereinigung mächtiger Gewerkschaftsbewegungen und der Gründung der ersten großen Volksparteien. Zur gleichen Zeit geboren wie die moderne Massendemokratie, wird es zum Leitbild der Unterprivilegierten der bürgerlichen Gesellschaft, jener Arbeiter, die vor den Toren der Stadt »hausen« (A. Comte), sowie derer, die in vielerlei Hinsicht benachteiligt sind: Handwerker, Abiturienten usw. In den Vereinigten Staaten, die weniger dicht besiedelt und sozial variabler sind, kam es nicht zu solchen »Bewußtseinsumbrüchen«. Mit ihrer Sammlungsbewegung um ein »gesellschaftliches Gegenmodell« wollte sich die Linke aber keineswegs in die Subkultur einer Gegengesellschaft einschließen: Da Arbeit und Arbeiter den Mittelpunkt bilden, konnte sie mit ihrem Weltbild hegemoniale Ansprüche erheben. Indem sie die »Verdammten« des 19. Jahrhunderts dazu aufrief, die Macht zu ergreifen, half sie ihnen, sich und ihre Konflikte in die Gesellschaft zu integrieren. Wenn nun diese Vision in sich zusammenstürzt, ist das innere Debakel nicht mehr aufzuhalten.

Nach Ansicht der Linken wird die Welt durch eine extreme Spannung auseinandergerissen: »Jede Art von Gesellschaftsordnung beruht auf einer zentralen Herrschaftsstruktur und gleichzeitig auf einer Vielzahl von Kulturmodellen, die den Kern des gesellschaftlichen Grundkonflikts bilden … In der Gesellschaft ist es die Auseinandersetzung zwischen den Unternehmern und den Arbeitern, die in den Produktionsprozeß eingegliedert sind …« (A. Touraine). Die theoretischen Interpretationen dieses Konfliktes prasseln allenthalben nieder, vermögen es aber nicht, in ihrer disparaten Vielfalt den Block der existentiellen Überzeugungen, die den historischen Horizont des »Arbeiterfunktionärs« begrenzen, aufzuspalten: »Nichts deutet darauf hin, daß es außerhalb der Industrie einen Klassenkonflikt gibt, also eine gesellschaftliche zentrale Bewegung, die durch die Produktionsverhältnisse bestimmt würde. Daß Lehrer und Angestellte sich gewerkschaftlich organisieren, kann man gut verstehen. Es erscheint unmöglich, daß sie sich direkt an der Arbeiterbewegung beteiligen. Daran haben die Arbeiterfunktionäre niemals gezweifelt: ökonomisch verschwommene Begriffe wie der des Werktätigen, der unmittelbar im Produktionsprozeß steht, besitzen jedoch einen sehr klaren soziologischen Sinn, denn der Hauptkampf wird in der Industrie ausgetragen, zwischen den Produktionsarbeitern und dem leitenden Personal, das ihnen die Arbeits- und Lohnbedingungen diktiert« (A. Touraine). Dieses Glaubensbekenntnis predigte der Arbeiter dem Bauern oder dem Intellektuellen, der Gewerkschaftsboß dem Betriebsobmann und letzterer dem einfachen Basisfunktionär und umgekehrt. Es begründet den Fortbestand einer Linken, bei deren Rückschlägen die Hauptinhalte niemals auf dem Spiel standen. Vergessen sind die vier Jahre des Ersten Weltkrieges, in dessen Verlauf Proletarier aller Länder sich, ohne zu murren, gegenseitig abschlachteten. Ausradiert aus dem Gedächtnis ist die Versammlung der Volksfront, die mit deutlichem Mehrheitsbeschluß dem Maréchal Pétain das Vertrauen aussprach (in Abwesenheit der Kommunisten, die ihrerseits den Hitler-Stalin-Pakt begrüßten). Und aus der Erinnerung getilgt ist ebenfalls jene erstaunliche Gabe, koloniale Feldzüge im Westen oder im Osten oder wo auch immer gleichzeitig zu unterstützen, zu führen oder anzuregen. Hauptaufgabe sei und bleibe die Befreiung der Arbeiter durch die Arbeiter selbst. Und: allein die Linke ist berufen, den Tag der großen Hoffnung zu verkünden.

Mit einer Ehrlichkeit, die trotz permanenter Zerrissenheit alles in allem bestechend ist, hält sich die Linke bei der Bewältigung ihrer eigenen Vergangenheit an das Schema der Verallgemeinerung. Sie steigt nicht wie der Phönix aus der eigenen Asche, sondern aus der Asche der alten Welt auf. Die Arbeiterklasse lebt in einer ewigen Erwartung ihrer selbst, nachgerade in der Schwebe; einst übernahm sie aus der Zeit der Manufakturbetriebe die Hierarchie der erfahrenen Handwerker und der Handlanger; später spaltete sie der »Fordismus« in eine Masse von angelernten Arbeitern und eine Elite von Facharbeitern; und heute zeigen sich neben einem unerwarteten Qualifikationsschwund (Zeitarbeiter oder Arbeiter ohne Berufsstatus) völlig neue Qualifikationsmerkmale (Techniker). Tatsächlich »ist die Geschichte der kapitalistischen Produktionsweise ein fortlaufender Prozeß des Abbaus und Wiederaufbaus der beruflichen Fertigkeiten des kollektiven Arbeiters« (A. Gimenez). Es genüge daher, diese »Abbauerscheinungen« und die Antagonismen, die sie innerhalb des Proletariats hervorrufen, deutlich zu machen, um damit die Schwächen zu entschuldigen, die die Arbeiterbewegung entstellen. Verantwortungslosigkeit und Mitläufertum? Seht, unter welchen Bedingungen der ungelernte Arbeiter leben muß. Dogmatismus und Intoleranz? Das sei nur die Kehrseite der Hybris des Facharbeiters, der sich auf seinen Berufsstand und seine Erfahrung etwas einbildet. Man kann spitzfindig argumentieren, es gäbe noch andere Nachschlüssel, die in dasselbe Schloß passen: Die Arbeiterklasse kommt nicht aus dem Paradies, sie lebt in einer zersplitterten Welt, ihre Kultur und ihre Gemeinsamkeiten halten sie zusammen, integrieren sie, grenzen sie aber auch ab und schließen sie gleichzeitig ein; die Fabrik ist nicht das Wohnviertel, das Leben am Arbeitsplatz und das Leben in der Familie sind nicht dasselbe; Arbeiter und Hausfrau sind zweierlei; die gemeinsame Aktion erhebt sich über diese originäre Diaspora, kann aber keine Abhilfe schaffen, ohne sie auch nachzubilden; es gibt die – quantitativen – Forderungen einer marktorientierten Gewerkschaftsbewegung, die eine Erhöhung der Löhne zum Ziel haben, und es gibt die – qualitativen – Forderungen, die bessere Arbeitsbedingungen und ein menschenwürdiges Betriebsklima zum Inhalt haben; es gibt Kampfmaßnahmen, bei denen es darum geht, unter allen Umständen Belegschaft und Arbeitsplätze zu retten, und es gibt den Kampf auf lange Sicht, der darauf gerichtet ist, die Produktionsverhältnisse zu reorganisieren und die Ziele der Arbeit neu zu definieren. Das sind ebensoviele Trennungs- und Bruchlinien, verdeckte Konfliktstoffe und eklatante Widersprüche, die beweisen, daß die Arbeiterschaft niemals ein geschlossenes Ganzes bilden wird. Auf diese Weise verfügt aber die Linke über eine Vielzahl von Schwerpunkten für jeden ihrer Irrtümer: sie war den Massen vorausgeeilt, und diese, verstrickt in ihr Entfremdetsein, waren ihr nicht gefolgt oder nicht imstande, die Fehltritte der Vorhut zu korrigieren. Für die Linke besteht die Schwierigkeit nicht darin, daß sie nicht erklären kann, warum ihr mythischer Auftrag nicht gelingt, sondern warum er möglicherweise doch gelingen könnte. Die Gründe, derentwegen die Arbeiterklasse ihre Verabredungen verpaßt, sind so augenscheinlich, daß man sich fragen muß, durch welches Wunder das Leben durch die Arbeit Sinn und durch »den« Arbeiter eine Mitte bekommen könnte.

Die Mißgeschicke der Linken sind ein Spiegelbild der Mißerfolge der Rechten. Der Klassenpatriotismus hat sich zwanzig Jahre länger gehalten als der nationale Chauvinismus. Die Parteien wie auch das Vaterland haben ihren Nimbus der Unfehlbarkeit eingebüßt. Soll das heißen, daß es fortan keinen Kampf der Arbeiter mehr geben wird, daß die Gewerkschaften ratlos sind und die Parteien sich auflösen werden? Nein. Auf eine geheimnisvollere Weise vollzieht sich die Aufgabe des Bezugs auf das Gute als bevorzugter Konvergenzpunkt aller Kämpfe. Hinfort treffen die Interessen aufeinander, ohne sich zu vermischen, und der zentrale Brennpunkt des Klassenbewußtseins wird dunkel. Die Rechte starb nicht, als sie ihr Weltbild verlor, und anstatt sich *für* etwas einzusetzen, begann sie, *gegen* etwas zu bestehen. Einst verkörperte der konservative Bourgeois das Allgemeingültige, sein Gut war das Gute, stellte Simone de Beauvoir 1955 fest; aber »der Ausdruck: bürgerliche Ideologie bezeichnet heute nichts Positives mehr«; man hoffe nicht mehr, man gebe sich seinen Ängsten hin; »die Bourgeoisie besteht weiter, aber ihr katastrophales und leeres Denken ist nur noch ein Gegendenken«. Leer? Das heißt ohne ein absolutes Ideal, ohne Glaube an das höchste Gut.

Die Linke erlebt ihrerseits einen ähnlichen Spannungsabfall; alle ihre Teile dauern fort, halten stand, halten aber mehr dagegen als dafür: »Die ungelernten Arbeiter sehen eher die Nachteile als die Vorteile der industriellen Entwicklung und treten mehr *gegen* die unmenschlichen Aspekte ihres Status ein, als *für* einen kontrollierten Fortschritt« (A. Touraine). Die qualifizierten Arbeiter kämpfen gegen den Abbau der beruflichen Qualifikation. Auf der oberen Ebene wenden sich die Kompetenten gegen die Inkompetenz. Auf der unteren klammern sich die Entwurzelten an ihre kleine Lebensparzelle. Nachdem die Rechte negativ, also konservativ geworden war, lebte die Linke im Positiven, also in der Zukunft, im Allgemeingültigen: Die

Geschichte gehörte ihr von Rechts wegen, wie sehr dies auch den Realitäten widersprach, die sie kurzerhand als anachronistisch bezeichnete, weil sie sich ihrem Zugriff entzogen. Da ihr dieser Glaube verlorenging, mußte sie schließlich dagegen mobilisieren. Und ein jedes Lager hielt dem anderen dessen Zerrbild vor die Nase: im Fieber des Wahlkampfes ist die Rechte noch immer gleich Pinochet und die Linke gleich Archipel Gulag.

In normalen Zeiten vermeiden es beide Seiten, den ganzen Umfang des ideologischen Debakels festzustellen. Solange die Linke im positiven Sinne links bleibt, kann die Rechte weiterbestehen, sie lebt von der Konfrontation mit diesem massiven Block altüberlieferter Illusionen. Gleiches gilt für die Linke. Die feindlichen Schwestern ziehen es vor, begrenzte, mitunter simple Diagnosen zu formulieren: Der Wähler hat geträumt; es sind Schwierigkeiten aufgetreten; das Erwachen war schmerzlich; der Wähler wird sich eines Besseren besinnen … So macht sich die Regierungspartei Mut, so tröstet sich die Opposition. Kurzanalysen ermöglichen eine Aussparung der Folgen in der Zeit: 1.) Wenn es nur ein gewöhnliches politisches Mißverständnis war, müßte man einige Jahre veranschlagen, aber ein Wahltaumel folgt dem anderen und die Enttäuschungen gleichen sich nicht, denn die einen betreffen den Kreis der politischen Mandatsträger und die anderen die Ideologie der Regierten. 2.) Kommt ein Wandel des ökonomischen Grundverhaltens hinzu, muß man schon Jahrzehnte in Ansatz bringen, um die Folgen des Endes der Vollbeschäftigung und einer einmaligen, ungewissen Situation zu bemessen, in der technologische Neuerungen keine Gewähr gegen Disproportionen und soziale Spannungen bieten würden. 3.) Handelt es sich jedoch um den Zusammenbruch eines Weltbildes, muß der Blickwinkel noch einmal vergrößert werden: seit ihrer Herausbildung in der zweiten Hälfte des 19. Jahrhunderts ließ sich die Gewerkschaftsbewegung vom Auftrag leiten, den sie dem Proletarier der modernen Industrie erteilt hatte; wenn dieser sich heute nun in der Schwebe befindet, »über dem Nichts, das sich durch den Niedergang der Arbeiterbewegung unter ihm auftut« (A. Touraine), dann reißt er eine europäische Linke mit sich in den Abgrund, die nur dadurch in der Gestalt politischer Parteien fortlebt, daß sie mit den Arbeiterbewegungen stürmische, aber grundlegende Beziehungen unterhält. Was hier auseinanderbricht, ist kein kurzlebiges Wahlprogramm, es ist nicht das Ende eines Jahrzehnte währenden fieberhaften Konsums, sondern eines Jahrhunderts Sozialgeschichte.

In allen demokratischen Staaten Europas leidet die Arbeiterbewegung unter einem Kräfteverfall. Dieses, den ganzen Kontinent umfassende Phänomen fügt die Krise der französischen Politik in den Kontext eines tiefgreifenden Wandels ein, der von langer Dauer sein dürfte. Die Krise berührt die Lebensgewohnheiten und Denkstrukturen; nicht allein die Ideologie ist davon betroffen, sondern ebenfalls die sozialdemokratische und reformerische Tradition, sowie die Strömungen, in denen revolutionäres Gedankengut gepflegt und Prognosen elaboriert werden. Beschränkt sie sich auf den wirtschaftlichen Bereich? Keineswegs. Man wird an die düsteren Ereignisse der dreißiger Jahre erinnert, als die englische Arbeiterschaft mit großen – heute unbekannten – Schwierigkeiten zu kämpfen hatte, ohne daß die Trade Unions ihre jahrhundertealte Macht einbüßten; heute aber schmilzt diese dahin. Die Neuorientierungen der Industrie und die technologischen Sprünge nach vorn haben noch tiefere Risse bewirkt und sichtbar werden lassen. Die Krise wurde zu einer Krise der Weltbilder. Mit ihr nimmt Europa stillschweigend Abschied von einem wichtigen Abschnitt seiner Geschichte. Arbeiterbewegung, industrieller Fortschritt und Arbeitermoral – das waren die Ingredienzen einer jeden Zukunftsidylle. Aber die Mayonnaise will nicht mehr binden. No Future.

\*

Wie funktioniert die Dummheit in der Politik? Der doppelte Zusammenbruch der rechten Ideologien einerseits – Nationalismus und Konservatismus – und der linken Ideologien andererseits – Führungsanspruch der Arbeiterklasse, Produktivismus und Progressivismus – beweist, wie sehr eine jede Weltvision um den Begriff des Guten sich verschanzt: Frankreich den (guten) Franzosen! Arbeiter aller Länder, vereinigt euch! Die Parolen ändern sich, aber die Musik erklingt noch immer und verspricht den Himmel auf Erden im Einerlei des Alltäglichen. Eine Ideologie verknüpft den Augenblick mit der Ewigkeit, bringt die Zeit dazwischen zum Schrumpfen, verkürzt damit das Intervall des entstabilisierenden Stumpfsinns und verbreitet eine Bestürzung, die unempfindlich macht gegenüber Widersprüchen und intolerant gegenüber Einwänden. Descartes nannte »Bewunderung« die Fähigkeit, überrascht, erstaunt, fassungslos zu sein, wenn man zum erstenmal irgendeinem Gegenstand gegenübersteht. Von allen Leidenschaften ist sie die wichtigste und zugleich die Voraussetzung für alle anderen. Er kannte keine ihr entgegenwirkende Leidenschaft, denn sie läßt uns Dinge und Wesen mit dem Gefühl erfassen, und würde uns nichts berühren, nichts könnte in uns ein Gefühl der Zustimmung oder der Ablehnung erwecken. Er hob jedoch eine Ausnahme hervor: »Jene, die stumpfsinnig und beschränkt sind …, neigen ihrem Wesen nach nicht zur Bewunderung.« Der Bewunderer ist stets offen für alle Dinge, manchmal bis zum Übermaß. Der Borniere umgibt sich mit einer Mauer, und so revolutionär er sich auch wähnen mag, er führt Selbstgespräche mit seinen Zwangsvorstellungen.

Die Dumpfheit des Dummkopfes löst, ohne sie zu stellen, sämtliche Probleme des Philosophen. Durch sie wird die Zeit zur Ewigkeit und die unsterblichen Prinzipien regeln munter den zögernden Gang der Sterblichen. Der Widerspruch zwischen den Mitteln und dem Zweck entgeht dem Beschaulichen, für den nur der Zweck zählt, und gleichfalls dem Realisten, der sich ausschließlich für die Mittel interessiert, die ihn erfolgreich ans Ziel führen. Der Ideologe, unser dritter Spitzbube, ist idealistischer als der Beschauliche und machiavellistischer als der Realist, er setzt auf beide Pferde; er läßt sich von vornherein an dem Punkt nieder, wo sich alle Widersprüche wie von selbst auflösen. Mit Hilfe der Ideologie findet der Engagierte allemal einen Ausweg aus jedem Dilemma; solange er sich im Besitz des Guten wähnt, wird er zwischen den Mitteln und dem Zweck nicht wählen müssen; die Ordnung und die Disziplin, die er einführt, sind weder ein reines Mittel noch ein einfacher Zweck, sondern die Selbstverwaltung des Guten durch das Gute. Die – zwangsläufig – auserwählte Nation, die reine Rasse und die führende Klasse sind Ziel und Weg in einem, und indem sie sich selbst schützen, retten sie die Welt; indem sie diese belagern, erobern sie sich selbst.

Die ideologische Dumpfheit entgeht auf diese Weise der Falle des Dilemmas, die Max Weber über der politischen Tat zuschnappen ließ. Entweder es zählt allein der Zweck, dann nennt man es »Ethik der Überzeugung«, die sich, wenn alles verloren ist, damit zufriedengibt, die Ehre gerettet zu haben; oder es zählt der Akteur, der eine »Ethik der Verantwortung« verficht, sich voll auf die Mittel konzentriert und dabei Gefahr läuft, mit dem Zweck, den er verfolgt, in Widerspruch zu geraten. Die ideologische Dumpfheit gleitet über die Schwierigkeiten hinweg, klammert sich dahinter fest, geistert durch eine Welt, in der Widersprüche nur kurzlebig, Hände nur dem Schein nach schmutzig und in Wirklichkeit sauber sind, während Mittel und Zweck in der prästabilierten Harmonie einer ursprünglichen Glückseligkeit miteinander gemeinsame Sache machen. Läßt sich der Zauberkreis durchbrechen? Kündet die doppelte Krise der Ideologien der Rechten und der Linken von der Ankunft eines entideologisierten Bürgers, der die Fähigkeit besäße, wie Andersens Kind im Märchen zu sagen: »Der König ist ja nackt!« Oder leitet sie vielmehr eine oft erschrockene und verzweifelte Suche nach Ersatzbildern ein, die – weil sie mit Macht ersehnt wurden – in verschiedene Formen des bornierten und mörderischen Extremismus umschlagen? Funktioniert die Nullebene der Dumpfheit, auf der sich heute ein Teil der Bevölkerung noch zögernd befindet, wie eine Drehscheibe zwischen zwei ideologischen Zonen, wie ein immer rascheres und taumelndes Hin und Her zwischen der Linken und der Rechten? Oder bietet sich noch die Chance eines offenen Ausgangs – oder gar ein Notausgang?

Hat es überhaupt noch einen Sinn, die zerbröckelnden Ideologien immer wieder zusammenzuflicken? Muß jemand von rechts sein, um die Ideologie der Linken kritisieren zu dürfen, oder links stehen, wenn er die der Rechten verabscheut? Ist es möglich, die Stupidität der eigenen Dumpfheit in sich selbst zu erkennen? Und da diese Dumpfheit aus dem Im-Guten-Sein hervorgeht, ist es dann möglich dieses Im-Guten-Sein zu kritisieren, ohne ein neues Gutes zu postulieren, das nicht minder ideologisch urteilen würde? Kann man richtig denken, ohne gut zu denken? Kann man die Dummheit in ihrer offenkundigen Eigentümlichkeit erfassen, ohne sich gleich im Besitz einer höheren Weisheit zu wähnen? Ist die Stupidität mit bloßem Auge oder nur mit dem Auge der Ideologie wahrzunehmen?

# Die Dummheit als Daseinsform
## und als Logik

Voltaire sagte, der Himmel habe uns zum Gegengewicht gegen die vielen Mühseligkeiten des Lebens zwei Dinge gegeben: die Hoffnung und den Schlaf. Er hätte noch das Lachen dazu rechnen können; wenn die Mittel es bei Vernünftigen zu erregen nur so leicht bei der Hand wären, und der Witz oder die Originalität der Laune, die dazu erforderlich sind, nicht eben so selten wären, als häufig das Talent ist, kopfbrechend wie mystische Grübler, halsbrechend wie Genies, oder herzbrechend wie empfindsame Romanschreiber (auch wohl dergleichen Moralisten) zu dichten.

IMMANUEL KANT

Wenn wir der Dummheit jede gastliche Aufnahme verweigern, frißt sie uns auf. Die heutigen Politiker unterschätzen sie unweigerlich. Der Revolutionär siedelt sie in der Vergangenheit an, in der alten Welt, die er hinter sich läßt. Der Reaktionär betrachtet sie von oben herab, erblickt in ihr das Los der Enterbten der Natur und der Gesellschaft, das traurige Schicksal einer Herde, in der es keine Überbegabten gibt. Der schlichtere Politiker nimmt sie in den Widersprüchen des gegnerischen Programms wahr. Eine so rührende Einhelligkeit befremdet einigermaßen. Und welch eine Selbstsicherheit hinter den Unschuldsbeteuerungen, die den Eifer, mit dem das Versagen der anderen erspäht wird, noch verstärken! Die offizielle Zurückweisung ist derart kategorisch, bar jeder Selbstanalyse und unwiderruflich, daß sie eigentlich nur von einer stillschweigenden, heimlichen Hinnahme zeugen kann.

Das 19. Jahrhundert, von dem wir uns so langsam lösen, führte die Dummheit auf Schwachsinn zurück, setzte ihr eine Eselsmütze aufs Haupt und stempelte sie zur Analphabetin an der schwarzen Tafel der Erzieher. Sie aber packt ihre Betrachter unversehens von hinten, nistet sich ein in die gelehrte und feierliche Geste, die sie denunziert. Wegen mangelnder Intelligenz aus unseren Schulen gejagt, kehrte sie prompt durch das Fenster zurück, im Gewand der Pedanterie und gewappnet mit den unverwüstlichen Dogmen der autoritären Gelehrsamkeit. »Arrias hat alles gelesen, hat alles gesehen, so will er ihn überreden; er ist ein vielseitiger Mensch und will als solcher gelten: lieber lügt er, als daß er schweigt oder etwas nicht zu wissen scheint ...« (La Bruyére).

## Ich lache, also gibt es die Dummheit

Im etymologischen Sinn ist der Schwachkopf ein Schwächling, ein körperlicher und geistiger Tölpel, der nicht die Kraft besitzt, sich zur Dummheit zu erheben. Mit dem Anschein rühriger Menschenfreundlichkeit und nicht ohne eine Spur heimlichen Stolzes entschuldigen wir die Dummheit zu unrecht, indem wir sie als ein Gebrechen bezeichnen, und wir greifen auf sie zurück, um damit die große und rührende Heerschar der Elenden auszustaffieren. Unter diesem Aushängeschild fassen wir all die Armen zusammen, die Kolonisierten, die Kinder, die Verrückten, weil sie sämtlich geistig oder sozial als minderbemittelt gelten (»Je weniger der Weiße Intelligenz besitzt, um so dümmer erscheint ihm der Schwarze«, André Gide). Dummheit wäre also ein Ausdruck der Schwäche; »Ich habe es nicht absichtlich getan« oder »Ich wußte ja nicht«, werden als Erklärung angeführt.

Die Ideologien des vergangenen Jahrhunderts sahen in der Dummheit eine Art Mangel; sie charakterisierten sie als ein Fehlen von Kultur, von Bildung oder von Geist, während sie den Wahnsinn als eine Folge von nervlicher Insuffizienz erklärten und das Verbrechen als das Produkt großer ·sozialer Not. Die »klassische« Dummheit besitzt jedoch mehr Glanz, sie hat Phantasie, ihre Macht ist zwar trügerisch, aber auch aktiv; und sie vermag Illusionen zu erwecken und das Dasein auf ihre Weise in Szene zu setzen. Sie ist nicht das Produkt unserer Schwächen, sondern deren Quell. Wir beugen uns ihrer Kraft. Man könnte folgern, das 19. Jahrhundert sei humanistisch und die Ära der Klassik reaktionär gewesen! Wahrlich. Die Modernen deuten den Schwachsinn als eine Krankheit der Armut, als eine Angelegenheit für Alphabetisatoren. Könnten sie darüber hinaus auch bei den Reichen irgendeine Form von Geistesschwäche ausmachen, sie würden auf der Stelle ebenso strenge Umerziehungsmaßnahmen ergreifen. Die Denker der Klassik verdächtigten von vornherein die Gelehrten und die Volksführer und suchten vor allem, den Wahn der Großen und der Mächtigen zu ergründen. In seiner klassischen Phase bemerkte Marx noch, daß die Erzieher selbst erzogen werden müßten; aber als Prophet einer wundertätigen Revolution, die sich selbst erziehen würde, wurde er zum Modernen – und die Herauslösung aus dem Reich der Dummheit besiegelte das Ende der Geschichte.

Indem die moderne Doktrin die Dummheit auf eine Schwäche des Geistes zurückführt, will sie beruhigen: Selbst, wenn ich derjenige bin, über den man lacht, habe ich mich bald unter die Lachenden eingereiht, und sage ganz offen, daß dieser Heiterkeit erregende Hampelmann nur mein der Lächerlichkeit preisgegebenes, »anheimgefallenes« Ich ist. Ich bin nicht dumm; wo die Dummheit ist, hört das Ich auf zu sein; zerstreut und geistesabwesend hat es sich einfangen lassen. Worüber wird gelacht? Über eine plötzliche Äußerung von Debilität, über die Abfuhr, die der Schwächere dem Überlegenen erteilt; Komik scheint nichts anderes zu sein als etwas »Mechanisches, das sich über das Lebendige legt«. Das bestimmende Wort in dieser Definition von Bergson ist »legt«; ein Bewußtsein lebt, geht spazieren – und pardauz, liegt es am Boden, alle viere von sich gestreckt, während sich die Umstehenden vor Lachen biegen. Zwischen dem alltäglichen Geschehen und dem lächerlichen Mißgeschick besteht nur eine Beziehung des äußeren Scheins: Dummheit und Normalverhalten sind zweierlei, auch dann, wenn sich erstere mit einem Mal über das andere »legt«. Es gibt Krankheiten des Körpers und Krankheiten der Seele; einige Meilen von diesen Kalamitäten entfernt thront die körperliche und seelische Gesundheit, die durch jene angegriffen und bereinträchtigt werden kann, die aber unabhängig davon definiert werden muß. Mein Dasein ist nicht Dummheit, selbst dann nicht, wenn ich von Zeit zu Zeit kopfüber in eine tiefergelegene Region hinabstürze, wo der Geist sich in Automatismen erschöpft und die Erfindungskraft durch stetige Wiederholungen erlahmt. In diesem Fall ist die Dummheit nur eine Panne des Bewußtsein, eine verminderte Funktion, eine Verstandesschwäche, ein beschränkter Wille. Da wir sie als eine Heimsuchung erleben, befreit uns der Moderne davon wie von einer artfremden Sache, denn für ihn ist sie lediglich ein gewöhnlicher äußerer Feind. Die spitzfindigen Moralisten der großen Epoche haben auf einem weit vertrauteren Fuße mit ihr gelebt: die Phantasie galt als »la folle du logis«, die Verrückte, die sich nicht ausquartieren läßt.

Vom verminderten Sein zum Nichtsein ist es nur ein Schritt, und der ist schnell getan. Die Neuzeit verneint nicht nur die Intelligenz und die aktive Kraft der Dummheit, sondern sogar ihre Existenz. Jede Wirkung ist immer nur eine Spiegelung der individuellen oder gesellschaftlichen, physischen oder psychischen Ursache; der Drang zu erklären beweist, daß man niemals dumm, sondern immer nur arm, behindert, gehemmt oder zurückgeblieben ist; es ist reine Bosheit, sich über sogenannte Schwachköpfe lustig zu machen, die in Wirklichkeit nur von der Natur oder der Gesellschaft benachteiligt worden sind.

»DUMMHEIT, Geistlosigkeit, Stumpfsinn (Fehler). – Da die Dummheit von einem völligen Mangel an Erziehung, von einer vollends versäumten Aufklärung des Geistes in allen Dingen, kurz von einer Verstandesschwäche herrührt, die entweder durch einen Organisationsfehler oder einen Fehler in der Erziehung verursacht wurde, begreife ich nicht, warum Schriftsteller, die sich mit den Eigenschaften der Seele befaßten, von der Dummheit sprachen und – weit schlimmer noch – von der Beschränktheit, die sie als ein Synonym von Dummheit ansahen.

Was ist die Dummheit nun wirklich? Eine Verneinung, ein Verlust der geistigen Fähigkeiten und damit der Möglichkeit oder der Unmöglichkeit, sie zu entwickeln, nicht wahr? Nun, wodurch diese Verneinung auch immer bedingt sein möge, sie kann weder ein Mangel noch ein Vorzug sein, und noch weniger eine Leidenschaft, ein Laster oder eine Tugend. Sie ist nichts, als brauchte man sich mit ihr gar nicht zu beschäftigen.

Oder wenn man sie schon zur Sprache bringt, hätte man den armen Menschen beklagen müssen, der leider nur deshalb dumm ist, weil man es versäumt hat, ihn zu unterrichten oder – was für ihn noch schlimmer ist – weil seine Verstandeskraft sich wegen einer Mißbildung des Gehirns nicht entfalten und nach außen dringen konnte. Folglich ist die allgemein verbreitete Verhöhnung der Dummheit, das sei nur am Rande bemerkt, der Beweis eines Mangels an Verstand, an Gefühl und an Menschlichkeit.«

Guter Docteur Poujol, lieber Abbé Migne! Im Jahre des Herrn 1849 verfaßten Sie dieses Gewäsch, kostbares Gedankengut aller Ideologien, die das 20. Jahrhundert zur Ära des gekrönten Schwachsinns gemacht haben. Lachen verboten! Welch einen Mut bewies hingegen Charlie Chaplin, als er in der Person Hitlers den Dieb seines Schnurrbarts erkannte! Unsere noch lebenden Popanze warten weiter auf ihren Molière oder Offenbach. Indem unsere Zeitgenossen das offenkundige Faktum der Dummheit, die sich als solche zeigt, zu verschleiern suchen, verlieren sie jeden Sinn für das Komische: Ubu sucht Jarry, Muffel und Sauertöpfe unerwünscht.

Überhaupt, warum lacht man, wenn der Nebenmann stolpert? Spotten wir etwa über die ersten Gehversuche eines Kleinkindes? Oder über den Greis, der eine Treppenstufe verfehlt? Wenn Dummheit nur Schwäche ist, dann liegt nichts Dummes in der Schwäche, und wer sie komisch findet, beweist damit eine wenig rühmliche Bosheit. Bergson erklärt das Lächerliche als eine Art Fehlleistung: Was gibt es Komischeres als einen zum mechanischen Hampelmann degradierten Menschen? Er rechtfertigt eigentlich nicht das Lachen; eher legt er ihm zur Last, daß es kollektive und dünkelhafte Verachtung zum Ausdruck bringe. Ein falscher Schritt: vor einer Sekunde noch wandelte der Mensch vor sich hin, gemessen wie Johannes, wie Sie und ich, und reizte nicht im geringsten zum Lachen; mit einem Mal liegt er am Boden mit schmerzenden Gliedern und bietet einen eher mitleiderregenden Anblick. Wann brach ich in Lachen aus? Nicht davor, nicht danach, just im Augenblick seines Sturzes? Ein dreifacher Salto würde demnach ein Publikum eher dazu bringen, sich vor Lachen zu biegen, als den Atem anzuhalten. Das Bild eines Herrn, der hinfällt, beinhaltet nichts, was das Gelächter, das der Vorfall auslöst, erklären könnte. Bergson erläutert nicht die Gründe für das Lachen, er zählt die Ursachen für das Weinen auf.

Der Mensch der Neuzeit beleuchtet nicht die Dummheit unter dem Vorwand, sie zu erklären; er weist sie von sich, vertreibt sie, aber nicht etwa aus der Wirklichkeit, in der sie unablässig agiert, sondern aus seinem Gesichtsfeld. Folglich war die Geschichte niemals so ernsthaft dumm und so dümmlich ernst wie heute. Die sogenannte Bergsonsche Beschreibung des Lächerlichen bedient sich eines Taschenspielertricks. Indem man zweimal hinsieht, erkennt man die mechanische Anlage, die einen daran hindert, das zu sehen, was ins Auge springt. Wie geht Bergson vor? Er zergliedert den Vorfall: ein gewisser Jemand setzt einen Fuß vor den anderen (das Moment des »Lebendigen«), er fällt zu Boden (das Moment des »Mechanischen«), und in der Spanne dazwischen ein kurzes Straucheln (der Augenblick, da sich das »Mechanische« über das Lebendige »legt«). Die Analyse ist einwandfrei, und die Dummheit löst sich in Wohlgefallen auf. Suchen wir sie: nichts in der ersten Phase (ich lebe, ich gehe – daran ist nichts auszusetzen), auch nichts in der Schlußphase (das Mechanische ist nicht dumm, sondern einfach nur mechanisch); die zweite Phase des Geschehens ist bar jeder Doppeldeutigkeit, in ihr kommt lediglich ein Kräfteverhältnis zum Ausdruck: der Zustand der Nicht-Dummheit Nr. 3 (das Mechanische) siegt über den Zustand der Nicht-Dummheit Nr. 1 (das Lebendige). Die Bergsonsche Darstellung sprengt einen Vorfall auseinander, dessen Einheit – und damit dessen Dummheit – verschwinde. Um der Wahrheit des Geschehens wieder zum Licht zu verhelfen und die zwanglose Heiterkeit zu verstehen, die zuweilen der Sturz eines anderen auslöst, genügt es, nicht mehr in Kategorien des äußeren Scheins zu denken. Die drei Phasen werden nicht wie Perlen auf der Zeitachse aufgefädelt, sie verhalten sich nicht gleichgültig zueinander, sondern stehen in einer engen Wechselbeziehung, bestätigen einander oder weisen sich gegenseitig ab; da sie nicht bloß zeitlich aufeinander folgen, sondern miteinander korrelieren, entsteht der Eindruck einer handelnden Dummheit, die uns eben zum Lachen reizt.

Bergson vergaß, daß in jeder Situationskomik das eine das andere bedingt. Erinnern wir uns an einen berühmten Sturz, den des weisen Thales, der, ganz in den Anblick des Firmaments versunken, die Unebenheiten des Weges unter seinen

Füßen vergaß. Das Gelächter seiner thrakischen Hausmagd begleitete einst seine Bruchlandung und hallte noch wider in den »Essays« von Montaigne. Rein formal gesehen – in der bergsonschen Betrachtungsweise – liegt im folgenden Sachverhalt keinerlei Komik: 1. die Astronomie zu erfinden; 2. auf einem schlecht unterhaltenen Weg zu wandeln; 3. kopfüber in den Graben zu fallen. Sollte man die Grausamkeit der Zeugin beanstanden, die da losplatzte? Mitnichten. Das Geschehen geht über die Zusammenhanglosigkeit der einzelnen Szenen, in die es zerfällt, hinaus. Ein und dieselbe Person bläht sich auf und geht dann zu Boden. Die Episoden folgen einander, ohne sich zu gleichen, und doch bilden sie am Ende eine Einheit: Thales, der Sternengucker, fällt aus allen Wolken – wer sich zum Engel versteigt, wird zum Tier. Die einzelnen Momente des Gags geben sich Zeichen, widersprechen einander: Je höher er schwebt, um so flacher legt er sich hin. Die Magd lacht nicht über einen armen Menschen, der einen bösen Sturz macht, sie spottet über einen Herrn, der so klug ist, den Lauf der Gestirne zu bestimmen und Wetteränderungen vorauszusagen, aber nicht klug genug, um sein baldiges Zusammentreffen mit der Erdkruste vorauszusehen. Um den bergsonschen Widersinn klar herauszustellen, muß man die Frage stellen, von welchem Moment an uns Thales zum Lachen bringt. Erst zum Schluß, wenn er auf der Nase liegt? Oder schon während seiner ersten Schritte? Denn ob als Hans-Guck-in-die-Luft oder als selbstgefälliger Mensch, er versäumte es, darauf zu achten, wohin er die Füße setzt. Der schließliche Sturz führt die vorangegangenen Episoden zu Ende; so, wie sie sich im einzelnen darbieten, reizen sie nicht zum Lachen. Bergsons Definition vom »Mechanischen, das sich über das Lebendige legt« pointiert gerade das, was in der Komik nicht komisch ist, sie könnte allenfalls bei Verkehrsunfällen Anwendung finden, wo sie den kleinen Unterschied eskamotiert, der manches Mißgeschick spaßig erscheinen läßt, andere wiederum überhaupt nicht.

Der Schluß liegt nahe, daß Bergson und seine Bewunderer stets nur über die anderen gelacht haben. Die feine Gesellschaft eifert gegen den Exzentriker, verspottet, tadelt und bestraft ihn. »Das Lachen, das stets ein wenig demütigend ist für den, der dazu Anlaß gibt, ist wahrlich eine Art soziale Schikane.« Lächelt man nur über den Unangepaßten, den Grobschlächtigen, über ein Gebrechen, das zur Natur und zu den Gepflogenheiten im Widerspruch steht? Nebenbei bemerkt, über sich selbst lacht man nie. Ist es wirklich so? Bergson beschränkt das Lächerliche auf den Tatbestand der Minderwertigkeit; Hegel sieht darin vielmehr einen Tatbestand der Überlegenheit. Der zwerchfellerschütternde Reiz geht nicht mehr vom Objekt aus (das hinfällt), sondern vom Subjekt (das aufsteigt); Heiterkeit erregt nicht mehr nur die »Mechanisierung« des Lebendigen, sondern ganz allgemein jede Art von Gegensatz und Widersprüchlichkeit. Es genügt schon, daß sie auf geschickte Weise enthüllt und gebührend festgehalten werden, damit sich der spottlustige Geist ihrer bedient. »Komisch nämlich ... ist überhaupt die Subjektivität, die ihr Handeln durch sich selber in Widerspruch bringt und auflöst, dabei aber ebenso ruhig und ihrer selbst gewiß bleibt.« Die Hegelsche Theorie ist großzügiger als die Bergsons, in ihr lacht man nicht nur über die anderen, sondern auch über sich selbst. Die Helden des Aristophanes, die »für sich selbst komisch sind«, erleben Heiterkeitsausbrüche, die sie aus der Engstirnigkeit und Verdorbenheit befreien, in der sie sich meist gefallen. Mit der Ausweitung ihres Bereiches braucht die Lächerlichkeit die Kranken nicht mehr aus dem Gemeinwesen zu vertreiben, denn sie zeugt von den Krankheiten des Gemeinwesens selbst und wird zum Indiz für die allgemeine Morbidität. Die Komödie ist eines der »größten Symptome vom Verderben Griechenlands« – Hegels Urteil ist noch strenger als das Bergsons.

Ob das Lachen nun beim Anblick eines für minderwertig gehaltenen Subjekts zum Ausbruch kommt oder das Gefühl der Überlegenheit des Subjekts zum Ausdruck bringt, die Reaktion auf das Lächerliche involviert Unbehagen und ein Mißverhältnis zwischen dem Lachenden und dem Lachhaften. Im Unterschied zu einer derart »signifikanten Komik«, die der Karikatur recht ähnlich ist, signalisiert Baudelaire die Existenz einer »absoluten Komik«, der wir schon bei Rabelais begegnen. Der Geist kann sich hier nach Herzenslust austollen, und er verschont weder sich selbst noch das, was ihn vergnüglich stimmt. Weit davon entfernt, lediglich ein Mißverhältnis zum Ausdruck bringen zu wollen, stellt das schallende Gelächter vielmehr die Gleichheit mit sich selbst wieder her. Ein von seinen Binsenweisheiten aufgeblasener Pedant wird durch eine Reihe unbedeutender Zwischenfälle aus der Fassung gebracht; ein Korsett, ein Reifrock, ein Blumenhut zum Beispiel werden in Erwartung einer weiblichen Person von einem ausgewachsenen Mann, den Stimme und Gang als solchen verraten, als Staffage benutzt. Maskerade, Possen, Allotria vertreiben wieder das Unbehagen, das sie hervorgerufen haben. »Es muß in allem, was ein lebhaftes, erschütterndes Lachen erregen soll, etwas Widersinniges sein (woran also der Verstand an sich kein Wohlgefallen finden kann). Das Lachen ist ein Affect aus der plötzlichen Verwandlung einer gespannten Erwartung in nichts.« Kant bemerkt in der »Kritik der Urteilskraft«: Wir finden uns nicht notgedrungen »intelligenter« als der Gegenstand unserer Heiterkeit, wir können uns ohne weiteres und ohne schlechtes Gewissen über unsere eigenen Irrtümer lustig machen; in allen typischen Fällen ist die Erfüllung einer Erwartung (im Schelmenstück) oder die Zerstörung einer Illusion das auslösende Moment für das befreiende Lachen. Man lacht nicht darüber, daß eine Sache als etwas anderes, ein Mann als eine Frau erscheint oder ein Lebewesen mechanisch zu sein scheint; man erschrickt über die Verwechslungen selbst. Unter der einen Maske kommt eine zweite Maske zum Vorschein und unter dieser eine dritte – und schon erfaßt uns Beklommenheit. Das befreiende Lachen? Ja, worüber, frag ich Sie? Über einen für den Verstand unbefriedigenden, bedrohlichen, gar schädlichen »Widersinn«? Und auf welche Weise befreiend? Durch die plötzliche Lösung einer wegen der empfundenen Absurdität gespannten Erwartungshaltung? Das Lachen befreit dadurch, daß es zerstört, was uns zu zerstören droht.

Worüber lacht man, wenn nicht über die Dummheit? Sie

wohnt ebenso im Lacher wie im Lächerlichen; die Spannung, die durch die Wahrnehmung des Komischen entsteht, schließt jede Erklärung durch eine Überlegenheit des Spottenden aus: jedes Lachen ist auf irgendeine Weise ein Lachanfall und dennoch alles andere als verrückt, denn es bringt zum Ausdruck, daß mein Warten umsonst war. Was hatte ich denn erhofft? Wo stand mir bloß der Kopf? Lachen ist ein Urteil über die mangelnde Urteilskraft, die, wie Kant sagt, die eigentliche Beschränktheit ist. Der Lehrer kann eine Vielzahl von Regeln aufzählen, die sich ein Schüler gewissenhaft einprägen wird, doch selbst eine unendliche Vielzahl von Unterrichtsstunden dürfte nicht ausreichen, um ihn für den Augenblick vorzubereiten, da er die Regel selbst anwenden muß (nach Kant: der Augenblick des Urteils). Das Lachen vollbringt das, was mit der Anhäufung von Regeln des richtigen Urteilens vergeblich angestrebt wird; das Lachen urteilt und – was noch mehr ins Gewicht fällt – es spießt eine Marotte auf, geißelt eine Schrulle, stellt das Groteske bloß und verkündet mit seinem jubelnden Ausbruch: »Das ist dumm.« Intelligenter als Bergson, beweist es (das Lachen), daß es die Dummheit als solche gibt und daß wir ihr dennoch nicht auf den Leim gehen müssen. Indem es sie beim Namen nennt, stellt es sie an den Pranger und legt die Absurdität bloß: Es war ja nichts, bloß eine Winzigkeit, an der ich fast erstickt wäre.

Dummheit ist tätiger Widerspruch; man kann sie im Fluge auffangen, wie ein Bündel von Gags: ich säge den Ast ab, auf dem ich sitze; ich hebe einen Stein auf und lasse ihn auf meine Füße fallen; ich grabe mein eigenes Grab … Das sind ebensoviele Momentaufnahmen, die nicht sosehr ein widersprüchliches Handeln anzeigen – gibt es denn ein Handeln, das nicht widersprüchlich wäre? –, als die Weigerung, einen möglichen Widerspruch in Betracht zu ziehen. Der Zerstreute, der Heuchler und der Schwindler sind ebenfalls Opfer ihrer Inkonsequenz, und sie sind nur dadurch dumm, daß sie – und sei es gegen ihre ureigenen Interessen – vor der Inkohärenz ihres Handelns krampfhaft die Augen verschließen und beharrlich das Gegenteil von dem tun, was sie, ohne es wahrhaben zu wollen, vorgeben zu tun. Die Situation ist einmalig, sie beschränkt sich nicht auf die Paradoxie, die ein komplexer Sachverhalt uns meist ohne unser Wissen aufzwingt; sie reduziert sich nicht auf die Doppeldeutigkeit, mit deren Hilfe andere hereingelegt werden sollen; die Dummheit bietet uns noch mehr, sie setzt auf die Selbstblendung der Seele; sie begnügt sich nicht damit, weiß und schwarz zu sagen und sie doch für ungleichartig auszugeben; sie verdoppelt sich selbst und widerlegt ihre Widersprüche, indem sie sich für nicht widersprüchlich erklärt; es ist ihr nicht genug zu ignorieren, sie behauptet auch, nicht zu ignorieren, und erhebt sich »mit Hilfe der Phantasie über den Kreis des Mondes hinaus, und legt den Himmel unter ihre Füße« (Montaigne). Sie ist von zäher Geduld. Meister Dummian, voller Ausdauer in seiner Inkonsequenz, unternimmt im Durcheinander einen unsinnigen Versuch nach dem anderen, um seine Ordnung zu erreichen und sich in seiner gemütlichen Klause niederzulassen, doch nicht, ohne vorher sämtliche Löcher zuzustopfen; Bergson hat sich geirrt, wir lachen nicht über das mechanische Versagen eines Menschen, ebensowenig wie über einen Arbeitsunfall; damit etwas uns zum Lachen bringen kann, müssen wir darin das Werk der Dummheit erkennen. Und wenn wir in unserer Grausamkeit scheinbar zu Unrecht in ein Gelächter ausbrechen, dann ist es nicht das Schauspiel, das unsere Heiterkeit bewirkt, sondern die Geschichte, die wir uns selbst in diesem Zusammenhang erzählen. Das, was zu Recht oder zu Unrecht als dumm angesehen wird, ist nicht sosehr als ein Zustand aufzufassen – ein falscher Schritt, und pardauz! –, sondern als ein Entwurf: Er wollte es, er hat alles getan, damit »es« dazu kommt. Der schließliche Schiffbruch, dessen Häufigkeit Bergson hervorhob, ohne dessen Wirkungsweise zu begreifen, ist die natürliche Folge einer widersprüchlichen Navigation auf hoher See; als Erfüllung und nicht als Ursache verwandelt er das Leben des Dummkopfs in Schicksal.

Bin ich dumm! Damit meine ich nicht nur, daß ich mich irre

und verirre; ich begnüge mich nicht damit, irgendwelche Fehler der Logik in meinem Denken zu entdecken oder ein Versehen, das mich blind macht; ich gehe mir selbst zu Leibe und werde gewahr, daß ich gegen meine eigenen Intentionen handle, und zwar mit einer Selbstgefälligkeit, die – würde sie anhalten – mich zu einem glücklichen Trottel machen würde. Die Lust am Selbstbetrug schafft die beunruhigende Glückseligkeit der Dummköpfe. Was auch immer über den Esel gesagt wurde, dazu wäre er nicht imstande, er würde sich selbst nicht mehr aufladen, als er glaubt, tragen zu können.

Wenn man sich damit bescheidet, die Mißverständnisse der Dummheit aufzuzeigen, läuft man Gefahr, die innere Energie zu übersehen, aus der sich der Widerspruch entwickelt und die es uns ermöglicht, ihn zu ertragen, über ihn hinwegzugehen und ihn aus Hochmut zu ignorieren. Wenn der Schwachsinnige auf der untersten Ebene steht, dann hebt sich der Dummkopf seinerseits weit über alle Widersprüchlichkeit und Nichtwidersprüchlichkeit hinweg; gegenüber den kleinen Nöten des Lebens verhält er sich nicht passiv, er durchschlägt frohgemut und siegessicher alle gordischen Knoten und wehrt alle Einwände ab, indem er sich, nicht etwa aus Schwäche, ihnen entgegensetzt, sondern sich mit aller Kraft über sie hinwegsetzt. Während die rechtschaffenen Denker der Neuzeit voller Mitgefühl auf die Schwächen und Gebrechen hinweisen, die – wie sie sagen – für unsere idiotischen Handlungen verantwortlich sind, haben sich die Denker der Klassik bemüht, hinter der Wirkung das verursachende und hinter dem Gag den Gestaltungswillen des Regisseurs aufzuspüren. Sie haben die allgegenwärtige Kreativität einer Dummheit enthüllt, deren Auswirkungen sowohl psychologisch (Eigenliebe) als auch sozial (Unterhaltung) sind, aber letztlich auch moralisch (den Engel spielen). Sie hätten mit vollem Recht in der modernen Theorie der Dummheit als Schwäche eine letzte List ihres Intimfeindes entdecken können: gelähmt, im Sterben liegend, schon tot, versteht sie es noch immer, von ihrer Nichtexistenz nicht nur den Dummkopf zu überzeugen, der ihr zum Leben verhilft, sondern auch den Unschuldigen, der sie erleidet oder betrachtet. Da sie unsichtbar und daher unwiderstehlich ist, braucht sie nur noch ihr Geheimnis im hellen Licht des Tages auszubreiten: ihr theoretisches Nichtsein schützt sie in praxi vor jeder Verfolgung.

Niemand ist aus freien Stücken schwachsinnig. Die Dummheit dagegen tritt aktiv und dünkelhaft, nicht schwächlich in Erscheinung. Sie ist die Krankheit des Starken, nicht die des Schwachen, ihre Selbstsicherheit ist verblüffend: »Haben Sie schon einmal, lieber alter Freund, über die erstaunliche Seelenruhe der Dummköpfe nachgedacht? Die Dummheit besitzt eine gewisse Unerschütterlichkeit; jede Art von Angriff prallt an ihr ab. Sie hat die Festigkeit des Granits, sie ist hart und bruchfest. In Alexandria hat ein gewisser Thompson aus Sunderland seinen Namen in sechs Fuß großen Buchstaben in die Säule des Pompeius gemeißelt – zu lesen in einer Entfernung von einer Viertelmeile. Man kann die Säule nicht sehen, ohne auch den Namen Thompson zu sehen, folglich nicht ohne an Thompson zu denken. Dieser Hornochse hat sich zu einem Bestandteil des Denkmals gemacht und in ihm verewigt. Was sage ich da, er erdrückt es förmlich mit der Pracht seiner riesigen Lettern. Ist das nicht ein starkes Stück, künftige Reisende zu zwingen, an dich zu denken und dich in Erinnerung zu behalten? Alle Idioten sind mehr oder weniger solche Thompsons aus Sunderland. Wie viele von ihnen begegnen einem doch im Leben an den herrlichsten Orten und in den schönsten Augenblicken! Außerdem schießen sie regelrecht ins Kraut. Es sind ihrer so viele, man begegnet ihnen immer wieder, sie sind unausrottbar! Auf Reisen sind sie eine häufige Erscheinung, und auch wir konnten davon schon eine hübsche Sammlung anlegen; da sie aber bald wieder weiterreisen, sind sie eher amüsant. Es ist nicht wie im gewöhnlichen Leben, wo sie einen bald zur Raserei bringen« (Flaubert, Brief an L. Bouilhet).

Der Dumme ist auf seine Weise ein Künstler; er möchte seine Existenz in eine Wesenheit und das Vergängliche in Ewigkeit verwandeln, und als avantgardistischer Schöpfer bekümmert es ihn nur wenig, daß er dabei den Sockel zerstört, auf den er sich für immer eingravieren will. Es ist ihm gleichgültig, daß er sich widerspricht, wenn er nur auf diese Weise seiner Person zur Ewigkeit verhilft und die kleinen Klippen umschifft, die uns Sterbliche, das heißt uns bescheidene Trottel, zum Stehen bringen. Mit der Begeisterung, die einen jeden großen Gedanken beflügelt, geht er bis an die Grenzen seiner selbst, ohne je aus sich herauszugehen, und pflanzt mit Vergnügen seine Fahne auf die Trümmer der Welt, eingedenk der stolzen Devise der Nihilisten: »Lieber das Nichts wollen, als nichts wollen« (Nietzsche).

Wie überwindet der von Flaubert gegeißelte Hohlkopf die Widersprüche, die sich aus seinem Handeln unweigerlich ergeben? Ist er taub und geistig blind? Er ist nicht absolut unverständig, er hört den Einwand: und wenn alle dasselbe machen würden? Keine Säulen mehr und keinen Thompson in sechs Fuß hohen Lettern! Er ist hart wie Granit und läßt sich nicht davon abbringen. Er behauptet zwar nicht, in der Art Kants, die Maxime seines Handelns zum allgemeingültigen Gesetz erheben zu wollen. Aber die anderen zählen nicht; das Gesetz seines Handelns ist er selbst, nicht irgendeine verallgemeinerungswürdige Maxime. Im Unterschied zur leibnizschen Monade gibt es bei ihm Türen und Fenster, er hat Ohren, aber er hat sie hinter sich verschlossen und lauscht in sich selbst hinein. Der ganz auf sich bezogene Idiot ist durchaus nicht zu bedauern wie ein minderbemitteltes Wesen: er wirft sich in Pose und überragt die anderen um Haupteslänge. Was ihn unterscheidet ist ein Plus, kein Minus; sein *must*, sein kategorischer Imperativ sagt ihm, er müsse im Leben ausdauernder sein als der Durchschnitt. Die Dummheit will sie selbst sein, sie sieht sich nicht als etwas Dummes, sie will sein; sie ist ein Wille in Bewegung, der auf sich vertraut und versucht, die Gesamtheit der Wesen im Verhältnis zu sich selbst einzuschließen.

Den Gipfel erleben wir in der schließlichen Katastrophe. Man male sie als gewaltig genug aus, um selbst den starrsinnigsten Menschen die Augen zu öffnen, entweder durch ihre »mechanische« Heftigkeit oder durch die ihr innewohnende Moral und Lektion, die sie dem Tölpel erteilt, der von seinen Widersprüchen ins Verderben gestürzt wird. Dem ist aber nicht so; die Lehre, die man daraus ziehen kann, heißt, daß es keine Lehre gibt; der Gag dabei ist der, daß es für den, der darin herumgewirbelt wird, kein Gag ist. »Lacht nicht!« begehrt der Held der Komödie und merkt gar nicht, daß sein flehentlicher Ruf die allgemeine Heiterkeit nur noch steigert; sein Lachverbot geht im Gelächter unter. Mit welchem Desaster das Stück dann auch schließen mag, nur der Zuschauer bewertet es als eine Strafe; unaufhaltsam mitgerissen von seinem erobernden Schwung, bleibt der Dumme unfähig, mit dem Finger auf sich selbst zu zeigen. »Das ist ein Ding!« spottet der Mann aus dem Volk, verblüfft über das selbstzufriedene Lächeln dessen, der in seinen eigenen Ungereimtheiten untergeht. Es gibt kein Heilmittel für den Patienten, der sich alle möglichen Krankheiten ausdenkt, außer jener, unter der er leidet: seine Einbildung. Die einzige, dem eingebildeten Kranken verordnete Therapie schließt ihn doppelt und dreifach ein und kürt ihn zum eingebildeten Arzt für ein so zeitraubendes Leiden, daß er keine Zeit findet, seine eigene Komödie aus dem Abstand heraus zu genießen. Die Dummheit behandelt man nicht, man verhandelt mit ihr; ihr Mittelpunkt ist überall, ihre Peripherie nirgendwo; man sollte behutsam mit ihr umgehen, denn da sie sich als ihr eigenes Ich, als die Welt und wahrscheinlich auch als Gott betrachtet, bewahrt sie sich stets eine intime Vertraulichkeit. Unempfindlich gegenüber direkten Angriffen wie auch gegen jede Art von Feindseligkeit, erweist sie sich als unverwüstlich, unverweslich und unvergänglich; sie ist haltbarer als Eisen und fürchtet nicht den nagenden Rost; zu Beginn des Jahrhunderts wähnte man sie aus Stahl, wodurch wir schließlich ihre stalinsche Milde zu würdigen wissen.

Dummheit ist das Fehlen von Urteilskraft, aber ein aktives, eroberungslustiges, auf Entscheidungen drängendes Fehlen. Sie wirkt durch Überredung: geurteilt wird nicht. Man sollte ihr auch keine perversen Absichten unterstellen: durch eine Art Osmose, Aufweichung und das Unschädlichmachen von allem Fremden breitet sie sich in ihrer eigentümlichen Schwere aus. Sie ist mit dem Esel aus La Fontaines Fabel verwandt, borniert, stur, unempfindlich gegenüber Schreien, Schlägen und Bitten ...

> *Niemand gab Antwort. Daß dem Esel nicht entglitte*
> *ein Bissen in dem Augenblick*
> *da er bedächt' des Hunds Geschick,*
> *stellt sich das Grautier einfach taub.*

Die Dummheit antwortet nicht, stellt keine Fragen, sie errichtet die Herrschaft der Schablonen und Klischees. Ein Zeuge: Henrys Vater in der ersten Fassung der »Education sentimentale«. Dieser Mann »mit den vorgefaßten Meinungen über alle nur denkbaren Fragen« trauert bei jeder Beerdigung und »denkt« an den Mondschein. Flaubert verfaßte das bürgerliche Epos der Dummheit, die die Welt erobert. Erinnern wir uns: die verliebten, ätherischen Plaudereien zwischen Emma und Léon, die ästhetischen Streitgespräche über das Theater zwischen Homais, Bournisien, Binet und Bovary, der Punch bei den Dussardiers, die Wirtshausdebatten in der Zeit der Revolution von 1848, oder auch die gelehrten Kontroversen zwischen dem Grafen von Faverges, dem Bürgermeister Foureau, Marescot, der Gesellschafterin des Schlosses und der Magd des Pfarrers – stets gleiten die Meinungen von einer Person zur anderen, und eine jede hatte ihren Ursprung in einer Gemütsregung, in einem Vorurteil oder dem Glaubensbekenntnis einer Gesellschaftsschicht; keines der vorgebrachten Argumente ist eine Erörterung wert, die Ideen gelten als feststehende Tatsachen, und diese werden nie einer Überprüfung unterzogen. Diese

Leute führen Scheingespräche miteinander und tun nur so, als würden sie nachdenken, obwohl doch schon alles gesagt worden ist, denn die Dummheit hat einmal mehr für sie gedacht und gesprochen. »Sie hatte *Paul und Virginie* gelesen und im Traum die schmucke Bambushütte, den Neger Domingo, den treuen Hund gesehen ...«; und dann, bei Walter Scott, »verliebte sie sich in die Historie, träumte von Truhen, von Wachlokalen und von Minnesängern. Sie hätte zu gern auf einem alten Landsitz gelebt wie jene Schloßherrinnen ...« Emma wird nicht zum Opfer ihrer Lektüre, sondern zum Opfer ihrer Art zu lesen. Sie verschlingt die Romane wie Fibeln, die Ordnung in ihr Leben bringen sollen; sie äfft die Helden nach, läßt sich von deren Gefühlen leiten und sucht im eigenen Erlebnis nur die Überraschung des schon Gelesenen und die Kontinuität des bereits Erlebten. Trotzki macht es wie die Bovary: Als Nummer 2 des bolschewistischen Regimes ist sein Sturz schon vorgezeichnet, und so apostrophiert er seine ärgsten Kritiker, sie möchten ihn doch wissen lassen, auf welcher Seite des großen Buches der Revolution sie ihn erschießen wollten. Rußland versinkt in der Not, im Blut und im Dreck, das zehnmillionste Opfer des Bürgerkrieges ist längst gefallen, das Lagersystem breitet seine Fangarme aus, aber unser brillanter Kriegführer hat andere Sorgen im Kopf: »Keiner von uns hat Angst vor dem Erschießungskommando, wir alle sind gestandene Revolutionäre. Aber wir müssen wissen, wer erschossen werden soll und in welcher Phase wir uns befinden.« Emma Bovary schwärmt von Walter Scott. Leo Trotzki, der gründlichere Studien betrieben hat, schwärmt von Michelet und Jean Jaurès. In beiden Fällen bedeutet für sie Leben, in das große Wörterbuch einzugehen, das seit undenklichen Zeiten durchblättert wird. »Genosse Solz, haben Sie eine klare Vorstellung davon, für welche der beiden Phasen Sie unsere Exekution vorbereiten? Ich befürchte ..., daß das, was Sie drauf und dran sind zu tun ..., in die Phase des Thermidors hineingehört.«

Yonville ist das Schottland des Mittelalters. Moskau kopiert den Pariser Thermidor. Die Dummheit verknüpft Gleiches mit

Gleichem: »Ein Pseudogedanke, dessen scheinbare Bedeutung den tiefen Widersinn nicht verbirgt, geht mir unablässig durch den Kopf: denn sein einziger Zweck liegt darin, die Menschen zusammenzuführen, sie zuversichtlich zu stimmen, indem er die Einigungsgeste ermöglicht«, konstatierte Sartre. Die Pflege der Rituale der feinen Gesellschaft, die Verschleierung der Interessengegensätze, die Verhüllung der Undurchdringlichkeit der Gemüter reichen vollkommen aus, um das abzuwehren, was beunruhigt, um das Zufällige aus der Welt zu schaffen und die Ideen aus dem Weg zu räumen, bevor sie explodieren. Der scheinbare Friede des Pseudodenkens bemäntelt ein brodelndes, unterirdisches Treiben, stülpt dem Unschicklichen die Maske der Konvention vors Gesicht und kleidet das Unvorhergesehene in das Gewand des Antiquierten. Die Hypothese von einer dem Wesen nach passiven Dummheit, die lediglich ein »Pseudo-Bewußtsein« wäre oder eine Art Trägheit, die von innen her durch eine (nach Sartre »bürgerliche« und nach Joseph de Maistre »erleuchtete«) Ideologie manipuliert werde, ist nicht haltbar. Würdigen wir das Werk der Neudeutung der Fakten und der Neuformulierung, bei dessen Verwirklichung jeder noch so unlautere Verstand die Leistung des erstklassigsten Computers der dritten Generation bei weitem übertrifft.

Die Klassenanalyse der Dummheit ist nicht falsch, sie ist einseitig, sie unterschätzt das Ausmaß des Phänomens. Die Bourgeoisie ist ihr Nährboden; Flaubert war dies nicht unbekannt, seine Bewunderer – und mit ihnen J. der Gaultier – haben hinlänglich darauf hingewiesen, und Sartre hat sich in diesem Jahrhundert wiederholt in diesem Sinne geäußert. Der Bourgeois hat sich gewandelt, seine Nachfolger haben ihn hier und da verdrängt, aber die Dummheit ist geblieben. Weit davon entfernt, nur der müßige Ausdruck dieser oder jener Ideologie zu sein, ist sie vielmehr die Grundvoraussetzung, die es ihnen ermöglicht zu bestehen; gäbe es sie nicht, der Vorrat an vornehmen, vulgären, bürgerlichen, aristokratischen oder proletarischen Ideen wäre eine Anhäufung von groben und sich widersprechenden Begriffen, die niemand mehr gebrauchte. In

Anbetracht der Undurchdringlichkeit der Leitmotive und Doktrinen, für die es im 20. Jahrhundert unzählige Belege gibt, sollte man Flaubert, gegen seinen Kritiker Sartre, Gerechtigkeit widerfahren lassen: Der Bourgeois ist keine hinreichende Erklärung für die Dummheit, denn es ist noch immer dasselbe Wirrwarr von Schrullen und fixen Ideen, das heute unter der neuen Mütze des Proletariers wie einst unter dem schwarzen Filzhut des Bourgeois das Getümmel der Zwangsvorstellungen und Trugschlüsse in Gang hält: »Der Bourgeois, das ist heute die gesamte Menschheit«. Diese Logik der Dummheit, ohne die jedes Weltbild nur eine leere Hülle wäre, läßt sich mit wenigen Zügen skizzieren.

*Es gibt nichts, was sich nicht einordnen ließe.* Zu jedem Ding gehört eine Idee, zu jeder Idee gehört ein Ding. Das Gesetz der doppel-unzweideutigen Übereinstimmung sorgt für eine eigenwillige Wahrnehmung der Wirklichkeit. Bei ihrem nächtlichen Gang durch den Garten beleuchten Bouvard und Pécuchet mit einer Laterne ihr Gemüsebeet: »Es machte ihnen Spaß, laut die Namen der Gemüsesorten herzusagen: ›Schau da, Mohrrüben! Ah! Kohlköpfe!‹.« Das intellektuelle Vergnügen läßt nicht nach, wenn der Gegenstand oder der Begriff sich ändert, denn es zählt allein ihre Korrelation – Sich da, der Märchenprinz! Thermidor ist wieder da! Die Dummheit, bemerkte Sartre, der zum scharfsinnigen Beobachter wird, sobald er der Ideologie müde ist, »das ist die zur Materie gewordene Idee oder die Materie, die die Idee nachäfft«.

Die Wirkung ist hundertprozentig. Man findet für alles einen Namen und unterwirft jede Sache, der man ansichtig wird, der absoluten Regel der Äquivalenz des Bezeichnenden und des Bezeichneten. Die Dummheit befreit sich vom Inhalt dessen, was ausgesprochen wird, sie triumphiert, indem sie etwas x-beliebiges sagt und sich aller erdenklichen Mittel bedient. Vorgefaßte Meinungen sind nicht als Meinungen geistlos, sondern durch die Art der Rezeption, die ihnen zuteil wird: Man braucht sie nur in die Mühle der doppel-unzweideutigen Übereinstimmung zu geben, und schon ergreift sie Leichenstarre. Emma »wollte erfahren, was man im Leben unter Worten wie *Glückseligkeit, Leidenschaft* und *Trunkenheit,* die ihr in den Büchern so schön vorgekommen waren, wirklich verstand«. Sie blättert in ihren Gefühlen wie in einer Sammlung von Vignetten, die sich wie Illustrationen ihrer Lektüren ausnehmen; und umgekehrt hält sie die schönen Geschichten für Rezepte einer Liebesküche. Madame Bovary unterwirft sich dem 1. Axiom der Flaubertschen Dummheit: das ganze Leben finde nur statt, um am Ende in ein riesiges Wörterbuch einzugehen. Wenn der Verrückte verkündet: »Mein Leben, das ist mein Denken« und mit diesem Satz das Prinzip des paranoischen Deliriums zum Ausdruck bringt, dann ist sich der Dumme seinerseits dieser Übereinstimmung nicht ganz sicher und verbringt seine Zeit damit, sie zu erzielen, indem er Gemütszustände und Sachverhalte miteinander verknüpft. Damit kompliziert sich sein Fall: sein Leben sollte *das* Denken sein und seine besondere Leidenschaft die Liebe zu sich selbst. Dieser armselige, neurotische, aber nicht psychopathische Weltordner erkennt das ursprüngliche Chaos und versteift sich darauf, jedes Ding und Wesen in ein konventionelles Klischee einzuschließen. »Instinktiv bemühen sich Bouvard und Pécuchet, Ordnung in die Dinge zu bringen, sie nach einem einheitlichen Schema zu erfassen und ihnen einen Platz zuzuweisen; sogar als Kopisten wollen sie Tafeln und antithetische Parallelen aufstellen und sind verwirrt wegen der nicht einzuordnenden Fälle, weshalb sie sich wieder ganz dem Kopieren widmen.«

Die konsequente Anwendung eines einzelnen Bezeichnenden auf ein in seine Teile zerlegtes Bezeichnetes verhärtet die Beziehung zwischen den Wörtern. Ein Wörterbuch spricht nicht, es reiht Namen aneinander und vollzieht die doppelte Atomisierung des gedanklichen Zusammenhangs und der Verquickung der Dinge. Sartre macht Flaubert den Vorwurf, er habe sein *Wörterbuch der vorgefaßten Meinungen* zu einer Rumpelkammer gemacht, ohne jeden Leitgedanken: gemeint sind alle, also niemand. Man könne darin vielmehr eine »erstaunliche

Methode der Nichtdifferenzierung« entdecken, »die sehr konsequent angewendet wird«: auf dem Scheitelpunkt ihrer Flugbahn lockt die Dummheit das Leben in die Falle des Wörterbuchs und das Wörterbuch in die Falle des »Sottisier«*; sie zwingt allen Ideologien die elementare und undifferenzierte Form eines Katalogs auf. Das Gehirn braucht diese Nahrung nur noch zu kauen und zu verdauen. Aliboron »verlor keinen einzigen Bissen«. Emma »verwarf als unnütz all das, was ihrem Herzen nicht sofort als Nahrung dienen konnte«. Engels zitiert die Theorie vor das höchste Gericht der Praxis: »*The proof of the pudding is the eating*«.

Übrig bleibt ohne jeden Grund die Minigleichung einer Definition: »*Krieg: Ansturm gegen*«, »*Geld: Gott des Tages (nicht zu verwechseln mit Apollo)*«, »*Atheist: ein Volk von Atheisten könnte nicht bestehen*« … Diese zu Stein gewordenen Ideen markieren die Stelle der verschwundenen Reden, die Dummheit hat ihr Werk vollbracht, es kann ihr nichts mehr geschehen: Beim Stichwort *Frage* sagt das Wörterbuch mit Bestimmtheit: »Sie stellen, heißt sie lösen.« Kant erkannte in der Dummheit einen Mangel an Urteilskraft. Flaubert pointiert diesen Mangel als das Ergebnis eines beharrlichen und überhandnehmenden Tuns; die Dummheit steckt das Gelände ab, bereitet es auf, hindert die Urteilskraft daran, je wieder zu erwachen; sie schafft die Verwunderung ab. Es mangelt ihr nicht an Fragen, sie geht systematisch jeder Frage aus dem Weg und haftet an einer im Vorhinein vereinfachten Wirklichkeit.

Das Wörterbuch wird zum »Sottisier«, wenn die Definition unversehens zum Äquivalent einer Sache wird. Ein Wörterbuch präsentiert in alphabetischer Ordnung ein Hauptwort (die »Benennung«), gefolgt von einem Begleittext (»Expansion« in der Sprache der Lexikographen); gelesen wird dann nur in eine Richtung, die Benennung findet ihre Erläuterung in der Expansion. In der Flaubertschen Konzeption verwandelt das Wörterbuch seine Definitionen in symmetrisch gleiche Einheiten, die

* Sottisier: Flauberts Sammlung dummer Sprüche und unsinniger Aussagen

in beide Richtungen gelesen werden können; so kennzeichnet »*Voltaire. Oberflächliche Wissenschaft*« einerseits Voltaires Denken, beweist aber gleichzeitig durch Rückkopplung über Voltaire, daß es sonderbarerweise eine »oberflächliche Wissenschaft« gibt. Der Vorgang des Vorwärts- und Rückwärtslesens wird von Fall zu Fall vom Autor durch »Witze« vor Augen geführt. »*Basken. Das Volk, das am schnellsten laufen kann*«, der ganze Sinn liegt in der Benennung, die ihre Erläuterung durch das anklingende Wortspiel verdeutlicht: zu den Basken eilen\*. Die Wirklichkeit, die auf diese Weise lexikalisch erfaßt wird, fächert sich auf zu einem Feuerwerk absoluter Gleichungen, die sich selbst genügen; sie schließt jede Geste in die verzückte Betrachtung ihres eigenen Bildes ein und jedes Bild in die Gewißheit, die ihr das Bild ihres Bildes von der Wirklichkeit vermittelt. »*Kuß. Zärtlicher Raub.*« In dieser Wendung verliert die Liebe ihren geheimnisvollen Reiz: Das Wort zeigt sich im Hegelschen Sinn als die Einheit der Einheit und der Nichteinheit; nähern wir uns der Formulierung von rechts, so zerreißt die Liebe vor unseren Augen zwischen Frieden (zärtlich) und Krieg (Raub); von links versöhnt uns wieder der Kuß; geht man von letzterem aus, lauert eine bedrohliche Wucherung durch Zellspaltung; das Gefühl jedoch, man könne frei von der Einheit zur Dualität und zurück gleiten, entdramatisiert die Gesamtaussage: Raub erinnert an Sünde lediglich in den Grenzen der sogenannten Lieblingssünden.

Die *Gartenkunst,* eine an und für sich harmlose Tätigkeit, zeugt gelegentlich vom Feuereifer, der die Dummheit packt, sobald sie, auf dem Höhepunkt ihrer Karriere, sich daran macht, die Natur ihrem Willen zu unterwerfen: das Spargelbeet wird geopfert, um an seiner Stelle ein etruskisches Grabmal zu errichten; ein an sich schon bäuerlicher Geräteschuppen wird mit Hilfe »farbigen Glases« zu einer künstlich wirkenden »rustikalen Hütte« umgestaltet; Eiben werden auf die Gestalt

---

\* Wortspiel im Französischen wegen der doppelten Bedeutung von »basques«: a) die Basken, b) Rockschöße.

von Pfauen zurechtgestutzt; eine Blechhaube mit hochgezogenen Ecken soll eine »chinesische Pagode« darstellen. In der Fibel des perfekten Gartenarchitekten finden Bouvard und Pécuchet guten Rat: »Den schaurigen Stil gestaltet man mit überhängenden Felsen, zerschmetterten Bäume, niedergebrannten Katen; den exotischen Stil, indem man peruanische Kakteen pflanzt, um an einen Farmer oder Forschungsreisenden zu erinnern.« Waren die Pflanzen schließlich in ein solches Korsett gepreßt, wobei jeder Punkt einen bestimmten Ort in der überlieferten Kartographie bezeichnet, enthüllte sich der Garten von Bouvard und Pécuchet als eine Art lebendiges Lexikon; die Ordnung der Welt erstarrt in den Gleichungen des »Sottisier«.

Die Ergebnisse der orthogonalen Kultur sind ungewiß und vergänglich; der Flaubertsche Held variiert sein Verfahren, aber in seinem Bestreben läßt er nie nach, denn nichts darf seinen Plan der allumfassenden Klassifizierung durchkreuzen: die Natur wird gedoubelt, die großen Vorbilder werden konterfeit, das eine wird dem anderen abgekupfert und die Kopie wird zur Kopie der Kopie. In einem solchen Strudel der Vervielfältigung werden die Dinge und Wesen am Ende einander vollkommen entsprechen und gleichen wie in Dornröschens Zauberwald. Gewiß, der Held des Buches schießt über das Ziel hinaus, die prosaische, gewöhnliche Dummheit ist sparsamer im Einsatz der Mittel und erreicht eine doppelte Reduzierung der Zahl der Kategorien und der Menge klassifizierbarer Gegenstände. Wie man weiß, drehen sich »Männergespräche« stets um Frauen, Geld und Autos, allesamt Themen, die so gründlich katalogisiert sind, daß ein jeder darüber nur noch redet, um seine Identität kundzutun und den Platz anzuvisieren, den er im großen Verzeichnis der Seelen und Zyklen einzunehmen glaubt.

Die Gliederung nach absoluten Gleichungen findet in der Politik ein bevorzugtes Betätigungsfeld mit einem unerschöpflichen unterirdischen Reservoir: Linke = Gulag; Rechte = Rassismus; Antikommunismus = Rechte (»Ich bin kein Antikommunist, man weiß ja, wohin das führt, nämlich nach rechts«,

Roger Hanin); Nouméa = Algier; Unruhen in Neukaledonien (140 000 Einwohner) = Algerienkrieg (10 Millionen Einwohner) = Krieg in Indochina (40 Millionen Einwohner); Kernwaffen = unvermeidlicher Weltuntergang; der Intellektuelle: trägt Hemden; das Volk: trägt Unterhemden (auf der einen Seite: »Diese Leute, die ihre Gesinnung wechseln wie ihr Hemd...«, und auf der anderen: »Dieses Volk, das die leidige Angewohnheit hat – und man weiß nicht warum –, das Unterhemd immer rechtsherum zu tragen«, Françoise Sagan, »Le Monde«, 12. 1. 85); USA = Imperialismus; Hungersnot = Neokolonialismus; Araber = Erdöl; Gastarbeiter = asozialer Drückeberger; R. Barre = bester Wirtschaftsfachmann; F. Mitterrand = »ein geborener Schriftsteller« (B. Poirot-Delpech, »Le Monde«, 11. 5. 81). Undsoweiter.

*Die Struktur des Dummen schützt sich selbst, indem sie eliminiert, was sie in Frage stellt.* Was ihre Gefräßigkeit erklärt. Sie erhellt das scheinbare Paradox desjenigen, der nichtssagende Reden führt und dabei kein Ende findet. Sein Redefluß reicht nicht aus, um das Nichts zu beleuchten, auf das er hinaus will. Die Beredsamkeit des Falschdenkenden zeugt von seinem Trachten nach Selbstbestätigung, in dem er keinen Augenblick nachläßt. Mit seinem Bühnenstück »Boubouroche« hat uns Courteline dafür ein glänzendes Beispiel geliefert: Ein betrogener Liebhaber, der aus Liebe die Untreue nicht wahrhaben will, suggeriert selbst seiner Geliebten, die keine Ausreden mehr findet, die Gründe, warum sich sein Nebenbuhler gerade im Wandschrank befindet; zu guter Letzt entschuldigt er sich noch in aller Form bei den beiden.

Dieser Triumph der Illusion über die Augenscheinlichkeit – der sich nicht als eine gewöhnliche Kristallisierung erklären läßt und sich von jeder erotischen Sublimierung unterscheidet – verdient es, etwas eingehender betrachtet zu werden. Wenn die himmlische Titania den schönen Esel, der neben ihr schläft, bewundert und streichelt, verklärt sie die Wirklichkeit; der sich selbst belügende Hahnrei hingegen tilgt sie. Er verhält sich so, als wäre nichts geschehen, verschließt die Augen, legt einen Schleier über das Gesehene und sorgt dafür, daß ihm der Anblick forthin erspart bleibe.

Jedem seinen »Sottisier«. Der Krieg der Tölpel bricht seltener aus, als man angesichts ihrer hohen Zahl annehmen möchte; ein gemeinsames Interesse bringt sie dazu, ihre Kräfte zu vereinen. Die Gefahr der Zweideutigkeit bedroht jeden in seiner privaten Nomenklatur – die Frau gehört zum Mann, die Geliebte zum Liebhaber, der Fuß zum Pantoffel. Indem die Liebesliteratur ehrfurchtsvoll das Paar vor dem Untergang rettet, geht es ihr nicht sosehr um die Bewahrung einer moralischen, als einer geistigen Ordnung; mit ihrer Rachsucht verfolgt sie nicht das Schandhafte, eher das Ungeordnete, das die Etikette verletzt und scheußlich überhand nimmt. Die Verfechter der binären Ordnung finden in ihr die Möglichkeit einer heiligen Allianz. Wahrhaftig verschwörerisch führen sie Bewußtseinsinhalte zusammen, die ganz unter dem Einfluß ihrer eigentümlichen Schrullen stehen. Der von der wissenschaftlichen Chirurgie begeisterte Charles Bovary, schneidet in das Fleisch seiner Patienten Muster, die sich ihm beim Lesen in die Windungen seines Gehirns eingeprägt haben; Homais brennt darauf, durch eine kommunalpolitische Tat die Allgemeingültigkeit der Aufklärung unter Beweis zu stellen; der humpelnde Hippolyte läßt sich auf ein Spiel ein, dem er letztlich zum Opfer fällt; er träumt davon, kräftig und gewandt zu sein, um »den Damen zu gefallen«. Am Konvergenzpunkt all dieser Torheiten tragen dann alle Energien zum Gelingen des gemeinsamen Programms der Normalisierung bei. Ob Hippolyte, dem Bovary fachgerecht die Achillessehne durchschneidet, wieder laufen kann oder nur stöhnt, ist dabei kaum von Belang. Alle Beteiligten ziehen sich alsdann verstört zurück; und als Hippolyte den Brand bekommt, zerbröckelt die Verschwörung; das Bein muß doch ab; das Unnormale leistet Widerstand, also geht man auseinander, um das, was sich jeder Zuordnung entzieht, nicht kommentieren zu müssen: »Die letzten Schreie des Amputierten … wie das ferne Gebrüll eines Tieres, das geschlachtet wird.«

Die Wandschränke der Torheit sind unergründlich: Öffnet man sie, sind sie leer, nicht einmal ein Lotterbube will ihnen entsteigen; schließt man sie, quillt Blut aus den Ritzen. Die gefällige Kunst, nicht zu sehen, kann, frei nach Courteline, gegen einen selbst zum Tragen kommen oder auf Kosten anderer gelehrt werden.

Im Namen der Liebe. Im Namen der Wissenschaft. Und im Namen Gottes. Pfarrer Bournisien wartet auf eine günstige Gelegenheit, um eine Seele zu retten, Bovary geht es um seine Medaille. Unsere Ideale versäumen nur selten eine Gelegenheit, um die reizende Animosität zu zeigen, die sie gegeneinander hegen, aber ihre Einheitsfront steht fest, wenn es gilt, dem gemeinsamen Feind den Weg zu versperren und das Gefühl der Niederlage zu bannen: Die systematischen, gegenseitigen Auf- und Zuknöpfungen dürfen nicht auf ein unerwartetes Hindernis stoßen. Der Dumme räumt das, was nicht sein kann, aus seinem Tätigkeitsfeld. Krankheiten, gutartige oder bösartige Mißbildungen, Tod – alles, was nicht still an seinem Platz verharrt, ist anstößig: »Das ist es, was alle Sozialisten der Welt mit ihren ewigen materialistischen Predigten nicht sehen wollen. Sie haben den Schmerz verneint, sie haben dreiviertel der modernen Dichtung herabgewürdigt ... Sollte uns eines Tages das Gefühl für die menschlichen Unzulänglichkeiten, für die Vergeblichkeit des Lebens verloren gehen (was die Folge ihrer Lehren sein würde), wären wir schlimmer dran als die Vögel, die wenigstens auf den Bäumen wohnen« (Flaubert). Das Tier findet seine Sitzstange. Der Dumme setzt sich auf sich selbst – dem Strohkopf ist nichts unmöglich.

## Der absolute Dualismus

So ist die Dummheit gleichzeitig mit zwei Aufgaben konfrontiert. Zum einen ordnet sie. Zum anderen sondert sie aus, was aus dem Rahmen fällt. Die erste der beiden Tätigkeiten ist zweifellos nicht besonders anspruchsvoll, sogar kindisch, gewissermaßen wie das Herunterleiern vorgefaßter Meinungen. Die zweite erfordert mehr Schneid, sie bestätigt den Grundsatz: der Nomenklatur des Dummen ist nichts unmöglich, also gibt es das Unmögliche an sich nicht, also besteht eine prästabilierte Harmonie zwischen dem, was der Trottel erwartet, und dem, was eintritt. Dieser Grundsatz der dünkelhaften Dummheit, den Flaubert im Kern der Ideologien aufspürte, die er kannte, ist der transparente Zwilling des Grundsatzes der dünkelhaften Vernunft, die Voltaire ein Jahrhundert früher mit der »metaphysisch-theologisch-kosmologischen Stupidologie« von Meister Pangloss glossierte. Wenn Vernunft und Dummheit mit demselben Dünkel ihre jeweiligen Grenzen nicht erkennen wollen, wer wird da wohl wen verschlingen?

Man sollte wohl differenzieren. Entweder beschäftigt sich die Dummheit bescheiden mit den Details oder sie gewinnt aus großer Höhe einen Gesamtüberblick. Oder sie ist positiv bis zum Schluß und zerpflückt die Realität in so viele Teilchen, wie nötig sind, um das Denken auszuschalten, ausgenommen das Flickwerk der binären Ordnungen. Oder sie ist grenzenlos idealistisch, bläht sich auf und fliegt davon: »Sobald man sich in dieses Abenteuer gestürzt hat, kann das Ergebnis – was man auch tun mag – nur grotesk sein: die Romantik ist dumm, der Materialismus ist blöd« (Sartre). Auch hinter ihren beiden Gesichtern verbirgt sich nur die eine Dummheit; die Alternative kaschiert schlecht, was sich ergänzt. Emmas romantisches Naturell ist der Stachel einer von Fall zu Fall bäuerlich wollüstigen oder ausgesprochen trivialen Sinnlichkeit. Der sozialistische Materialismus hat sich selbst mit einer trügerischen Sentimentalität beschenkt. »Der abstrakte Spiritualismus ist ein abstrakter Materialismus; der abstrakte Materialismus ist der abstrakte Spiritualismus der Materie«. Marx behandelt hier ein Thema von Saint-Simon, das auch schon Montaigne kannte: »Sie wollten außer sich sein und dem Menschlichen entrinnen. Das ist Wahnsinn; anstatt sich in Engel zu verwandeln, werden sie zu Tieren, anstatt sich zu erheben, stürzen sie hinab. Diese transzendenten Launen erschrecken mich ...«

In der Tat ist kein Widerspruch stark genug, das doppelte Spiel einer Dummheit zu lähmen, die durch Klassifizierung einschließt und durch Ausschluß deklassiert. Ein und dieselbe Logik involviert die Behauptung, möglich sei, was der doppelunzweideutigen Übereinstimmung unterliegt, und das Verbot zu behaupten, daß irgend etwas unmöglich sei. Bezeichnen wir einmal als »dumme Struktur« jene Denkungsart, die in den Lehrbüchern gewöhnlich Geometrie und Funktionstheorie der ersten Stufe genannt wird. Die in einem solchen Rahmen möglichen Rechenoperationen sind äußerst begrenzt, die der einfachen Algebra haben einen weit höheren Schwierigkeitsgrad. Dennoch lassen sich damit alle Klassifizierungen und endlichen Anwendungen durchführen (zum Beispiel Booles mathematische »Logik«, Venns Schulalgebra usw.). Die Dummheit kann bis ins Unendliche ordnen und klassifizieren, ohne in ihrem Tun je auf Grenzen zu stoßen: Grundvoraussetzung dafür ist, daß die einfache Syntax, die sie benutzt, ein Formulieren dieser Grenzen nicht zuläßt. Mathematische Paradoxa (in der Art des Paradoxons vom Lügner, der sagt: »ich lüge«) können mit Hilfe dieser Sätze nicht ausgedrückt werden, da sie keinerlei Komplexität zulassen. Genauso wie die Dummheit die Kunst beherrscht zu sehen, ohne selbst gesehen zu werden, interessiert sich die Logik der ersten Ordnung nicht dafür, wie real sie ist. Im Gegensatz zur Mathematik, die in der fortlaufenden Überprüfung ihrer Operationen die Möglichkeit einer endlosen und exakten Suche gefunden hat, stellt weder die elementare Logik (von Boole) noch die Dummheit die Frage, ob sie widersprüchlich ist, und auch nicht, unter welchen Bedingungen sie eine gewisse Art von Wahrheit hervorbringen kann. Selbstbetrachtung ist ihr fremd. Der prinzipielle Dünkel der Dummheit besteht darin, daß sie ihre Einordnungen konsequent weiterführt; nichts entgeht ihrer Aufmerksamkeit zwischen Himmel und Erde, der Kopist verweist das nicht einzuordnende auf seinen richtigen Platz: Er ordnet es als das nicht Einzuordnende ein.

Es gilt zu unterscheiden: Die Boolesche Algebra ist heute

eines der zahlreichen Bereiche mathematischer Forschung und als eines unter verschiedenen formalen Systemen eigentlich frei von Zweideutigkeit. Lang ist es her, da Boole – in der Mitte des 19. Jahrhunderts – seinem Werk den stolzen Titel »Die Gesetze des Denkens« gab; ein halbes Jahrhundert lang teilte man seinen Enthusiasmus: »Wir werden nun Theorien und Methoden darlegen, die von der gewohnten Denkart abweichen und die genaugenommen eine Algebra der Logik darstellen, eine formale, sozusagen automatische Methode, die in ihrer absoluten Allgemeingültigkeit und unfehlbaren Genauigkeit das Urteil durch das Rechnen ersetzen wird.«

Wir wissen heute, daß die wissenschaftliche Rationalität effektiverer Logiken bedarf als dieser Art von Automatismen und daß selbst die einfachste Form der rekursiven Beweisführung durch keine algebraischen Rechenoperationen ersetzt werden kann. Die Begeisterung ihres Erfinders vermag heutzutage niemand mehr zu teilen. Zu Unrecht übrigens. Zwar bietet jene automatische Logik »von absoluter Allgemeingültigkeit und unfehlbarer Genauigkeit« der schöpferischen Vernunft keinerlei Halt, dafür aber der Dummheit das Material, aus dem sie ihre Festungen errichtet.

Um das Urteil der Vernunft durch arithmetische Formeln ersetzen zu können, begrenzte Boole die Arbeit des Verstands auf einfachste Denkvorgänge. Der erste bestand darin, die Einzelteile zu einem Ganzen zusammenzufassen (die logische Addition) und ein Ganzes in Einzelteile zu zerlegen. Nachdem er postuliert hatte, daß diese Leistung zu jeder Zeit möglich sei, ersann er ein großes Ganzes – das »System-der-Vernunfterkenntnis« –, das er als ein einheitliches Feld auffaßte, das ausnahmslos alle dargestellten Objekte zusammenschloß. So definierte er die Operationen seiner Algebra als selektiv zu bestimmende Teile des zu untersuchenden Feldes der Vernunfterkenntnis: »Jeder Erkenntnisprozeß – sei es der des Verstands im Zwiegespräch mit seinen eigenen Gedanken oder der eines einzelnen Menschen im Dialog mit einem anderen Menschen – stößt auf implizite oder explizite Grenzen, in denen die Gegenstände enthalten sind, mit denen er sich befaßt … Unabhängig von der Ausdehnung des Feldes, das die Gegenstände unserer Erkenntnisprozesse umfaßt, wird dieses Feld als das in Betracht gezogene ›System-der-Vernunfterkenntnis‹ definiert.« Das erotische Erkenntnissystem wäre also die Gesamtheit der erotischen Handlungen, die ein solches Systemdenken in unserem Bewußtsein wachzurufen vermag. Es umfaßt jedoch nicht das Gebiet eines Entomologen, auch nicht das eines Grammatikers. Das Gesamtsystem all dieser Erkenntnissysteme entspräche demnach der Gesamtheit dessen, woran wir überhaupt denken.

Man weiß stets, worüber man spricht – so lautet die These der Definition; das »System-der-Vernunfterkenntnis« ist strenggenommen das höchste Subjekt der Vernunfterkenntnis. Wenn man immer weiß, worüber man spricht, dann gibt es die Dummheit nicht, wovon ja der Dumme überzeugt ist. Nicht etwa, daß er darauf verzichten würde, das Denkvermögen von seinesgleichen herabzuwürdigen, aber in seinem Munde klingt ein Wort wie »Idiot« oder »Trottel« nicht viel anders als »Schuhmacher« oder »Schlächter«; diese Begriffe selektieren ihre jeweiligen Objekte im »System-der-Vernunfterkenntnis« und niemals qualifizieren sie rückwirkend die Vernunfterkenntnis, die sie einführt. Gewiß, es kann zu verbalen Verwechslungen kommen, und das Objekt »Schlächter« wird mit dem Begriff »Schuhmacher« belegt; dennoch verlassen wir damit noch lange nicht das »System-der-Vernunfterkenntnis«, wir treffen lediglich mit dem Null-Objekt zusammen (Boole definiert seine Nullebene als die Klasse der kontradiktorischen Objekte). Alle Widersprüche sind einander gleich, sie sind so viel wert wie eine Null, die, mit einer anderen Null addiert, wieder Null ergibt. Im Denken der Elite von Yonville gehören alle »deplazierten« Personen immer wieder in die Kategorie der »Deplazierten«: zwischen dem klumpfüßigen Hippolyte und dem einbeinigen Hippolyte besteht keinerlei Unterschied – anormal bleibt anormal.

Ein Dummer kann sehr wohl sein Versagen einsehen: Emma Bovary begeht Selbstmord, Bouvard und Pécuchet wechseln ihre Ansichten wie ihre Hemden. So viel Scharfsinn blendet die Kommentatoren; hört ein Dummer auf, dumm zu sein, wenn er sich seiner Dummheit bewußt wird? »Da entwickelte sich in ihrem Verstand eine bedauernswerte Fähigkeit, nämlich die, die Dummheit zu sehen und sie nicht mehr dulden zu können.« Von Niederlage zu Mißerfolg sammelten Flauberts Wunderlinge ihre Erfahrungen; blieben sie so dumm wie zuvor? Ihre Umgebung, ganz Chavignolles wollte sie nicht mehr ertragen; »ihre offenkundige Überlegenheit kränkte die anderen«. Enttäuscht verzichteten sie auf weitere Besuche in der besseren Gesellschaft. »Bouvard verwunderte der Gegensatz zwischen den Dingen, die ihn umgaben, und dem, was man sagte, denn es habe doch den Anschein, als müßten die Worte mit der Umwelt übereinstimmen und als seien die hohen Räume für große Gedanken wie geschaffen«.

Wohlgemerkt: *Die Worte müssen übereinstimmen* ... Wenn ein Dummer einen anderen Dummen aufgrund dieses Grundsatzes erkennt, dann urteilt die Dummheit.

Ist das Gespür für Dummheit ein Beweis für Intelligenz? Nicht unbedingt. Die beiden »Käuze« mögen noch so sehr über ihre Umgebung lästern und wegen der erkannten Nutzlosigkeit ihrer vielfältigen Studien schließlich resignieren, es hilft nichts; ein Flair milder Beschränktheit umgibt ihre Heldentaten bis zum letzten Akt: das Zimmern eines Doppelpults, an dem der eine den anderen beobachten und jeder jeden überwachen wird. Als sorgloser Bewohner des »Systems-der-Vernunfterkenntnis« kann der Dumme auf die gehässigste Weise jeden anderen und seine eigenen Handlungen aufspießen, ohne dabei mit dem allgemeinen Gesetz der systematischen Einordnungen in Widerspruch zu geraten. Es gibt die dumme Art, seine Dummheit zu verbalisieren, die einerseits das explizit Beurteilte hervorhebt (»was war ich doch für ein Idiot«) und andererseits den implizit Beurteilenden (»da ich aber klug genug bin, das zu erkennen«), ohne jemals das eine mit dem anderen in Verbindung zu bringen. Vergangenheit bleibt Vergangenheit, es besteht keinerlei Grund, auf seine Fehler zurückzukommen:

»Was beweist übrigens schon ein Mißerfolg? Was bei Kindern fehlgeschlagen war, könnte sich bei Erwachsenen als weniger schwierig erweisen ...« – usw.

Unter dem Vorwand, er wolle die Gesetzmäßigkeiten des Denkens darlegen, hat Boole die Bestimmungen des dummen Registrierens beschrieben: ein vollkommenes Ganzes, in dem ein jedes Objekt seine volle Gültigkeit bekommt, in dem man weiß, was es heißt zu reden, in dem das Hindernis, das die Vernunfterkenntnis aufzuhalten droht, in das Nullfach verwiesen wird. Aporien, Widersprüche, Anomalien und andere Schwierigkeiten werden als nicht vorhanden deklariert und als solche katalogisiert. Der Dumme weiß immer, von welcher Warte aus er spricht und wie er seinen Standort zu bestimmen hat: einen Platz für jedes Ding und jedes Ding an seinen Platz.

Seit der griechischen Antike übt die Mathematik ihren Reiz aus: wer ihre Rechenregeln anwendet, kann nicht fehlgehen. Dennoch gibt es keine Garantie dafür, daß er nicht »daneben« trifft, was dann zu denkwürdigen Konflikten führen kann: ein Konflikt dieser Art soll Pythagoras in den Selbstmord getrieben haben; er hatte exakt nachgewiesen, daß die Zahl für die Länge der Diagonale eines Quadrats im Verhältnis zur Seitenlänge weder eine Gerade noch eine Ungerade sein könne. Booles Algebra in seiner elementaren Form (Lehrsatz-Theorie) schließt ebenfalls aus, daß man »daneben« trifft. Zwischen dem Input (Eingabe) und dem Output (Ausgabe) duldet diese Induktions-Mechanik nur einfache Veränderungen, die eine Unmöglichkeit, über die sie stolpern würde, schlichtweg ausschließt. Die berühmten Antinomien, die zur Krise der Mathematik geführt haben, können den Booleschen Folgerungen nichts anhaben, sie passen nicht in den Rahmen der möglichen Aussagen: Sie sind nicht Teil des »Systems-der-Vernunfterkenntnis« beziehungsweise sie führen darin ein anonymes Dasein wie eine Absurdität, die nicht mehr zählt als jede andere Absurdität und fuglich als »Null« gestrichen werden können. In jedem Fall bleibt eine Schlußfolgerung in Sichtweite; diese Bestimmtheit unterstreicht die äußerst enge Verwandtschaft der Booleschen

Leistungen mit der Logik der Dummheit. Flaubert hält Dummheit und Wissenschaft auseinander, begnügt sich aber nicht damit, wie so viele seiner Zeitgenossen, die erstere in den Bereich der magischen Träumereien der Romantik zu verbannen und der zweiten den positivistischen Respekt vor den Fakten zuzugestehen. Bouvard und Pécuchet erweisen sich bisweilen als wissenschaftlich und als positivistisch. Die Trennlinie verläuft zwischen der Kunst zu folgern und der Kunst, nicht zu folgern. »Meist erscheint mir die Schlußfolgerung als ein Akt der Dummheit. Das ist eben das Schöne an den Naturwissenschaften: sie wollen nichts beweisen ...« (Brief an Louise Colet). Auch die hohe Literatur besteht nicht darauf, das letzte Wort zu haben. »Die Borniertheit besteht darin, schlußfolgern zu wollen ... welcher einigermaßen große Geist, von Homer bis heute, hätte je Schlüsse gezogen?« (Brief an Louis Bouilhet). Als letzten könnte man Freud nennen, der eine Psychoanalyse als einen Vorgang ohne Ende betrachtete.

Angetrieben durch eine Art »formale und sozusagen automatische Methode«, reduziert die Dummheit alle Dinge auf ihre schlüssige Rechenarbeit; sie zehrt von ihren eigenen Kräften, findet Halt auf allen Gebieten, die sie integriert, um zu guter Letzt ihren Durst am eigenen Brunnen zu stillen, mit der Selbstgefälligkeit Catoblepas', jenes Stiers mit dem Wildschweinkopf, der ihn mit seiner Last zu Boden zieht: »Mein Kopf ist so schwer, daß ich ihn nicht erheben kann, er pendelt hin und her an meinem Hals; aus dem geöffneten Maul versengt mein Atem das giftige Kraut und schafft um mich herum einen fahlen Halbkreis; doch fresse ich so langsam, daß es auf der einen Seite nachwächst, während ich auf der anderen noch äse. Eines Tages aber, als ich meine Füße ableckte, geschah es, daß ich sie fraß, ohne es zu merken« (Flaubert, »La tentation de Saint-Antoine«).

# Die geistreiche Parade

Es reicht nicht aus, gute und stichhaltige Ideen zu haben, um sie vor der Gefahr zu bewahren, daß sie akzeptiert, aufgenommen und dann auch noch als platte Klischees im Alltagsgeschwätz verarbeitet werden; die Dummheit schluckt alles und gibt nichts wieder her; ihre mechanische Logik kapselt sie ab und gewährt ihrem gefräßigen Raupendasein eine hohe Autonomie. Wie kann man diesem Fatum beikommen? Die Maschinerie funktioniert einwandfrei innerhalb klar definierter Grenzen; sehen wir uns einige davon an.

1.) In Anbetracht der Tatsache, daß die Boolesche Logik jede fremdartige Erscheinung zur Nichtigkeit eines Widerspruchs erklärt, der sich selbst aufhebt, erweckt ihn das Anti-Dumme zu neuem Leben: »Fortwährend schwebt mir die Antithese vor Augen. Ich habe nie ein Kind ansehen können, ohne daran zu denken, daß es einst ein Greis sein wird, noch eine Wiege, ohne im Geiste ein Grab zu sehen ...« Gäbe es nicht die konsequente Diskriminierung, die unsere moderne Gesellschaft den »Senioren« angedeihen läßt, diese quasi-Apartheid, mit der man die Altenheime umgibt, und das betretene Schweigen, das einem aus den Leichenschauhäusern entgegenweht, man könnte fast schmunzeln über die witzige Note, die in dem Gegenmittel mitschwingt (»beim Anblick einer nackten Frau muß ich an ihr Skelett denken«, schreibt Gustave Flaubert in einem Brief an seine geliebte Louise Colet). Diese Antithesen sind weder billig noch arglos. Sie entmythisieren das Leben und bringen die rechtschaffen denkenden Bürger um die ergreifenden Gefühlsregungen, die sie gelegentlich gegenüber einem sozial isolierten Lebensalter kundtun. In dem »System-der-Vernunfterkenntnis« werden Kindheit, Alter und die »besten Jahre« wie die Teile eines zerlegbaren Ganzen aneinandergereiht: der lineare Ablauf eines Lebens. Sobald sie sich aber überlappen und gegenseitig durchdringen, sobald man so weit geht, im Kind den Greis zu sehen, gerät die schöne Ordnung durcheinander und das Bild vom Leben wird unklar. Mit einem Schlag sprengen die Antinomien das »System-der-Vernunfterkenntnis« auseinander; jedes Lebensalter ist in gewisser Hinsicht ein ganzes Leben und dieses Ganze kann nicht als eine bloße Addition von Abschnitten verstanden werden; die Sammler träumen vergeblich davon, eines Tages den Kinderschädel Victor Hugos zu entdecken und als Zugabe zum illustren Haupt in den Schrein des Pantheons zu legen. Flaubert hatte recht, und der hartnäckige Widerstand der viktorianischen Dummheit brachte den Beweis für die Richtigkeit seiner Anschauung, als Freud die These aufstellte, ein Kind könne genauso wie ein Erwachsener sexuelle Erlebnisse haben und wie ein Greis sich vor dem eigenen Tod fürchten.

Der Gedanke ist bestechend: vom Witz ins Garn gelockt, stolpert die Dummheit über sich selbst. Was sagte doch Flaubert? Eine nackte Frau = ein Skelett? Unsinn. Gewiß, aber dieser Unsinn hält der Dummheit den Spiegel vors Gesicht. Eingezwängt in eine Logik, die sie vor bösen Begegnungen schützen soll, war sie noch nie sich selbst vorgestellt worden. Der makabre Witz bringt die Dummheit zum Vorschein, so, wie sie ist, und indem er das Gesetz der Etikettierungen über den Haufen wirft. Blitzschnell – just die Zeit, darüber zu lachen – verneint die Sache ihren Begriff und packt den unentwegten Etikettenkleber, der sich hinter dem Leimtopf versteckt. Nichts geht mehr. Wenn die gewöhnliche Übereinstimmung nicht mehr übereinstimmen will, wird es mit einem Mal möglich, in der allgemeinen Heiterkeit eine Verständigung nicht mehr in ihr, sondern über sie zu erzielen. Beim jungen Flaubert verkörperte diese ätzende Macht des souveränen Witzbolds jener Garçon, der »Trauerreden über noch lebende Personen hielt …« Durchschlägt man das Band zwischen der Vernunfterkenntnis und ihrem Gegenstand, werden beide gebeutelt; man verspottet das Lebende, das Lob erntet, und das Lob, dessen leere Hülle über alles paßt: »Der Tod und das Leben, diese beiden Seiten unserer Existenz, verhöhnen sich gegenseitig« (Sartre). Der logische Status der wechselseitigen Verspottung verdient unsere Aufmerksamkeit: das Leben, das zu irgendeinem Zeitpunkt und auf irgendeine Weise ins Stocken gerät, ist ein Gebilde, das sich nicht selbst enthält. Der Tod behauptet zwar, alles zu umfassen, woraus sich der hochtrabende und süffisante Ton der Grabreden erklärt; das postume Lob ist jedoch nur die Huldigung dessen, was gelebt, und der Tatsache, daß es gelebt hat. Der Tod kann lediglich vom Toten sprechen, also vom Leben, seine Rede rafft von außen eine erloschene Existenz zusammen. Gefangen zwischen einem Inhalt, der sich fortan jeder Fassung entzieht, und einer Fassung, die sich nicht mit dem Inhalt verbindet, führt die Rede notgedrungen auf die falsche Fährte. Wenn sie sich selbst enthält, ist sie leblos, tot. Wenn sie, von Ergriffenheit übermannt, die Fassung verliert, ist sie Leben, aber Teil des Lebens des Redners und nicht des Verstorbenen. Die Trauerrede gibt sich den Anschein, ihrem Gegenstand zu entsprechen und ist bemüht, dieser Illusion Geltung zu verschaffen, was ihre häufige Dümmlichkeit erklärt, aber auch die Verwandtschaft zwischen Lachen und Schmerz signalisiert: da stimmt etwas nicht. Indem der Garçon, ohne es zu wissen, die berühmte Antinomie der Menge der Mengen, die sich nicht enthalten und die denkwürdige Krise der mathematischen Intelligenz vorwegnimmt, schmuggelt er die Antinomienfalle seiner Prahlereien in die Stereotypie einer Dummheit ein, die sich unfehlbar wähnte und schließlich in der Mausefalle steckt.

»Sollte ich jemals aktiv am Geschehen der Welt teilnehmen, dann als Denker und als Verderber der Moral.« Die Flaubertsche Strategie der Demoralisierung zielt nicht auf den Bourgeois von 1830, sondern ganz allgemein auf das System des dummen Denkens; die Zielscheibe scheint weniger ein soziologischer Zustand zu sein als eine logische Mechanik. Demoralisieren und aufklären sind zweierlei. Es ist müßig, mit dem Verstand gegen eine Verstandesstruktur angehen zu wollen. Selbst, wenn es einem gelingt, mit einigen stichhaltigen Argumenten nur schwach fundierte Überzeugungen umzustoßen, bestärkt man letztlich den Gesprächspartner in seinen Ticks, indem man ihm vorwirft, er bliebe seinen eigenen Prinzipien nicht treu –

Bouvard und Pécuchet sehen allemal ihre Irrtümer ein, hören aber nicht auf, immer dümmer zu werden. Es besteht ebenfalls kein Mißverständnis über Demoralisierung und Demobilisierung: Wer einen Beweggrund gegen den anderen geltend macht, das Böse gegen das Gute ausspielt, die Frömmelei durch Gotteslästerung zu bekämpfen sucht, der erneuert noch lange nicht das Denken; fromme Vorsätze und teuflische Verführungen halten die Deduktionsmühlen in Gang: »So gibt es eine Menge von Fragen, die, von welcher Seite man sie auch angehen mag, Verdruß bereiten ... Ob man zum Beispiel über Voltaire, den Magnetismus, Napoleon, die Revolution, den Katholizismus nun gut oder schlecht spricht, bin ich darüber gleichermaßen aufgebracht ...« Die Demoralisierung ist, wie Sartre im Gefolge der Generäle feststellte, weit mehr ein Angriff auf die Disziplin als auf die Moral. Sie hütet sich davor, eine Meinung durch eine andere Überzeugung zu ersetzen, sie zersetzt den Willen zur Bejahung, der sich mit einem Mal im Kreise dreht und zwischen den Possen hin und her schwankt. Du meinst, das sei ein Stück Zucker? Es ist aber eine Nachbildung aus Plastik. Du ersinnst eine neue Falle? Und tatsächlich ... Die Dinge und das Geschehen wandeln sich auf verdächtige Weise, die Gewänder der Ideen hängen schlaff herunter, die Rolle paßt nicht mehr und das »System-der-Vernunfterkenntnis« löst sich im Wohlgefallen des Zwielichts auf.

Sollte man dem unerschütterlichen Ernst des binären Geschwätzes mit dem »feisten und blöden Lachen des Handlungsreisenden« entgegentreten? Genügt es, die Welt der schlüssigen Prosa mit der Macht des Schabernacks in Frage zu stellen und die eitle Gewichtigkeit eines »alles ist ernst« mit einem grotesk ernsten »alles ist vergeblich« zu kontern? Keineswegs. Gegen die Dummheit wird man nicht bestehen, indem man sich ihrer Methoden bedient und über die Ganzheit der Dinge und Wesen Aussagen wagt, die von der Annahme ausgehen, wir könnten über diese Ganzheit verfügen. Kasernenfez und Landserpossen gemahnen an eine wohlgesetzte Partitur erbaulicher Themen: wir sind, ihr seid allesamt Helden, Heilige oder Trottel, man wisse, worüber man redet, man wisse, wo man steht. Der Scherz hingegen und der Geistesblitz, die der Dummheit zu schaffen machen, sind nicht aus einer anderen Welt; sie bringen uns keine Kunde von einem fremden Stern, mitnichten; sie bringen die Wirklichkeit hienieden vor Lachen und Vergnüglichkeit zum Platzen. Der bissige Humor Flauberts ist nicht derb, sondern »kunstvoll«, der Satz eher knapp als überladen, er ist »die Perspektive vom Nichts auf das Sein«.

Es ist vergeblich, klüger sein zu wollen als die Dummheit und mit ihrem Dünkel wetteifern zu wollen. Es ist vergeblich, sie zu karikieren und darauf zu hoffen, daß sie sich bis ins Groteske verzerrt und dann in Wohlgefallen auflöst. Es ist vergeblich, ihr den Rücken zuzukehren, ihre Realität zu ignorieren. Und es ist vergeblich zu fragen, mit welchem Recht, der kluge Verstand urteilt. Unabhängig von der Frage nach dem Urheber- und Kontrollrecht breitet sich die Dummheit aus, anonym, beständig, dominant. Sie behauptet sich kraft ihrer eigenen Mittel, setzt beharrlich den Weg ihrer Logik fort, funktioniert unwillkürlich wie die Ursache ihrer selbst. Sie ist ihr eigener Vater und ihre eigene Mutter. Der Weise bewertet sie als einen Verlust an Weisheit, der Gelehrte glaubt, in ihr einen Mangel an Wissen zu erkennen, der Vernünftige sieht in ihr einen Verfall der Vernunft, der proletarische Held betrachtet sie als ein vermindertes Klassenbewußtsein und der Logiker als einen Fehlschluß des Verstands. Es hätte wenig Sinn, ein Verbrechen rekonstruieren zu wollen, das nicht begangen werden konnte; es hat niemand auf niemanden geschossen, denn der Erstgeborene braucht niemanden aus dem Weg zu räumen, um in den Genuß der Vorrechte des Älteren zu gelangen. Am Anfang ist die Dummheit eine gewöhnliche Evidenz und unser tägliches Brot. Ausgehend von ihr – und davon ausgehend – begründen Weisheit, Wissenschaft und Vernunft ihre Existenz. Dummheit heißt nicht Urteilslosigkeit – sie verzichtet auf ein Urteil und doch entbehrt sie es nicht im geringsten; Urteilsvermögen hingegen heißt, frei von Dummheit sein. Über diese zu urteilen, hält sie zeitweilig in Schach. Von welcher Warte aus spricht

Flaubert? fragt Sartre. Auf welchen Gipfel hat er sich begeben, um die Dummheit ins Lächerliche zu ziehen? Die Frage ist ohne Belang, der Standpunkt des Nichts ist ein nichtiger Standpunkt: Man fühlt sich so unendlich schwach angesichts einer so umfassenden Macht, daß einem als einziger Ausweg und angemessener Anstand die Möglichkeit bleibt, über diese Schwäche zu lachen oder zu weinen.

Es gibt eine Welt, in der die Gedanken mit der Pünktlichkeit und Präzision eines Fahrplans der Eisenbahn ihren Schienenweg zurücklegen. Selbst Zusammenstöße sind im Nachhinein vorgesehen, und ein beglaubigtes Originalduplikat erscheint, sobald das Unerwartete geschieht, und befreit uns von der mißlichen Verlegenheit, die Echtheit des Originals überprüfen zu müssen. Alles, was geschrieben steht, wird sein, und alles, was ist, wird aufgeschrieben sein: die sieben Wunden, die sechsunddreißig Lichter, die tausenddreihundert Geliebten und die N + 1 souveränen Staaten der Organisation der Vereinten Nationen. Niemand kann sich seiner Rolle entziehen, die Inventarliste wird auf dem laufenden gehalten, die Rechnung geht auf und wir haben unseren Teil weg. Mit Geisteskraft und Urteilsvermögen bringt man das Sandkörnchen des Unberechenbaren ins Getriebe und annulliert damit jede noch so akkurate Berechnung: »Zwei Juden treffen sich im Eisenbahnwagen einer galizischen Station. ›Wohin fahrst du?‹ fragt der eine. ›Nach Krakau‹, ist die Antwort. ›Sieh her, was du für Lügner bist‹, braust der andere auf. ›Wenn du sagst, du fahrst nach Krakau, willst du doch, daß ich glauben soll, du fahrst nach Lemberg. Nun weiß ich aber, daß du wirklich fahrst nach Krakau. Also warum lügst du?‹« Freuds Kommentar: »Der ernstere Gehalt dieses Witzes ist aber die Frage nach den Bedingungen der Wahrheit; der Witz deutet wiederum auf ein Problem und nützt die Unsicherheit eines unserer gebräuchlichsten Begriffe aus.«

Die bewußte Wahrnehmung der Dummheit ist keine Gewähr dafür, daß mit Sicherheit die Intelligenz tätig ist, im Gegenteil: »Wenn man kein Trottel ist, stirbt man immer in der Ungewißheit seines eigenen Wertes und des Wertes seiner Werke ...«

(Flaubert). »An sich glauben« heißt, sich jenseits von Idiotie wähnen, heißt, sich darin niederlassen, weil man unfähig ist, sich darin wiederzuerkennen. Diese Selbstblendung führt aber nur teilweise zur Blindheit; der Tölpel Gribouille, der in voller Kluft in einen Fluß untertaucht, um sich vor dem Regen zu schützen, lacht vermutlich über das Fehlverhalten eines jeden anderen Gribouille; über seinesgleichen zu spotten, ist eine verbreitete Komödie. Die naive Posse spricht für den freien Grenzverkehr des Phänomens Dummheit, dessen Allgemeingültigkeit nicht einmal dem Dummen selbst entgeht, da er sehr wohl in der Lage ist, über die Widersprüchlichkeiten zu lachen, in die sich sein Nachbar verstrickt.

Manchmal erweist sich die Wahrnehmung als zunehmend kompliziert, die Dummheit offenbart sich dann nicht nur in ihren Auswirkungen, sondern ebenfalls in ihrem Vorgehen. Man gelangt vom Tölpel in der Patsche zum Starrkopf, der sich in selbige hineinreitet, wodurch hinter dem *Phänomen Dummheit* die *dumme Nachahmung* zum Vorschein kommt. Um die allgemeine Triebfeder des Possenspiels, die Parodie, die Verkleidungsnummern und verschiedenen Demaskierungen zu begreifen, muß man sie auf ihrem niedrigsten Niveau aufs Korn nehmen, wenn ein noch stummer Mime uns in seine Geheimnisse einweiht. Das Lachen, das er auslöst, bezieht sich nicht auf das Lächerliche oder auf das Erhabene im Vergleich zum Niedrigen. Der Pantomime verkörpert die Verdopplung in Reinkultur; wir lächeln erst dann über ihn, wenn er im Produkt auf die Regeln seiner eigenen Produktion stößt. Davon zeugen die nicht enden wollenden Widrigkeiten im Leben des Harlekins, der beim Säubern eines Spiegels sein Double entdeckt oder in einer Glasscheibe, die gleichzeitig von beiden Seiten abgewischt wird, seinen wirklichen Doppelgänger erkennt.

Der Pantomime geistert durch ein Niemandsland an den Grenzen des Humors und der Traurigkeit. Seine Verdopplung erheitert uns, wenn sie unversehens in ihre eigene Falle tappt und damit eine absurde Situation schafft, die zweifellos auch traurig ist; da sie aber auf absurde Weise zustande kommt, können wir nicht anders als darüber zu lächeln. Oder der Pantomime weiß, daß er mimt – wie Jean-Louis Barrault in »Kinder des Olymp«; oder er verliert den Sinn für die Realität und wird in dem Maße zur komischen Figur, wie er sich selbst mimt; die Identifikation des Bildes mit dem Subjekt – ein Unterfangen, dessen hohe und subtile Schwierigkeit durch sein Können offenbar wird – erscheint ihm mit einem Mál als vollbracht und gesichert; mit unendlicher Geduld, mit Fingerspitzengefühl und Behutsamkeit handelt er so, als gäbe es nichts zu handeln. Der Pantomime wird zum Komiker, wenn er in hegelianischer Weise vorgeht: er ruft hurra, verkündet die endgültige Übereinstimmung von Sein und Schein und erklärt diese zur absoluten Wahrheit; sie war jedoch von Anfang an gegeben und bestimmte die gesamte Handlung. Wenn das Subjekt gleich Substanz ist, ist es überflüssig, sie nachahmen zu wollen; so gibt uns der lächelnde Mime zu verstehen, daß er sich gar nicht abmüht, daß er das Sein nicht doubelt, daß er er selbst *ist*, daß er folglich kein Mime ist, und daß es denjenigen, den der Zuschauer zu sehen glaubt, in seiner Vorstellung nicht einmal gibt.

Solchergestalt führt uns der Pantomime ein logisches Prinzip der Verdopplung vor Augen, das sämtlichen Handlungen der Dummheit zugrundeliegt. Indem er sich befleißigt, die Dinge im Bild zu duplizieren und die Personen in ihrer konformen Kopie einzuschließen, gestaltet er den Triumph der Dummheit, entlarvt sie als ebenso selbstzufrieden wie das selbstklebende Etikett, das sich für den Gegenstand hält, auf dem es haftet. In gewisser Weise verkörpert der Pantomime eine Marionette, die ostentativ, aber ohne es zu merken, an ihren eigenen Fäden zieht (wie das Trio der Marx Brothers, wenn Groucho, Chico und Harpo sich in einem fort gegenseitig manipulieren).

Beim Anblick des Ungelenken oder Karikaturesken belustigt uns das Mißverhältnis zwischen den eingesetzten Mitteln und dem verfolgten Ziel, und wir stellen unwillkürlich einen Vergleich an zwischen den Anforderungen, die eine solche Aufgabe an uns stellt, und den Anforderungen, denen der liebenswerte

Schelm genügen muß. Der Lebensnerv dieser Komik der zweiten Ebene ist nicht die erzielte Wirkung – der nasse Gribouille, der vor dem Regen flieht –, sondern die Art und Weise, wie diese Wirkung zustande kommt. Wer es zu weit treibt (Laurel und Hardy) oder wer im Leben bummelt (B. Keaton), wird aus dem Gleis geworfen. Soll das heißen, daß Übertreibung wie Untertreibung mit einem Maßstab gemessen werden, der als »normal« angesehen wird, also mit dem unseren? Es ist wohl eher so, daß die dumme Handlung ins Auge springt und sich als solche selbst verrät; eine Bezugnahme auf ein maßgebendes Bewertungssystem erübrigt sich. Die Verrenkungen eines angehenden Tänzers können seinen Tanzlehrer nicht belustigen, und die lachhaften Fehlschlüsse eines anderen bringen den Berufslogiker zur Weißglut; der Vergleich zwischen den Forderungen der Norm und den Fehlleistungen im realen Verhalten veranschaulicht zwar den Abstand zwischen beiden, die Komik bleibt dabei aber auf der Strecke. Das Lachen platzt heraus, wenn das dumme Tun mit sich selbst verglichen wird. Damit die Nachahmung ins Ziel trifft (Proust plagiiert Balzacs Erzählweise), muß sie auch die Verfahrensweise aufzeigen, das, was beim Vorbild zum Stereotyp wird, und das, worin sich der Autor selbst nachahmt. Das Kind kopiert den Erwachsenen, und generell ist die Imitation für Erkenntnis und Entdeckung förderlich, darin liegt nichts Außergewöhnliches. Das Lächerliche kommt zum Vorschein, wenn das Mittel zum Selbstzweck wird, wenn der Erwachsene das Kind nachahmt, das den Erwachsenen nachahmt, und wenn die Kunst, die eigene Umgebung nachzubilden, sich in der Welt der Kopie im Kreise dreht.

Das Phänomen der Dummheit enthüllt eine Wirkung, das Produkt der Dummheit veranschaulicht sein (duplizierendes) Herstellungsverfahren. Auf einer dritten Ebene der Wahrnehmung erweist sich die Dummheit als die Einheit von Ursache und Wirkung, sie unterwirft sich die Handlung und den Handelnden, den Absender und den Empfänger, und das ist der Augenblick des *Geistes*. Man ist nicht geistreich sich selbst gegenüber; zuviel Nähe schadet. Zwischen ich und du muß ein dritter sein, dem der überraschende Geistesblitz die Rettung bringt. Dank diesem »ich komme von nirgendwo«, das Freud als das Merkmal des Unbewußten pointierte, entzieht sich der Geistesblitz sowohl seiner Prädikation als auch seinem Prädikat; er kommt, wenn – und nur wenn – man nicht auf ihn wartet, um das zu sagen, was er nicht zu sagen beabsichtigt.

Der Geist zieht keine Folgen nach sich, auch keine Schlüsse, und da er nicht weiß, woher er kommt und wohin er geht, sorgt er sich auch nicht darum, in sich selbst den Grund zu finden, der ihn befähigt; im Gegensatz zu den gnomischen Sentenzen und den weisen Geboten leben die bösen Gedanken allein von den Torheiten, die sie bloßlegen. Die Komik gründet sich (wie Freud betont) auf handelnde Personen (Charakterkomik) oder auf besondere Umstände (Situationskomik), sie ist im wesentlichen theatralischer Art. Geist hingegen kann nur schwer leibhaftig dargestellt werden, er zieht es vor, die Kulissen zu durchstöbern, anstatt auf der Bühne zu agieren, er verlustiert sich lieber in der ungereimten Trivialität des Gesprächs als im hellen Rampenlicht.

Der Geistesblitz zielt nicht auf eine bestimmte Person. Gewiß, es kommt vor, daß er als Querschläger einen »Charakter« trifft, aber vor allem manifestiert er, im jeweiligen Gewand der Zeit – der verliebte Griesgram, der Bürger als Edelmann –, das allgemeine Gesetz von der sich selbst hervorbringenden Dummheit. Pointiert er das unentwirrbare Durcheinander der Sachverhalte, in die sie alles einschließt? In beiden Fällen enthüllt der geistreiche Einfall das Allgemeine im Besonderen und bringt die Regel der Anekdote zum Vorschein. Im aristotelischen Sinn ist der Geistesblitz eine »Induktion«, er zeigt den Menschen im Wahrsager Kalchas und verweist anhand der Singularität des Singulären auf eine Allgemeingültigkeit, die weit über den Einzelfall hinausreicht. Hierbei wird die Dummheit nicht mehr als ein Produkt oder als Produktion angegriffen, sondern als eine Begriffswelt. Der Blitz zielt auf die Knotenpunkte, da, wo die einordnende Tätigkeit und der Prozeß der Aussonderung des nicht Klassifizierbaren sich gegenseitig stützen und wo sie das »System der Vernunfterkenntnis« zusammenhalten. Zu wissen, was Reden bedeutet und folgerecht nicht bedeutet – dieser Grundachse eines jeden dummen Denkens mangelt es plötzlich an Evidenz. Schlimmer noch, der Verlust scheint nicht nur zeitweilig oder von den Umständen abhängig zu sein; verraucht ist die Hoffnung, daß die binäre Begriffswelt wiederhergestellt werden könnte, wenn der Charakter zurechtgerückt und der Streich eliminiert wurden, denn diese Welt wurde in ihrer Logik selbst überrumpelt. Die Unsinnigkeit hinter dem Nonsens eines Verhaltens, die jeden Sinn belastet, brachte die geistreiche Entgegnung hervor: Nun, da ich die Feststellung gemacht habe, daß du »ich fahre nach Krakau« sagst, damit ich glaube, du fährst nach Lemberg, erübrigt sich doch jeder weitere Disput? Zum *status quo ante* werden wir nicht mehr zurückkehren. Die Ungleichartigkeit und die korrelative Möglichkeit eines Betrugs haben unser »System der Vernunfterkenntnis« für immer angeschlagen. Es besteht die Gefahr, daß sich Dinge und Worte fortan gegenseitig verhöhnen. Man wird die geschlossene Welt verlassen und um eine mathematische Unendlichkeit trauern müssen, die uns – nicht weniger als vier Jahrhunderte lang – die Gewähr einer Welt gegeben hatte, aus welcher der Widerspruch, also auch die Lüge, wissenschaftlich ausgeschlossen schien. Auf eine solche, von der Vorsehung bestimmte Gewißheit pfeifen die jüdischen Witze, die Antinomien der modernen Logiker (»ich lüge«), und der Geist der Feinheit (l'esprit de finesse) der Klassiker (Pascal). Letztere hielten – nicht so sehr mit Blick auf Descartes als auf seine Epigonen – die Maßlosigkeit und die Hegemonie geometrischer Gewißheiten für »unnütz und unsicher«. Der Geistesblitz schafft einen irreparablen, unwiderruflichen Bruch. Keine Unendlichkeit kann mehr als freundlicher Lückenbüßer das Aufkommen der »unendlichen«, sprich endlosen Räume abwenden.

Der Geist spannt keineswegs ein wahres geschlossenes Ganzes über die pralle Welt der Lüge; er weiß es nicht besser als sie, aber knapper; er philosophiert; er begegnet der gelehrten

Anmaßung mit sokratischer Unwissenheit; wenn er schreibt, bemüht er sich um einen Stil, der »für sich ganz allein eine absolute Art sei, die Dinge zu sehen« (Flaubert). In welchem Sinne »absolut«? Dieses Wort leitet über zum Begriff »absolvere« – sich lösen. Aber es gibt verschiedene Möglichkeiten, von etwas loszukommen. Auch die Dummheit stellt eine Art Befreiung dar, sie löst Hippolyte von seinem Bein und schafft Abstand zu seinen Schreien; was sie auch tun mag, sie spricht sich selber frei, sie sammelt sich in sich selbst, heiter und absolut, so wie das hegelianische Wissen, das voller Dünkel davon überzeugt ist, daß die Welt ihm gehört. »Hier können wir sagen, daß wir zu Hause sind, und, wie der Seemann nach einer langen Reise auf stürmischen Meeren, endlich rufen: Land ...!« Homais, Bournisien und Hegel haben allesamt jenen Sinn für das Zuhause, den die Denker des 20. Jahrhunderts »In-der-Welt-Sein« nennen, auch wenn sich Angst darin mischt. Der Geistesblitz bildet die Ausnahme, er löst sich ab, was seinen »absoluten« Stil erklärt. Indem er die Dummheit auseinandernimmt, durchbricht er die Gewohnheiten und läßt sich nirgendwo nieder, er kommt und geht, er schwebt. »Was ich schön fände«, präzisiert Flaubert, »was ich gern machen möchte, das wäre ein Buch über nichts, ein Buch ohne Verankerungen in der Außenwelt, das seinen ganzen Halt durch die innere Kraft seines Stils finden würde, so wie die Erde, die durch nichts gestützt wird und doch im Raum hängenbleibt ...« Zwischen dem Mikro-Akosmismus des geistreichen Gedankens und dem Makro-Akosmismus des Buches gibt es die Folgerichtigkeit des Denkens und die Distanz zu einer Dummheit, die Welt geworden ist.

Sollte man die Welt verlassen, um sich vor der Dummheit zu retten? Allein, wohin könnte man gehen? Warum wollte man woandershin gehen?

# Theorie der Idiotie
## in sechs Punkten

Was man noch auf den Begriff bringen müßte, wäre die Dummheit in ihren subjektiven Erscheinungsformen: die Art und Weise, wie sich ein Mensch auf dem Wege der Dummheit einschreibt, so wie er sich beispielsweise auf dem Wege der Neurose oder der Perversion einschreiben kann.

J.-C. MILNER

Die Literatur weiß es und das Tagesgeschehen beweist es: es gibt die Dummheit. Es ist an der Zeit, ihre Daseinsbedingungen zu untersuchen. Man ist zu sehr bemüht, sie als belangloses Nebenprodukt auf dem Siegeszug der Vernunft darzustellen, oder als bedauerlichen, doch zeitlich begrenzten Verzögerungseffekt bei der kostenlosen, obligatorischen und allgemeinen Intelligenzzuteilung. So viel Gewundenheit verrät, daß ihre direkte Anwesenheit Unbehagen verursacht; sie stört das Verhältnis zu sich selbst, bringt die Beziehungen zu den anderen durcheinander und unterminiert langsam aber sicher unsere Vorstellung vom menschlichen Leben. Die Dummheit wird auf ganz verschiedene Weise erfahren. Sie überfällt von rechts wie von links, greift von oben wie von unten an; bald fordert sie offen heraus, meist aber schlägt sie aus dem Hinterhalt zu. Zeigen doch die Torheiten mit ihren schillernden Inhalten und ihren Schachzügen hinter ihren verblüffenden und unvergleichlichen Kapriolen immer dieselbe Inszenierung. Die Frage nach den Voraussetzungen, die die Dummheit möglich machen, läuft darauf hinaus, daß wir uns selbst fragen, wieso wir ständig der Gefahr ausgesetzt sind, uns bei Dummheiten zu ertappen. Was ist das für eine Erfahrung – so unterschiedlich in ihren einzelnen Gestalten, die für sich genommen durchaus überwunden werden können, aber doch so gebieterisch in ihrer Form?

»Idiotie« nennt Dostojewskij diese ständige Anwandlung, die uns das unendliche Wirrwarr unserer episodischen Dummheiten beschert. Er versteht darunter den konstituierenden Wahn, dessen unzählige Tagesdummheiten ihn so verlockend machen. Die Anziehungskraft, die Faszination und der Charme eines dahergelaufenen Betrunkenen, dieser sublime Funke, der in einer mittelprächtigen Sauferei oder in einem niederträchtigen Verbrechen aufleuchtet, das alles wird nur sichtbar vor dem Hintergrund einer Idiotie, deren Wünschen und Streben unsere Geistesverwirrung strukturiert. Der Ehrgeiz, total idiotisch zu werden, ist wahrscheinlich nie zu befriedigen. Die Helden straucheln und scheinen immer wieder neu vor Entsetzen in die Knie zu gehen und daran zu verzweifeln, jemals die endgültige, restlose Torheit zu besitzen, die zwar jede Verwirrung ganz erfaßt, sich aber selbst in keiner fassen läßt. Die Idiotie erweist sich so als Voraussetzung, unter der die Dummheitserfahrung erst möglich wird; sie wird nie zum Gegenstand dieser Erfahrung; sie bleibt das, was man hinter den Tagesidolen eigentlich anstrebt; und weil sie nie erlangt werden kann, sorgt sie dafür, daß die Hoffnung nicht aufgegeben und immer wieder ein neuer Anlauf gemacht wird; sie schwebt am Horizont und macht die Erfahrung zum Kreislauf; das Ideal wird immer verfehlt, so bleibt es immer Ideal und wird ewig angestrebt.

Bei der ersten Zufallsbegegnung in einer Bahnhofshalle oder in einer Kantine präsentiert sich der Idiot als schlichtes Gemüt, und seine Vertrauensseligkeit macht ihn scheinbar unfähig zum Bösen, allerdings auch unfähig, ihm zu widerstehen. Er gibt sich so wehrlos preis, weil er betrunken, ein Epileptiker, ein »Unterentwickelter«, ein Provinzler, mit einem Wort: vermindert zurechnungsfähig ist. Seine Naivität erweist sich aber schnell als effektiv, sie rüttelt auf, macht besorgt, fasziniert, widert an; bei der Begegnung mit ihm wird der Selbstsichere unsicher, wer stehengeblieben ist, geht weiter, es kommt ein Riß in die edlen Gedanken und festen Grundsätze, die sich unerwartet als brüchig erweisen. Der Idiot macht einen Schritt vorwärts und schon brechen die Vorurteile zusammen, die Allmacht der Güte zerbirst und entfaltet dabei – dritte Phase – eine Zerstörungskraft, die alles in Schutt und Asche legt: zwiespältige Gefühle, linkische Zuneigungen, unsaubere Liebschaften und was sonst noch eine Gesellschaft zusammenhält, in der sich der sie ruinierende Idiot verkriecht.

Der Standpunkt des Idioten steht unverrückbar fest: Er urteilt über alle und jeden, über sich selbst läßt er von niemandem urteilen. Nach Dostojewskij ist der Idiot kein Mensch mit einer spezifischen Dummheit. Er verkörpert alle Dummheiten, doch eben nur latent, in keine schlüpft er richtig hinein; gerade durch seine Einfachheit läßt er sich nicht fassen: »Haha! Und wie kann man zwei lieben? Sind es zwei ganz verschiedene Arten von Liebe? … der arme Idiot!« Der Autor begann damit

– die Aufzeichnungen zeugen davon – daß er in einer rätselhaften Romanfigur die widersprüchlichsten Charaktereigenschaften vereinigte. Bald ist er eine Art schöne Seele Christi und schlicht unfähig zur Bosheit. Bald schwört er als anarchistischer Revolutionär, Rußland in Blut und Feuer zu ersticken. Entweder die Menschen beherrschen und tyrannisieren, oder für sie am Kreuz sterben; für ihn, für seine Natur, gibt es keine andere Möglichkeit; er will sich nicht einfach verzehren. In ihm schwelen die zerstörerischen Leidenschaften Stawrogins und der »Besessenen« (*Die Dämonen* erscheinen drei Jahre später). Im Keim ist bereits das Ungestüm und die Kompliziertheit da, die die Zerrissenheit der Karamasow ausmachen (*Die Brüder Karamasow* werden zehn Jahre später veröffentlicht). Im fertigen Buch wird Fürst Myschkin der Idiot sein: ein Naiver, ein Heiliger oder ein Epileptiker, je nachdem, wie man es sehen will. Dostojewskij hat den Traum, alle Helden seiner zukünftigen Romane in einer Figur zu kondensieren, nicht wirklich aufgegeben. Vielmehr schreibt er den Roman dieses Traums und überträgt auf die den Fürsten umgebenden Nebenpersonen die Fähigkeit, sich reihum mit dem Idioten zu identifizieren. Dieser gehört allen:

»... es ist ganz ausgeschlossen, daß eine Beleidigung Sie kränken könnte ... Kann man aber alle lieben, alle Menschen, alle seine Nächsten? Ich habe oft diese Frage an mich gestellt. Gewiß nicht, und das ist sogar ganz natürlich. In der abstrakten Liebe zur Menschheit liebt man fast immer nur sich selbst. Uns ist jene Liebe unmöglich, Sie aber sind etwas ganz anderes: wie wäre es Ihnen möglich, *nicht* jemanden zu lieben, da Sie sich doch mit keinem vergleichen können und über jeder Beleidigung stehen, sogar über jedem persönlichen Unwillen?« Scheinbar unfähig, sich zu kontrollieren, gehört er nicht sich selbst. Doch seine Unkontrolliertheit, so unübersehbar sie ist, hemmt nicht den schwebenden Eindruck, den der Idiot hervorruft; dieser gilt als Äußerung abgrundtiefer Einfalt oder als Beweis höchster Weisheit. »Nur der Weise kann sich Bocksprünge erlauben«, behaupteten die Stoiker.

Der Idiot ist der wirkliche »Mann ohne Eigenschaften«. Vom Anfall geschüttelt, erfährt er intensiv, was Musils Held Ulrich extensiv durchlebt, indem er nacheinander alles durchprobiert, was ihm seine Zeitgenossen an Handeln und Fühlen nahelegen. Keiner der beiden bescheidet sich mit einer nüchternen Realität; beide haben keinen festen, örtlichen und zeitlich situierbaren, entschiedenen Charakter; sie sind nicht Menschen der Wirklichkeit, sondern der Möglichkeit: Sie sind nicht dieses oder jenes, sondern dieses und jenes; sie pflegen das flexible »Und«, sind mehr einschließend als ausschließend, sie machen sich leer um aufzunehmen und wollen von nirgendwo sein, um für alle da zu sein. Ulrich könnte wie Myschkin schwören, er habe beschlossen, höflich und aufrichtig gegen jedermann zu sein. Mit einem Unterschied: Myschkin, der Fürst des Eindeutigen, will auf einmal und en bloc eine ganze Welt von Möglichkeiten ausschöpfen, während Ulrich, der Fürst des Mehrdeutigen, sich Zeit läßt, sie zu durchlaufen. Der erste läßt die Welt sich um sich drehen – das ist seine »Idiotie« –, der zweite umrundet die Welt und will sich die Fähigkeit erhalten, die Nicht-Einheit, ja, die Nicht-Existenz der ihn so faszinierenden »wirklichen Welt« aufzudecken.

Die Dummheit breitet, wie wir gesehen haben, vor uns eine Landschaft ohne Mehrdeutigkeit aus, wo, gewogen und etikettiert, jedes Ding seinen Platz hat, wie die Fläschchen und Döschen in einer wohlgeordneten Apotheke. Die Idiotie gewährleistet die Daseinsvoraussetzung dieser dummen Welten, indem sie mögliche Mehrdeutigkeiten gleich doppelt abbaut. Einerseits setzt sie bei den Elementen an, andererseits bei der Gesamtheit: Der Idiot spukt im Reich des Tadellosen, wo die Dinge mit sich selbst deckungsgleich sind (ein Engel ist ein Engel, eine reine Liebe ist eine Liebe bar jeder Mehrdeutigkeit); er suggeriert außerdem, daß die Sphäre, in der sie sich nach ihrem Bilde bewegen, von sich selbst erfüllt und einzigartig sei. Myschkin fasziniert, weil in der Begegnung mit ihm jede Seele ihre erste und letzte Wahrheit gespiegelt haben möchte. Die »Krankheit« mit ihren Epilepsie-Anfällen und dem Zuboden-

werfen, der geistigen Blindheit und der Idiotie ist nur der Preis
für den höchsten Augenblick, in dem sich das Universum gerei-
nigt von allen Ungereimtheiten des Zeitlichen auftut. »In diesem Moment werden mir irgendwie die merkwürdigen Worte
verständlich, daß es keine Zeit mehr geben wird. Es ist wohl
dieselbe Sekunde, ... die nicht ausreichte, um das Wasser aus
dem umgestürzten Krug des Epileptikers Mohammed ausflie-
ßen zu lassen, während Mohammed in der Zeit alle Wohnstät-
ten Allahs besichtigen konnte.« Die idiotische Apokalypse
bedient sich des gehobenen Tons und des radikalen Anspruchs
der Apokalypse von Pathmos. Doch die Abziehbildchen-Land-
schaft, die sie einführt, ist eine Welt – jedem nach seinen
Bedürfnissen, jedem nach seinen Fähigkeiten – des dummen
Abklatsches.

Fürst Myschkin verunsichert. Zwar will jeder in seinem
unbeholfenen Benehmen den Kranken oder den weltfremden
Naivling sehen. Nichtsdestoweniger löst seine schlichte Gegenwart Lawinen von Erleuchtungen und Erklärungen aus, »es
war nichts geschehen und dennoch war es, als ob etwas sehr
Wichtiges geschehen wäre«. Ein Rauschzustand steckt an, die
Moral auch und der Alkoholiker nicht weniger. Jeden ködert
die in Aussicht gestellte Initiation in den »höchsten Augenblick«, denn »dort ist alles Einklang, schwingen / Lust und
Luxus in den Dingen«, wie der Dichter sagt. Und vergeht
einem Hören und Sehen, wie der Volksmund sagt. Was in
Myschkin wirkt, ist nicht der Adel seiner Anschauungen, sondern der Rausch, den sie erzeugen, der metaphysische Bonus,
den sie den ordinärsten Dummheiten gewähren, indem sie jedes
Wesen auf sein Wesen festnageln, und die Gesamtheit der
Wesen auf die Ewigkeit. Das »Verweile doch, du bist so
schön«, das Faust ein Leben lang zu keinem Augenblick sagen
will, dieses Ja und Amen, mit dem man behauptet, vollkommen
zu existieren, das restlose Glück, der Augenblick, in dem die
totale Vollkommenheit vollkommen mit Händen greifbar wird
– Myschkin spricht das große Wort alle naslang aus und gießt
über die Banalität und Oberflächlichkeit des ersten Blicks das

Bonbonrosa einer Gratis-Erlösung aus: »Und kann man denn wirklich unglücklich sein? Oh, was hat mein Unglück und Leiden zu sagen, wenn ich die Fähigkeit habe, glücklich zu sein? Wissen Sie, ich weiß nicht, wie man an einem Baume vorübergehen kann, ohne darüber glücklich zu sein, daß man ihn sieht? Wie man mit einem Menschen sprechen kann, ohne glücklich zu sein, weil man ihn liebt! Oh, ich kann es nur nicht aussprechen ... wieviel schöne Sachen gibt es aber auf jeden Schritt, wenn selbst ein verlorener Mensch sie schön findet? Schaut ein Kind an, schaut das Morgenrot an, schaut, wie ein Grashalm wächst, schaut in die Augen, die euch anblicken und euch lieben ...« Es geht ein Regen von Schönheit und Güte auf die Erde nieder, auf der die Aufrichtigkeit blüht. Häßlichkeit ist nur Schein, die Bosheit löst sich in nichts auf, die Lüge ist nur ein böser Traum. Fürst Myschkin, das Prinzip der Idiotie, verkündet uns, daß es uns gut geht, daß wir »zu Hause« sind in dem einen und unteilbaren Gemeinwesen, wo das Gute, das Schöne und das Wahre um sich selbst kreisen, nichts von Zwängen wissen, sich ineinander verwandeln und ihr Siegel automatisch allem Sein aufdrücken, dem geringsten wie dem höchsten.

Der Idiot spricht. Es handelt sich bei ihm nicht einfach um eine organische Störung. Der Idiot drückt sich aus, erklärt. Er ist geistig aktiv, versucht, andere und sich selbst zu überzeugen. Er ist aber auch kein strahlender Engel, in dem ohne jeden äußeren Einfluß eine rein göttliche Gnade wirken würde. Woher kommt die Idiotie? Man holt sie sich nicht wie einen Schnupfen, man kauft sie auch nicht wie einen Strauß Rosen, sie ist ein Schicksal des Denkens. Man wird Idiot ... in sechs Etappen.

## Nekroskopie

Mit dem Ausräumen der Ungewißheiten müssen wir auf der untersten Ebene beginnen. Das Grundelement des Diskurses ist das Zeichen; es stellt sich zunächst als Träger von Mehrdeutigkeit dar; mit der Metapher (»du bist ein *Esel*«) oder der

Metonymie (ein Teil steht für das Ganze, das Segel für das Schiff) gibt es ein Ding für ein anderes aus. Die Dummheit versteht ihr Handwerk und sperrt den vagabundierenden Sinn in rhetorische Konventionen ein: »Tugend«, »Blume« und »Jungfräulichkeit« entsprachen sich so ideal in Omas Regenbogenpresse, daß die Wortwahl lediglich den Beruf des Schreibenden verriet (Vater/Mutter, Liebhaber oder Arzt); nicht der geringste Unterschied in der Sache selbst (die man vor einer eventuellen vorehelichen Untersuchung nicht verloren haben durfte).

Wegen der Zeichen sind diese Codes vor Unterwanderungsversuchen nie ganz sicher; die anzügliche Anspielung zum Beispiel oder die poetische Inspiration bedrohen das konformistische Gleichgewicht des weichen Gemüts fortwährend. Die Idiotie will sich nicht mit dem Ungefähren der traditionellen Medikationen zufriedengeben und schlägt vor, die Mehrdeutigkeit des Zeichens ein für alle mal einzufrieren.

Wer kommt und leistet dem Idioten den Dienst, das Zeichen vom Zeichen abzutrennen und den unaufhörlichen Sinnkreislauf zu unterbrechen? Ganz klar: der Tod. Der dem Henker und dem Fallbeil verfallene Kopf wirft einen letzten Blick auf die Wesen, die auf einmal das sind, was sie sind, weil sie nie mehr das sein werden, was sie gewesen sind. Zumindest in den Augen des Todeskandidaten. Dessen Kühnheit macht sich der Idiot zu eigen, er zitiert jedes Wesen vor das unmittelbar bevorstehende Ende, er taucht die Dinge in das Nordlicht der letzten Viertelstunde, er denkt sich die Gedanken eines abgeschlagenen Kopfes: Ippolit, das revolutionär-anarchistische Double des Fürsten Myschkin, unheilbar krank wie dieser, hält fortwährend seine vorgezogene Leichenrede: »Ja, als Sie sich vorhin verabschiedeten, fiel mir plötzlich ein: diese Menschen werden nie mehr da sein, niemals! Auch die Bäume nicht, nur die rote Ziegelwand von Meyers Haus wird noch da sein ... die ich aus dem Fenster mir gegenüber sehe ... sage ihnen also das alles ... versuche es einmal zu sagen; da ist ein schönes Mädchen, du bist ja ein Toter, stelle dich als Toter vor; weise darauf hin, daß ein Toter alles sagen darf und daß es ihm auf die öffentliche Meinung nicht mehr ankommt, haha!«

Die Operation ist kompliziert. Der Tod schneidet das Wort ab, todsicher. Der Idiot infiziert mit ihm die Sprache in der Hoffnung, das den Sprecher darniederwerfende Unglück (wenn ich tot bin, kann ich nicht die Zeichen sich frei bewegen lassen) befalle die Sprache selbst (die Zeichen können sich nicht mehr bewegen); *mein* Tod muß als *der* Tod in aller Munde sein. Ich muß ihn also sprechen lassen; ich leihe ihm meine Stimme, damit ich, mit euch, vorzeitig die Abschiedszeremonie vornehmen kann. Ihr lächelt? Überzeugt es euch nicht? Gekicher in den Rängen: Wofür hält sich der Mann? Für eure frühreifen Leichen. Ich beschwöre Erdbeben, Revolutionen, AIDS, den Krebs, die Wirtschaftskrise, die atomare Apokalypse, denn ihr sollt mit mir die letzten Minuten der Schöpfung zählen. Ihr habt vorderste Logenplätze, jetzt tut so, als wäre geschehen, was geschehen kann; unser Nochnicht ist bereits da. Folgern wir daraus: Die Idiotie ist der in meinem Kopf monologisierende Tod.

Alle Menschen sind sterblich, und sie spüren es. Der Idiot denkt nur noch daran. Dostojewskij stellt ihn sich ebenso unterwürfig wie aufbegehrend vor; terrorisierter Terrorist oder zum Terroristen gewordener Terrorisierter – er versteht es, nichts-gleich zu werden, um alles zu sein und seinen »Beweis mit dem Mittel des Todes« als universalgültig durchzusetzen. Das Hegel-Wort bezieht sich auf die Schreckensherrschaft von 1793: sie säubert, schlägt alles kurz und klein und macht alles gleich; sie hilft der Tugend zur Herrschaft, indem sie mit der Unerschütterlichkeit des Fallbeils den »kälteste(n), platteste(n) Tod, ohne mehr Bedeutung, als das Durchhauen eines Kohlhaupts oder ein Schluck Wassers« auszuteilen sucht.

Ob sie eigenhändig und munter die Guillotine bedient oder symbolisch und pazifistisch das atomare Inferno in Gang setzt, ist einerlei; die Idiotie mordet vor allem den Sinn, indem sie seinen Kreislauf unterbricht. Verbal auszuflippen oder sich blödsinnig das Gehirn auszukotzen kann man sich sparen; man muß nur die Bedeutung zur Leiche machen, sie der babylonischen Verwirrung der Begriffe entreißen und sie jeden Sinns entleeren. Man lasse sie unter einer Plastikfolie ersticken und verkünde jetzt und für alle Ewigkeit: Der hier ist ein Aristokrat, der dort ein Chaot, der andere ein Kriegsverbrecher, und die hier sind rein unschuldige Opfer – der letzte Blick des Verurteilten und das letzte Augenzwinkern des Blutrichters posieren für das nachsintflutliche Familienfoto.

Der Idiot ist ein Sinn-Abschneider oder, wie Tribulat Bonhomet im gleichnamigen Roman von Villiers de l'Isle-Adam, »ein Schwanenhals-Abschneider«. Die nekrologische Festlegung der Sprache – getreu nach Tribulats Axiom: »Der Schwan singt schön, bevor er stirbt« – bewirkt eine plötzliche Zeitumkehr. Man muß zwar so tun, als hätte der Sensenmann schon Ernte gehalten, die Aktion muß aber vor der Stunde X stattfinden. Die Niemandszeit, in der diese Retrovertierung stattfindet, gehört nicht mehr dem Leben an, aber auch nicht dem Nichts. Um sicherzugehen, daß unter diesen ausgesuchten Umständen nur das Entsetzen zu Wort kommt, entlehnt Tribulat dem in Diktaturen so beliebten Gesetz des prinzipiellen Verdachts eine raffinierte Art, die »Künstler anzuregen«. Er schleicht sich lautlos an, um die Schwäne nicht aufzuscheuchen; sie sollen ja nicht fliehen und weiterleben. Durch ein leises, unter der Reaktionsschwelle liegendes Rascheln macht er das Wächtertier unruhig, das mehr und mehr von einer dumpfen »Vorstellung von Gefahr« erfüllt wird, während die anderen Schwäne »nach und nach von Angst ergriffen wurden, da sie sich in irgendeiner Weise des sie bedrohenden Todes bewußt waren.« So entsteht in den Schwänen Angst vor einem Ereignis, das nur als Vorstellung existiert, und Tribulat demonstriert, daß, je mehr Entsetzen im Gesang liegt, er desto schöner wird, weil er zum völligen Einklang wird wie ein letztes, langgezogenes Seufzen; im erhabenen Augenblick, in dem dieser Gesang ertönt, richtet ihn das nicht mehr Seiende an das, was noch nicht ist.

Die Schwanengesangsatmosphäre ist der Hintergrund, vor dem sich jedes einzelne Element des idiotischen Diskurses deutlich abhebt. Allerdings funktioniert ein Zeichen nicht isoliert, es erscheint in einem Zusammenhang, und auch der muß sichtbar werden. A ist nur A, insofern es Teil des Alphabets, ein Buchstabe unter sechsundzwanzig ist. Die Idiotie ermöglicht verschiedene Dummheiten, sie fungiert bei mechanischer Vervielfältigung als Input, als Nekro-Zeichenspeicher. Um zur Conditio sine qua non aller dummen Systeme zu werden, muß sie diesen auch die Gesamtschau liefern, damit sie zu einem geschlossenen Ganzen werden. Das auf seine Kadaverentsprechung verkürzte Zeichen ist das Eine, das sich als das Sein ausgibt. Das idiotisch-sprachlose Ganze ist das zum Einen geronnene Sein. Die unausweichliche Katastrophe veranlaßt den Schwanengesang, den revolutionären wie den pazifistischen: Es wird »alles« aus sein; angesichts der zum Tode verurteilten Welt ist demnach meine absolute Verzweiflung alles; sie sieht nur sich selbst.

## Maschinen-Liebe

Der Idiot schaut und wird angeschaut. Vor seinen Augen tauchen Zeichen auf, die die nahende Stunde X transparent gemacht hat. Und was erraten die anderen in seinen Augen? Ist nicht auch er ein Zeichen, doch ein die anderen Zeichen zusammenfassendes Zeichen, das Zeichen der Zeichen? Myschkin verliebt sich? Da kann er nicht anders, als mit einer jede Konkurrenz schachmatt setzenden Treuherzigkeit gleich zwei Auserwählten am selben Tag die Heirat versprechen und ewige Treue schwören. Idiotisch lieben heißt platonisch lieben, heißt, in einem schönen Gegenstand die Schönheit an sich sehen, die alle Schönheiten in einer strahlenden, keiner Einzelschönheit eignenden Helle vereinigt. Myschkin beschenkt jede und jeden mit seinen aufrichtigen Gefühlen, so, wie die Idee der Schönheit ihre Reize aller an ihr teilhabenden Vielheit spendet. Er wird damit zum komischen Pendant des ewig zögernden Panurge, der zwar heiraten will, aber befürchtet, Hörner aufgesetzt zu bekommen; der sich nichts sehnlicher wünschte, als eine Frau zu ehelichen, aber heillose Angst hat, betrogen zu werden. Myschkin dagegen zögert nie und hat vor gar nichts Angst. Er gibt sich jeder und jedem hin, er bleibt allen treu und betrügt niemanden; für ihn ist der Einzelne universell, und das Universale ist ein Einzelner, er selbst nämlich.

Die Idiotie feiert ihre Apotheose, indem sie einen ständigen Kurzschluß herstellt zwischen der Einzahl und der Mehrzahl. Sie bastelt »Maschinen zur Erzeugung des Idealen«, die allesfressende Träume in nicht programmierbare Wirklichkeiten auflösen. Die Eva der Zukunft, eine das weibliche Ideal verkörpernde Automatenpuppe, läßt die von Myschkin verheißene idiotische Ubiquität Wirklichkeit werden. »In mir sind so viele Frauen«, erklärt sie, »daß kein Harem sie fassen könnte«. Sie stellt hier eine Behauptung auf, die zwar keineswegs unüblich ist, die aber von Villiers de l'Isle-Adam – und das macht seine Originalität aus – wörtlich genommen wird. Soll der imaginäre Harem weder ein leeres Versprechen noch ein leeres Wort sein, dann muß die Eva, in der sich die Reize kristallisieren, ein Kunstwesen sein, ein vollkommen beherrschbares Zeichen. Wäre die Idealfrau ein Mensch aus Fleisch und Blut, wie die blühende Alicia beispielsweise, deren elektromagnetischer Abguß Eva ist, dann wäre ihr nie ganz zu trauen: Jedes belebte Wesen ist per definitionem in seinen Bewegungen autonom und kann deshalb sich selbst und anderen untreu werden. Der Idealfrau wird dieselbe Behandlung zuteil wie den vom Idioten eingeäscherten Zeichen; sie ist ihrem Liebhaber versprochen, dem Lord Ewald, »und identisch mit Ihrer jungen Freundin, bis auf das Bewußtsein, womit sie Ihnen behaftet schien.« Das Ideal aus Fleisch und Blut kann jederzeit von seinem Fleisch verraten werden, das in einer Maschine fixierte Ideal hingegen ist zwar greifbar, hörbar, materialisiert, seine Wirklichkeit kann aber nicht sein Wesen beeinträchtigen: »Er ergriff ihre Hand: es war Alicias Hand! Er beroch ihren Hals, der Atem stockte ihm beim Anblick: es war wirklich Alicia! Er blickte ihr in die Augen … es waren wirklich ihre Augen …, nur der Blick war erhaben.

Ihr Kleid, ihr Gang ... – und dieses Schnupftuch, mit dem sie still zwei Tränen von ihren liliengleichen Wangen wischte –, es war wirklich sie ... aber verwandelt! Sie war endlich ihrer Schönheit würdig geworden – die idealisierte Identität.«

Wer das Ideal in seiner unbefleckten Reinheit besitzen will, muß das Kunstwesen in seiner äußersten Künstlichkeit in die Arme schließen. Als wahres Roboter-Wunder ist die neue Eva einsam wie technisches Gerät, als bindungsloses Geschöpf entgeht sie dem Zugriff der Symbole ebenso wie dem menschlichen Umgang, sie »ist keine Frau mehr, sondern ein Engel; keine Mätresse mehr, sondern eine Liebende; nicht mehr die Wirklichkeit, sondern das Ideal«. Idiotisches Zeichen unter anderen: Aufbewahrt wird das schöne Artefakt natürlich in einem »großen, mit schwarzem Satin ausgeschlagenen Ebenholzsarg«. Höchstes Zeichen der Idiotie: Sie zeigt sich empfänglich für alles, was das Herz ihres Benutzers begehrt, und seien die Wünsche Ozean: »Ich denke nur mit dem Geist meines Betrachters. In meiner Absolutheit hebt sich jede Auffassung von selbst auf, weil sie ihre Grenzen verliert. Alle Auffassungen versinken in ihren Fluten, verfließen ineinander wie die Wellen des Flußes, wenn er ins Meer mündet.« Die automatische Marionette hat nur die Energie, die man ihr leiht; dieser famose Gefühls- und Gedankenkondensator lebt von der Illusion, die jemand in ihn hineinprojiziert. »Ich werde für dich nur das sein, was du dir von mir vorstellst, und wenn du an meinem Wesen zweifelst, bin ich verloren.« Als völlig leere Form, als reine elektromagnetische Jungfräulichkeit kann sie gar nichts verweigern; sie bietet sich ganz dem schöpferischen Belieben dar, sie ernährt sich vom Glaubensbekenntnis ihres Pygmalion und verspricht, die Wünsche der ganzen Menschheit zu kondensieren. »Diese zukünftige Eva scheint mir die geheimen Wünsche unserer Gattung erfüllen zu müssen, bevor hundert Jahre um sind ...« Was, in der Tat, könnte man sich Prickelnderes erdenken als die augenblickliche Materialisierung unserer Phantasien?

Die »Maschine zur Erzeugung des Idealen« findet ihren Platz

neben dem »Gerät zur chemischen Analyse des letzten Seufzers« und der »Ruhm-Maschine«, die nach Wunsch applaudiert, bestens die Claque ersetzt und neuen Theaterstücken zum sicheren Erfolg oder Durchfallen verhilft. Villiers' raffiniertkunstvolle Phantasiemaschinen verarbeiten abstraktes und subtiles Material wie z. B. »Ruhm«, »Reklame« oder »Seufzer«; sie führen die technische Bearbeitung von Geistigem ein. Diese Seelenerschleicher funktionieren mit Geist (sie trinken unsere Gedanken), und ohne Geist (sie heben die intellektuelle Kritik auf). Wie Cäsars Frau verbietet die Eva der Zukunft, daß man an ihr zweifelt; der Apparat Bottom produziert den Ruhm durch die Entfremdung des Zuschauers und bietet der Theaterkritik vorfabrizierte Artikel an, die »eine eindeutige Überlegenheit« gegenüber »handgemachten« aufweisen.

Welche gemeinsamen Merkmale weisen diese neuartigen Maschinen auf? Sie funktionieren jenseits von Gut und Böse; sie können Positives wie Negatives erzeugen. Die utopische Eva, die das Ideal mit der Wirklichkeit zu versöhnen versprach, irritiert auf einmal; mit ihrem ewig reproduzierten Feuer der Leidenschaft betrügt sie genauso wie Bottom, der andere Apparat. »Die neue Eva – die elektro-humane Maschine (fast ein Tier …) mit der Stereotypie der ersten Liebe – eine erstaunliche Erfindung des amerikanischen Ingenieurs und Vaters des Phonographen Thomas Alva Edison«, so die Werbung für die Kunst-Frau. Eine Illusionsmaschine ist nicht notwendigerweise für das Gute programmiert; die Ziele, denen sie dient, variieren. Der revolutionärste Unterschied gegenüber den herkömmlichen mechanischen Automaten und den Robotern des Elektronikzeitalters ist darin zu sehen, daß sie die erste wirkliche *Sprechmaschine* ist. Inspiriert vom Phonographen, den Edison eben erfunden hat, gibt sie nicht nur Gesprochenes wieder; sie kann auch unerwartete Laut- und Wortkombinationen erzeugen. Eva antwortet ihrem Liebhaber, sie ist eine vollgültige Gesprächspartnerin, das Meisterwerk einer zukünftigen Wissenschaft, die »die Maschinen das Wort ergreifen läßt«. Die Grausamkeit der *Grausamen Erzählungen* sprengt die komfortable Unterscheidung zwischen dem sprechenden (und deshalb beseelten) Menschen und der nicht sprechenden Tier-Maschine. Villiers schiebt die Grauzone der sprechenden Maschine dazwischen und macht dadurch die Herrschaft einer Dummheit denkbar, die zwar nichts zu tun hat mit tierischer Sprachlosigkeit, aber durch ihr ständiges Gemurmel kritisches Denken außer Betrieb setzt.

Die Dummheit ist nicht animalischer, sondern maschineller Natur. Ihren Ursprung suche man nicht in den Wechselfällen der Fleischwerdung oder im Pech eines individuellen Geistes, der sich von den stummen Dünsten eines Körpers gefangennehmen läßt; sie wohnt nicht endgültig in mir oder in dir, sondern geht hin und her zwischen dir und mir, sobald wir eine idiotische Maschine anschalten, die jedes Gespräch in dummes Geschwätz verwandelt. Die Namen dieser Geräte sind Legion; ein Jahrhundert lang sind die Bezeichnungen ins Kraut geschossen, die – um nur einige Big-Brother-Erzeugungsmaschinen zu nennen – den Warenfetischismus, das Wirtschaftssystem, die technokratischen Strukturen, den Markt, den Staat, die Organisation zur Quelle der Dummheit machen wollten. Auch die detaillierteste literarische oder wissenschaftliche Analyse der Entfremdungen verfällt leicht in den Fehler, einen Hirnverlust durch bestimmte, ihn angeblich bedingende Zustände erklären zu wollen: Im Anfang war die Warengesellschaft, die Entfremdung des Verbrauchers war die Folge, verändern wir das System und die Symptome werden verschwinden.

Aber die Strukturen, die so scharfsichtiger Kritik unterzogen werden, sind keine platten, automatisch funktionierenden Mechanismen; es sind »Maschinen zur Erzeugung des Idealen«, sie sind objektiv und subjektiv zugleich, die menschliche Seele ist ihr Antrieb und ihr Ergebnis; die Dummheit ist nicht nur Output, sondern auch Input, nicht nur Produkt, sondern auch Herstellungsverfahren. Man muß träumen, empfahl den jungen Kommunisten ein ansonsten wenig lyrischer Lenin: Wie die zukünftige Eva ist die Revolution eine idiotische Maschine, und auch sie wird von Liebe angetrieben.

Damit es die Dummheit gibt, müssen: erstens die Zeichen zu Leichen gemacht werden. Zweitens, diese unter Einsatz einer techno-spirituellen Apparatur global erfaßt werden. Freilich muß man auch, drittens, daran glauben und sich dazu in den entsprechenden Zustand versetzen.

## Rausch

Die Ideale-Maschine ist kein Mechanismus, sie hat keinerlei eigenen Antrieb und erfordert, um in Bewegung zu kommen, den Enthusiasmus des Benützers. Sei berauscht von mir und ich werde sein, flüstert die zukünftige Eva ihrem Liebhaber zu. Die dritte Existenzbedingung der Dummheit, der idiotische Rausch, weist die unverwechselbaren Windungen eines vollkommen individuellen Gefühls auf, nicht obwohl, sondern weil dieses durch und durch kosmisch ist. Die Dosis Meskalin, die Flasche Whisky, die Zehn-Tage-die-die-Welt-verändern, die rasende Liebe oder das stereophon beschallte Cabrio – die Sache, das Datum, der Ort, die Person usw. faszinieren in dem Maße, als die Welt sich um den erhebenden Angelpunkt dreht. Unter der Oberfläche eines banal weltlichen Gefühls (»er hat einen ausgeprägten Hang zur Flasche ...«) ist der Rausch, diese zweite Geburt, ein Welt-Gefühl, das die »Welt« genannte Ganzheit wie zum ersten Mal existieren läßt. Wir verstehen unter dem Wort Welt (zum Beispiel im Ausdruck »zur Welt kommen«) weit mehr als eine auf Punkt und Komma errechnete Summe von Gegenständen: deren unendliche Verschiedenheit muß im voraus totalisiert werden, sonst blutet die Ganzheit unweigerlich und unaufhaltsam aus. Die Summe der vielfältigen und disparaten Gefühle kann nie und nimmer das Gefühl eines sie umfassenden Ganzen hervorbringen; der Rausch hingegen erfaßt die Dinge in ihrer Gesamtheit, und diese Gesamtheit erfaßt er als solche, das heißt nicht mehr als Flohmarkt von einzelnen Inhalten, sondern als einigende Form. Der Rausch beschert uns die subjektive Form der Ganzheit.

Hier liegt der Grund für die rätselhafte und unheimliche Verwandtschaft zwischen dem alkoholischen, dem erotischen und dem mystischen Rausch. Aus welcher Flasche er immer komme, der Rausch schwingt sich stets geradewegs in den Mittelpunkt des Universums, in die »ewige Weisheit, sie ist deiner Sehnsucht Vollendung, ist ihr Ursprung, Mittelpunkt und Endziel« (Nikolaus von Kues). Malcom Lowry ist das alkoholische Echo dazu. Der Rausch des mystischen Idioten (idiota = Laie, im Gegensatz zum Geistlichen) liegt im Schwindelgefühl, das ihn vom Weltlichen ins Weltgefühl gleiten läßt: »In außer sich selbst gebrachtem Erstaunen seine Sinnengebundenheit aufgebend, läßt er die Seele unsinnig werden, so daß er alles außer jener Weisheit für nichts mehr hält.« Im Handstreich macht der Rausch Wahrscheinliches zu Unwahrscheinlichem und umgekehrt, er versetzt den Idioten schlagartig in die schöne Mitte des Allerhöchsten Seins, so sehr, daß man gar nicht mehr verstehen kann, wie man nicht von Ihm sein kann. Für Nikolaus von Kues steht Gott, die Quelle des Rausches, in seiner unendlichen Existenz so außer Frage, daß nur die endlichen Substanzen in ihrer gewöhnlichen Kontingenz Probleme darstellen können. Seine feste Burg im Herzen der Dinge findend, fragt der in Ekstase Befindliche nicht nach einem Existenzbeweis des Gottes, aus dessen Blickwinkel er die Dinge betrachtet:

*Redner:* Wie vermöchte ich mir dann einen genaueren Begriff zu bilden? *Laie:* Begreife die Genauigkeit; denn Gott ist die unbedingte Genauigkeit selbst. *Redner:* Was hätte ich zu tun, wenn ich mir vorsetzte, von Gott einen richtigen Begriff zu geben? *Laie:* Dann wendest du dich zur Richtigkeit an und in sich. *Redner:* Und wenn ich meine Kraft aufböte, von Gott einen wahren Begriff zu bilden, was wäre dann zu tun? *Laie:* Daß du die Wahrheit selbst ins Auge fassest.

Und so weiter. Die Antwort liegt in der Frage selbst: »Ja, sieh, wie leicht die schwierige Lösung in Hinsicht auf Gott-Bezogenes ist: daß sie sich dem Untersuchenden immer selbst darbietet in der Art, wie er befragt wird.« Wenn die Frage nicht unsinnig ist, enthält der Sinn der Frage schon die Antwort; jede zentrale Frage zielt auf das Zentrum aller Dinge ab, setzt es voraus, ahnt es also schon, trägt es in sich und geht in irgendeiner Weise von ihm aus. Das sinnenfällige Torkeln des sich in Selbstgesprächen ergehenden Berauschten zeugt, von außen gesehen, von der Verbohrtheit, vom Fanatismus, vom Dogmatismus oder dem Stumpfsinn der Ekstasen; ein inneres Auge entdeckt da in die Ruhe und Abgerundetheit einer in sich ruhenden Weisheit.

Das Prinzip der absoluten Gleichheit von Frage und Antwort regiert beileibe nicht nur die religiösen Formen des Enthusiasmus, es ist ganz allgemein das Gesetz der rauschhaften Radikalität. Der Idiot hat sich im Innersten einer wie immer gearteten »universellen Voraussetzung« niedergelassen, und nichts kann ihn von dort wieder vertreiben. Wenn du in Zweifel ziehst, daß das Meskalin in die fundamentale Offenbarung initiiert, so beweist du damit bloß eines: du machst den Trip zu selten oder nicht richtig. Wenn die »Wurzel des Menschen der Mensch selbst ist«, so kann der Mensch nicht fragen, woher er kommt, es sei denn, er antwortet sofort, er komme »vom Menschen selbst«; sonst würde er die logische Sünde begehen, den Fragenden seiner Frage zu berauben, ohne den sie ja nicht gestellt werden kann. Der Rausch verurteilt sich dazu, in seinem eigenen Saft zu schmoren und *ad libitum* seine Zentralität gären zu lassen. Das eherne Gesetz seines mitreißenden Kreislaufs ergibt sich von selbst, solange kein unerwartetes Hindernis auftritt. Die Heiligkeit kommt vom Starez, und der Starez atmet Heiligkeit ein; Aljoscha Karamasows Berufung wächst in der Geborgenheit dieses friedlichen Gebens und Nehmens. Doch dann stirbt sein mystischer Lehrer, und wider Erwarten strömt die sterbliche Hülle, vor der sich die Gläubigen auf die Knie werfen, alles andere als einen Heiligengeruch aus. Panik. Der verstorbene Starez beginnt zu verwesen und wirkt weder Heilung noch Wunder. Brutale Enttäuschung. Die Anhänger des Auser wählten können ihn nicht für die sakrosankte Gleichheit ihrer Frage und seiner Antwort brauchen. Im Unterschied zur zukünftigen Eva gibt der Starez zu viel (er verströmt Verwesungsgeruch im Übermaß), oder zu wenig (sein Geist kann der Verwesung nicht Einhalt gebieten). Angesichts dieser Gegenoffenbarung läßt Alioscha die Sicherheit des Rituals fahren und stürzt sich auf Wurst und Wodka. Er ist hinfort, wie die Sterblichen im Allgemeinen und die Karamasow im Besonderen, der Ungleichheit von Fragen und Antworten geweiht. Aus dem Rausch kommt er allerdings nicht heraus.

Durch eine Flasche Alkohol gesehen, ist die zukünftige Eva bloß ein unschuldiges Spielzeug. Sie funktioniert entweder ganz oder überhaupt nicht, ein Mittelding gibt es nicht. Ihr Benützer erreicht überglücklich seinen Hafen; er weiß, woran er ist. Der Betrunkene, von dem man ganz richtig sagt, er sei »weg«, ist nicht mehr er selbst, wenn es ihm nicht gelingt, sich ganz zu einem anderen zu machen; er torkelt; die »Maschine zur Erzeugung des Idealen«, die die Möglichkeit des Scheiterns keineswegs ausschließt, alterniert zwischen Hochstimmung und vollkommener Leere; er macht Phasen einer himmelhochjauchzenden Euphorie durch, in denen ihn der Alkohol Schönheiten entdecken läßt, die nur er allein wahrnehmen kann; dann folgen Augenblicke der Depression, in denen er mit der ihm eigenen Scharfsicht beobachtet, wie sein Körper verfällt und er bei lebendigem Leibe verwest. Mal macht er eine Periode kommunistischer Identität durch: Die Genossen an der Theke teilen mit ihm Überzeugungen, Frauen und Geldbeutel, sie überbieten sich in ihrem Rausch, packen ihre Geheimnisse aus und sind unisono gefühlsbewegt. Dann wiederum kippen einsame Anfälle von Zerstörungswut in Selbstzerstörung um. Zwischen Hoch und Tief führt eine ganz schmale Gasse hindurch; doch ihr Ende rückt desto weiter weg, je tiefer man sich in sie hineinbegibt. Die elektrische Eva und der unverwesliche Starez sind vergleichsweise primitive Maschinen, der Rausch kann mehr: die pathologische Störung zur Voraussetzung des Funktionierens machen, sich der Mißerfolge rühmen und, von Sturz zu

Sturz sich wieder erhebend, Siegeshymnen und das Halleluja anstimmen am Tage seiner Kapitulation.

Die Geister des Lichtes und der Finsternis geraten auf der Rausch-Odyssee wüst aneinander. Jeder ins Zentrum wallfahrende Rausch glaubt zwischen zwei Wegen wählen zu müssen: zwischen dem Weg hinan und dem Weg hinab, zwischen dem Rückschritt und dem Fortschritt, zwischen der destruktiven, das Unendliche von den Schlacken der Endlichkeit befreienden Amputation und der amplifizierenden, das Relative zur Metapher des Absoluten aufblähenden Einbildung. Wähle zwischen dem negativen und dem positiven Weg! Dem Cusanus erscheint Gott zunächst als ein »Mehr«, das im Enthusiasmus durch die ekstatische Wahrnehmung von endlichen Vollkommenheiten hervorgerufen wird (die Vögelein, eine schöne Seele, die alte Mexikanerin, die, nur vom Alkoholiker wahrgenommen, in Gesellschaft ihres Täubchens in der feuchten Hitze einer Cantina alleine Domino spielt). Weil Gott unendlich ist, d. h. nicht zurückführbar auf endliche Dimensionen, erscheint er sodann als »ein Minder«, das nur in der Verneinung erfaßt werden kann: Aus dieser Sicht ist er weder Wahrheit noch Licht noch Einsicht, weder Einheit noch Vielheit, weder Vater noch Sohn noch Heiliger Geist, weder Sein noch Nicht-Sein. Nichts mit menschlichen Begriffen Benennbares. »Wer könnte auch diese Einfachheit der unendlichen Einheit verstehen, die unendlich früher ist als jeder Gegensatz ..., in der der Mensch sich nicht vom Löwen unterscheidet, der Himmel nicht von der Erde, in der jedoch alle Dinge in wahrhaftester Weise gegenwärtig sind ...« Pathos und innerstes Bewegungsgesetz des Rausches sind, nicht zwischen den zwei Wegen zu wählen. Er will prospektiv und retrospektiv zugleich sein. Er rankt sich an sich selbst hoch und setzt sich von der Welt ab; so ist alles Umkreis, nirgends ein Mittelpunkt. Dann stürzt er ab und versinkt in der Welt: der Umkreis ist unendlich, also nirgends, der Mittelpunkt überall.

Weder der negative Weg (die *via analytica* oder *negativa* der Mystiker) noch der positive Weg führt zum Ziel. Gerade *weil* es zwei Wege sind und sie mit antinomischen Methoden auf einen Punkt zusteuern, der von allem unterschieden (weil einziger Mittelpunkt: »ein Minderes«), aber allen gemeinsam ist (weil Mittelpunkt von allem, also ein »Mehr« des Seins). Von unbedingter Notwendigkeit angesichts des verfolgten Ziels, widerlegt jeder Weg den anderen als nicht zum Ziele führend, und der ihre Komplementarität verinnerlichende Rausch erhält unbegrenzt Nahrung von einem Mittelpunkt, der unerreichbar bleibt, weil eben zwei Wege da sind. Hinter den unergründlichen Wegen der Trunkenheit erscheint eine unerschöpfliche, höchste Weisheit: »Und in allem Sprechen bleibt sie unaussprechbar, in aller Einsicht uneinsehbar, für jedes Maß unmeßbar, für jedes Ende unbeendbar, für jede Bestimmung unbestimmbar, für jede Verhältnissetzung unverhältnismäßig, für jede Vergleichung unvergleichbar, für jede Darstellung undarstellbar, für jede Gestaltung ungestaltbar, für jede Bewegung unbewegbar. In aller Vorstellung bleibt sie unvorstellbar, in aller Empfindung unempfindbar, in aller Heranziehung unanziehbar, in allem Geschmacke unschmeckbar, in allem Hören unhörbar, in aller Sicht unsichtbar, in allem Begreifen unbegreifbar, in aller Bejahung unbejahbar, in aller Verneinung unverneinbar, in allem Zweifel unbezweifelbar, in aller Meinung unmeinbar. Und weil sie für jede Beredtheit unausdrückbar bleibt, kann man sich keine Begrenzung dieser sie ausdrückkenden Redeweisen denken, denn unausdenkbar bleibt für jeden Gedanken Dasjenige, durch, in und aus dem alles ist.«

Die fiktive Ideale erzeugenden Maschinen stellen Maschinelles (immerhin vom guten Geist der Elektrizität beseeltes) und Geistiges (von der Frische der ersten Liebe) ganz einfach nebeneinander. Der Rausch baut einen subtileren, das Ideale mit den Antinomien und den Paradoxien des Daseins herstellenden Mechanismus auf; er nimmt den Teufel und den lieben Gott in Dienst; er benützt, übersteigert und verdaut seine Gegensätzlichkeit, statt sie zu vertuschen.

Als Reise zum Mittelpunkt der Welt stellt sich die Idiotie im Rauschzustand eine zugleich einmalige und endlose Aufgabe.

233

Einmalig, weil sie mittelpunktsbezogen ist; endlos, weil der Weg, der dahinführt, mittendrin aufhört oder, was gleichviel ist, endlos weitergeht. Sicherheit und Verheißung des Rauschsüchtigen: Der Mittelpunkt, um den alle Fragen schwirren, steht als solcher außer Frage (keine Infragestellung kann Gott berühren, denn *Omnis dubitatio in Deo est certitudo* – in Gott gerät alles Zweifeln zur Gewißheit). Besorgnis und Angst des Rauschsüchtigen: Wenn die göttliche Antwort durch den menschlichen Verstand gegeben wird, so darf, kraft des Prinzips der Gleichheit von Frage und Antwort, die ihrerseits trunkene Frage nie an ihr Ende stoßen: Am Abgrund, in den sie stürzt, ermißt sich die Höhe, die sie befragt. Die Rauschzustände vereinigen in einer schwindelerregenden Spirale ihre anfängliche Polarisierung; sie zeigen die angstvolle Sicherheit und unbekümmerte Angst eines Wunsches, der immer Wunsch bleibt und sich selbst Ziel ist. Sie trinken, um zu vergessen, vergessen aber nicht zu trinken.

Der Rausch kann vor sich selbst fliehen, obenhinaus gewissermaßen; denn das ist sein mystischer Notausgang; die Antwort (Gott, die Menschheit, Agathe oder ein paar Pantoffeln) erweist sich als der Frage überlegen und transzendiert sie, indem sie sich »über die Dinge hinaus und jenseits der Dinge« erhebt, wie Platos Idee des Guten. Oder aber sie wird an der Wurzel angenagt durch einen kritischen Geist, der die seherhaften Träumereien mit einem Fragezeichen versieht; die Fragen werden schärfer und spitzer als jede denkbare Antwort; in diesem Fall ist es angebracht, sich mit Kant einen Gott – ja, sogar einen Gott – vorzustellen, der sich, von einem Schwindel gepackt, in petto fragt: »Woher komme ich?«

Der idiotische Rausch gibt weder dem kritischen Geist noch der mystischen Seele recht; er achtet sorgfältig darauf, immer im Bereich der Äquivalenz zu bleiben, wo Frage und Antwort einander sagen, wie tief ihre respektiven Abgründe sind und wie gleich ihre Unvollendetheit. Das Credo des Tribulat Bonhomet bewegt sich in diesem absoluten Spiegelkabinett: »Meine religiösen Vorstellungen beschränken sich auf diese absurde Überzeugung, daß Gott den Menschen erschaffen hat und umgekehrt.« Das Absurde ist Trumpf: Wenn Got den Menschen erschafft, so ist er vor ihm dagewesen; wenn der Mensch Gott erschafft, so verdient diese Kreatur ihren Namen nicht. Gleichwohl hebt sich diese doppelte Absurdität auf, sobald die Beziehung sich über die in Beziehung gesetzten Termini setzt, kurz: sobald es den Rausch gibt; denn in ihm stellen sich Objekt und Subjekt gegenseitig abwechselnd ein Bein. Jeder Alkoholiker gerät in Verzückung vor der Flasche, die sein Ein und Alles ist, nur er ermißt die Tugenden des Alkohols, der allein seine Tugend ermißt. Ich halte dich, du hältst mich am Schlafittchen. In seiner doppelt kreisförmigen Ekstase enthüllt der Alkoholiker das Geheimnis des edlen Rebensafts, der es ihm selbst enthüllt hat. Tribulat ist absurd, wenn er, ausgeschlafen und nüchtern, eine Unterscheidung zwischen dem Schöpfer als Ursache des Rauschs und dem Geschöpf als dessen Wirkung konstruieren will. Ist er wieder in der rauschhaften Beziehung, verschwindet die Absurdität, die Wirkung wird zur Ursache, der Verursachte zum Verursacher, das Ding und sein Sklave geben sich den Bruderkuß und verleihen sich gegenseitig Leben. Der Idiot ist weder Schöpfer noch Geschöpf; wissend, daß Gott die Menschen braucht und umgekehrt, macht er aus dieser gegenseitigen Abhängigkeit seine Erleuchtung und zelebriert ohne Unterlaß den Augenblick einer wechselseitigen Schöpfung.

Aus innerer Notwendigkeit kann der Rausch nicht bewältigt werden. Der Alkohol tötet, und zwar einseitig. Sein gläubiger Anhänger mag die Kultobjekte verbergen oder vernichten, das, was ihn auslöscht, kann er selber nicht auslöschen. Um ihn herum wird weitergefeiert, und nach ihm ebenso; und zwischen zwei Gläsern erweist sich die Beziehung zum Absoluten, in deren Besitz er sich glaubte, als trügerisch. Die zukünftige Eva sollte nach dem Willen ihres Erfinders nicht von ihrem Benützer abgelöst existieren können; dieser mußte, wenn der Tod kam, auch ihr den Garaus machen. Das Umgekehrte traf ein: Sie ging zugrunde, er überlebte; die Antwort war schon verloren, als die Frage noch nicht trocken. Die Maschine zerbricht vor ihrem Meister. Das betrunkene Individuum siecht dahin, doch die Gottheit, die es in ihren Fängen hat, kann es nicht zu Fall bringen; Objekt und Subjekt hauchen in Einsamkeit ihr Leben aus, ihr Gott hingegen kennt keine Dämmerung. Es ist nicht leicht, aufs Ganze zu gehen, wenn mir das Ganze ständig entwischt und dabei nur zäher wird; der Rausch ist meist selbstmörderisch, im einzelnen; er ist verheerend allenfalls für einen Umkreis, er ist ein Gesellschafts-, kein Welt-Problem. Weil die Dummheit die Idiotie als ihre Daseinsvoraussetzung erheischt und diese erst dadurch Welt-Geltung erreicht, daß sie, jede Antwort verschlingend, jede Frage durch eine Frage auf gleicher Ebene beantwortet, so wollen wir als nächstes die Inszenierung der Idiotie betrachten: Ist sie eine bloße Alkoholiker-Phantasie? Mit welchen szenischen Mitteln wird die unwahrscheinliche Gleichheit hergestellt, die den Besessenen, den Besitzenden und den Besitz miteinander verbindet?

### Mittag, wenn der Schatten am kürzesten ist

Der den phantastischen Ideal-Maschinen Leben verleihende Rauschzustand setzt einen für ihn selbst nicht erreichbaren Punkt voraus, an dem sich der negative und der positive Weg endlich treffen und die Welt neu zentrieren. Die Bewegung, durch die ich verneine, frage, niederreiße, wird dadurch universell, daß sie nichts ausspart. Sie kann sich nicht damit zufriedengeben, die Gegenwart zu pulverisieren, indem sie das Seiende in Gewesenes verwandelt, es sei denn, sie wird vor vollendete Tatsachen gestellt und jammert darüber, »daß die Zeit nicht zurückläuft«. Um Tabula rasa zu machen, genügt es keineswegs, Dinge und Lebewesen auf ihr Ursprungs-Nichts zurückzuführen, denn sie sind ja aus diesem Ursprung hervorgegangen. Der Winter löscht die Erinnerung an den Frühling nicht aus. Die Verneinung läuft Gefahr, den Ursprung dessen, was sie verneint, unangefochten zu lassen; um ganz konsequent zu sein, muß sie vorstoßen bis zur ursprünglich-spontanen, symmetrischen Bewegung, die bejaht, was erscheint. »Die Vergangenen zu erlösen und alles ›Es war‹ umzuschaffen in ein ›So wollte ich es‹ …« (Nietzsche). Die Macht, zunichte zu machen, und die Macht, bei Null anzufangen, fallen im Punkt Null zusammen, wo zwischen Nicht-mehr und Noch-nicht nichts mehr das ozeanische Gefühl aufhält, daß alles möglich wird. Virtuell beißt sich dann die Idiotie in den eigenen Schwanz; es kommt der zentrale Augenblick, dessen trunkene und mechanische Funktionsweisen die Existenz antizipieren, ohne sie zu umfassen.

Was meint der Idiot mit »alles«, wenn er sagt: »Alles ist möglich«? Auch Michelet feiert den 14. Juli als den Augenblick, in dem alles möglich wird. Was heißt das? Es kann nur heißen, daß die Stunde X am Tage Y im Jahre Eins des Großen Ereignisses, an dem die neue Nation sich einstellt, die erste und letzte zugleich ist. Die alte Welt ist hinweggefegt; der Sturm auf die Bastille räumt die Hindernisse beiseite und feiert die Agonie der alten Zeit. Die neue Welt wird ins Spiel gebracht: Wenn die Einnahme einer praktisch funktionslosen Festung in einer aufruhrfreudigen Vorstadt mehr »bedeutet« als eine einigermaßen alltägliche »Emotion«, heißt das, daß das Ereignis sofort in einem Maße zukunftsträchtig ist, wie dies nur die Zukunft erweisen kann. In diesem Sich-Überschlagen der Überzeugungen baut auf, wer niederreißt, und zerstörerische Tätigkeit fordert Achtung, wenngleich er die Zukunft lediglich als Totengräber der Vergangenheit in sich trägt. Der Tag wird rot in den Kalender eingetragen, aus zwei gegensätzlichen, aber untrennbaren Gründen: 1. Das Ernsthafte an der Revolution ist die Zerstörung, es erscheint in ihr und durch sie (die Zerstörung ist eine Art, sich Anerkennung zu verschaffen, die *ratio cognoscendi*, die Erkennungsmarke der Revolution). 2. Das Ernsthafte an der Zerstörung ist die allein Sinn stiftende Revolution (die Revolution läßt durch die scheinbar zufälligen Greuel den Prozeß hervortreten, aus dem die Notwendigkeit der Greuel erhellt, sie liefert die *ratio essendi* – die wirkliche Identität hinter der Erkennungsmarke – den Daseinsgrund der Zerstörung).

Ein Ereignis, privater oder kollektiver Natur, erweckt nur dann den Eindruck eines plötzlichen Zurückschleuderns an den Ursprung der Dinge, wenn Gewalttätigkeit Nummer 1, Zerstörung, und Gewalttätigkeit Nummer 2, Aufbau, miteinander kombiniert sind. Diese innere Dualität des gründenden Ereignisses erlaubt zwei gegensätzliche, immer wieder erneuerbare Interpretationen – je nachdem, ob man zum Beispiel die Zerstörung mit der Revolution rechtfertigt oder ob man die Revolution in Anbetracht ihrer Zerstörungen verurteilt. Die verschiedenen Blickwinkel, die entweder Gewalt Nummer 1 oder Gewalt Nummer 2 im Auge haben, sind scheinbar vollkommen unvereinbar, obwohl sie im wesentlichen Punkt völlig übereinstimmen, nämlich in der Annahme eines entscheidenden Wendepunkts, an dem »alles möglich wird«. Es gibt nichts Sonderbareres – und Alltäglicheres – als die Entdeckung, daß die extremsten Konterrevolutionäre das für den Revolutionär auf der Straße so typische Gefühl haben, an der Wende der Zeiten zu stehen. Die Ultras von 1818 sehen »die Morgenröte einer neuen Epoche anbrechen, wie einstmals die Menschen nach der Sintflut ... Man kann die Ultras nicht verstehen ohne dieses Gefühl einer in der göttlichen Vorsehung liegenden Erneuerung, eines fast völligen Neuanfangs« (R. Rémond). Befürworter wie Gegner stehen wie gebannt vor dem Augenblick, der über alle Augenblicke entscheidet; in ihm prallen plötzlich Vergangenheit und Zukunft zusammen.

Schluß machen können und neu anfangen können, diese beiden Fähigkeiten geraten in Raserei im apokalyptischen Augenblick, in den der Idiot seine Wahrheit verlegt hat. Hüten wir uns aber, mit ihm die beiden Gewalttätigkeiten zu vermengen. Er kann sie noch so verweben und bis zur Unkenntlichkeit »dialektisieren«; das Gefühl selbst, zu dem er sich unablässig bekennt, nämlich auf dem Höhepunkt zu existieren, bedingt, daß die zerstörende Gewalt und die aufbauende Gewalt sich persönlich, voneinander unterschieden und getrennt, einfinden.

Wann eigentlich erscheint eine Zerstörung als entscheidend und radikal? Muß man warten, bis sie den ganzen Raum ausgefüllt und ihn Punkt für Punkt unterwandert hat, um erst nachträglich verkünden zu können, sie sei total gewesen? Mitnichten. Wie eine traumatisierende Szene, so beweist und erfährt sich ein Aufstand in seiner Ausübung selbst; umwälzend wird er eher durch die Qualität der bewirkten Zusammenbrüche als durch die Quantität der kumulierten Trümmer. Verglichen mit den konventionellen Methoden, töten das Fallbeil der Guillotine und der Atomblitz von Hiroshima nicht mehr, sondern besser; eine harte, glatte, makellose Exekution läßt keinerlei Ungewißheit über ihre Intention bestehen. Die Zerstörung zeigt sich fundamental, ohne daß sie an alles zu rühren und ihre Beweise zu verzetteln bräuchte. Notwendige und hinreichende Bedingung ist, daß sich an einem Punkt und auf einer exemplarischen Szene ein Gewaltakt im Reinzustand abhebt. Die Radikalität des ersten Tages kommt von der Nacktheit des grausamen Blitzes, nicht von seiner Intensität.

Die reine Wahrnehmung einer rein zerstörerischen Gewalt ist der anfängliche Anlaß der Idiotie – gedacht von einem abgeschlagenen Kopf, wie Dostojewskij betont. Doch der Idiot wendet sich sofort gegen sie und versucht, ihre Spuren zu verwischen: Es ist nur ein böser Traum, das Leben ist Freude, ein widriges Geschick ist ein bitterer, aber heilsamer Trank, in jedem überwiegt das Vollkommene über das Unvollkommene, die Welt ist gut, man muß sie nur von jenem Punkt aus sehen, wo auch die extremste Gewalt dank einer Krise zur Fülle einer anbrechenden Morgenröte wird. Gleichwohl kommt Flucht vor der zerstörerischen Nacht in den aufbauenden Tag nicht in Frage; der Idiot ist da subtiler und effektiver und deckt das zweite, »positive« Moment auf das erste, »negative«. Statt davonzulaufen, soweit die Füße und der Sinn der Geschichte tragen, und das Elend in der Utopie hinter sich zu lassen, fordert der Idiot dazu auf, an Ort und Stelle zu graben und auf dem Grund der stürmischen Wogen den Kern des Friedens zu finden, von dem diese Wogen ausgehen. Nach ihm scheint der zerstörerische Wille aus einem konstruktiven, wenngleich gehemmten Willen zu entstehen, dessen Blockaden wegzuschaffen der Idiot bemüht ist, der weniger naiv als ein Idiot von Geburt ist und originärer als einer, der die Idiotie ererbt hat.

Die erstanfängliche Gewalt ist »rein« in dem Maße, als sie sozusagen um der Kunst willen agiert. Die »großen Ängste«, die den Takt der Revolution angeben (so, wie die Traumen immer wieder das individuelle Gleichgewicht stören), brechen herein. Sie sind nicht gewalttätig und auch noch unsinnig; sie sind gewalttätig weil unsinnig. Das Gerücht verzehnfacht leichthin die Zahl der Schlösser in Flammen und setzt so die städtische Bestürzung vor einer vermeintlich neuen Qualität der Feuersbrunst in quantitative Begriffe um: Die Bauernlümmel und die Landpfarrer geben sich nicht damit zufrieden, wie üblich ein paar Steine abzubrennen, sie legen Feuer an die Idee des Schlosses selbst. Der Bürger versteht die Vorstädte nicht mehr, die Städte sind voller Entsetzen über die plötzliche Unordnung der Dörfler, jedem bleibt beim Anblick des Abgrundes die Luft weg. Die revolutionären und die konterrevolutionären Ideologien werden alles tun, um eine auf den ersten Blick chaotische und alles überschwemmende Gewalt zu kanalisieren und umzuleiten. Ihr gemeinsamer Grundsatz wird der des Idioten sein, der in dieser beängstigenden Liebe zur Gewalt nur die erbauliche Gewalt der Liebe erkennen will.

Die Umwandlung der grausamen Szene in ein idyllisches Bild ist die – par excellence idiotische – Operation, bei der sich der »Wolfsmann« des berühmten Freudschen Analyseberichts in immer tiefere Widersprüche verstrickt. Die Angst vor dem Wolf, die Kastrationsangst, dieser seine Angst reproduzierende Alptraum, ermöglicht die Rekonstruktion der »Urszene«, bei der er im Alter von ein oder zwei Jahren mit dem elterlichen Beischlaf konfrontiert wurde und ihn als gewalttätigen, wenn nicht gar sadistischen Akt wahrnahm (oder, Freud zögerte lange, »zurückphantasierte«). Die unbewußte Erinnerung einer solchen »Beobachtung« wurde durch spätere Fragen heraufgeholt (so spielte »die Mutter den kastrierten Wolf, der die anderen auf sich aufsteigen ließ, der Vater den aufsteigenden«). Ist die psychotische Verstrickung des Wolfsmannes die Folge dieses anfänglichen Traumas? Keineswegs. Freud hält eisern daran fest, daß alle kleinen Kinder eine Phase durchmachen, in der sie, zu Zeugen der sexuellen Beziehungen ihrer Eltern geworden, unweigerlich den Geschlechtsakt als eine Art Mißhandlung oder Gewaltanwendung interpretieren. Im unheilvollen Verlauf seiner Kindheit schließt sich aber der Wolfsmann sehr schnell in die Urszene ein. Er überinterpretiert sie als seine *Wiedergeburt*. »Die Bedingung der Wiedergeburt ist, daß ihm ein Mann ein Klysma verabreicht … Das kann nur heißen, er hat sich mit der Mutter identifiziert, der Mann spielt den Vater, das Klysma wiederholt den Begattungsakt, als dessen Frucht das Kotkind – wiederum er – geboren wird.« Während für Jung die Wiedergeburtsphantasie als Indiz der Heilung gilt, entdeckt Freud in ihr das fatale Moment eines inneren Debakels.

Was tut der zukünftige Psychotiker, wenn er in seiner Phantasie die Urszene zur Wiedergeburt macht? Er versieht Nicht-Sexuelles mit einem sexuellen Anstrich und begründet das Reich der Liebe dort, wo die Liebe durch Abwesenheit glänzt.

Freud hat Jung und vielen anderen immer wieder entgegengehalten, daß nicht alles Liebe sei; er bleibt Dualist und zählt bis zwei: Liebe und Haß, Sexualität und Selbsterhaltung, Eros und Thanatos, Vergnügen und »Wirklichkeit«, Lebensinstinkt und Todestrieb. Die entgegengesetzten Prinzipien äußern sich auf verschiedene Weise, und es wird dadurch nicht weniger notwendig, neben dem Sexuellen die Allgegenwart der nicht erotisierten Aggression und Zerstörung anzuerkennen. Rekapitulieren wir: Das Kleinkind sieht (ob wirklich oder in der Phantasie ist unerheblich) seine Eltern beim Liebesakt, und es bleibt ihm die Erinnerung einer Nicht-Liebesszene, einer unverhüllten Brutalität. Scheinbar stellt der Wolfsmann in der Rückschau die Wahrheit wieder her: Es war Liebe und ich bin durch sie geboren. Doch Freud mischt die Karten neu und gibt dem sich täuschenden Kind recht. Denn das Kind irrt nur zur Hälfte, es ahnt diesen Zusatz einer direkten aggressiven Tendenz, der sich so oft zu der erotischen Beziehung zwischen zwei Wesen hinzugesellt. Anders gesagt, man kann nicht, ohne sich selbst zu belügen, zwei verschiedene *Prototypen* vermengen oder den einen vom anderen ableiten: den Prototyp der gewalttätigen Beziehungen (die wahren Prototypen der Haßbeziehung kommen nicht aus dem Sexualleben, sondern aus dem Kampf des Ichs um seine Erhaltung und Behauptung) und den Prototyp der Liebesbeziehung (das Kind im Mutterschoß). Aus diesen beiden Prototypen behauptet der Idiot einen einzigen zu machen; ob er nun den einen oder den anderen privilegiert, sein unverändertes Ziel bleibt, ihre Dichotomie zu beseitigen.

Der Idiot verwischt die Spuren nackter, freischwebender und auf nichts anderes zurückführbarer Gewalttätigkeit, deren erschütternde Enthüllung Freud in der »Urszene« anstrebt. Er sexualisiert alle Gewalt, er verkleidet sie in Liebesakte. Genau das ist die »Illusion«, die Freud den süßlichen Religionen, den optimistischen Ideologien und den Heilung versprechenden Psychotherapeuten vorhält. Alle Verfechter der »guten Menschennatur« stimmen das Lied vom »Ende Satans« an und predigen die Beziehung, die befriedigt. Wer will bezweifeln, daß nach dem Verschwinden der Urszene Friede herrschen wird, wenn die Nationen die Menschheit so abgöttisch lieben werden wie das Kind den Schoß seiner Mutter? Das Individuum wird in der Gemeinschaft seinen Hort finden und der Bürger im Staat seine umsorgende Mutter. So kann sich die Idiotie ganz Güte wähnen und die Augen schließen vor dem, was ihrem kleinen weichen Nest entgeht. Gleichwohl ist der Weg zum Guten mit Unglück gepflastert; von Krise zu Krise wird dem Dostojewskij-Idioten durch den Mord deutlicher, daß die Sexualisierung der Gewalt auch dazu führt, daß sich die sexuelle Szene als gewalttätig erweist. Selbst wenn die Visionen das lautere Paradies verheißen, es bleibt immer ein »Rest«; um zu obsiegen, muß die Idiotie mit drei Mitteln gegen die mit Blut und Eisen ihre guten Absichten verhöhnende Wirklichkeit vorgehen: mit dem Sadismus, mit dem Masochismus und mit dem Manichäismus.

Wie kann der Freudsche Dualismus von Gewalt und Liebe ohne Illusionen überwunden werden? Theoretisch ist das Problem perfekt gelöst. Und der Idiot bekennt sich im alten Rußland zur Orthodoxie, im neuen zum Marxismus, im Norden zum Protestantismus, im Süden zum Katholizismus, zur Frömmigkeit allenthalben. Sein Tag ist der Tag der Glorie, seine Ankunft die Verheißung, daß wir fortan den Weg hinanschreiten, einer guten Welt entgegen. Gut im Sinne einer der obengenannten Gläubigkeiten, die der Idiot schlichten Gemüts als obsiegend und dominierend voraussetzt. In der Praxis durchlöchert nicht enden wollende Gewalt die Predigten mit abrupten Hinweisen auf das Realitätsprinzip. Die konkrete Dualität von Eros und Thanatos wird durch den Traum ihrer Abschaffung nicht aus der Welt geschafft – genug also der idiotischen Weltbetrachtungen, Weltveränderung ist gefragt! So hält der praktische Idiot seine schützende Hand über den theoretischen Idioten, er sichert ihn ab gegen die Gefahr, sich widerrufen zu müssen, und macht sich zur Aufgabe, vom Dualismus zum Monismus überzugehen, indem er die Polarität in Einheit verwandelt. Zu diesem Behufe erhebt er die psychotische Bastelei des Wolfsmannes zum System, den Tod macht er zu Leben und alle Gewalt zur Wiedergeburt.

Einen Antagonismus auf eine Einheit zurückzuführen: Nichts ist aussichtsreicher, sofern man hinter jede Dyade eine große ernährende und bewegende Monade malt. Sades Werk bietet das unerreichbare Vorbild für eine solche Reduktionsstrategie. Seine Figuren sind mannigfaltig, doch sein Prinzip ist einfach: Um den Freudschen Dualismus zu transzendieren, setze man einfach, daß gebäre, was zerstört, und daß in jeder Verwüstung zeugende Kraft liege, nämlich die Natur selbst; sie tötet aus Liebe zum Leben und sucht »die vollkommene Vernichtung der ins Leben geworfenen Geschöpfe, um sich ihrer Fähigkeit zu erfreuen, neue ins Leben zu werfen«. Der Mörder glaubt sich fälschlicherweise einer Untat fähig, gleichviel ob er sich ihrer rühmt oder Buße tut; in Wirklichkeit arbeitet er nur der Natur in die Hände und wirkt an ihrem großen Werk mit: »Der Mörder glaubt zu zerstören ... Beweisen wir ihm, daß ihm nicht einmal die Ehre der Zerstörung gebührt, daß die Vernichtung, mit der er sich brüstet, wenn er gesund ist, und unter deren Last er stöhnt, wenn er krank ist, überhaupt keine ist.« Der Sàdesche Gedanke ist perfekt schlüssig, wenn er von der vorweggenommenen, doch vollständigen Verwerfung der Freudschen Position aus (»das Lebensprinzip in allen Wesen ist nicht verschieden vom Todesprinzip«, sagt Sade) mit großer Gebärde den Embrio mit dem Aas gleichsetzt und auf das Phantasma der Wiedergeburt schließt: »Endlich gibt es keinen Unterschied zwischen diesem ersten Leben, das uns geschenkt wird, und jenem zweiten, das wir den Tod nennen: Denn das erste entsteht durch die Bildung der Materie, die sich im weiblichen Schoß zusammenfügt, und das zweite ist dasselbe, Materie, die sich erneuert und sich im Schoß der Erde neu zusammenfügt ...«

Für die Gleichwertigkeit von Zeugung und Verwesung lassen sich unendlich viele Bestätigungen finden; vom Sadeschen Gesichtspunkt aus sind Homosexualität, Fetischismus, Koprophagie und Mord keine Neigungen, sondern Beweise: Alles, was sich von der Zeugung unterscheidet, ihr entgegengesetzt ist oder sie zunichte macht, muß als Indiz einer zweiten Zeugung gewertet werden, die wahrer ist als die erste. Die Askese, die Ausübungen kaltblütiger Grausamkeit, das Erlernen der Sadeschen Gefühllosigkeit sind Stadien einer harten Disziplin, durch die der Idiot zum Selbstbewußtsein findet, das heißt, zur Identität in ihm zwischen der Weitergabe des Lebens und den Zerstörungstechniken. »So reproduziert das sadistische Bewußtsein in seinem Denken die ewige Bewegung der Natur, die erschafft, doch ihren Geschöpfen selbst Hindernisse in den Weg legt und an einem bestimmten Punkt ihre Freiheit nur dadurch wieder findet, daß sie ihre eigenen Werke zerstört« (P. Klossowski). Der Sadianer zerstört keineswegs um zu zerstören, sondern um zur Euphorie des Ersten Tages zurückzufinden. Sein ständiges

Verwüsten ist nur die Kehrseite einer fortgesetzten Schöpfung, wo zugefügter und erlittener Schmerz dem Fiat lux einer göttlichen Lust gleichkommt, einem höchsten Genuß, den sich Clairwil, wie sie sagt, in einem Verbrechen erträumt, »dessen ewige Wirkung noch anhält, wenn ich schon nicht mehr handle, dergestalt, daß es in meinem Leben nicht einen einzigen Augenblick gegeben haben wird, selbst im Schlaf, an dem ich nicht irgendwelche Verwirrung gestiftet habe.« Der Sadianer entsexualisiert die Zeugung, er baut sich zum Perversen auf und pflegt Aktivitäten, die der rechtschaffen Denkende mit dem Namen »widernatürlich« belegt; was immer er sagt, der Hang zum Sakrileg – letzte Ehrerweisung des Lasters an die Tugend – erklärt seine Fixierung nicht; es zählt nur die von ihm inszenierte Szene, die die Schöpfung der Welt mit einem einzigen, gigantischen Sexualgemetzel gleichsetzt, bei dem Mutter Natur und Vater Widernatur eins werden.

Sein nach der innersten Identität von gebärender Gewalt und folternder Liebe drängender Forschergeist läßt den Idioten manchmal eine andere Versuchsreihe anstellen, deren Aufbau Sacher-Masoch definiert hat: »Alle Romane Masochs haben es zum Thema ... die ideale Frau jagt den Bären und den Wolf; sie organisiert oder leitet eine landwirtschaftliche Kommune, sie läßt den Mann eine neue Geburt durchmachen.« Und, wie Gilles Deleuze ganz richtig betont: »Als wesentlich erscheint der letzte Ritus, der im Mythos die wirkliche Finalität der beiden anderen darstellt.« Zu Beginn nackte, ausschließliche Gewalt. Am Ende eine resexualisierte, zum Prinzip der Regeneration gewordene Gewalt. Dazwischen der Grund einer nicht mehr, wie bei Sade, vulkanischen und väterlichen, sondern agrarischen und mütterlichen Natur. Wie kann, nach der Fixierung an den harten und gewalttätigen Kern der »Urszene«, auf sie der zweite »Prototyp« (die Liebesbeziehung im Mutterschoß) projiziert werden? – so lautet die Sadesche Problematik. Wie kann man, andersherum, vom zweiten Prototyp aus, dem des Kindes im Mutterleib, in dem man gegen alle und allen zum Trotz verharrt, in diese zärtliche Beziehung die ganze eiskalte

Gewalt einhauchen, die man von der anderen Szene erhalten hat? – das ist das Problem des Masochisten. Die vielfältigen Riten, denen dieser huldigt, halten in einer aufreizenden Parenthese den Unterschied zwischen Lust und Schmerz in der Schwebe, und damit auch die absolute Trennung der beiden Gewalttätigkeiten. Nicht daß der Masochist den Schmerz und das Schuldgefühl selbst als Lust empfände; er inszeniert sie vielmehr als Vorbedingung des beseligenden Ergusses, als »Vorlust, als Lust *moralischer* Art, die auf die sexuelle Lust vorbereitet und sie erst möglich macht«. Während die Sadesche Dramaturgie sich abmüht, den Eros zu einem Sonderfall des Thanatos zu machen, gestaltet der masochistische Roman den Thanatos zum spannenden Abenteuer, das der Eros zu bestehen hat.

Die beiden Welten können nicht miteinander: Die ideale Sadesche Gefühllosigkeit ahmt die zerstörerische Natur nach; es braucht den Sadeschen Eros, um sie zu kitzeln. Die ideale Eiseskälte der Venus im Pelz ist der Abklatsch einer Göttin-Mutter Natur; es braucht die masochistischen Selbstkasteiungen, um ihr Leben zu verleihen («die Kastration des Sohnes ist die Erfolgsbedingung des Inzestes, der jetzt einer Wiedergeburt gleichgesetzt wird, bei der der Vater keine Rolle hat«). Die Helden der beiden Szenarien sind ungleich. Der Sadianer ist ein Mann des Begriffs und der Theorie, er hört gar nicht mehr auf, Vorträge zu halten, und seine Wortergüsse, die stromaufwärts dem unendlichen Fluß der Zerstörungen folgen, sind ein einziger Ruf zu den Prinzipien, ein verbales Wiederkäuen. Der Masochist hingegen kümmert sich nicht um seine Rede, sondern um sein Erscheinungsbild; vor dem Spiegel des mütterlichen Frauenbildes zerrt und zupft er fortwährend daran herum. Ist die Begegnung der Körper auch grausam hier wie dort, die Wiedergeburten gleichen sich nicht: Beim einen wird das Fleisch zum Wort, beim anderen zum Bild.

Der Sadist geht ganz in seinem Sadismus, der Masochist ganz in seinem Masochismus auf; der Witz, in dem der zweite zum ersten sagt: »tu mir weh«, ist albern, auch ohne die Antwort des Sadisten. Die Sexualisierungen der Welt halten ihre schwarzen Messen in jeweils geschlossener Gesellschaft ab; sie ergänzen sich nicht. Der Schmerznehmer ist zwar bildersüchtig, aber mit einem Schmerzgeber, der nur Lektionen erteilt, kann er nichts anfangen. Gleichwohl ahnt man hinter dem Unterschied das Koalitionsprogramm des Masochisten und des Sadisten, denn sie sind Brüder in der Idiotie insofern, als diese in der Bestrebung gipfelt, die primäre Gewalt zu erotisieren. Bei jedem Mini-Abenteuer kennen unsere beiden Kumpane nur eines: den Schmerz verringern und nie Leiden als solches gelten lassen. »Für den Sadisten ist der Schmerz anderer lustvoll, für den Masochisten sein eigener«, anerkennt mit den nötigen Nuancen Gilles Deleuze, der im übrigen jede Brücke zwischen den beiden Phantasmagorien abbrechen will. Auf der Mikro-Ebene ein Monismus, der jeden Schmerz überdeterminiert; auf der Makro-Ebene der Pansexualismus: Indem jeder auf seine Weise den Mythos eines kopulatorischen Ursprungs der Welt pflegt, erklären sowohl der Sadismus als auch der Masochismus, die primäre Gewalt sei nicht primär, ursprünglich sei nur die erogene Einheit: die reine, harte, nicht erotische Gewalt sei eine Täuschung, sei der sekundäre Effekt einer vorangegangenen Entsexualisierung. Sadismus und Masochismus bieten zwei verschiedene Lesarten von ein- und demselben mysteriösen Vorfall im Zeugungsakt, sie verschreiben verschiedene Rezepte, gelangen aber beide zum anfänglichen Monismus zurück, indem sie alle Gewalt resexualisieren: »Mit dem Sadismus äußerte sich der zweifache Prozeß der Entsexualisierung und Resexualisierung im Denken ... Mit dem Masochismus erschien dieser zweifache Prozeß in der Phantasie.« Ohne es zu wollen, postuliert Deleuze die strukturelle Identität der Sadeschen und masochistischen Theorien – beide reduzieren den *Dualismus* der Freudschen Prinzipien zur monistischen Nacherzählung eines *zweifachen Prozesses,* nämlich der Degeneration und der Regeneration des erogenen primären Eies.

Soll man nun mit Deleuze glauben, »nur die Normalität (sei) leidlich kommunikativ«, wogegen eine unerfindliche gütige

Vorsehung die »Perversionen« in ihren jeweiligen Ghettos isoliert halte, in sicherer Entfernung zu dieser (etwas blauäugig
angenommenen) »Normalität«? Mitnichten; denn auch wenn
sich die Personen und ihre Darsteller nicht ergänzen, auch
wenn sie Rollen aus verschiedenen Stücken spielen, so stößt
man doch auf einen »Durchgang« hinter den Kulissen, dort
nämlich, wo sich die Bühne um den Idiotie-Punkt dreht. Diese
Drehbühne inspiriert zu einem neuen Stück aus Dialogfetzen
der beiden ersten Stücke. Anstatt für einen der Pole des Freudschen Dualismus Partei zu ergreifen, wird nun die Dualität
selbst sexualisiert. Im Namen und an Stelle des die Urszene
erotisierenden Sadianers und des die Urgewalttätigkeit in die
Liebesbeziehung einbauenden Masochisten tritt das manichäi-
sche Duo auf, dessen Beziehungsmuster Villiers de l'Isle-Adam
mit seinem Ehepaar Moutonnet skizziert: Monsieur hat
Madame während der Schreckensherrschaft der Revolution
denunziert, und sie hat es erfahren:

»… Dreißig Jahre später, im Jahre 1823, waren Lucrèce Moutonnet (eine Dunkle, mit ihren achtundvierzig Jahren noch
frisch, knackig und schelmisch) und ihr Gemahl Thermidor
unter dem Kanonendonner des Empire außer Landes nach Bel-
gien gegangen und bewohnten dort ein kleines Haus mit einem
blühenden Kolonialwarengeschäft, mit einem kleinen Garten,
in einem Vorort von Lüttich.

Während dieser Zeit, eigentlich *seit* dem folgenschweren
Schritt, geschah etwas sehr Merkwürdiges.

Das Ehepaar Moutonnet erwies sich als das vollkommenste,
sanfteste und zugleich feurigste Paar, das leidenschaftliche
Liebe je mit süßen Banden geknüpft hatte. Wie Täuberich und
Taube, so kamen sie sich vor.

Sie waren das Vorbild alles ehelichen Zusammenlebens. Nie
kam auch nur die geringste Wolke zwischen den beiden auf.
Ihre Leidenschaft war die feurigste; ihre Treue fast ohne Vorbild; ihr Vertrauen gegenseitig.

Doch der Sterbliche, dem es gegeben gewesen wäre, ins Tiefste dieser beiden Wesen zu blicken, wäre wohl sehr erstaunt gewesen, den *wirklichen* Grund ihres seligen Glücks zu erschauen.

Jede Nacht sagte nämlich Thermidor zu sich selbst, wenn im Dunkeln seine Augen glänzten und funkelten und seine Teure sich ehelich an ihn schmiegte:

›Du weißt es nicht, nein! *Du* weißt es nicht, daß ich alles versucht habe, um dich KÖPFEN ZU LASSEN! Ha! ha? ... Wenn du das wüßtest, würdest du dich nicht an mich schmiegen und mich küssen! Aber – ha! ha? ich *allein* weiß es! – und wie mich das beschwingt!‹

Und dieser Gedanke belebte ihn, ließ ihn milde lächeln in der Dunkelheit, ergötzte ihn, machte ihn rasend *verliebt. Denn in diesem Augenblick sah er sie ohne Kopf!* Und so, wie seine Gelüste beschaffen waren, berauschte ihn dieses Gefühl.

Desgleichen sagte Lucrèce zu sich selbst, aus einer Art Ansteckung heraus, mit derselben Schärfe der Vorstellung, in schändlicher Erregung:

›Ja, mein kreuzbraver Mann, – du lachst! du freust dich? Du bist entzückt! ... Gut so, du wirst mich immer begehren.

Denn *du glaubst, ich wüßte nichts von deinem Besuch bei diesem Fouquier-Tinville, – ha! ha?* ... Und du wolltest mich KÖPFEN LASSEN, Niederträchtiger! Aber – ja, ich WEISS es! ... *Ich allein* weiß, was du denkst – und du weißt nichts davon. Aus Hinterlist weiß ich um deine wildwütigen Sinne. – Und ich lache still in mich hinein! Und ich bin sehr glücklich, dir zum Trotz, mein Freund.‹

So traf sich die tiefste sinnliche Verworfenheit des einen mit der des anderen im Negativen. So lebten sie, indem einer dem anderen etwas vorgaukelte (und sich selbst durch den anderen) über diese einfältige und ungeheuerliche Einzelheit, aus der sie beide ein schreckliches und unerschöpfliches Elixier ihrer makabren Lüste bezogen. – Und so starben sie (sie zunächst), ohne sich je das gegenseitige Geheimnis ihrer absonderlichen, ihrer verschwiegenen Freuden verraten zu haben.

Und der Witwer, Thermidor Moutonnet, kinderlos, blieb

dem Gedächtnis der Ehefrau treu, die er nur um wenige Jahre überlebte.

Welche Frau hätte auch *ihm* seine teure Lucrèce ersetzen können?«

Das Ehepaar Moutonnet stellt die unmögliche Begegnung des Masochisten und des Sadisten dar. Nachdem ausgeschlossen ist, daß sie sich direkt einander anpassen, bleibt ihnen die Möglichkeit, sich an ihre Unangepaßtheit anzupassen, indem jeder mit dem anderen lebt, ohne ihm zu begegnen, und jeder sich in seine Phantasie einmauert. Das Ehepaar erzeugt eine eigene Form von Idiotie, der Bürger Moutonnet ist nicht wirklich Sadist, und seine Frau baut lediglich eine masochistische Fassade auf. Denn Sadianer und Masochisten spielen mit offenen Karten. Die einen ruhen nicht, bevor sie ihre Opfer von der Richtigkeit ihrer Haltung überzeugt haben, die zweiten schließen mit ihren Peinigern in aller Form Verträge ab. Im Gegensatz dazu tauschen die Moutonnets keine Informationen aus, jeder gewinnt Lust aus dem Nichtwissen des anderen. Welches Wissen wollen sie sich partout verheimlichen? Ich wollte dich einen Kopf kürzer machen lassen, du wolltest mich einen Kopf kürzer machen lassen; beides will heißen: für mich bist du tot. Diese makabre Feindschaft ist erotisierend, jeder feiert für sich eine Wiedergeburt, jeder bezieht seine Lust nicht aus dem, was der andere glaubt, nicht aus dem warmen Bett, aus den Dünsten des Fleisches; er empfindet höchste Wollust auf einem Totenbett und erotisiert das Dasein mit dem Fallbeil des Schafotts. Die herzliche Zwietracht führt in einem dritten Begegnungstyp der Körper das idiotische Postulat vor, daß es keine Gewalt gibt, die nicht durch den Eros gebunden wäre.

Die Moutonnets versuchen gar nicht erst, sich zu verstehen; sie sind Manichäer. Der Umgang mit dem anderen ist ein Umgang mit dem Bösen, das Heucheln die notwendige Vermittlung dabei. Der Partner ist für sich Licht – er ist wissend – und für den anderen Finsternis – er täuscht, wen er tötet oder wer ihn tötet. In ihrem Gegenüber begegnet Monsieur (oder

Madame) dem blanken Entsetzen, er stellt sich ihm und beschließt, sich die Wonnen des himmlischen Gesandten der manichäischen Mythen zu gönnen, der bald in weiblicher Gestalt die männlichen Geister, bald in männlicher Gestalt die weiblichen Schößlinge umgarnt und der, ihre Wünsche weckend, »sie auf der Erde, vermischt mit ihrem Samen, das Licht wieder aufnehmen läßt, das sie verschlungen hatten«. Die Moutonnetsche Lust ist um so größer, als sie dem Tod abgetrotzt wird; logische Folge: Thermidor Moutonnet muß, wie der Sadist und der Masochist, die beide notgedrungen steril sind, als kinderloser Witwer sterben. Um die Gewißheit auszukosten, daß die Wiedergeburt die erste Geburt *aufhebt* (im vollen Hegelschen Sinn), halluziniert der Idiot die beiden Geburten als identisch; er krempelt das Ende der Zeiten auf den Anfang zurück, lebt sexuell die ewige Wiederkehr aller Dinge und negiert auf radikalste Weise den anderen, indem er ihn sadistisch funktionalisiert, masochistisch programmiert oder in Moutonnet-Sauce lebendig begräbt. No future: Weder gibt es im anderen Gedanken, von denen man nichts ahnt, noch gibt es Leben, das von Generation zu Generation weitergegeben wird – die Idiotie ist das als Geheimnis ihres Anfangs gesetzte Ende der Geschichte, sie ist die auf die Erschaffung der Welt gleichgesetzte Theorie und Praxis des freien Schwangerschaftsabbruchs.

Der alte Manichäismus war eine Gnosis (ein heiliges Wissen), er behauptete, das Heil durch die Offenbarung der »drei Zeiten« zu lehren, die für jede Seele und für die Menschheit als Ganzes den Sinn der Geschichte absteckten. Zwischen dem Anfang – Zustand der Unschuld, wo die Seele noch nicht vom Guten gespalten ist – und dem Ende – wo die Einheit durch Erkenntnis wiederhergestellt ist –, siedelten die Manichäer einen mittleren Zustand an, wo sich das Gute und das Böse in einer Auseinandersetzung mit ungewissem Ausgang befinden. Genau umgekehrt ist es bei der Idiotie, die eine Art agnostische Gnosis ist und sich keine »Geschichten« erzählen will; sie nimmt sich vor, die drei Momente hic et nunc in einem einzigen zu leben: Unschuldig wie am ersten Tag und glorreich wie am letzten, geht Monsieur/Madame Moutonnet durch die Auseinandersetzung, ohne sich auseinanderzusetzen. Die Vereinigung ist Trennung, der Geschlechtsakt wird wie ein fortgesetzter Mord begangen; die Körper finden zusammen, nicht trotz, sondern kraft des Hegelschen Prinzips, nach dem jedes Bewußtsein den Tod des anderen verfolgt. Monsieur Moutonnet vereinigt sich mit einem Körper ohne Kopf, Madame mit einem Kopf ohne Herz. Jeder ist wissend – er ist Eros, die andere Thanatos – und findet Gefallen an der Täuschung, d. h. das, was der andere vermeintlich nicht weiß, wird zur Quelle der Lust. Sie haben bis zwei gezählt, leben aber eins; ihre gemeinsame Religion ist die Hegel so teure unmittelbare Identität von Sein und Nichts, die transparente Gleichheit von Lebensinstinkt und Todestrieb. Die Freudsche Dichotomie ist in einer »neuen Geburt« untergegangen, in der das Zusammenfallen der Gegensätze sich als ebenso herrliche wie morbide Übung erweist.

## König Narziß

Die Inszenierungen wechseln, lassen uns aber ahnen, daß ein dramaturgisches Gerüst festhält, was der *idiotes* zu erbringen hat. Das altgriechische Wort, von dem sich unser Schimpfwort ableitet, bedeutete ursprünglich »einfach, einzigartig, besonders«; dann glitt es ins Pejorative ab: »simpel, an gesundem Menschenverstand mangelnd«. Der Idiot ist ein Gefangener seiner Besonderheit, er kann sich keinen einzigen Augenblick lang selbst vergessen. So versteht man unter Fachidiotie die Krankheit des Spezialisten, der unfähig ist, die Froschperspektive seines Fachs zu überwinden; ähnlich ist die Idiosynkrasie die Schwäche eines beschränkten Charakters, der nicht über seinen Horizont hinauskann. Als Insulaner, genügsam auf seinem Stückchen Erde lebend, wird der Idiot schnell, zu schnell mit dem Ignoranten gleichgesetzt (das lateinische *idiota* bedeutet »ungebildet«); als Barbar steht er vor dem Zivilisierten, als

Feldmaus vor der sie anstierenden Stadtmaus, als Mann des Volkes vor dem sachverständigen Ministerialbeamten, kurz, als jemand, dem es an Einsicht gebricht, an Sachverstand und an einer Reihe weiterer Vorzüge, deren sich eine Gesellschaft rühmt, die auf sich hält. Der Spieß dreht sich natürlich auch um: Jede Gesellschaft ist ihrerseits sonderbar – Wahrheit diesseits, Irrtum jenseits der Grenzen – und deshalb der Idiotie verdächtig in den Augen desjenigen zum Beispiel, der von ihr als Idiot tituliert wird und der, Hurone, Perser, blutiger Laie oder einfacher Clown, es ihr mit gleicher Münze zurückzahlt – »Taler, Taler du mußt wandern«. Selbst wenn die Sache nicht zu fassen ist – wer ist idiotisch, und wer vor allem ist es nicht? –, der Begriff scheint klar, kristallklar zu sein. Die Idiotie verhält sich zur Vernunft wie das Singuläre zum Gemeinschaftlichen und das Individuelle zum Allgemeinen.

Der Haken daran ist, daß der Idiot damit negativ definiert wird: ihm fehlt die Vernunft. Womit gar nichts erklärt ist. Wer sich dazu bequemen will, im einzelnen darzulegen, was er unter »Vernunft«, »allgemein« und »Gemeinschaft« versteht, läßt sich auf einen Studiengang ein, dessen Dauer und Ausdehnung den Universität genannten Institutionen die Existenzberechtigung liefert. Deren Quasi-Ewigkeit spricht für die Spitzfindigkeit, mit der sie diese Fragen ventilieren, weiterreichen und das letzte Wort der Antwort einer ständig zukünftigen Generation überlassen. Was wird währenddessen aus der Idiotie? Kann sie wirklich nur sekundär, nur auf Umwegen, nur als das Unintelligente erkannt werden? Ganz im Gegenteil, die Dummheit ist primär, sie springt direkt in die Augen und erlaubt deduktionsmäßig den Schluß, daß das, was sie nicht ist, sich notfalls als intelligent begreifen läßt. Der Idiot ist mitnichten die Unvernunft; vielmehr ist das Vernunft, was sich als nicht dumm erweist. Die Idiotie wird unmittelbar erfahren, wie das Gelächter beweist, das auch ohne langwierige Studien losbricht. »Wenn ich eine Komödie sehe, will ich nur gerührt sein; und wenn ich mich gut amüsiert habe, frage ich nicht danach, ob ich nicht vielleicht unrecht habe und ob die Regeln des Aristoteles mir nicht verbieten zu lachen.« (Molière in der *Kritik der Schule der Frauen*).

Der Idiot wird in und durch sich selbst definiert, er braucht dazu keinen Umweg über die Vernunft, deren Fehlen er nicht empfinden kann, selbst wenn sie im nachhinein versucht, ihn zu verfälschen. Er existiert gewissermaßen vor ihr und außer ihr, was nicht ausschließt, daß er sich ihr einmal zuwendet und sie von innen her besitzen will, wie zu allen Zeiten pedantische Gelehrte, lateinisch bramarbasierende Ärzte und wissenschaftliche Revolutionäre bewiesen haben. Der Idiot geht ganz auf in seiner wie immer gearteten Eigenheit, und diese allgemeine Bewegung des Aufgehens moduliert den gemeinschaftlichen Zug unendlich verschiedenartiger Quisquilien. Der Idiot hört sich verzückt zu, er wird gestreichelt, er erregt sich, er ist zärtlich nur mit sich selbst. Er, der allein an seine Selbsterhaltung denkt, wird zur Traumbeute aller Unsterblichkeitsverheißungen und zum Dummen par excellence aller Tartuffes der Religion, der Medizin und der leuchtenden Zukunft: »Wir sind nicht die einzigen«, gesteht ein Molière-Arzt, »die sich die menschlichen Schwächen zunutze machen, wo sie es können ... Die größte Schwäche der Menschen ist aber ihre Liebe zum Leben; und wir Ärzte mit unserem pompösen Wortgeklingel profitieren davon, wir wissen unseren Vorteil aus der Verehrung zu ziehen, die ihnen die Angst vor dem Tod für unseren Beruf einflößt« *(Die Liebe als Arzt)*. Der Idiot hat Angst unterzugehen. Das macht ihn zum eingebildeten Kranken. Er redet, um sich daran zu erinnern, daß er noch lebt; das macht ihn sauertöpfisch und selbstgefällig. Er fürchtet um seine Seele, also fällt er dem erstbesten Tartuffe anheim. Er ängstigt sich um seine Wahrheit und bricht menschenfeindlich mit einer der Koketterie verdächtigen Célimène. Er stellt sich vor, er würde sich in vitro eine »Hälfte« erziehen, die nicht betrügen kann: Agnès, die von Arnulf entsprechend konditionierte »törichte Frau«, Sklavin dieses Haustyrannen, ist eine Vorläuferin der »zukünftigen Eva«:

*So weich wie ein Stück Wachs, das man in Fingern hält*
*Und knetet es und drehts, ganz wie es uns gefällt.*

Der Idiot liebt sich abgöttisch, und wenn er seinen Nächsten liebt, dann wirklich wie sich selbst, und so in sich selbst, daß er es nicht erträgt, wenn außerhalb seiner geliebt wird: »Die Person, von der ich eben sprach, ist eine junge Braut, das niedlichste Geschöpf auf der Welt; ihr Verlobter selbst hat sie hierher gebracht … Ja, es war mir unerträglich, sie so glücklich miteinander zu sehen; der Ärger darüber schürte mein Verlangen, und ich malte mir aus, welch ein Genuß es sein müsse, ihre Sinne zu verwirren und dies Verhältnis zu lösen, das mein empfindsames Herz so schwer kränkte« (Don Juan).

Molières Komödien thematisieren die tausend Arten, auf die ein Held – eins und unteilbar – sich um seine eigene Person dreht. Ohne sich je ablenken oder verwirren zu lassen, verfolgt er in einer schwindelerregenden Spirale sein Fetisch-Objekt – einen Mann, eine Frau, diverse Geldkassetten oder ein Klistier –, in dem sich die ihn verewigende absolute und ausschließliche Beziehung abspielt: »Ach, mein armes Geld, mein armes Geld, mein treuester Gefährte – man hat uns getrennt! Seitdem ich dich nicht mehr habe, fehlt mir jeder Halt, jeder Trost, jede Zuversicht. Mit mir ists aus, was soll ich noch auf der Welt? Ich kann ohne dich nicht leben. Es ist um mich geschehen, ich halte es nicht mehr aus, ich sterbe. Ach was, ich bin längst tot und begraben« *(Der Geizige)*.

Molière spricht weniger vom Idioten als vom Toren. Der Ausdruck fließt ihm mit all seinen Ableitungen fortwährend in die Feder; erweist sich als *das* Komödienthema, als *der* Heiterkeitsanlaß, er inspiriert zu außerordentlichen Figuren und zu unüberbietbar komischer Satire der ungeheuerlichsten Situationen. Diese Krankheit übersteigt alle geistige Defizienz; der Tor kann geistig minderbemittelt sein, dann ist er eher untauglich als zum Lachen; Esel sind selten komisch; naive Personen wie Agnès sind rührend, nicht lächerlich. Demgegenüber steht Arnulf der Lächerliche für einen Intellektuellen, der heute zahlreiche Bücher verbrechen würde über Genesis und Struktur, Leben und Werk, Epistemologie und Soziologie des einzigen, ein arbeitsreiches Forscher- und Wissenschaftlerleben ausfüllenden Gegenstandes, nämlich des Hahnreis. Der Dumme im hergebrachten Wortsinn weiß nichts von Problemen. Molières Meister-Tor und Dostojewskijs Idiot erkennen als gelehrte Dummköpfe die Probleme nicht nur, sie haben sie schon im voraus gelöst. Der Idiot besitzt die Lösung, mehr noch, er ist sie; er leidet nicht an einem Mangel, sondern an einem Übermaß an Gelehrtheit. Wo die Menschheit in der Unwissenheit tappt, hat er das Wissen: Die Welt ist gut, weil er ihren Mittelpunkt besetzt, und er besetzt ihren Mittelpunkt, weil die Welt gut ist. Der Idiot hüllt sich in wechselseitige Versicherungen ein, er schneidert sich eine Welt in seiner Größe zurecht, er ist der Wiegende, das Gewicht und die Waage zugleich. Die Komödie endet, wenn er endgültig die Illusion verinnerlicht hat, die ihn als Höchstes Wesen inthronisiert. Jourdain wird zum Mamamutschi, Harpagon bemuttert seine »geliebte Kassette«, der eingebildete Kranke stellt sich als Arzt vor.

Die Abenteuer eines verprügelten, betrogenen und bestohlenen Sganarell geben allenfalls eine Farce ab. Die Steckenpferde des Idioten sind da subtiler und windungsreicher, sie legen auch den Gewitzten herein. Wer ihnen entfliehen will, den erwischen sie von hinten, sie machen es einem schwer auszuweichen. In der Farce bringt die Logik des Stocks dem Aufschneider und dem Pedanten Vernunft bei: Wer anderen eine Grube gräbt, fällt selbst hinein. Das Gesetz der Komik zeigt hingegen, wie der Stock zum Bumerang wird: Wer glaubte, allen Gruben zu entgehen, fällt erst recht hinein. Harpagon fürchtet sich so vor dem Bestohlenwerden, daß er den Diebstahl geradezu provoziert; mit seiner Patentmethode, treue Frauen heranzuziehen, stürzt sich Arnulf selbst in die Falle, die er zu vermeiden vorgab. So, wie der Idiot hartnäckig die nackte Gewalt einer Urszene binden und leugnen will, so setzt sich sein komisches alter ego, der »Tor«, von der »vulgären« Farce ab, die den Paaren einen lachenden Dritten zumutet, den Beuteln einen Beutel-

schneider und den Rücken eine Haselgerte. Das Amüsierende
ist der Bumerangeffekt: Je höher der Tor hinauswill, desto tiefer fällt er, und vor lauter Angst, sich lächerlich zu machen,
fällt er erst recht dem Gelächter anheim. Orgon bedient sich
des Tartuffe; der Segen des heiligen Mannes ist der Freibrief,
mit dem er die Familie tyrannisieren und seine Angehörigen
bloßstellen kann – weil es Tartuffe gibt, ist alles erlaubt:

> *Und stürben heut mir Frau, Kinder, Mutter, Brüder,*
> *Ich wär, wahrhaftiger Gott, auch nicht soviel betrübt!*

Doch nicht genug damit: Orgon legt die Maßstäbe der Ewigkeit an und spricht seinem geistlichen Leiter seine Tochter zu,
so wie Argan sich ausrechnet, daß er »seine Krankheit und die
mit ihr verbundene Pflege institutionalisieren könne, wenn er
seine Tochter mit Thomas Diafoirus verheirate und seine Pfle-
gerin im Testament bedenke.«

Sie schließen den Familienkreis um ihre geliebte Marotte. Als
despotischer Vater oder eifersüchtiger alter Knacker verfügt
der Molièresche Meister-Tor über die jüngere Generation mit
der Grausamkeit eines Sadeschen Seigneurs, dessen beherr-
schenden Tick er bereits vorexerziert. Um ihn herum wird die
Gewalt zur Liebe, da nichts in der Liebe der von ihm ausgeüb-
ten Gewalt entgeht. Die Mißachtung der Altersunterschiede,
die starrköpfige Weigerung, die jungen Leute ihren Neigungen
folgen zu lassen, drücken im Familien- und Gesellschaftsroman
das aus, was den Sadisten physisch dazu determiniert, von seinem erhöhten Kommandostand aus jede geschlechtliche Fort-
pflanzung zu unterbinden. Die Urszene läßt sich idiotisch mit
dem Zeugungsakt gleichsetzen, wenn und nur wenn man einen
theoretischen Schwangerschaftsabbruch vornimmt. Entweder
die Kinder werden gar nicht geboren oder sie kommen alt zur
Welt – Orgon wird der Sproß sein, mit dem die geistige Ehe
seiner Tochter mit Tartuffe gesegnet sein wird, genauso wie
Thomas Diafoirus für Argan, den Kranken, der Hausarzt sein
wird, weit mehr ein richtiger Vater als ein Schwiegersohn.

Agamemnon, der König der Könige, opferte seine Tochter Iphigenie, um für die griechische Flotte günstige Winde zu erhalten. König Idiot will immer mehr, er wird zum Opferpriester, er glaubt sich Gott und ist am Ende selbst das Opfer. Die Ordnung, die Orgon seiner Welt aufzwingt, stürzt ihn selbst in das Chaos; über Alcestes tierischen Ernst kann man nicht anders als lachen. Indem sie zeigt, wie die ursprüngliche Gewalt die Schutzmauern untergräbt, mit denen sich der Idiot umgeben hat, unterwirft ihn die komische Gerechtigkeit dem unerbittlichen Gesetz, nach dem der Gewalt durch Gewalt entgangen wird, und der Farce dadurch, daß man sie zur doppelten macht. Das komische Schicksal erweist die Komik dessen, der dem Schicksal entgehen will, das in der Notwendigkeit besteht, bis zwei zu zählen: Lust *und* Schmerz, Leben *und* Tod, Liebe *und* Gewalt. Molière inszeniert den tausendjährigen Zweikampf zwischen dem idiotischen Monismus und dem freudschen Dualismus.

Der Idiot gewinnt immer. Die Möglichkeit zu verlieren liegt nicht in seinem Horizont, er schickt sich mit Glanz und Gloria in seine Verrücktheit, seiner Umgebung bleibt es vorbehalten, ihn zum eingebildeten König im Land seiner Phantasien zu krönen. Weil Argan von seiner »Ärztekrankheit« nicht genesen will, dreht sein Bruder Beroald die Sache um und wendet die Manie gegen ihn selbst: »Werde doch selber Arzt.« Molières Ballett-Finale führen den modernen Zuschauer in die Geheimnisse der Selbstverwaltung der Phantasmen und des Phantasmas der totalen Selbstverwaltung des Individuums ein. Seit eh und je lebt der Idiot in einer paradiesischen Welt, in der die Nachfrage dem Angebot und das Angebot der Nachfrage angepaßt ist. Er wird nicht ruhen, bis alles sich so verhält, daß der Hilfsempfänger auch Helfer ist, dem gleichwohl geholfen wird; das Innerste der Dinge tritt zutage, der Idiot bewahrheitet mit der Versessenheit eines Argan das Wort Nietzsches, nach dem das Tiefste am Menschen seine Haut ist. Er hat einen Sprung gemacht vom Reich der Notwendigkeit ins Reich der Freiheit, er ist der Mann des verwirklichten Kommunismus, wo jedermann der Sache dient und dabei Befriedigung findet, nach seinen Fähigkeiten gibt und nach seinen Bedürfnissen erhält, und kein Rest von finsterem Chaos die Körper voneinander, das Wort von den Dingen, die Wahrheit von ihrem Schein trennen kann. Der neue Adam der bürgerlichen oder proletarischen Progressismen, der Pionier der Zukunft, eingetaucht in die zukünftige Gesellschaft – voilà Jourdain als Mamamutschi. Oder Stalin.

Man muß dem eingebildeten Kranken auf seiner Reise bis ans Ende der Idiotie folgen. Mit einem Lokalwitz, der sich rasch eingrenzen, regionalisieren und zur Folklore erklären ließe, hat das nichts zu tun; Argan macht aus seiner Idiotie eine ganze Welt. Eine richtige Welt. Die einzige. Argan der Kranke ist Orgon der Eifersüchtige, aber eifersüchtig auf sehr viel mehr als seine Seele namens Tartuffe, denn Argan ist nur auf sich selbst eifersüchtig. Der andere, die anderen, sie sind von ihm einverleibt worden, er hat sein Nicht-Ich in seine Eingeweide verpflanzt, er hat seinen Leib zum Kultobjekt erhoben, er weiht ihn der ewigen Gesundheit.

In den Augen des Laien ist Argan nichts als ein »unsauberes Wickelkind«. *Der eingebildete Kranke* ist die Lieblingskomödie der Schüler von zehn bis achtzig Jahren, es wird gelacht von Anfang bis Schluß. Aber … Einheit des Ortes: vom Bett zum Krankenstuhl. Einheit der Handlung: er erhält ein Klistier und gibt es wieder von sich. Einheit des Gedankens: er beziffert den Tagesdurchschnitt. Ästhetik: er betrachtet die unterschiedliche Beschaffenheit. Soziologie: er verheiratet seine Tochter, um diesen Kreislauf einem familieneigenen Auge zu unterstellen. Psychologie: er kommuniziert »in Richtung Toinette« …

*Argan (aufstehend):* Hat mein Klistier heute gut gewirkt?
*Toinette:* Ihr Klistier?
*Argan:* Ja. Bin ich ordentlich Galle losgeworden?
*Toinette:* Du lieber Gott, was geht das mich an? Da soll der Herr Fleurant seine Nase hineinstecken. Der hat ja den Profit.

Nur ausnahmsweise kommt es vor, daß auf der Bühne defä

kiert wird (bei Aristophanes), mal wird gefurzt (bei Genet). Und schon entrüsten sich die Moralhüter, es gäbe nichts Gewagteres im abendländischen Repertoire. *Der eingebildete Kranke* jedoch zwingt den Zuschauer ein ganzes Stück lang, »seine Nase hineinzustecken«. Nie, weder vorher noch nachher, hat das Theater einen solchen Kloakengestank in einem so ekelerregenden Mief auf die Bretter gebracht.

Und doch kann sich groß und klein nicht halten vor Lachen. Weder Befremdung noch Ekel. Haben alle die verborgene Größe Argans erfaßt, der, mehr noch als Alceste, der mystische Held der absoluten Aufrichtigkeit ist? Der Menschenfeind wollte den menschlichen Umgang absolut durchsichtig und unzweideutig machen; der Kranke konzentriert seine Anstrengungen auf den Körper, er dreht ihn um wie einen Handschuh, er dialektisiert sein Inneres und sein Äußeres, er strebt eine vollkommene Fluidität an, die Gefäß und Inhalt, Form und Grund in einer ätherischen Reflexion des Selbsts über das Selbst identisch machen soll. Argan verkörpert das Wunder des idyllischen Hellas, dessen äußere Schönheit nach Winckelmann und Hegel von einem sublimen und tiefen Inneren zeugen soll. Er personifiziert das christliche Wunder (wieder Hegel), das in den Martern der Leiber die Gegenwart der Seele ahnen läßt. In seinem Loblied auf den Menschenfeind hat sich Rousseau im Helden getäuscht; wer wahrhaft nach Durchsichtigkeit strebt, gibt sich nicht mit der Seelenbeichte zufrieden, er verfolgt die todbringende Undurchsichtigkeit bis in ihre verstecktesten Winkel hinein, er bildet sich einen durchscheinenden Körper. Die Klistiere bewirken eine Katharsis, jede Waschung ist eine Stufe auf dem langen Anstieg zur Reinheit. Argan macht sich vom alten Menschen los, seine Kasteiung verdient die Hochachtung, mit der die Selbstgeißelungen und die klassischen Bußübungen umgeben werden. Begreifen wir: Das in seinen Augen Verderbliche, aus dem er sich herausreißen muß, ist weniger die fleischliche Hülle als der Umhüllte.

Tiefer noch als die Angst vor dem Tod ist die Angst, etwas nicht zu wissen. Insbesondere nicht zu wissen, woran man stirbt. Argan macht Körper und Vermögen flüssig, um die Wiederbelebungsgabe zu erwerben, die in seinen Augen allein der Arzt hat. Beroald, der ihn zur Vernunft bringen will, erkennt an der Wurzel des Übels die Manie der vollständigen Enthüllung. Weil sein Bruder vom faustischen Streben nach dem absoluten Wissen versucht wird, hält er ihm die Grenzen des Wissens entgegen: »... weil die Kräfte, die unsere Maschine treiben, ein unerforschliches Geheimnis sind. Die Natur hat unseren Blick mit dichten Schleiern verhüllt, so daß jedes Erkennen unmöglich ist.« Doch umsonst. In seinem fanatischen Wissensdrang zerstört Argan die Maschine, um durchsichtig zu sein. Goethe hat zwei Versionen für den Schluß seines *Faust* geschrieben. Das prosaische, exoterische Ende, wo der Held, der die Menschheit von Errungenschaft zu Errungenschaft zu führen glaubte und den schönsten Augenblick seines Lebens genießen wollte, vereinsamt in einer Grube landet. Und es gibt das esoterische Mysterienfinale, wo Faust durch die Fürsprache des einst verführten Gretchen gerettet wird:

> *Er ahnet kaum das frische Leben,*
> *So gleicht er schon der heiligen Schar.*
> *Sieh, wie er jedem Erdenbande,*
> *Der alten Hülle sich entrafft*
> *Und aus ätherischem Gewande*
> *Hervortritt erste Jugendkraft!*

Die Goethe-Spezialisten plagen sich mit dem Gegensatz herum: hie Pessimismus des Falls, dort Optimismus der Erhöhung; sie durchleuchten die Sanftheit, die den einen mildert, und sezieren die Ironie, die die andere aushöhlt. Im Glauben, Gutes zu tun, purgiert Faust die Welt; er stiehlt, vergewaltigt, tötet; daher stirbt er. Weil er das Böse aus Liebe zum Guten getan hat, wird er gerettet. Er wird also weiter wüten. Wir sitzen in der Klemme: Wir müssen die Einbildung als gut oder böse beurteilen, indem wir die Einbildung das Urteil sprechen lassen. Scheinbar schließen sich die beiden Faust-Finale gegenseitig aus, doch wer in die subtile Logik eines Eingebildeten eindringt, der Opfer und Rächer seines eigenen Gesetzes ist, entdeckt im Schlußballett der letzten Molière-Komödie das von Goethe nur aufgefächerte, eine Ende. Man braucht bloß den Kranken zum Arzt und den Büßer zum Richter machen.

> *Ein Vivat, ein Vivat, ein Vivat, ein Vivat hundertfach*
> *Novo doctori, der so bene sprach!*
> *Er esse und trinke tausend, tausend Jahre lang*
> *Und heile oder töte alles, was krank!*

Essen und Trinken oder die metaphorisch vorliegenden Befriedigungen des Eros. Heilen und Töten als die stille Arbeit des Thanatos. Argan will das Spiel beherrschen, auch wenn er seine Gedärme auf den Tisch legen muß. Er verkoppelt Lebensinstinkt und Todestrieb; er verlangt, daß beides in ihm ohne Unterbrechung zirkuliert; er radiert die Unterschiede aus; was er lieblos einverleibt, scheidet er ohne Ekelgefühle wieder aus; er ist das reine Auge, das die Unschuld der Welt vor ihrer Schöpfung ebenso betrachtet wie die Schlammflut, die sie in endgültige Verwesung hineinzieht; er hält beide Enden in der Hand und nimmt eine Zwischenstellung ein, indem er die Urszene auf die Endszene klebt; jeden Augenblick füllt und entleert er sich, stirbt er und wird wiedergeboren. Brunhildes Triumph: Sie begreift endlich, was Wagner in der *Götterdämmerung* nie auszudrücken vermochte, warum sie sich nämlich umbringt und die Welt mit ihr. Argan hat das ständige Erlebnis des Weltuntergangs erfunden; ungeachtet der Zweideutigkeit, mit der das Wort »machen« belastet ist, ist Argan, dieses Transsubstantiationswunder, das einzige Wesen, das weiß, was es macht.

Weniger unfein als Argan sah Narziß, wie es heißt, in einem Brunnen das Bild, in das er sich sterblich verliebte. Er starb vor Liebe zu sich selbst und verwandelte sich in eine Blume. Bis auf dieses Detail gleichen sich die beiden Schicksale zum Verwechseln. Um sich das Bild seiner Allmacht vorzuhalten, sucht sich

Narziß den Spiegel seiner Wahl: Es kann das Meskalin des Konsuls sein, der Tabak, dessen Loblied Sganarell komponiert oder irgendein Rauschmittel, das mehr »in« und härter ist; es kann die Zukunftsideale-Maschine sein oder der Nationalfeiertag des Geistes.

Narziß, Sinnbild des Zusammenfallens von Leben und Tod in einer schattenlosen Selbstgegenwart, wird in dem Moment zum Idioten, in dem er mit der Nymphe Echo bricht. Nicht, daß er den egoistischen und solipsistischen Fehler beginge, jemandem die Existenz streitig zu machen; er vernachlässigt seine Nächsten so wenig, daß er sein Möglichstes tut, um alle um sich herumtanzen zu lassen. Daß er Echo wegschickt, liegt weniger an seinem Sozialverhalten als an seinem In-der-Welt-Sein. Echo hat nichts verloren in einer narzißtischen Welt, die keinerlei Gefälle nach außen zuläßt; einsam und einzig, läßt er keinen Raum für ein anderswo, von wo aus er gesehen und gehört werden könnte; wenn es andere bewohnte Planeten gibt, so sind sie allenfalls Provinzen seines Mutterlandes: »Ich wünschte, es gäbe noch eine andere Welt, auf die ich meine Liebeseroberungen ausdehnen könnte«, verkündet Don Juan. Argan wird sich neue Krankheiten erdenken, um sein Heilmittel auf sie ausdehnen zu können. Alles und alle für einen – Monolog der Idiotie.

Es gibt nicht mehrere Welten; und die eine weigert sich, sich entzweischneiden zu lassen, den Unterteilungen der Ästhetik, der Ethik und des Wissens gemäß: Die Selbstblendung des Idioten ist, welches auch immer seine ideologische Heimatprovinz sei, ganz eigentlich universell. Er nimmt in einem unteilbaren Mittelpunkt Platz, jenseits von Schön und Häßlich (siehe Argan), jenseits von Wahr und Falsch, Gut und Böse (siehe Charlotte zu Don Juan: »Mein Gott, ich weiß nicht, ob Sie die Wahrheit reden oder nicht, aber Sie benehmen sich so, daß man Ihnen glauben muß«). In diesem Punkt der Nicht-Unterscheidung und der zusammenfallenden Gegensätze vermengen Götter und Menschen ihre Wesenheiten und ihre Erscheinungen; der Ehemann oder Vater hält sich für Jupiter, der sich manchmal – so im Amphytrion – für einen Ehemann hält. »Das Auge kann zwischen uns keinen Unterschied finden«, befindet er. Das Schöne ist das Häßliche, das Wahre ist nur sein Anschein, Gut und Böse unterscheiden sich nicht, so bedeutet uns der Idiot in seinen burlesken Höhepunkten: Nur er allein versteht, in abstrusem Kauderwelsch äfft er fremde Idiome nach (die Turquerie des *Bürgers als Edelmann,* der Marxismus diverser Kommunismen), manchmal auch tote (das Latein des *Eingebildeten Kranken*); durch die Gnade einer idiotischen Sprache finden seine Verschrobenheit und Selbstzerstörung zu Leben und Verklärung.

Dostojewskijs Idiot ist zu gut: Er lebt in einem Land ohne böse Menschen. Molières Tor ist zu selbstgewiß, er schafft es, immer zu irren, das heißt, in seinen Augen nie; denn seine Erfahrung wird unanfechtbar und, im Popperschen Sinne, nicht falsifizierbar. Beider Torkeln ist dasselbe. Die scheinbare Güte des Idioten pickt aus dem Evangelium als Alleinrezept das »du sollst nicht urteilen« heraus und wendet es gegen jegliche moralische Anwandlung – du sollst nicht unterscheiden zwischen dem, was gut und böse ist in dir, du sollst das Böse nicht erkennen, du sollst nicht an das Böse denken.

Jede Botschaft findet ihren Sinn in einem Code. Will man eine Botschaft interpretieren, so hat man zwei Möglichkeiten: man kann entweder das Gesagte selbst befragen oder aber die Art und Weise, wie es gesagt wird. Im ersten Fall wird auf den Gegenstand der Botschaft Bezug genommen, im zweiten Fall auf den sie strukturierenden Code. Die Dummheit stellt sich auf den ersten Standpunkt, den inhaltlichen, und fordert, daß die Wörter und die Dinge auf doppelt eindeutige Weise korrelieren. Die Idiotie richtet sich in der zweiten Möglichkeit ein, der metalinguistischen, wo der Code (als Metasprache) die Korrektheit der Botschaft überprüft. So verschieden auch die Codes beschaffen sein mögen, idiotisieren lassen sie sich alle, die einen mehr, die anderen weniger. Der Idiot wird von Fall zu Fall die Bibel bemühen, den naturalistischen Materialismus der Aufklärung, die Hegelsche Dialektik, den medizinischen, revo-

lutionären oder nationalistischen Jargon, um den Beobachter-
standpunkt eines Universal-Codeknackers zu beziehen, dessen
Code selbst natürlich nicht zu knacken ist. Er ist nicht gut, er
konfisziert die Möglichkeit, etwas als gut oder schlecht zu
beurteilen. Er ist nicht schön, und doch — Arnulf betont es
wiederholt Agnès gegenüber — entscheidet er allein darüber,
was ästhetisch ist und was nicht. Er ist nicht sonderlich wahrhaftig, doch was kümmert's ihn, wenn er sich auch nicht als
falsch erweisen kann?

Der Dumme führt sich auf, als wäre er Herr über das Ding.
Der Idiot, als wäre er Herr über den Code. Dem Dummen kann
es passieren, daß er vom Hundertsten ins Tausendste gerät
und, wie Bouvard und Pécuchet, in eine endlose Suche hinein-
schlittert. Der Idiot läßt sich nicht so leicht aus der Fassung
bringen; er urteilt, ohne selbst beurteilt zu werden; die Erfahrung kann ihm nichts anhaben, selbst wenn sie ihn zu widerlegen scheint, denn diese Widerlegungen sind ja auch zu interpretieren. Und wer soll dies tun? Wer, wenn nicht er? Die Idiotie
ist ein höchstinstanzliches Gericht; in ihr findet die verunsi-
cherte Dummheit ihre Daseinsbedingung, nämlich die sichere
Ruhe.

Was auch immer seine Meinungen und Überzeugungen
seien, was seine Titel und seine Figuren, der Idiot findet die
Welt *gut*. Scheinbar im moralischen Sinn des Worts, wenn er
sich als Rousseauist oder Tolstoianer ausgibt. Bei näherem
Hinsehen drehen aber auch der Sadianer, der Masochist und
dieses Ferkel von einem Argan so lange an der Welt herum, bis
sie gut — das heißt vollkommen ihren Phantasmen angepaßt —
ist. Ich bin gut, so wie ich bin, ich bin wahr, da wo ich bin, so
tun sie unaufhörlich kund. In welchem Sinne ist und bleibt ihre
Welt gut? Nicht im moralischen, sondern im metaphysischen
Sinn: Platons Idee des Guten gleicht das Erkennende dem
Erkannten an, so, wie die Sonne das Sonnenauge dem besonn-
ten Sichtbaren angleicht. Allerdings hat Platon, ebenso wie die
Mystiker, stets betont, daß der Waagebalken des Guten, der
alles allem angleicht, sich nur ahnen läßt, daß er jenseits der

Dinge existiere, unerreichbar für die Sterblichen, diese Minderbemittelten, die nicht leben können ohne zu trennen (das Schöne vom Häßlichen, die Spreu vom Weizen). Springt man über das Reich der Trennung (Montaignes »humaine condition«) hinweg, so wahrsagt man jenseits des Seienden *(epekeina tes usias);* man überschreitet die unüberschreitbare Grenze, an der Platon die Sonne des Guten scheinen läßt. Das lateinische *trans* in transzendieren und das griechische *meta* in Metaphysik geben uns den historischen Fingerzeig, daß das philosophische Denken das, was jenseits der Welt ist, seit Anbeginn auch als jenseitig gedacht hat. Man kann diese Entfernung im Rausch oder in der mystischen Trance ermessen, aber auch, mit beiden Füßen auf dem Boden stehend, im Essay (Montaigne) oder in der Kritik (Kant). Der Idiot wählt nicht, er reißt einfach jede Distanz ein zwischen dem Hier und dem Dort, er taucht ins Jenseitige ein, läßt sich in der Idee des Guten häuslich nieder und schließt die Tür der Welt hinter sich zu. Sein gutes Universum verkündet, daß die Suche am Ziel ist; er »verwirklicht« die Philosophie, seine Unschuld ist ganz eigentlich metaphysisch und seine Naivität transzendent.

# Verteidigung
# des Intellektuellen

Werde ich Falsches behaupten
oder die Wahrheit sagen?

HOMER, ILIAS

Ohne Dummheit kein Intellektueller. Als seine engste Feindin und folglich Verbündete von altersher ist sie ständig hinter ihm her – die Wichtigtuer, die sich keine solche Liaison erlauben, finden dies peinlich. Das Todesurteil gegen Sokrates wegen verderblichen Einflusses auf die jugendliche Zuhörerschaft war verdient, der Beschuldigte hatte seine heimtückisch-unschuldige Fragerei bewußt in eine Generationenkampf-Strategie eingebunden. Es war ein Spiel im Dreieck. Erster Partner: der bunte Haufen von Intellektuellen, solche und solche dabei, geschickte Dialektiker, sophistische Hauslehrer und redliche Sokratiker. Zweiter Partner: die Athener Jugend, von den ersten aufgeweckt, verwirrt und aus dem Gleis geworfen. Dritter Partner und Spielgegner: die alte Welt, die etablierten Männer und respektablen Frauen, allgemein die Traditionsbewahrer; das gewitzte Publikum begreift sofort: dies sind die Dummen. Die Spielregel ist einfach, wie Sokrates erläutert: Man fragt einen jungen Mann aus gutem Hause: »Was ist das Schöne? und wenn er das antwortet, was er vom Gesetzgeber gehört hat, die Rede ihm dann bestreitet und durch öftere und vielfältige Widerlegungen ihn auf den Gedanken bringt, als sei dieses um nichts mehr schön als häßlich, und ebenso mit dem Gerechten und Guten und was er am meisten in Ehren gehalten hat: wie meinst du, wird er sich nach diesem gegen jene verhalten, was Ehrfurcht und Folgsamkeit betrifft?«

Die Konflikte zwischen den Altersklassen strukturieren Raum und Zeit in jeder menschlichen Gesellschaft, es gibt keine, in der nicht Initiations- und Übertrittsriten alle Hebel in Bewegung setzen würden, um die drohende Konfrontation in geordnete Sukzession umzuleiten: Das Naturkind wird zum kriegerischen Jüngling, dann zum urteilsfähigen Erwachsenen und endlich zum ergrauenden Weisen. In der Vorstellung der Griechen verteidigt und illustriert Sparta einen solcherart gemeisterten Aufbau; Athen hingegen zerbricht die Hierarchie der Zeiten, es vermischt die Alter und verwischt die Generationen, der Erwachsene begehrt den schönen Jüngling, der, wenn es ihn ankommt, den Greis anherrscht. In der Provinz Sparta fehlen die Intellektuellen, um so mehr wimmelt es von ihnen in der Athener Polis, wo sie den Wahrsagern, Barden, Priestern und anderen Brauch- und Sittenbewahrern vom Dienst den Rang ablaufen. Statt die Fackel weiterzureichen und die Weisheit der Väter zu bewahren, führen sie den Zwist herbei, und ihre wirren Attacken halten jene intellektuelle Unruhe am Gären, die auf das ganze Abendland übergreift.

Die keineswegs geheime Waffe des Intellektuellen ist die Frage: »Wer ist ein Tor?« Der offensive Gebrauch dieser Waffe eröffnet den jungen Hitzköpfen Geisteskarrieren, die nicht minder stürmisch und einträglich sind als die Militärkarriere. In Ironiegewittern gehärtet, gehen die jungen Männer mit der fragenden Rede um, »als wenn es ein Scherz wäre, indem sie sie immer zum Widerspruch lenken, und den nachahmend, der sie widerlegt, wieder andere widerlegen und ihre Freude daran haben, wie Hündlein alle, die ihnen nahekommen, durch die Rede zu zerren und zu rupfen (…) Wenn sie nun viele widerlegt haben und von vielen auch widerlegt worden sind, so geraten sie gar leicht dahinein, nichts mehr von dem zu glauben, was sie früher glaubten …« Erste und natürliche Opfer: die, die kein Ohr haben für die Frage und verstummen vor ihr. Denn kaum wird sie auf öffentlichem Platz geschwungen, so zeigt sich auch schon, daß irgendwo der Wurm drin ist und die Infragestellung den vermeintlich solidesten Konsens der Welt unterhöhlt. Da hat man geglaubt, die Demokratie bürge dafür, daß der Weiseste an die Macht kommt und daß der Intellektuelle ewig nach Institutionen suchen könne, die den Philosophen zum König machen und den König zum Philosophen. Doch damit wird allzu elegant die vorausgehende Frage abgetan, ob wir uns nun zusammenschließen sollen, um den Weisesten herrschen zu lassen, oder um zu verhindern, daß sich die Törichtesten der Herrschaft bemächtigen. Nichts ist nämlich gefährlicher als ein gelehrter Esel auf dem Thron; seine natürliche Inkompetenz wird durch eine behauptete Kompetenz doppelt schlimm. Aristoteles rühmt deshalb den Athener Brauch, die für die Geschicke der Stadt Verantwortlichen mit dem Los zu bestimmen: So bilden sie sich wenigstens nichts auf das ein, was sie zu Königen gemacht, und rechnen sich den Zufall, durch den sie zu höchsten Ehren gekommen, nicht als persönliches Verdienst an. Demokratie und Philosophie beginnen gleichermaßen mit der Erkenntnis, daß die Dummheit die am gerechtesten verteilte Sache der Welt ist.

Weil sie möglich ist, will nichts mehr gehen. Der Verdacht lähmt die spontane Begeisterung, er nagt an den gesicherten Positionen, den traditionellen Würden und den Konventionen in den menschlichen Beziehungen. Wenn Descartes sich vornimmt, »es einmal in meinem Leben ernsthaft zu unternehmen, mich von allen meinen vorgefaßten Meinungen freizumachen und alles ganz neu anzufangen«, so bringt er eine Entscheidung auf den Begriff, die wohl oder übel jede Generation des denkenden Europa fällen muß, sobald ein paar starke Köpfe zu einer neuen Jagd auf die Dummheit blasen. Ihr Ausgang in ruhigen Zeiten: Erneuerung der Eliten; in unruhigen Zeiten: Revolution. Weil eine die gesamte Gesellschaft erfassende Erschütterung einen Aufstand von unten her voraussetzt, erklärt man sie erstens zu blauäugig mit dem Hunger und dem Elend der breiten Massen. Die Revolution vom Typ 1789 brach aber in einem mittel- und langfristig wirtschaftlich blühenden Frankreich aus. Und weil die Unruhen sich nur zur Revolution auswachsen, wenn ein bedeutender Teil der machthabenden Kasten entscheidend mitwirkt, glaubt man unzulässigerweise zweitens, via Ideologen und Denkgesellschaften den Hauptfaktor in der Verbreitung neuer Ideale gefunden zu haben. Doch eine Revolution ist nie nur eine »emotionale« Volksbewegung oder bloß eine Fronde Privilegierter, sie bricht aus, wenn diese beiden relativ unabhängigen Ereignisfolgen zusammentreffen. Nur wenn die Unterschicht nicht mehr auf die alte Art weiterleben will und die Oberschicht es nicht mehr kann, nur dann kann die Revolution siegen, sagte Lenin. Auf welche alte Art? Zwischen den beiden Komponenten der Bewegung braucht es ein

Verbindendes, es ist negativ, eine Revolution erkennt sich erst im nachhinein als solche, zunächst ist sie eine bloße Umwälzung, sie beginnt damit, daß sie *gegen* etwas eint. Wogegen?

Später werden die gelehrten Kommentatoren erläutern, die Gesellschaft sei »blockiert« gewesen, und weil alle friedlichen Reformvorhaben zum Scheitern verurteilt gewesen, hätte das Netz der gesellschaftlichen Beziehungen auf jeden Fall reißen müssen. Einverstanden; doch dieses Wissen ist ein Wissen post festum, es sind Leidenschaften, die die Menschen aus geographisch und gesellschaftlich spezifischen und einander ausschließenden Gründen zur Rebellion treiben; man versteht sich auf einmal, trotz gegensätzlicher Interessen, weil jedermann das Gefühl habt, gegen eine Mauer zu rennen. Die vielzitierten Blockaden der Gesellschaft geben, sofern sie überhaupt in vivo analysiert werden, zu gegensätzlichen Interpretationen Anlaß. Der gemeinsame Nenner der Unzufriedenheit liegt anderswo; die Erfahrung der radikalen Taubheit und Ohnmacht der Herrschenden verbreitet das Gefühl, daß die Staatsgewalt sich widerspricht, den Kopf und die Kontrolle über die Situation verliert. Die Französische Revolution von 1789 ist keine Hungerrevolte, auch keine Ideen-Bewegung, sie tritt zunächst als Aufstand gegen die Dummheit hervor. Wer ist dumm? Die kollektiv gestellte Frage bleibt die ganze Zeit über in der Schwebe: die unfähigen Minister? geheime Berater? die Österreicherin? der Monarch selbst? der eine oder andere Anführer der revolutionären Fraktionen? Daß die Sache dumm ist und die Lage dadurch unerträglich, das hingegen ist gleich von Anfang so sehr die allgemeine Meinung, daß ein Funke genügt, um die ganze Landschaft Feuer fangen zu lassen.

Der verstörende Eindruck, unter der Herrschaft der Dummheit zu leben, und die unverhoffte und bestärkende Erkenntnis, daß dieser Eindruck geteilt wird, lassen den Generationenkampf ebenso wieder aufleben wie die Klassengegensätze, beide Arten also jener ständigen Spannung, die die Dynamik der westlichen Gesellschaften speist. Diese werden periodisch gezwungen, die Eliten rotieren zu lassen und sich einiger Privilegien zu entledigen. Athen hat, indem es die Frage nach der Dummheit auf öffentlichem Platze stellte, den Apfel der Zwietracht erfunden, durch den die Dinge und Zustände nie im status quo verbleiben und es folglich, weil sich die Unruhe souverän durchsetzt, immer Geschichte geben wird.

Ich weiß mich der Dummheit fähig, also verdächtig, ergo bin ich geschichtlich. Kontrollbeweis: In den post-totalitären Gesellschaften, wo die Dummheit, statt Zwietracht zu säen, den gesellschaftlichen Konsens zementiert, ist der Intellektuelle in Prag arbeitslos und in Moskau Internierter der Psychiatrie; die europäische Geschichte kann derweil im Alkohol ersaufen.

Solange es die Dummheitsbombe möglich macht, von innen her jeden Anspruch zu sprengen, der die letzten Bestimmungen einer Gemeinschaft in Händen zu halten vorgibt, solange wird der Intellektuelle, der die Bombe bastelt und dabei beteuert, dem gemeinsamen Los der Dummheit nicht zu entgehen, das Eingeständnis seiner Schwäche in einen strategischen Vorteil ummünzen. Seine hochgradige Bescheidenheit unterscheidet ihn. Zunächst vom gemeinen Tor, der in Widersprüchen herumstochert, von denen er keine Ahnung hat. Dann vom halbwissenden Dummen, der zwar das Vorhandensein von Widersprüchen zugibt, aber vor ihnen davonläuft in ein Wunderland, wo die Dinge fehlerfrei und Boole-gerecht mit ihren Begriffen übereinstimmen. Bleibt die Idiotie, die ihm wie ein Stachel im Fleisch sitzt als ständige Versuchung, sich allein intelligent zu wähnen inmitten einer universellen Dummheit, die er loskaufen muß, indem er die Widersprüche auf sich nimmt, sie auspeitscht und gegeneinander hetzt, bis sie sich gegenseitig zerfleischen, am äußersten, von ihm verkörperten Punkt, wo die Gegensätze zusammenfallen. Wie der selbst hineinfällt, der anderen eine Grube gräbt, so legt der Intellektuelle die schwer zu vermeidende Tendenz an den Tag, selbst in die Fallen zu tappen, die er seinen Nachbarn gestellt hat.

In der einen oder anderen Weise verspricht die Dummheit stets: es gibt keine Widersprüche. Oder: es gibt sie nur scheinbar. Oder: sie sind überwindbar in einer Intimität, die ihre beiden Enden zusammenbringt. Oder: es wird keine mehr geben, sie gehören der Vergangenheit an. Nur die Dummheit kann restlos alles zu Liebe machen, dadurch nämlich, daß sie ihr Universum entfaltet, in dem alle Wesen eine verschworene, harmonische Gemeinschaft bilden. Ständig aufs neue widerlegt durch auflodernde Gewalt (die kleinste Cremetorte bringt sie mit einem peitschenden Hinweis auf das »Außerweltliche« der Urszene aus der Fassung), begibt sie sich an die Sisyphus-Arbeit des Abbaus von Gegensätzen und Zusammenstößen. Oder – Torheit des Leichtsinnigen – sie ignoriert sie einfach. Oder aber sie kategorisiert sie als Irrtum, den ein Ungebildeter nur begeht, weil er noch nicht in den wissenschaftlich verzauberten Raum eingedrungen ist, dessen Losungswort Flauberts Bouvard und Pécuchet verzweifelt suchen. Als letzte Möglichkeit kann »idiotisch« bewiesen werden, daß die Gewalt sich in Liebe verwandelt, wenn sie nur ganz durchlebt wird; dazu waren die Ideologien des 19. Jahrhunderts berufen. Der Krieg der Nationen (1914, Frankreich-Deutschland, der »bestimmt allerletzte«), die Klassenkonflikte (»es ist der Endkampf«) oder Rassenunruhen (vorwärts ins »tausendjährige Reich«) erfordern ebenfalls eine totale Mobilisierung, die sich vor dem Horizont einer endgültigen Abrechnung und eines ewigen Friedens abspielt. Da wimmelt es von Schlafzimmer-Napoleons, massenhaft fallen sie in die Büros ein, Ehekräche werden zu Schlachten wie Austertz und Waterloo, die zwischen Angetrauten ebenso wie die, die sich unter dem grünen Tisch der konzertierten Aktionen abspielen.

Die harte Droge des modernen Intellektuellen ist der Napoleonismus oder die Neigung, sich zum Organisator der Apokalypse zu ernennen (ersatzweise zum Prediger, Verkünder, Verächter oder Anprangerer). Er macht es sich dann zur Aufgabe, die (geographisch, gesellschaftlich oder geistig) entscheidenden Kräfte zu sammeln, damit zur Apotheose werde, was da bevorsteht als letzte, über grundlegende Fragen unwiderruflich befindende Schlacht – die moralischen und physischen Kräfte mit dem Mittel der letzteren auslotend (Clausewitz). Die phantasmatische Aussicht auf sofortige Erledigung durch bedingungslose Kapitulation der Kräfte der Finsternis winkt dem Tugendhaften; dem Intellektuellen erlaubt sie überdies, das Muster des Generationenkampfes (dem er sein Dasein verdankt) dem des Klassen-, Rassen-, und Völkerkampfes überzustülpen, dem er im übrigen durch Bereinigung aller Konten ein Ende zu setzen verspricht. Sokrates, dessen Denken sich dank Chronos nicht in der Fata Morgana der napoleonischen Schlacht bewegte, fand im Generationenkonflikt das Grundmuster von immer neu auflebenden Anfangs-, nicht Endkämpfen. Im Gegensatz dazu ernennen sich Barrès und Lenin, wie übrigens auch Michelet und Breton, mit unterschiedlicher Legitimation, selbst zu Feuerwerkern des letzten Gefechts, das schlagartig aufräumt mit dem Zögern des Intellektuellen, dem Gestammel der Gegenwart und den Ungereimtheiten der Geschichte.

Das Bild der Mäeutik, der »Hebammenkunst«, verleiht zwei gegensätzlichen geistigen Praktiken eine täuschende Ähnlichkeit; für Sokrates hat der Hebammen-Intellektuelle zu überprüfen und auszusondern, und seine nicht geringste Funktion ist die Feststellung geistiger Scheinschwangerschaften (ich bin imstande zu prüfen »ob die Seele ... Mißgestaltetes und Falsches zu gebären im Begriff ist ...«); im Gegensatz dazu schreibt Marx die Zusammenarbeit mit der die zukunftsschwangeren Gesellschaften entbindenden Gewalt vor, als ob es bloß darum ginge, der Natur beizustehen und der Mutter Geschichte und dem Kind Neue Welt beim vorprogrammierten Generationenwechsel zu assistieren. Es entgeht ihm, daß die Eltern ihre Brut auch ersticken können und daß diese den Stahl gegen ihre Erzeuger richten kann, daß außerdem die Geschichte sich oft eher im Kreise zu drehen scheint als sich der Länge nach auszurollen wie ein roter Teppich unter den Schritten der fortschrittlichen Massen. Die sokratische Hebammenkunst schließt alle Komplexitäten eines ödipalen Abenteuers ein, sie weiß nichts von den modernen Taschenspielertricks, mit denen Anfangskämpfe und Endschlacht gleichgesetzt werden in der Phantasmagorie einer kollektiven Niederkunft, die die menschliche Geschichte mit einem naturgeschichtlichen Vorgang beschließt. Der Lauf der Dinge stimmt, das Rad des Schicksals läßt sich nicht zurückdrehen, die Geschichte endet gut, das Ende des Übels ist nahe, »wir haben nur Freunde«: es ist die Dummheit, die spricht.

Das napoleonische und revolutionäre Aufblähen des Generationenkonflikts ist kein rein französisches Produkt – Dostojewskij beweist es –, obwohl die Pariser »Tage« und die imperialen »Großen Abende« noch in ihrer Originalform am Entstehungsort herumgeistern: »Wir kennen den Napoleon der Taktiker, der Diplomaten, der Juristen, der Politiker ... Er war auch der Korsar eines Byron, der Kaiser eines Musset und Hugo, der Befreier eines Heine, der Messias eines Mickiewicz, der Emporkömmling eines Rastignac, das Individuum eines Taine. Keiner dieser großen Männer hat sich getäuscht. Auch die Völker – Franzosen, Deutsche, Italiener, Polen, Russen – haben sich nicht geirrt, als jedes von ihnen glaubte, Napoleon sei nur geboren, um sie elektrisieren zu können, denn es trifft zu, daß er die Nationalitäten aus ihrer Lethargie herausgerissen hat. Alle Nationalitäten Europas und, seit einem Jahrhundert, jede Generation in Frankreich! Den Liberalen der Restauration, den Romantikern von 1830, den Messianisten, den Administratoren des Second Empire, den Internationalisten, die sich vom europäischen Proletariat das Reich Karls des Großen erträumten – allen diesen Sturels, deren Hauptsorge die Verbindung von Analyse und Aktion war, gab er das Feuer ein. In jeder Generation Frankreichs formiert er selbst das vorderste Glied, so wie er es bei seiner Leibwache an der Neige jenes Tages der höchsten Anstrengung vor Waterloo getan. Und wenn das ganze Regiment überläuft, richtet er eine kurze Ansprache an sie und zeigt mit dem Schwert auf die Stellungen, die sie zu erstürmen haben. Wie, muß man hier sagen, so viele Napoleons in *einem* Mann! ...« (Barrès).

Die Reaktionen auf die Pariser Unruhen im Mai 68 haben gezeigt, wie sehr die napoleonischen Kategorien immer noch Akteure und Zuschauer beherrschen: Ob Begeisterung oder

Bestürzung, immer war es die Optik des endlich herangekommenen, sich abzeichnenden oder unerreichbaren Endkampfes, die die Auseinandersetzungen zwischen Befürwortern und Gegnern beherrschte. Kontra: weil es sichtlich keine Revolution ist, ist es nichts (Raymond Aron, Régis Debray u. a.). Pro: weil es ist, ist es eine Revolution (die Beweihräucherer, unter ihnen der Verfasser dieser Zeilen, verliefen sich, sobald sie die besagte »Revolution« näher zu bestimmen hatten). Vielleicht war der Mai 68 der erste Generationenkonflikt, der – unwissentlich und oftmals wider Willen – gebrochen hat mit der nationalen Inszenierung nach dem Muster der Zehn-Tage-die-die-Welt-verändern: Die Ereignisse mimten, übersteigerten und erschöpften durch Parodie die Reize und die innere Gewalt der Lokomotive der Geschichte, um sie schließlich einfach fahren zu lassen und als kleiner Bummelzug den Weg via Centre Pompidou ins Museum zu nehmen. Es gibt Blendungen, die eröffnen und solche, die beschließen; die ersten gehen mit einer Zukunft schwanger, soweit sie keine aufzwingen wollen und ihre Kraft darin beweisen, daß sie Blockaden beseitigen, Unausgesprochenes aussprechen und auf nichts anderes hinauswollen als auf eine zufällige Geschichte; die anderen erheben den Anspruch, die Partie zu beschließen, die Einsätze einzustreichen und das Zeitenende anzupfeifen; sie erleuchten Leichenbittermienen.

Moderne Kriege sind physisch nicht mehr gewinnbar. Wenn beide Gegner mit gleicher Entschlossenheit alle ihnen zur Verfügung stehenden Mittel und Bündnisse einsetzen, endet das Kräftemessen mit der Auslöschung aller. Die Möglichkeit der gegenseitigen Vernichtung setzt seit 1945 den internationalen Beziehungen den Rahmen – es nennt sich Abschreckung –, doch schon seit der Weltwirtschaftskrise von 1930 hatte sie in den Demokratien die innergesellschaftlichen Beziehungen bestimmt: Weil sie ihr prekäres Stillhalteabkommen nicht aufrechterhalten konnten, verkamen die damaligen Gesellschaftsklassen unter den Trümmern der Freiheit, die schwarzen und roten Totalitarismen halfen dabei tatkräftig nach. In diesem doppelt abschreckenden Klima kann der Intellektuelle nicht mehr oberster Überzeuger und Organisator des Sieges sein wollen, nicht einmal mehr davon träumen, es sei denn, er überläßt anderen das Ausleben seiner napoleonischen Phantasmen. Das erklärt die ephemeren, doch immer wieder neuen Erfolge diverser Tartarins in der Dritten Welt. Was ist ein Intellektueller ohne Endkampf für das Gute, als dessen Held oder Herold er sich erträumt?

Wer sein Allheilmittel aufzwingen und das Leben verändern will, muß zwischen verschiedenen Predigten wählen, die, je nachdem, das Individualglück, das Glück in der Gemeinschaft, die Wonnen des Ästhetizismus oder die neue Freiheit durch Spontaneität verheißen; der Vorrat an Placebos wird dabei selten ausgeschöpft. Angesichts der Wahl der Qual basteln sich die »Existentialisten« von 1946 eine »Moral der Ambiguität«; sie hoffen, mit ihr um zu entschiedene Positionen und riskante Festlegungen herumzukommen. Diese ausgewogene, um nicht zu sagen furchtsame Haltung versucht, ein Minimum an Zurückhaltung zu wahren angesichts der Fanatismen der großen ideologischen Kriege; sie bleibt nichtsdestoweniger dem par excellence dogmatischen Vorurteil verhaftet, nach dem man sich in unmittelbarer Fühlung mit einem kollektiven Guten befinde, das sich noch in seiner Ambiguität als souverän erweist. Oft zögert man zwischen zwei Stühlen und fügt dadurch der Selbstgefälligkeit, die man sich auf dem einen sitzend aneignen würde, noch die Einbildung hinzu, die man auf dem anderen zur Schau stellen würde: der Rückgriff auf die Ambiguität des Guten erspart uns die Sonntagspredigten auch nicht. Sobald sich unsere privilegierte Beziehung zum kollektivierten Ideal, insbesondere in seiner napoleonischen Form, verflüchtigt hat, verschwinden auch die Morallehren der Ambiguität dieses Gemeinwohls, dessen Existenz fortan nicht mehr verbürgt ist. Auf die Moral der Lösungen folgt dann, bescheidener, die Moral des SOS.

## Yves Montand und drei Generationen*

An einem Abend im Januar 1984 antwortete Montand im
Fernsehen Journalisten sowie anrufenden Zuschauern und
wurde dadurch zu einer Bildschirm-Sensation. Er sprach offen
über Edith Piaf, Marilyn Monroe und – die stets gegenwärtige – Simone Signoret, aber auch über seine politischen
Engagements, über die Linke und über die Sowjetunion.

Er brachte das zustande, was man einen durchschlagenden
Erfolg nennt. Über zehn Millionen Fernseh-Zuschauer hörten
ihm noch nach Mitternacht zu; eine solche Einschaltquote hatte
es noch nie gegeben. Die Tageszeitungen widmeten ihm ihre
Leitartikel, die Nachrichtenmagazine ihre Titelseiten, und die
internationale Presse fragte sich, ob Frankreich nicht im Begriff
sei, einen neuen Reagan zu erfinden. Montand for President?

Die Rechte, die verdrossen feststellen mußten, daß ihre Vertreter sich mit fünf- bis zehnmal geringeren Einschaltquoten
begnügen müssen, fragte sich, ob der Künstler sich nicht insgeheim für die Linke »ins Zeug legte«. Wohingegen die Verantwortlichen der Sozialisten »Verrat!« riefen. Der damalige
Innenminister Gaston Deferre erklärte öffentlich, er träume
davon, den Chansonnier zu ohrfeigen, und blauäugige Bürger
forderten die Regierung in der Tageszeitung »Le Monde« auf,
Montand und einigen anderen »schwarzen Schafen« und
»bösen Intellektuellen« (zu denen auch meine Wenigkeit
gehört) das Auftreten im Fernsehen zu untersagen.

Zum Leidwesen aller Politiker ist Yves Montand über Nacht
zum »Monsieur 80 %« geworden, denn das war der Publi-
kumsanteil, der mit ihm »eher einverstanden« oder »völlig einverstanden« war. Handelt es sich um ein Strohfeuer, das durch
die unverkennbare Aufrichtigkeit und den unwiderstehlichen
Charme dessen entzündet wurde, den die Französinnen als die
unübertroffene Nr. 1 bei der Hitparade der Verführungskunst

* Dieses Kapitel erschien bereits als Vorwort in der Biographie »Yves
Montand« von Richard Cannavo/Henri Quiqueré im Seewald Verlag.

einstufen? Oder ist es nicht vielmehr so, daß die einfache, direkte Sprache des Künstlers auf einmal im Einklang mit der Evolution stand, nämlich mit der intellektuellen Revolution, die die französische Gesellschaft erschüttert, während die Berufspolitiker sich hinter ihrem Parteichinesisch verschanzen? Neun Monate später sind bei einer Umfrage 82% der Meinung, daß »die Politiker nicht die Wahrheit sagen«.

Die große Mehrheit, die sich eher in Montand als in diesem oder jenem Wahlkampfspezialisten wiedererkennt, scheint nicht ein bloßes Kartell von Nein-Sagern zu sein, deren gesunder Menschenverstand sich darauf beschränken würde, die Weigerungen zu addieren. Die gleiche Konstellation findet sich bei den Europawahlen im Juni 1984 wieder und stimmt für Europa gegen den chauvinistischen Nationalismus. Die Kommentatoren, die voll damit beschäftigt waren, die Erfolge eines rassistischen Parteiführers der äußersten Rechten aufzubauen, haben es versäumt, die Europawahlen von 1984 mit den ersten Europawahlen von 1979 zu vergleichen. Damals erklärten die Politologen schulmeisterlich, Frankreich bestehe halb und halb aus Nationalisten (Gaullisten und Kommunisten) und Europäern (Sozialisten und Giscard-Anhängern). Heute ist der Nationalismus Sache extremer Positionen geworden: der äußersten Rechten (10% – »Frankreich den Franzosen!«) und der Kommunistischen Partei Frankreichs (10% – »Produziert, kauft und verkauft französisch!«). Der Franzose war lange übertrieben patriotisch. Es hat die Linke viel gekostet, mit der selbstmörderischen Idee »der sozialistischen Erfahrung in einem einzigen Land« zu brechen; es bedurfte ebenfalls einer inneren Umkehr, damit die Rechte sich dazu entschloß, ihre Stimmen auf Simone Veil zu übertragen, die den dreifachen Nachteil hatte, eine Frau und eine Jüdin zu sein und außerdem als Gesundheitsminister den Schwangerschaftsabbruch legalisiert zu haben. Diese »Abtreiberin« bekam nichtsdestoweniger 43% der Stimmen, viermal mehr als ihr Konkurrent der äußersten Rechten. Indem Yves Montand unverblümt *seine* Wahrheit sagte, wurde offenbar, daß Frankreich viel offener und toleranter ist, als es die heißen, unvermeidlichen Auseinandersetzungen politischer Konkurrenten vermuten lassen.

Yves Montands Geniestreich war wie ein ideologischer Putsch, der die Lösung der sozialistischen Partei vom Marxismus beschleunigte. Man verzieh ihm kaum, und die alten Hasen unter den politischen Kommentatoren werden nicht müde, sich skeptisch und kritisch gegenüber dem plötzlichen Auftreten des Sängers auf der Bühne einer alles andere als harmlosen Aktualität zu zeigen. Man wirft ihm letztlich einen doppelten Mangel an Ernst vor. Erstens wird vom Künstler erwartet, Künstler zu bleiben, und davon abzusehen, sich in Angelegenheiten einzumischen, die ihn nichts angehen. Es sei seine Sache, zum Träumen anzuregen, nicht aber Tabus zu verletzten. Wenn ein Bänkelsänger aus dem Varieté kommt, um in das wirkliche Weltgeschehen einzugreifen, sieht es so aus, als träte er in einen unlauteren Wettbewerb zu den Politikern. Zweitens wird dem engagierten Mann vorgeworfen, sich getäuscht zu haben, anderen Sinnes geworden zu sein und sich demnach wenn nicht als ein Renegat, so doch wenigstens als unbeständig zu erweisen und letzten Endes ein Blindflieger zu sein. Wir wollen uns diese beiden Einwände näher ansehen.

Wer nicht im Serail erzogen wurde, hat kein Recht, politische Reden zu halten. Diese Regel gilt gleichsam auch für die Gesellschaft und die Parteien, die das demokratische Leben in Westeuropa organisieren. Ein Krawattenverkäufer (Truman) oder Erdnußhändler (Carter), der auf den Präsidentensessel katapultiert wird, löst auf unserer Seite des Atlantiks Geringschätzung, Heiterkeit und stets Mangel an Verständnis aus. Frankreich mußte erst besiegt und besetzt werden, damit ein General und ein Marschall sich das höchste Staatsamt streitig machten; und dabei übten Pétain und de Gaulle immerhin von jeher geachtete Berufe aus. Der Künstler muß gleich doppelt vom politischen Leben ausgeschlossen werden; einerseits ist er nicht für die Parteiapparate oder verwaltungswissenschaftlichen Akademien ausgebildet worden, anderseits – und das unterscheidet ihn von den auf eine öffentliche Karriere erpichten Juristen und Beamten – riskiert er, seinen Berufsstand zu schädigen, indem er ungebührlicherweise seine Kunst zu überzeugen und sein Bühnentalent auf die politische Szene überträgt. Die instinktive Abneigung gegenüber Reagan geht weit über gewöhnliche kritische Reaktionen hinaus; sie verrät bei einer Reihe europäischer Politiker und Intellektueller eine a priori-Ablehnung: Reagan war Schauspieler, er wird immer ein Clown und Cowboy bleiben, wie könnte man ihm den geringsten Kredit zubilligen? Aus beruflichen Gründen spielt ein Komödiant eine Rolle, der Politiker beteuert nicht weniger von Berufs wegen, keine zu spielen, und klagt den Imitator, der ihn nachmacht, an.

Wer äfft wen nach? Seit der Fernsehschirm die Kongreßtribünen ersetzt hat, sucht ein Politiker den Kontakt mit seinen Wählern, indem er seine Frisur pflegt, indem er beim Lächeln das Öffnen des Mundes übt, notfalls bereit, seine Eckzähne zwischen zwei Liftings herrichten zu lassen? Wer nimmt fleißig an Kursen über telegenes Auftreten teil? Wer probt den geübten Blick auf ein Publikum, das er überhaupt nicht kennt? Wer schließlich berechnet die Auswirkung so entscheidender Faktoren wie das Tragen oder Nichttragen einer Krawatte oder die Anzugfarbe auf die Ergebnisse der Meinungsumfragen? Die Laufbahn eines politischen Führers wird durch seinen Tanzlehrer – Verzeihung: durch seinen »PR-Referenten« vorbereitet. Sie gründet sich auf Kleinigkeiten – Vollbart oder Schnurrbart, sportlicher Kragen oder Campus-Pullover? – er triumphiert, wenn er sie zu einem Stil komponiert und als ein um sein Äußeres unbesorgter Pragmatiker posiert, oder als ein ewig zerknitterter Engagierter, oder als ein Systemveränderer, der eine wohlüberlegte Lässigkeit zur Schau stellt, oder aber als Opa, der wie in alten Zeiten gekleidet ist. Ist Ihnen schon aufgefallen, daß sogar die Form und Farbe der Brillen bekannter Minister und berühmter Journalisten der Mode unterworfen sind? Nur die Kreml-Greise haben ihren Hut seit ihrem Machtantritt nicht gewechselt, so daß sie aussehen, als kämen sie aus einem Altersheim für Gangsterbosse in Chicago; die einzige Ausnahme ist ihr ewiger Außenminister, der mit den Gewohnheiten der schönen Welt wohlvertraut ist und dann und wann aus der Rolle fällt, indem er sich sein Haar färben läßt: Black is beautiful. Wenn ein Schauspieler einen Politiker betrachtet, mustert er ihn als Mann vom Fach, nicht ohne den Verdacht zu hegen, daß ein Komödiant, der sich nicht zu seiner Rolle bekennt, unaufrichtig ist. Er lacht. Im Grunde mögen die Politiker Montand nicht, genauso wie die Ärzte einst Molière haßten: Die Komödien der seriösen Leute täuschen schwerlich einen Berufsschauspieler, der weiß, was gespielt wird.

Yves Montand ist nicht Autor und Komponist seiner Lieder, sondern lediglich deren *Interpret*. Er schlängelt sich geschickt in den Text und die Musik anderer ein, um sie perfekt wiederzugeben, so wie er als Schauspieler in die Haut der handelnden Personen schlüpft, um ihnen bis zum Kulminationspunkt ihrer Wahrheit voranzugehen. Ist es nicht so, daß er sich auf die gleiche Weise in die Welt der politischen Ideen einführt? Er behauptet keineswegs, Programme und Theorien zu erfinden, er ist auch in diesem Falle nicht Autor und Komponist, aber er probiert die kunstvollen Hypothesen aus, er testet sie, er folgt ihrer inneren Logik, bis er stolpert, wenn sich Widersprüche zeigen. Aller Charme Montands beruht auf dieser Zerbrechlichkeit. All seine Wahrheit ebenfalls.

Der Politiker hingegen kehrt eine Selbstgewißheit hervor — die eines Parteiapparats oder einer Ideologie —, die keine »one man show« je erlaubt. Vor dem Auftritt auf der Bühne ist der Interpret in panischer Angst, und sein offensichtliches Lampenfieber wirkt sich auf jede seiner Gesten aus, ob er nun singt, spielt oder sein Zaudern und seine Entschlüsse offenbart. Dieser ehemals immigrierte Arbeiter ist kein diplomierter Intellektueller, dieser engagierte Künstler erhebt keinen Anspruch auf die Unfehlbarkeit der Apparatschiks, um ihn herum flüstert man Beschwörungen wie »Hals- und Beinbruch«, und er hat Angst, ganz einfach Angst, über seine eigenen Füße zu stolpern und für eine Niete gehalten zu werden. Man muß wohlgeboren sein, um in der bürgerlichen und akademischen Überzeugung zu leben, ein für allemal die Intelligenz für sich gepachtet zu haben. Weder der Bänkelsänger, noch der Mann von der Straße, noch das Denken halten sich an so bequemen Gewißheiten aufrecht. Seit Descartes weiß man, daß das Denken den Zweifel voraussetzt.

Daher gibt es zwischen dem Publikum und Montand eine a priori-Komplizenschaft, die einem immer wieder zu denken gibt: Beide leben in der Ungewißheit und nehmen ihre Gefahr hin. Wenn Denken nicht gefahrlos ist, wenn die geistige Tätigkeit sich im Dogmatismus erschöpft und durch die Geistesgegenwart erwacht, so ist es angebracht, dem Regisseur Alain Resnais zuzustimmen, der sagte: »Montand ist durch und durch ein Intellektueller. Er ist das Gegenteil eines instinktiv reagierenden Menschen. Er ist ein Mensch, der seine Intelligenz voll und ganz benutzt, der viel nachdenkt. Er ist das Ebenbild des Artisten auf seinem Stahlseil, der mit seiner Balancierstange den Instinkt durch Selbstkontrolle und Intelligenz auszugleichen versucht.« Die »Nummern«, die Montand auf der Bühne und im Fernsehen zeigt, sind geradezu schwindelerregend. Unablässig bedroht, das Gleichgewicht zu verlieren und abzustürzen, arbeitet der Artist – im Unterschied zum Politiker – ohne Netz, während das Publikum ihn nicht aus den Augen läßt, in Gedanken alles miterlebt und den Atem anhält. Es bleibt den Politikern nichts anderes übrig, als festzustellen, daß sie, indem sie Grimassen und Schminke klauen, von den wahren Künstlern nur die billigen Tricks ihrer Technik entleihen. Hinweis für die Demagogen: wer nichts wagt, gewinnt nichts, keinerlei Überzeugung überträgt sich hinfort, ohne daß sie ein Schauer begleitet, der ein Beweis der menschlichen – allzumenschlichen Zerbrechlichkeit jeder Überzeugung ist.

Wenn man Montand mit Reagan vergleicht, entgegnet er, daß er, im Gegensatz zu ihm, »Erfolg auf der Bühne« gehabt habe und keinerlei Neigung zu einer politischen Laufbahn verspüre. Es ist eine elegante Art anzudeuten, daß in unserem Zeitalter die Kunst wahrer ist als die Politik, sogar im politischen Bereich.

Es ist nicht immer so gewesen; das Europa des 19. Jahrhunderts kultivierte als Mutter aller unserer Ideologien die Gewißheit seiner Unsterblichkeit: der Krieg von 1914/18 ließ das ewige Frankreich und ein Deutschland, das nicht weniger überzeugt war, eine unzerstörbare Gemeinschaft zu verkörpern, aufeinanderprallen. Das universelle Proletariat der Marxisten, die reine Rasse der Nazis, die als ein »genetischer Bestand« gedachte Menschheit, welche die Pazifisten um den Preis wer weiß welcher Knechtschaft retten wollen, alle diese Ewigkeitsfragmente nähren die intoleranten Glaubensbekenntnisse und erheben den wundertätigen Politiker himmelhoch über den einsamen, demütigen Seiltänzer, der sich als Sterblicher an andere Sterbliche wendet, ohne ihnen zu versprechen, daß sie ihrer Sterblichkeit entgehen, indem er zu verstehen gibt: »Was uns schließlich birgt, ist unser Schutzlossein ...« (Rilke).

Der Intellektuelle ist jemand, der laut denkt. Nicht mehr: Er ist nicht verpflichtet, irgendeine absolute Unfehlbarkeit zu bekunden. Nicht weniger: Er disqualifiziert sich, sobald er Anstalten macht, seine Wandlungen zu kaschieren und seine Verirrungen zu verschweigen. Man nimmt es ihm nicht übel, wenn er seine Anschauungen ändert. Aber wenn er sie ändert, muß er es öffentlich tun, im Unterschied zum Konvertiten, der von einem Fanatismus zum anderen hinüberwechselt und einfach verbrennt, was er verehrt hatte, im Unterschied zum Abgeordneten, der seine Programme auf die diskreteste Weise der Welt verleugnet. »Man darf nicht mogeln bei den ernsten Dingen, im Politischen wie im Moralischen« (Yves Montand). Wenn Montand die inkohärente Verwaltung und die marxistische Demagogie der ersten Mitterrand-Regierung kritisiert, handelt er als Intellektueller. Auch wenn er den Egoismus der westeuropäischen Eliten und ihre Unempfindlichkeit gegenüber den Übergriffen anprangert, die vom »roten Faschismus« – er legt Wert auf dieses Schlagwort – in Afghanistan oder Polen verübt werden.

Ein Künstler stellt seine Berühmtheit manchmal in den Dienst dessen, was ihm am Herzen liegt: »Man wird darum nicht gleich eine Leuchte des Denkens. Man ist eher ein Leuchtzeichen. Und gerade dieses Wort liegt mir sehr am Herzen:

Man kann das Licht auf Geschehnisse lenken, die, ohne Leute wie wir und noch ein paar andere, im dunkeln geblieben wären« (Simone Signoret). Der populäre, sich klar ausdrückende, unkomplizierte Sänger posiert nicht als Theoretiker, er spricht deutlich aus, was viele, die schüchterner und weniger berühmt sind, schweigend denken: »Das Blatt hat sich gewendet«, stellt überrascht die internationale Presse angesichts der allgemeinen Zustimmung fest, die Montands großen Erfolg begrüßt: »... Die namhaften französischen Intellektuellen, die lange die treuesten Verbündeten der Linken waren, sind von ihren politischen Tutoren abgefallen ... Man hat Monsieur Montand dafür gedankt, daß er laut gesagt hat, was andere insgeheim denken.«[*]

Die Berichterstattung ist zutreffend, und die Zukunft allein wird die Fragen des Journalisten beantworten. Vielleicht war es ein Kampf der letzten Verfechter der »Menschenrechte« zur Rettung ihrer Ehre, vielleicht ist es das Erwachen eines alten Kontinents, der stolz auf seine Demokratie ist, während man auf zwei Dritteln des Planeten im Namen widersprüchlicher Ideologien foltert und tötet. Ein von seinen Schuldkomplexen befreites Europa? Das verantwortlich für seine Freiheiten ist und den Despotismen, die es umgeben, ins Auge zu schauen wagt? »Lesen Sie Ginsburg, Pljutsch und Solschenizyn, die wissen, wovon sie reden. Wir leben in einem phantastischen Land. Die Demokratie ist alles, was uns bleibt! Sie muß verteidigt werden, Kinder!« (Y. Montand) Die Sache betrifft nicht nur ein paar Pariser Intellektuelle, sie wird im Herzen eines jeden Europäers entschieden. Ist die von dem Journalisten beschriebene Bewegung nur ein Strohfeuer? Auf jeden Fall kommt sie von weit her. Die Explosion ist weniger plötzlich als es den Anschein hat, der Bruch mit der Vulgata der Marxisten und der Dritten Welt, der die wohldenkenden Linken des Abendlandes bedrückt, ist ein langwieriger Prozeß: Der Film »Das Geständ-

[*] Flora Lewis, *International Herald Tribune,* 14–15/1/1984.

nis«, in dem Montand die Rolle von Arthur London, einem Opfer Stalinscher Säuberungen, spielt, kommt 1969 heraus.

Ein paar aufschlußreiche Daten lassen die Entwicklung der französischen Intellektuellen weniger unvorhersehbar erscheinen: Wenn ihre Leidenschaft für das Engagement auf den Widerstand gegen das Naziregime zurückzuführen war, wenn der von Frankreich geführte Kolonialkrieg gegen den algerischen Aufstand die Notwendigkeit des Widerstandes wieder wachrief, so gab es auch Berlin (1953), Budapest (1956), Prag (1968) und immer wieder: Warschau. Als Giscard, Präsident der Rechten, 1977 Breschnew im Elysée-Palast feierte, organisierten die Intellektuellen von Sartre bis Ionesco dagegen den öffentlichen Empfang der Dissidenten aus dem Osten, von Pljutsch bis Maximow. Jean-Paul Sartre und Raymond Aron beendeten wenig später ihren fünfundzwanzigjährigen ideologischen Krieg und verständigten sich, um den vietnamesischen Boatpeople zusammen mit Simone Signoret und Yves Montand zu helfen. Der erste Zusammenstoß der Intellektuellen mit den neuen sozialistischen Machthabern wurde durch die apathischen, quietistischen Erklärungen der französischen Behörden am Tag von Jaruzelskis Staatsstreich verursacht.

Yves Montands Leben ist beispielhaft. Es bündelt die Stoßkräfte dreier Generationen. Die erste war antifaschistisch: Der Schrecken, der sie heraufbeschworen hatte, war der Nazismus, ihr Ideal war die Widerstandsbewegung, ihre Helden waren unterschiedslos Russen oder Amerikaner, und ihre Illusionen springen einem im nachhinein in die Augen. Die zweite Generation war vor allem antikolonialistisch, ihr Alptraum: sich immer mehr in Kriege in Asien und Afrika zu verwickeln und von einer Unterdrückungsmaßnahme zur anderen allmählich in die Haut der Besetzer, der Folterer, beinahe vom Schlage der SS-Leute, zu gleiten. Die dritte Generation erweist sich als antitotalitär und geht von einer einfachen Feststellung aus: Das Problem Nr. 1 ist das der Freiheiten in den Machtbereichen des Sozialismus geworden. Im Westen kann die öffentliche Meinung einen Krieg, den sie unheilvoll findet, beenden (Beispiel:

die amerikanische Intervention in Vietnam wird aufgrund amerikanischer Proteste abgebrochen). Im Osten kann eine unterinformierte und überkontrollierte Bevölkerung nichts gegen die kolonialen Unternehmungen ihres Generalstabs ausrichten (Beispiel: Afghanistan). Im Westen ist es möglich, faschistische Diktatoren von ihrem Sockel zu stürzen, Europa hat den schändlichen Diktaturen (Spanien, Portugal, Griechenland) ein Ende bereitet, und Lateinamerika kann, ohne einen schwarzen Caudillo durch einen roten Diktator zu ersetzen, die Demokratie wiederfinden (z. B. Argentinien). Dagegen sind weder der pazifistische Druck beinahe einmütiger Bevölkerungen, noch die bewaffneten Aufstände mit irgendeiner sozialistischen Diktatur fertiggeworden; während der Marxismus sich als unfähiger denn je erweist, jene zu überzeugen und mitzureißen, die er grausam unterjocht, gewinnt er an Boden.

Die drei Generationen ließen ihre Besorgnisse im Laufe harter, unerbittlicher, oft ungerechter Auseinandersetzungen, bei denen jede sich Mühe gab, die Illusionen der anderen zu zerstören, triumphieren. Durch Yves Montand versöhnen sie sich in einer Kontinuität der Gefühle, die dem Ideenstreit zugrunde liegen: wie soll man dem durch die Entdeckung von Auschwitz geweckten Grauen treu bleiben, wenn der gleiche Abscheu einen nicht vor dem Gulag und der Einsperrung der Dissidenten in psychiatrischen Anstalten erfüllt? Was ist unser Aufbegehren wegen der mit Napalm bespritzten vietnamesischen Babys wert, wenn die im Chinesischen Meer ertrunkenen Kinder uns ungerührt lassen und wenn wir nicht bereit sind, auf das afghanische Martyrium hinzuweisen.

»Sie sind anders geworden!«, wirft man Montand vor. Anderen Sinnes, ja (nur der Dummkopf lernt nichts dazu, nur der Tor glaubt so tun zu müssen, als ändere er nie seine Ansichten), aber seine *Gefühle* sind dieselben: sie sind antitotalitär, weil sie antikolonialistisch und antifaschistisch geblieben sind.

»Nie wieder so etwas!« hatte er sich als junger Mann geschworen, als er die Überlebenden der Todeslager erzählen hörte. Er denkt nicht mehr so utopisch, ist weniger optimistisch und viel anspruchsvoller sich selbst gegenüber, aber es ist der gleiche Schrei, der in ihm aufsteigt, der gleiche Schmerz und ein- und derselbe Schwur, wenn er seltene Überlebende der Kolyma-Hölle und der sowjetischen psychiatrischen Anstalt empfängt. Die *Iswestija*, das offizielle Organ des Kremls, hat erklärt, Montand sei ein Stier geworden, den die Wut packe, wenn er rot sehe. Diese »Wut«, in die er wegen der sozialistischen Konzentrationslager gerät, die schon ihr fünfundsechzigjähriges Bestehen feierten, ist ein Aufstand des Herzens. Man wälzt den Widerwillen, den die Unmenschlichkeit des Jahrhunderts in einem wachruft, nicht auf andere ab.

Einem linken Journalisten, der ihm vorwarf »vom Gulag besessen« zu sein, antwortete Yves Montand, daß es zutreffe, daß er besessen sei, daß er jeden Tag an den Gulag denke, so wie andere ihr Gebet verrichten, daß er sich ohne dieses Denken an den Gulag nicht berechtigt, nicht verpflichtet fühle, gegen andere Diktaturen wie die Francos oder Pinochets zu intervenieren. Es wagen, dem Übel ins Auge zu schauen, die Dinge beim Namen und ein Konzentrationslager das Grauen schlechthin zu nennen, ohne den geringsten Respekt gegenüber Ideologien, die den Mörder legitimieren, ohne Achtung für jene, welche sein Tun erleichtern (das heißt: oft wir selbst) –, das ist die Grundbedingung der Selbstachtung und der Achtung anderer.

### Für eine Moral der äußersten Notsituation

Ein Minister der Linken ging auf Intellektuellensuche, wie weiland Soubise mit der Laterne auf den Spuren seiner Geisterarmee. Die Kugelschreiber hatten desertiert. 1936 und 1968 waren die Buchhandlungen voll von Büchern gewesen, die Besorgnis, Wut, Begeisterung und Jubel zum Ausdruck brachten; der 10. Mai 1981 bewirkte bemerkenswerterweise nichts. Die Stammbesucher der Bibliothèque Nationale gruben wie gewohnt in ihren Archiven, niemand feierte die Wiedervereinigung von Vernunft und Geschichte, außer die berauschten

Gewählten natürlich und einige Hofschreiberlinge. Der Minister, der die ganze Rede lang das »Schweigen der Intellektuellen« beklagte, schien, ehrlich wie er war, sich nicht mitzuzählen, obwohl er Historiker, Romancier, Essayist und Chronist in einer auflagenstarken Wochenzeitung gewesen war. Ungewollt bestätigte er am eigenen Beispiel das Verschwinden des »Linksintellektuellen«, dieses Unsterblichen, der dreißig Jahre lang Praxis und Philosophie versöhnt, die Schwären des Alters von seiner politischen Familie abgewaschen und von dieser zum Lohn die Hoffnung auf einen entscheidenden und definitiven Durchbruch vorgespiegelt bekam. An die breite Öffentlichkeit drang der Vollzug der Scheidung erst zehn Jahre nach der Lösung jener »privilegierten Bindung«, die Gehirntätigkeit und radikalen Aktivismus für immer zu vereinen schien. Die Trennung der Körper von Politik und Intellekt war langsam vonstatten gegangen, nach Maßgabe der respektiven Launen und Luftschlösser, und esoterisch: nur privatim, also diskret, kann sich das private vom öffentlichen Leben unterscheiden.

Wenn es eines Datums bedarf, so würde ich sagen, daß der Tod des Linksintellektuellen, der fast ohne Echo blieb, an jenem Tag des Jahres 1969 bekanntgegeben wurde, als eine Handvoll Ärztefreiwilliger beschloß, ein Ad-hoc-Komitee »gegen den Völkermord in Biafra« ins Leben zu rufen. Sie hatten sich an Ort und Stelle begeben, um Hilfe zu bringen und Beistand zu leisten. Ohnmächtig und entsetzt hatten sie zusehen müssen, wie mehr als eine Million Nigerianer (Katholiken aus Biafra) vom Rest der Bevölkerung niedergemacht wurde. Sie mußten feststellen, daß die großen und kleinen Mächte aller Lager und Bekenntnisse untätig schwiegen: Sowjetrußland, die Vereinigten Staaten von Amerika und das aufgeklärte Europa hüteten sich zu intervenieren (Nigeria hat bedeutende Erdölvorkommen). Ein Toter ist ein Toter, gleichgültig, welche Ideologie ihn ins Grab bringt – dieser Gedanke schien den Intellektuellen im weißen Kittel neu genug, daß sie sich zum Handeln entschlossen, einfach weil die Not es dringend gebot. Später operierten sie in den Palästinenserlagern im Libanon, als diese von den Christen bombardiert wurden, und bei den Christen, als diese unter dem Granatenhagel der Araber standen. Wo es keine Krankenhäuser gab, bauten sie Nothospitäler, in El Salvador genauso wie in Afghanistan, und sie scheuten das sowjetische Bombardement ebensowenig wie zuvor das amerikanische Sperrfeuer. In aller Unschuld und mit der größten Einfachheit schufen diese Ärzte eine neue Art, Zeugnis abzulegen und sich zu engagieren. Vor Ort arbeitend, versuchen sie, dem Stöhnen der Opfer und dem Röcheln der Sterbenden Gehör und der geknebelten Stimme des kleinen Mannes ein Echo zu verschaffen. Sie drängen Journalisten und Schriftsteller, die SOS-Rufe widerhallen zu lassen, die sie an den geographischen und politischen Antipoden der Welt aussenden, und merken gar nicht, daß sie damit eine Brüderlichkeit des Elektronikzeitalters erfinden, die alleine imstande ist, unser tragisches 20. Jahrhundert ohne definitive Verzweiflung zu beschließen.

Diplome und akademische Arbeitsteilung verbieten es in Frankreich, den Wechsel im Intelligenzstatus anzuerkennen, den diese Praktiker des Skalpells und des Stethoskops einführen. Ingnoriert und ebendeshalb geschützt, können sie im Verlauf der Jahre eine Strategie der ersten Hilfe und des letztmöglichen Zeugnisses erarbeiten. Von der Not der Stunde geleitet, verabschieden sie sich – nicht ganz schmerzlos – von den überkommenen Meinungen, die den Zeitgenossen ebenso die Sicht versperren wie sie ihnen selbst die Jugend verdunkelt haben. Sie verbringen die besten Jahre ihres Lebens an den Krisenherden der Welt, und es gibt keinen Bürgerkrieg und keine Hungersnot, die nicht ihren Besuch erhalten hätten. Würden sie ihre Mühe auf eine hauptstädtische Karriere verwandt und ihren Mut für einen nützlichen, anerkannten und anständig bezahlten Aufstieg im Krankenhaus eingesetzt haben, niemand hätte etwas dagegen einzuwenden. Ohne sich dessen völlig bewußt zu sein, treffen sie eine weniger einleuchtende Wahl und übernehmen die doppelte Aufgabe, die Sartre dem Schriftsteller und allgemein dem Intellektuellen zuteilte: *enthüllen*, daß es kracht im Gebälk der vorgefaßten Meinungen, *handeln*, daß man merkt, wie verantwortlich man ist für sein Tun und sein Unterlassen. Wenn sie von ihren Einsätzen zurückkommen, finden sich die »Ärzte der Welt« (eine von etwa fünfzig ähnlichen französischen Ärzteorganisationen) kaum mehr zurecht in den Gräben und Spaltungen, die ihr Land durchziehen, sie haben die Fähigkeit eingebüßt, die Leichen nach Fahnen und Parolen in gute, weniger gute und böse einzuteilen. Der so aufschlußreiche Überblick, den die Doktrinen von der Weltlage geben, will überhaupt nicht mehr zu ihren konkreten Erfahrungen passen. Das geht so weit, daß sie eines Tages zwei Jugendfreunde, die seit einem Vierteljahrhundert ideologische Erzfeinde waren, wieder zusammenbrachten. Wo Sartre und Aron durch ihre Unversöhnlichkeit gegeneinander fast ebenso weltbekannt waren wie durch ihre Schriften, wurde die Ankündigung ihrer unzeitgemäßen Versöhnung ebenso zur Sensation wie der Anlaß unbestreitbar war, der sie wieder vereinte: Aus dem kommunistischen Vietnam zu Hunderttausenden fliehend, überquerten die »boat people« das Chinesische Meer auf so zerbrechlichen Fahrzeugen, daß sie wahrscheinlich im Verhältnis fünfzig zu fünfzig ertranken. Die Staaten blieben gleichgültig und die Handelsschiffe drehten ab, und so schien der Gedanke, den Ertrinkenden eine rettende Hand zu reichen, ein Schiff zu chartern und auf Menschenfischerei zu gehen, zwar ungehörig, aber nützlich. Und die Tat folgte im traurig engen Bereich des Möglichen.

Die punktuelle Initiative ist beschränkt, ihre offensichtliche Bescheidenheit bürgt für den Erfolg: Man braucht keinerlei Bezug auf die Vergangenheit und die Zukunft der Menschheit, um einen Hilferuf zu hören. Es erübrigt sich vollkommen, in den Vietnam-Flüchtling irgendwelche Inkarnation des »neuen Menschen« hineinzuprojizieren, um ihm dasselbe Lebensrecht zuzugestehen wir dir und mir. Der Arzt behandelt die Krankheiten, ohne sich über das letzte Wesen der Gesundheit zu verbreiten, der Helfer packt zu, wo es am dringendsten ist, ohne unter den Opfern eine Auswahl zu treffen unter dem Gesichtspunkt eines welthistorischen Verdienstes, der Journalist und

Schriftsteller kann sehen, sehen machen und die in die Augen springenden Dringlichkeiten erkennen, bevor er anklagt, entschuldigt und rechtfertigt. Kurz, es scheint nicht ausgeschlossen, daß sich Köpfe von links und von rechts darin zusammenfinden, daß da ein Mensch offensichtlich am Ertrinken ist und daß es denkbar ist, ihm zu helfen, daß er nicht ertrinkt. Mit dem Minimalkonsens über eine Nachricht (im Chinesischen Meer wird gestorben) und über eine Aktion (sofortige Hilfe) hätten wir bereits die notwendige und hinreichende Begründung für so etwas wie eine »Moral der äußersten Notsituation«. Eine Ambulanz hat zum Unglücksort zu rasen, und die Frage nach den religiösen Überzeugungen oder den politischen Ansichten der Verunglückten ist, wenigstens in einem demokratischen Land, nicht angebracht. Nach einem Wirbelsturm oder einem Erdbeben begegnet man so gut es geht den Schäden, ohne lange darüber zu diskutieren, wie Helfer und Hilfeempfänger über das Gute denken. Ein Haus, das über seinen Mietern zusammengestürzt ist, stellt die unter den Trümmern Erstickenden ebenso vor unabweisliche Tatsachen wie die, die sie zu befreien versuchen. Sind die Schmerzen des Gefolterten und das Leid des Gefangenen im Konzentrationslager weniger klar und deutlich erkennbar? Die Unmenschlichkeit besitzt eine Wahrheit an sich, sui generis, es genügt, daß die Nachricht verbreitet wird, damit das Unerträgliche der Gaskammern Geister zusammenführt, die geteilter und gegensätzlicher Meinung sind, sobald sie auf den Gedanken verfallen, nicht das Unglück, sondern das Glück ihrer Artgenossen zu bestimmen.

Was ist ein Intellektueller? Je nachdem, ob man sich an das Beispiel des Schriftstellers oder des Arztes hält, fällt die Antwort verschieden aus. Der erste erteilt sich romantischerweise einen Führungsauftrag, und die Aura des Weisen umgibt abermals mit einem Heiligenschein das Unternehmen, mit dem Sartre 1945 den »engagierten« Schriftsteller beauftragte, nämlich »die Geschichte zu machen«. Die Klassiker dachten seinerzeit weniger ans Erziehen als an das Sagen der Wahrheit, die

Abneigung, die Shakespeare, Molière und Racine gegen die Erbauungsliteratur hatten, bewahrte sie davor, in den Predigerton zu verfallen, der zur schwer lastenden Sünde der nachfolgenden Generationen wurde. Im 19. Jahrhundert muß man die Romanschriftsteller und Geschichtsschreiber suchen, die ihre Erzählung nicht mit einer jener Botschaften garnierten, durch die man zu »einem Leuchtfeuer der Menschheit« wurde. Die »Literatur der Praxis«, die, tüchtig mit Skandalen gewürzt, von den Existentialisten so gepriesen wurde, ist nichts anderes als die des langen und breiten ausgeführte Jahrhundertpredigt des modernen Intelligenzlers.

»Die Funktion des Schriftstellers ist, das Kind beim Namen zu nennen.« Das reicht nicht, die Priesterschaft des Schriftstellers geht über diese Arbeit der Beschreibung und der Analyse hinaus; die Federn sind mobil gemacht, Sartre erbittet sie sich aufbauend und synthetisierend, sie machen es sich zur Aufgabe, die Gegenwart durch die Zukunft aufzuhellen. Die Literatur der Praxis erbt still und leise die Funktionen, die einstmals dem Weisen, dem Helden und dem Heiligen zugedacht waren. »Die Praxis als Wirkung in der Geschichte und auf die Geschichte, das heißt als Synthese der historischen Relativität und des moralischen und metaphysischen Absoluten mit dieser feindlichen und freundschaftlichen, schrecklichen und lächerlichen Welt, die sie uns offenbart, das ist unser Thema.« Ob die Verbindung zwischen dem Ideal und der Wirklichkeit, der Absolutheit der Moral und der Lächerlichkeit der Tatsachen glückt oder jämmerlich scheitert, der Schriftsteller versetzt unverdrossen das Relative ins Absolute und verkörpert – notfalls auf seine Kosten – das Absolute im Relativen: »Die Zukunft ist die Vermählung der Menschen auf Erden mit den Sternen am Himmel.«

Benutzt mein Werk als Fremdenführer für die Zukunft, riet Victor Hugo, »werfen Sie dieses Buch weg«, empfahl Gide; dünkelhaft oder bescheiden, die Aufforderung, hinter dem Werk den Autor und hinter dem Autor ein »Bild des Menschen« zu entdecken, ist immer vermessen. Der Tendenzroman ist nur eine rohe und naive Episode der Ambition, die von vorn bis hinten alle »gute Literatur« beherrscht, auch wenn sie »gute Gefühle« scheut wie die Pest. Die Form des Passepartouts ist nebensächlich, solange er beim Schreiben den Kreislauf des Gut-Schön-Wahren in Gang setzt. Ob Hoteldieb, Arsène Lupin der Massenorganisationen oder bürgerlich etablierter Akademiker, der Literat ist und bleibt der Auserwählte einer Schlosserliteratur, die den Schlüssel zur Existenz unter wechselnden Markenzeichen verkauft: Freiheit, Sehnsucht, Wurzel, Revolution, Ordnung. Es sind nur ein paar Jahre her, daß die Gymnasiasten ihre altehrwürdigen Anstalten verließen, um sich auf einer Demonstration zu amüsieren und Sprechchöre zu brüllen, wie »une seule solution – la RE-VO-LU-TION« (eine einzige Lösung – die Revolution), oder auch »le programme commun!« (das gemeinsame Programm der Linken). Zu viele bedeutende Werke hatten sie die Kunst gelehrt, mit einem Wort und einem Lebensrezept auf sämtliche Nöte und Ängste einer Generation zu antworten.

Man wird dem Ästheten nicht übelnehmen, daß ihm die Schönheit über alles geht. Man nimmt an, daß er mit ihr die anderen Werte aufwertet, so wie das Gute als Zugabe verschwenderisch auch wahre Schönheit und schöne Wahrheit spendet, und so wie der Prediger das Geheimnis des vollkommenen Körpers mit ein paar *Sanctus* und *Amen* abgehandelt hat. Im hundertjährigen Operettenkrieg zwischen der Feder und dem Weihwasserwedel wurde, wie in jedem Familienzwist, abwechselnd mit Anathemata und mit Liebe bis zur Selbstaufgabe verführt. Das Quiproquo zieht sich hin, während Meier, der Betende, nicht wahrnimmt, daß Müller, der Schreibende, genauso wie er selbst unter dem Banner des heiligen Thomas marschiert, in einer schön geschlossenen, seelen- und gotterfüllten Welt, in der das Gute, das Schöne und das Wahre uns von ihren brudermörderischen Händeln dadurch verschonen, daß sie sich eins ins andere verwandeln. Im Mittelalter hieß man »Transzendentalien« diese Attribute des Seins, durch die sich die Welt im reinen Herzen des Gläubigen als eine anständige, hübsche, durchsichtige und von der göttlichen Vorsehung gelenkte Welt darbietet. Don Quichotte mußte reichlich Lehrgeld zahlen für die Erkenntnis, daß man auf eine erbauliche Fabel nicht unbedingt bauen kann. Das Gute, das Wahre, das Schöne sind mitnichten eins, sie zerfleischen sich gegenseitig. Fürst Macchiavelli machte, wie der Weise des Montaigne und der nach Pascals Art Fromme, aus dem Zusammenbruch des mittelalterlichen Weltbildes eine Philosophie. Der moderne Fortschrittsglaube hingegen bildet sich noch etwas darauf ein, daß er keine Kenntnis davon nimmt oder sie auf einen Nebeneffekt des verderblichen Kapitalismus reduziert, der jene Beziehung von Mensch zu Mensch zerstört, die der Feudalismus zu knüpfen verstand und die die zukünftige Gesellschaft wieder stricken wird. Der thomistische Gottesmann und der Revolutionär, der nicht weiß, wie neo-thomistisch er ist, segnen Kreuzzüge und »gerechte« Kriege und fügen sie in den Weltenlauf und die Ordnung der Dinge ein. Ganz im Gegensatz zum Klassiker Pascal, der einen »verborgenen« Gott respektierte, dessen Gerechtigkeit durch Abwesenheit leuchtet; weswegen er nur ein Auge für die Ungerechtigkeit hat. Wirft der »Arzt der Welt« einen letzten klassischen Blick auf die Welt?

Die intellektuelle Praxis des Not-Helfers bringt heute Entschiedenheit in die gemütliche Welt der Literatur und Kunst, sie orientiert sich nicht am Gut-Wahr-Schönen, sie gewinnt ihre präzisen Erkenntnisse aus den verschiedenen Gestalten des Bösen. Wir brauchen keine Sonnen einer besseren Welt, um zu sehen, was wir tun müssen, erklärt der Pflegende dem Rettenden in jenem fein ausgewogenen Spiel, in dem Roger Martin du Gard dem klinischen, skeptischen, nüchternen Blick eine Dr. Antoine Thibault die militanten Erleuchtungen seines Bruders Jacques gegenüberstellt. Doch der Romanautor begnügt sich damit, zwei »Charaktere« zu schildern, olympisch fair teilt er dem einen unerbittliche und zynische Reserviertheit, dem anderen Optimismus und Enthusiasmus zu. Er psychologisiert die Parallele und läßt eine Pseudodiskussion aufkommen, die er aber gleich wieder kurzschließt durch einen Appell an den

Leser: Es gibt eben allerlei Kostgänger auf Gottes Welt; lassen wir den Optimismus des Willens und den Pessimismus der Vernunft sich harmonisch ergänzen. Rührender und langweiliger Versöhnungsversuch!

Ich fühle mich krank. Werde ich mich mit dem Arzt vor der Behandlung darüber einigen müssen, wie man sich gesund zu fühlen hat? Nein. Er nimmt die Krankheit »persönlich«, er ertappt sie sozusagen auf frischer Tat und sieht sie in so direkter Weise, daß eine andere, nicht weniger unmittelbare Untersuchung sie nicht anders sehen würde. Die Idee des Bösen ist nicht von der Idee des Guten abgeleitet, und alles Latein der Welt wird nichts daran ändern, daß der Quacksalber, der die Krankheit als Nicht-Gesundheit definiert, seine Leute betrügt. Ich glaube einen Menschen zu sehen, es ist aber eine Puppe; eine Wahrnehmung verdrängt die andere, ohne daß ich den Bereich der Wahrnehmung verlasse. Der Arzt täuscht sich gelegentlich, er hält die Pest für Cholera, er ist nicht unfehlbar, er kann seine Befunde korrigieren und verfeinern, ohne daß er je den ungewissen und mehrdeutigen Begriff des »guten Gesundheitszustandes« zu überdenken bräuchte. Im Unterschied zum Schriftstellerpropheten sollte sich der Therapeut hüten, den Gesundbeter zu spielen. Alle Bezüge auf eine »bessere Welt« beiseite: Er soll sich darauf beschränken, das Schlimmste zu verhüten und er überlasse es den Wünschelrutengängern, die Kundschaft zur Hochform und zum Höchsten Gut zu führen.

Der Arzt und der Kranke kommen ins Gespräch über das, was nicht oder nicht so richtig stimmt. Der missionierende Schriftsteller unterhält seine Leser darüber, was so herrlich sein könnte, wenn ..., er umschmeichelt sie abwechselnd mit Sehnsüchten und Verheißungen; zwischen dem ach so grünen Tal der Kindheitsliebe, dem Stelldichein der Herzen in den Groschenromanen und der strahlenden Zukunft besteht zwar ein Unterschied in der Ausdrucksweise, aber nicht in der Aussage selbst, die einen absoluten Neuanfang suggeriert. Er mag den Sex rühmen oder die Revolution, er kann von schmutzigen Niederungen besessen sein oder von herrlichen Kirchtürmen, der Billigschriftsteller hat den fast unbezwingbaren Hang, den wahren Weg zu zeigen. Der klinische Blick kann, sofern er streng klinisch ist, sich solche Predigereuphorien sparen. Freud ging als erster systematisch der entscheidenden kulturellen Zäsur auf den Grund: Indem er seine Analyse (genannt »Psychoanalyse«) den Versuchen einer Psychosynthese (z. B. der Jungschen) entgegenstellte, machte er die Ablehnung jeder Aufbautätigkeit vom Typ *bodybuilding* oder *soulbuilding* zur intellektuellen Disziplin und zur therapeutischen Praxis. Das analytische Sezieren beschränkt sich systematisch darauf, die Beschwerden zu bekämpfen und verspricht keinerlei andere Wohltat als die Vernichtung dessen, was vernichtet; diese Zurückhaltung gilt für den Geist ebenso wie für den Körper, und sie bewahrt den Psychoanalytiker, der sich an seine fundamentalen Regeln hält, davor, den Eheberater, den Modeschöpfer in Sachen Familienmodell und den Professor der Status-quo-Erhaltung zu spielen. Wonach aufzuzeigen bliebe, daß sich dieser gewollte Mangel in Sachen »konstruktive« und »positive« Vorstellungen auch bezüglich der Klarsicht und Effektivität in den öffentlichen Dingen bewährt: Die »Ärzte der Welt« und andere Ärzte »ohne Grenzen« unternehmen es, den Beweis zu führen.

Der Intellektuelle ist nicht eigentlich Wissenschaftler oder Priester. Er tut besseres, wie uns die messianische Literatur versichert, er blickt vom Punkt Omega aus, wo Wissen, Glaube und Hoffnung in Teilhard de Chardins bewegten und Joseph Stalins unbewegten Augen ineinander übergehen. Er thront an der Decke wie der heilige Thomas, der in einer nostalgischen Raphael-Freske Platon und Aristoteles miteinander versöhnt. Demgegenüber bringt die medizinische Diät einen Intellektuellentyp hervor, der sich eher von klarsichtiger Distanz etwas verspricht, der sich weniger gut auskennt als der Wissenschaftler, etwas knauseriger ist im Versprechen als der Pfarrer und beim Gehen von keinen Geistesriesenflügeln behindert wird. Der »Arzt der Welt« behandelt und *bekennt,* und er bricht seinen Berufseid damit, während andere verdiente Hilfsorganisationen wie das Rote Kreuz zwar auch behandeln, doch den

Regierenden in den betreffenden Ländern die Vergesellschaftung der ärztlichen Schweigepflicht zusichern: Sie helfen mit einem Pflaster über dem Mund. Die unerwartete Wortmeldung einer seit Jahrtausenden stummen Gestalt überrascht in dem Maße, als in ihr nicht mehr die Wissenschaft spricht, sondern der »Kranke«. Ein Bekenntnis ist keine Diagnose, seine Wahrheit liegt in der Authentizität des Echos des Schreis, und die Wissenschaftlichkeit des Arztberufs hat lediglich zu gewährleisten, daß ein Ohr da ist, das ohne Vorurteile und Hektik zuhört; es hat nichts zu beurteilen, nichts zu erklären und nichts zu folgern aus den blutigen Intrigen, in die sich die Menschheit verstrickt. Der Weg vom Abhorchen stummer Körper zum offenen Gehör für geknebelte Stimmen bildet einen Abenteurer neuen Typs heraus, der seine eigene Gleichung in die wohlbekannte Problematik des engagierten Schriftstellers einbringt. Erkennen wir in diesem Arzt, der plötzlich Laut gibt, eine unverhoffte Gestalt des Intellektuellen: »Eine unermeßliche Klage wohnt fortan in mir; ich weiß von Dingen, mit denen ich mich nicht abfinden kann. Welcher Dämon hat mich nach Afrika getrieben? Was hatte ich in diesem Land zu suchen? Ich hatte meine Ruhe. Nun bin ich wissend; ich muß reden.« (André Gide, *Voyage au Congo.*)


### Die sonderbare Fähigkeit, im Dunkeln zu sehen

Die Bezeichnung »Intellektueller« geht auf die Dreyfus-Affäre zurück; damals demonstrierten die Gebildeten gemeinsam und griffen als solche in die Skandale der Hauptstadt ein. Der Ausdruck selbst rief einen Proteststurm hervor.

Der Kritiker, Schriftsteller, Meisterdenker und Anti-Dreyfusard Brunetière fragte, »ob jeder Dahergekommene ohne Beweise oder auch nur Ansätze von Beweisen berechtigt ist, die Justiz und gleichzeitig die Armee gröblich zu beschimpfen«. »Die schlimmsten Feinde der Demokratie« seien in seinen Augen diese paar Schriftsteller, die sich alle Rechte anmaßten und »Unsinn dozieren über Dinge, für die sie nicht kompetent sind.«

Die Replik des Soziologen und Dreyfusards Durkheim ist doppelt, und dieser Doppelcharakter gibt einen Vorgeschmack auf das Doppelspiel der Intellektuellen im 20. Jahrhundert. Einerseits, und das ist ihre Stärke, wollen sie »Dahergekommene« sein und beanspruchen das jedem zustehende Recht auf ein eigenes Urteil. »Wenn nun in der letzten Zeit eine gewisse Anzahl Künstler, vor allem aber Wissenschaftler geglaubt hat, einem Urteil, dessen Legalität ihnen zweifelhaft erschien, ihre Zustimmung verweigern zu müssen, so haben sie damit nicht in ihrer Eigenschaft als Chemiker oder Philologen, als Philosophen oder Historiker irgendwelche speziellen Privilegien beansprucht oder eine Art von Sonderkontrollrecht über ein gefälltes Urteil. Sie wollen damit lediglich als Menschen ihr gesamtes Menschenrecht wahrnehmen und sich selbst das Urteil über eine Sache vorbehalten, die eine reine Angelegenheit der Vernunft ist.«

Doch – und das ist der Schwachpunkt von Durkheims Argumentation und seiner Universitätsmystik – sie halten sich ein bißchen mehr für jedermann als jedermann: »Es trifft zu, daß sie eifersüchtiger über dieses Recht gewacht haben als die übrige Gesellschaft; doch nur deshalb, weil es ihnen aus beruflicher Gewohnheit mehr am Herzen lag. Durch wissenschaftlich-methodisches Arbeiten daran gewöhnt, ihr Urteil zurückzustellen, solange sie noch keine Klarheit haben, sind sie naturgemäß weniger leicht durch die Leidenschaften der Menge und das Ansehen der Obrigkeit zu beeinflussen.« Für viele Dreyfusards erhebt sich der Intellektuelle von selbst – aus »beruflicher Gewohnheit« oder Fachidiotie – zu einem von Einzelinteressen unbeeinflußten Standpunkt; er ist Sachwalter der Menschheit, Sprecher des Allgemeingültigen; aus einem institutionellen Tick oder aus simplem Korpsgeist heraus bewerkstelligt er die Verschmelzung des Menschen mit dem Bürger, des Herzens mit dem Verstand. Eingelöst wurde dieser Anspruch, die Rechte des Bewußtseins und der Vernunft zu verkörpern, im weiteren Verlauf des Jahrhunderts allerdings nicht, die Universitätsprofessoren widerstanden nicht besser als andere den nationalistischen und totalitären Bewegungen oder der Versuchung, duckmäuserisch stillzuhalten.

Der Ausdruck »engagierter Intellektueller« ist ein Pleonasmus, der überflüssigerweise daran erinnert, daß streitbare Köpfe streiten, es sei denn, er soll unbeabsichtigt den zweideutigen und quasi unwirklichen Aspekt des besagten Engagements hervorheben. Auf den ersten Blick handelt es sich um eine Verdoppelung der Verantwortlichkeit: Wer schweigt stimmt zu; der der öffentlichen Rede mächtige Bürger ist in der Zwickmühle, er kann protestieren oder schweigen, beides ist eine öffentliche Stellungnahme und damit Mitwirkung an der Machtausübung der jeweiligen Zeit. Die Verdoppelung führt rasch zur Zweiteilung: »In seiner Eigenschaft als Schriftsteller« muß er gegen alle Widerstände kundtun, was ihm wahr erscheint; »in seiner Eigenschaft als Aktivist« kann man ihm namens der Effektivität Schweigen auferlegen, womit er, halb Gaffer, halb Hexer, weder Fisch noch Fleisch, mitten im Sartreschen Zwittertum landet. Entweder er rettet die Werte, wie Harpagon seine Geldkassette, wacht eifersüchtig darüber, daß sie nicht profaniert werden und gerät damit in einen Quietismus des Abwartens und der »Überzeugungsethik«. Oder er ergreift Partei, dann aber bezahlt er den Preis einer »Verantwortungsethik« damit, daß seine Werte nicht mehr rein sind. Zwischen der Eitelkeit eines ohnmächtigen Wissens und der Blindheit eines planlosen Handelns hin- und hergerissen, ist der engagierte Intellektuelle zwei und einer zugleich; er hat etwas vom Blinden und etwas vom Lahmen, seine einzige Originalität wird sein, daß er die Schwächen veröffentlicht, die sonst jeder für sich behält. Wer ihn da herumtappen sieht, erkennt mühelos die Bürde der Unsicherheit, die jeder Sterbliche zu tragen hat.

Heißt das, daß der Intellektuelle da anfängt, wo der Schriftsteller, der Künstler oder der Denker aufhört? Ja. Ein großes Werk verbürgt noch nicht die Richtigkeit dieser oder jener Auseinandersetzung, in die sich der Autor verrannt hat. Nochmals ja, weil die Allgemeingültigkeit, als deren Hort und Garant sich der Intellektuelle so gerne sieht, etwas anderes ist als die einzigartige und unvergleichliche Qualität seines persönlichen Werks. So wird verständlich, weshalb die Intellektuellen ihre Werke gegenseitig so unter die Lupe nehmen und einander mit demselben Mißtrauen beargwöhnen, mit dem ihnen die Bevölkerung insgesamt begegnet: Die Humanwissenschaften sind inhuman, die Naturwissenschaften zerstören die Natur, das Denken treibt Falschmünzerei und »das geistige Tierreich« krönt seine Mißwirtschaft mit der nuklearen Apokalypse. So erheben die frommen Seelen, will sagen ein jeder, Schriftsteller, Künstler, Wissenschaftler inbegriffen, sich lautstark gegen den Intellektuellen, der sich in einem ebenso paradoxen wie notwendigen Umschwung unmerklich vom falschen Führer zum wahren Sündenbock wandelt und gegen sich eine Gesellschaft vereint, die ihm das Empedokles-Geleit gibt. *Ita consumatum est:* Die Magier enden in Vulkantrichtern.

Sie kommen von dort. Der Intellektuelle beginnt, wo der Schriftsteller aufhört. Aber was läßt diesen aufhören? Der Intellektuelle? Noch nicht; in reine Selbstbestätigung vergraben, die ein geschlossener Kreislauf ist, hätte keiner ein Ohr für den Spinner mit seinen Petitionen, wenn da nicht etwas wäre, was sich stärker als das Schreiben erwiese. Der Schreibende unterbricht den Schreibfluß, um einen lächerlichen und holprig formulierten Text zu unterschreiben, der Bildhauer will sein Werk und der Wissenschaftler sein Forschungsprojekt unvollendet liegen lassen, und der Traum vom Heldentum stellt diese Köpfe, die zu rauchen anfangen, über kurz oder lang vor die Notwendigkeit, ein Leben im Zwielicht oder im Untergrund zu führen. Der Intellektuelle ist der längste Weg zwischen dem Schöpfer und seiner Zukunft als Opfer oder Sieger, seine Gestalt geistert im Niemandsland herum, wo das vage Wissen in der Luft liegt, daß etwas geschieht, was das Schreiben blockieren und die Kunst und das Denken lähmen kann. Nichts berechtigt den Intellektuellen, das Wort zu ergreifen, weder die individuelle Genialität, die man ihm früher zugeschrieben hat, noch die angebliche Berufung, mit dem Universellen aufzutrumpfen und uns damit nach dem Gießkannenprinzip zu beglücken. Nichts, außer das Gefühl, daß Schweigen schlimmer ist und es morgen zu spät sein wird. Was weiß er? Das, was alle wissen: Daß es irgendwann ein böses Erwachen geben kann, wo es heißt »hätte ich gewußt ...«, »das hätte ich nie gedacht ...«, worauf recht rasch das beruhigende »wer hätte das gedacht ...« zu folgen pflegt. Der Intellektuelle bezieht seine prekäre Legitimität daraus, daß er sich auf eigene Gefahr als Aufklärer betätigt, daß er die möglichen Ränder eines Abgrunds erkennt und sehen macht, was niemand sehen mag. »Elende Unwissenheit und Angst!«, rief einmal Jaurès aus, »man hat nichts gewußt, weil man es sich nicht zu wissen getraute.«

Das erste Manifest der Intellektuellen teilt die Elite in zwei Lager. Es scheint Autorität gegen Autorität zu stellen. Auf der einen Seite stellt General Boisdeffre im Namen des Generalstabs die in seinen Augen oberste Frage, »ob die Nation kein Vertrauen in die Chefs ihrer Armee hat ...«; wenn nicht, ist für ihn das Desaster gewiß. Zola antwortet im selben Ton: »Bei meinen vierzig Jahren Arbeit schwöre ich, daß Dreyfus unschuldig ist.« Wäre der Schriftsteller träger gewesen, hätte dann der Jude Dreyfus damit rechnen müssen, schuldig gesprochen zu werden? Wenn die Nation kein Vertrauen in die Chefs ihrer Literatur hat ..., so scheinen die Parteigänger eines neuen Generalstabs gegenzudrohen. (»Unsere Absicht ist, aus der revisionistischen Koalition ein stehendes Heer im Dienste des Menschenrechts und der Gerechtigkeit zu machen«, Léon Blum.) Jedes Lager nimmt die Vergangenheit in Beschlag und bietet die Zukunft auf der Aktienbörse feil. Die Sache ist gerecht, der Intellektuelle läßt sich nur *sub specie aeternitatis* mobilisieren, während in Wirklichkeit jeder von diesem Ereignis überrumpelt wird, das unverbrüchlich geglaubte Freundschaften auseinandergehen läßt und Menschen zeitweilig zueinander führt, die sich bald wieder fremd sein werden. Jaurès und

Clemenceau fangen an, Dreyfus zu belasten, und Lèon Blum kann sich nicht vorstellen, daß er gegen seinen verehrten Meister Barrès kämpfen wird, der nicht weniger perplex feststellen muß, daß er dem sehr klassischen und umsichtigen Anatole France widerspricht. Die Affäre trennt alte Kampfgefährten, erschüttert alte Beziehungen der Verehrung und untergräbt schleichend die Autoritätsbeweise, die kreuz und quer ins Feld geführt werden. Es ist das Verdienst eines Militärs, des Obersten Picquart, den Generalstab davon überzeugt zu haben, daß die belastenden Dokumente Fälschungen waren; und umgekehrt war es ein Dreyfusard der ersten Stunde, der Schriftsteller Péguy, der die arrivistische und opportunistische Pervertierung der Sache anprangerte, die »den Sieg der Gerechtigkeit« zum blinden Wettlauf um politische und universitäre Machtstellungen verkommen ließ.

Die »Intellektuellen« treten unter dem Schock des Ereignisses in Erscheinung, im Bruch mit einer Vergangenheit, die weder den antisemitischen Oberst Picquart darauf vorbereitet hatte, sich der Mehrheit der Seinigen entgegenzustellen, noch Zola darauf, seine mehrheitlich chauvinistischen Leser hinter sich zu scharen und seinem lange gehegten Ehrgeiz, Mitglied der Académie Française zu werden, zu entsagen. Der Intellektuelle setzt seine Karriere auf Spiel, er riskiert seinen Ruf, bricht mit seinen innersten Überzeugungen. Warum? »Zola hätte sich mit maßvollen Waffen engagieren können, hätte der Sache Dreyfus nützen können, ohne sich selbst zu schaden«; doch der so ehrbare wie nutzlose Kampf mit entschärften Rapieren wäre der Ungeheuerlichkeit nicht angemessen gewesen, die die Gewissen aufgerüttelt hatte. Es nützt nichts, sich, wie der junge Proust es sogleich tat, unter der blauen und goldbetreßten Uniform Picquarts ein »Philosophen«-Herz zu denken, denn eine Reihe von Professoren kannte den tugendhaften Starrsinn des Obersten gar nicht; unnütz auch, sich das gegenteilige Bild eines intrigierenden Offiziers auszumalen, dessen »Polizeimentalität« sich auf die andere Seite der Barrikade verirrt hat (H. Guillemin). Als ob der »Intellektuelle« im Offizier entweder von jeher hätte dasein müssen oder sonst gar nie zum Vorschein gekommen wäre. Maurice Blanchot nimmt Picquarts Erklärungen beim Wort, er stellt keine Gliederpuppe neben sein Bild – den Philosophen neben den Polizisten –, um seine Reaktionen von vornherein zu erklären; er konstatiert nur die geheimnisvolle Geburt des Intellektuellen im Offizier, diesen Augenblick, wo sich Picquart vor seinem Vorgesetzten, der ihm Schweigen befiehlt (»wenn Sie nichts sagen, wird es niemand wissen«), seines Offiziersgrades, seiner Funktionen und sogar seiner Staatspflicht entledigt und zum starrsinnigen Intellektuellen wird, den sein unbeugsamer Gerechtigkeitswille wenn nicht wie Sokrates in den Tod, so doch ins Gefängnis führt. *Was Sie sagen, ist abscheulich. Ich weiß nicht, was ich tun werde; auf jeden Fall werde ich dieses Geheimnis nicht mit ins Grab nehmen.«*

Der Intellektuelle offenbart sich im Offizier (genauso wie im Schriftsteller, das Feuer fragt nicht nach der Holzart) durch die erst betretene, dann aber leidenschaftlich vertretene Behauptung: »So etwas gibt es nicht.« Über die eingestandenen Hemmungen darf man nicht leichtfertig hinweggehen: Er weiß nicht, was er tut; er wird nicht mehr geleitet vom Fachwissen des redlichen Militärs (oder guten Erzählers), der er war. Seine Betretenheit zeigt, daß keine Wissenschaft, keine allgemeingültige Moral oder sonstige Verhaltensnorm ihn angeleitet hat. Er ist kein gewöhnlicher, in den festen Bahnen seiner Berufsmentalität denkender Mensch mehr; er ist aber noch nicht die Heldengestalt der Menschheit, jene französische und republikanische Verkörperung der Gerechtigkeit überhaupt, als die ihn einst die Laudationes feiern werden. Vorerst zögert und schwankt er; er bricht mit alten Gewißheiten, er meistert nicht die Zukunft; er schwört nicht »immer«, sondern sagt »nie«.

Er führt sich nicht als Herold des Universums auf, er stellt nur fest, daß es ihm an die Nieren geht, und beharrt hartnäckig auf seiner persönlichen Reaktion. Die Zukunft der Menschheit? Er kennt sie genauso wenig wie jeder andere, doch er entdeckt plötzlich, daß solche klangvollen Worte wie

»Zukunft« und »Menschheit« die Tätigkeit seines Bürokollegen decken, der Falsifikate zusammenschneidet und anonyme Briefe verfaßt, um einen Unschuldigen auszuschalten. Das Urteil »das ist abscheulich« entsteht durch die – wahre oder auf Täuschung beruhende – Wahrnehmung einer konkreten Abscheulichkeit; es beruht nicht auf der vorausgehenden Kenntnisnahme eines positiven Codes, der das Anormale vom Normalen ableitet und das Abscheuliche als Verfehlung und Verstoß gegen eine allgemeingültige Regel neutralisiert. Im Gegenteil: Der Intellektuelle entsteht immer dann neu, wenn sich die allgemeingültige Moral in der Bewährungsprobe als Wind um nichts herausstellt und faktisch wie bewußtseinsmäßig ihre Inexistenz beweist. Der Intellektuelle ist nicht Sprecher der Menschlichkeit, sondern der Unmenschlichkeit. Diese spricht, wenn jene schweigt. Er sagt: »Das ist abscheulich«, ich, der gestern friedlich ins Büro ging, ich gehöre zu einem Sumpf; du, der du mit den Augen zwinkerst, du watest darin. Das Entsetzen ist hautnah spürbar, die Allgemeingültigkeit dessen, was der Intellektuelle sagt, glänzt nicht positiv, sondern droht negativ, sie lauert am Ende des Schwindels in der Verabscheuung der Abscheulichkeiten.

Der Intellektuelle ist inkompetent. Dennoch gibt er sich plötzlich gerechter als ein Richter und sachkundiger als ein Graphologe. Er setzt sich über Fachwissen hinweg, ohne selbst welches zu besitzen. Würde er – als Rechtsanwalt, als Grammatiker – einen anständigen Beruf ausüben, dann wäre er eben nicht der Intellektuelle, der sich aller Fachgebiete wahllos bedient, um Kritik ohne Gesetz und Glauben zu üben.

Der Vorwurf der Inkompetenz trifft ins Schwarze. Er wurde hundertmal zugespitzt: Gegen die Dreyfusards (durch Brunetière), gegen Sokrates (durch die modernistischen Sophisten und die konservativen Notabeln). Er exekutiert den Intellektuellen, der sich zwar aufbläht und über die letzten Ziele urteilt, aber andererseits eine ungewöhnliche Kompetenz im Wissen um die Abgründe erkennen läßt. Der Intellektuelle kann den Rechtsanwalt kritisieren, weil der Rechtsanwalt nicht nur

Rechtsanwalt, sondern auch Familienvater, Patisserie-Liebhaber oder Lottospieler, kurz fehlbar ist. Ein Experte des kanonischen Rechts kann aus Gründen sündigen, die dem kanonischen Recht fremd sind, und wir kennen so gut wie er die Wege und Umwege, mit denen das Gewissen ihn freihalten kann. Esterhazy entpuppt sich als Mann des Geldes und der Lust, Henry als gewissenhafter Arrivist, Bourget als liebenswürdiger Salonkarrierist; ihr jeweiliger Rang in der Armee oder im Kunstbetrieb ändert nichts an den kleinen Affären, durch die sie in die große verwickelt werden. Erkennen wir im Privatdetektiv des amerikanischen Thrillers eine Variante des Intellektuellen, der die allgemeine Korruption zum Gegenstand seiner persönlichen Tätigkeit macht.

Er ist sündig unter Sündern, selbst dem Bösen ausgesetzt, das er bei anderen verfolgt, unter seinen Füßen erzittert die Erde, denn er hat keinen Boden unter ihnen, gähnend öffnet sich vor ihm der Abgrund und bedroht nacheinander alle Kompetenzen der schlafenden Gerechten, die seine damit auch. Wenn der Schriftsteller nicht mehr Schriftsteller und der Militär nicht mehr Militär ist, erscheint in jedem der Intellektuelle, sofern dann diese »Persönlichkeit« nicht ihm, dem Intellektuellen, nachgibt, sondern der Ungeheuerlichkeit, die ihm den Atem verschlägt und ihm in einer Weltuntergangsahnung das Rampenlicht verbietet. Geht seine Welt unter? Oder *die* Welt? Wer sich die Frage stellt, hat schon einen Fuß draußen, es hilft ihm nichts mehr, mit der »Internationalen« zu trällern, die Welt werde sich verändern, er weiß nicht wo und wie. Ist der alte Mensch abgelegt, läßt der neue Mensch den Frager sitzen, der sich da am Rande des Abgrunds herumtreibt: »Und wenn du lange in einen Abgrund blickst, blickt der Abgrund auch in dich hinein« (Nietzsche).

# Der Vier-Hindernisse-Lauf

Fassen wir das Abenteuer zusammen und arbeiten wir einige Züge heraus, die den wahrheitssuchenden Intellektuellen kennzeichnen:

1. Er engagiert sich, und sei es widerwillig. Per definitionem will er Beobachter und Beobachteter, Subjekt und Objekt der Geschichte zugleich sein, »Enthüllen« und »Handeln« (Sartre) sind für ihn untrennbar, er verwandelt »die breitmöglichste Erfahrung in Bewußsein« (Malraux). Es wäre auch falsch anzunehmen, er begnüge sich damit, auf zwei voneinander unabhängigen Registern zu spielen, indem er sich der korrekten und einfachen Forderung nach Übereinstimmung von Überzeugung und Handeln beugt, denn was er tut, will Erfahrung sein, existentieller Quell von Gedanken, die ihrerseits den Anspruch haben, operativ zu sein und geeignet, die Erfahrung neu zu erfinden. Die Komplementarität verkommt zur Ambiguität und schließlich zum Antagonismus, wenn dieses zweifache Spiel zum Doppelspiel wird und ein inneres Geschehen, wie die »surrealistische Revolution« eines war, sich aufgibt, um als äußerer Garant zu fungieren und in die Geschichte einzugehen: »Der Surrealismus im Dienste der Revolution.« Einer nach dem anderen sind die Avantgardismen von der Dualität zur politischen und spektakulären Duplizität übergegangen. Die Sache hinkt, muß hinken, denn die Ordnung der Gedanken und die Ordnung der Dinge können sich nicht entsprechen, ohne daß man eine wundertätige Vorsehung annimmt, die, hinter den Dingen und den Gedanken stehend, deren Harmonie prästabilieren würde. Der Intellektuelle wird auch versuchen, seinen Status zu konsolidieren, indem er aus beruflichen Gründen zum Intellektuellen mit Prädikat wird: katholisch, regionalistisch, kommunistisch.

Der Philosophiehistoriker E. Brehier beobachtet im modernen Denken ein ständiges Umschauen nach Verankerungspunkten in massiven Gewißheitsblöcken, die als Stützpunkte und Operationsbasis gebraucht werden. Es handelt sich nicht um eine Minimalbasis – wie etwa die »eingeborenen Gedanken« oder die »Empfindungen« des 17. und 18. Jahrhunderts –, sondern um eine möglichst große Ansammlung von Wissen, von umfassenden und weit ausgeführten »Philosophien«, von »Wissenschaft« oder »Kunst«, die den Menschen »an diese großen Ganzheiten (bindet), in denen er sich verliert, *die* Natur, Gott, *das* Volk«. In seiner prekären Situation, die ihn doppelt in die Zange nimmt, engagiert sich der Intellektuelle für solche Ganzheiten, weil nur sie die Möglichkeit seines Engagements gewährleisten; doch da er sich nur einer Sache kritisch *zu*wenden kann, wenn er sich *gegen* etwas wendet, verbietet er sich automatisch die Frage nach der Quelle seiner Einsichten. Steht er rechts, so wird Frankreich »ewig ruhmreich«, die Nation »unvergänglich«, der Generalstab »unfehlbar« sein. Steht er links, ist sein Ideal sofort über jeden Zweifel erhaben. »Wenn man mich fragt, ob die Scheidung in rechte und linke Parteien, in rechte und linke Menschen noch einen Sinn hat, so ist mein erster Gedanke, daß derjenige, der diese Frage stellt, sicher kein Linker ist.« Unter der einleuchtenden Oberfläche ist dieser Alain-Ausspruch, mit dem so mancher mundtot gemacht wurde, nicht klar. Entweder ist die Frage in den Augen des radikal-sozialistischen Philosophen der Troisième République in sich sinnlos (weil die Linke und die Rechte ewig sind). Oder aber sie ist nur für einen Linken unaussprechbar (weil ihm die Ganzheit, in die er eingetaucht ist, als unsterblich erscheint). Die beiden Hypothesen sind unterschiedlich. Wer davon ausgeht, daß das Privileg einer päpstlichen Unfehlbarkeit keine Leidenschaft entschuldigt, wird die zweite als weniger stark und ironischer empfinden. Muß man annehmen, daß der Linke, weil er sich ewig glaubt, es auch ist? Dann hätte Alain einen ontologischen Gottesbeweis für den politischen Gebrauch umgestrickt und vom Ewigkeitsanspruch die Ewigkeit des Anspruchs abgeleitet, nach dem Muster jener Theologen, die vom Wesen Gottes, d. h. von seinem unendlichen Sein, auf seine Existenz geschlossen haben. Damit gäbe es auf der Linken Fragen, die man gar nicht stellen dürfte, und Prinzipien, die sich der Überprüfung entzögen. So versteht man die Betroffenheit des Dreyfusards Péguy, der in seinem eigenen Lager, ja bei seinen Freunden, diese Staats- und Generalstabsraison feststellen mußte, die er bei der Rechten bekämpft und die nun die Linke angesteckt hatte: Parteigeist, Kirchturmpolitik. Intellektuelle »von links« und »von rechts« – es hört sich an wie Adelstitel, mit doppeltem, nämlich subjektivem und objektivem »von«. Die Linke (bzw. die Rechte) gehört dem Intellektuellen, durch den sie als Wesen erscheint, aber der Intellektuelle gehört auch der großen (linken bzw. rechten) Familie an, ohne die er als Denken und Handeln vereinendes Wesen nicht existieren kann.

2. Er enthüllt. Die anfänglich pejorative, Notabeln verschiedener Metiers zusammenfassende Bezeichnung deutet an, daß die Tätigkeit des Enthüllens, die man diesen Leuten zuschreibt oder abstreitet, sich keineswegs deckt mit den Tätigkeiten, die sie als Privatpersonen ausüben: Maler, Dichter, Physiker, Historiker. Wenn sie ihre Unterschrift unter ein Manifest statt unter eine Enzyklopädie oder ein theologisches Traktat setzen, so besiegelt die Enthüllung nicht ihre persönlichen Arbeiten, sie stellt vielmehr eine spezifische Tätigkeit dar, die im persönlichen Lebenslauf jedes einzelnen einen Einschnitt verursacht. Die kritische Chirurgie kappt die Leinen eine nach der anderen und verschont auch die »Wurzeln« nicht; die das Engagement vermeintlch begründenden »Ganzheiten« – Natur, Geschichte, Nation, Klasse – fallen unter dem Trommelfeuer der Anfechtung, sobald ein stolzer Geist sich weigert, ihnen das geforderte Opfer des Intellekts darzubringen.

Sartre tat des Guten zuviel, wenn er die Klarsicht des Denkers und die Tatkraft des Helden gleichzeitig wollte. Legt man diese Elle an, so erinnert das »Engagement des Schriftstellers« recht schnell an die Geschichte vom Frosch und dem Ochsen. Kann der Intellektuelle der Versuchung widerstehen, sich für den Hegelschen Geist zu halten? Den Schlußpunkt unter sein Haupt- und Meisterwerk setzen – eine *Phänomenologie des Geistes* zum Beispiel – und dann zum Fenster hinausschauen, um sich unten auf der Straße als Hautsack namens Napoleon, Vladimir, Fidel oder François vorbeitanzen zu sehen: Kann einer, der sich als Intellektueller sehen will, solche Phantasien vermeiden? Muß er im Besitz aller guten Gedanken der Menschheit sein und sie fortsetzen mit anderen Mitteln, mit denen des Tatmenschen? Muß man ihn, um zwischen seinen Erklärungen und Handlungen ein Minimum an Kohärenz herzustellen, aufblähen zum individuellen oder kollektiven, immer jedoch mythischen Subjekt, das die Theorie und die Praxis vereint, gleichermaßen die Welt der Dinge und die Republik des Geistes lenkend? Oder findet der Intellektuelle, der Sartre unter anderem war, seine Authentizität darin, daß er sich in einer Vielzahl von verschiedenen Theorien und Praktiken verfängt, aus denen er nur verwirrt wieder herauskommen kann, zerrissen wie jeder andere?

Was enthüllt er denn eigentlich an Eigenem, Spezifischem? Nichts, wehrt er bescheiden-allzubescheiden ab: »Wenn ich das unmögliche Heil in die Requisitenkammer verweise, was bleibt dann? Immerhin ein ganzer Mensch, bestehend aus allen Menschen und so viel und nicht mehr wert als jeder andere« (Sartre).

Alternierende Schübe von Megalo- und Mikromanie kennzeichnen die manisch-depressive Entwicklungsgeschichte der unterschiedlichsten Engagements, sie maskieren das spezifisch Enthüllte, das den Intellektuellen durch das Medium seiner Engagements ständig an sich selbst erinnert. Er ist kein Seeleningenieur, der mobil macht, um die Menschheit mit einem einzigen und endgültigen Satz aus der Vorgeschichte in die Geschichte, vom blutigen Herumtappen in die glasklare Selbstverwaltung ihres Geschicks springen zu lassen; er ist auch nicht der gute Hirte, der die toten Seelen, die verirrten Gewissen und die feindlichen Völker versammelt. Wenn er darauf verzichtet, mit der positiven Universalität einer Enzyklopädie alles Wissens und eines Wörterbuchs der guten Gefühle hausieren zu gehen, was bleibt ihm dann? Etwas. Sein eigener glücklicher Fund. Eine negative Universalität. Er wird geboren und wird ewig leben als Prophet des Desasters.

Zurück zur Dreyfus-Affäre. Sie läßt sich nicht zusammenfassen als das Duell zwischen dem Mann mit der Feder und dem Mann mit dem Schwert. Der Zusammenstoß zwischen den militärischen und den universitären Vorurteilen verdeckt deren eigentliche Triebfeder, die in einem Vor-*Gefühl* besteht. In der Verbissenheit, mit der die Institutionen und die haßerfüllte Menge ihr Opfer verfolgen, erkennt der angehende Intellektuelle etwas, was sich auf das ganze Jahrhundert auswirken wird: »Von der Dreyfus-Affäre bis zu Hitler und Auschwitz hat es sich bestätigt, daß der Antisemitismus (neben dem Rassismus und dem Fremdenhaß) den Intellektuellen am stärksten mit sich selbst konfrontiert hat ... Da wurde etwas Absolutes berührt, das für die übrigen Rechte und die übrigen Pflichten Beurteilungsmaßstab ist« (Maurice Blanchot). Was bewegt den Intellektuellen? Kein Klassenstandpunkt, auch nicht die wunderbare Zukunft, deren Kommen auf der Straße ausgerufen und in den Alkoven geflüstert wird; er engagiert sich im Namen eines Absoluten: des absolut Katastrophalen. Was immer er sich einredet, der Intellektuelle wird nie als Philosoph und König der Welt von oben betrachten und sie danach verändern; sein Blick antizipiert die Katastrophen, die seine zögernden Hände nach Möglichkeit hinausschieben wollen.

Jede Generation beginnt ihre Laufbahn mit dem Vorwurf an die Vorgängergeneration, sie hätte die Augen nicht aufgemacht und die schlimme Zukunft nicht vorausgesehen; die Kritik moniert weniger fehlende Voraussicht als fehlendes Sehen und lastet selten Fehler an, die aus Unkenntnis der historischen Großwetterlage begangen wurden; sie scheint vielmehr zu suggerieren, daß der einzige Fehler, den ein Intellektueller begehen könne, der sei, nicht intellektuell genug zu sein, anders gesagt, in der Wahrnehmung der Abgründe generell zu versagen. Sartre urteilt folgendermaßen über seine Lehrer der Troisième République: »Für Léon Brunschwicg, den Philosophen des Regimes, der sein Leben lang assimilierte, vereinigte, integrierte und drei Generationen ausbildete, waren das Böse und der Irrtum bloße Scheinwesen, eine Folge der Trennung, der Begrenztheit und der Endlichkeit; sie lösten sich in nichts auf, sobald man die Schranken niederriß, die die Systeme und Gemeinschaften gegeneinander abgrenzten. Die Radikalen folgten insofern Auguste Comte, als sie im Fortschritt die der Ordnung gemäße Entwicklung sahen; die Ordnung bestand also potentiell bereits, wie die Mütze des Jägers in den Bilderrätseln; sie blieb lediglich zu entdecken.« Rückblickend hat jede Generation ihren grauen Star zu operieren, keine entgeht ihm, denn auch die Revolutionärsten haben ihre blinde Stelle in der Hornhaut: »Die materialistische Dialektik bewirkt, daß sich Gut und Böse gleichzeitig in nichts auflösen ... für den politischen Realismus ebenso wie für den philosophischen Idealismus war das Böse nichts Ernstzunehmendes.«

Was in Oberst Picquart und im Agrégé Jean-Paul Sartre den »Intellektuellen« auslöste – und beide unversehens mit einer Wirklichkeit gemein werden ließ, zu der sie, nicht ohne Verachtung, auf Distanz bedacht waren –, das ist die plötzliche und immer wieder neu gemachte Erfahrung des Bösen in seiner negativen und brutalen Universalität. »Es ist weder unsere Schuld noch unser Verdienst, wenn wir in einer Zeit gelebt haben, zu der die Folter an der Tagesordnung war. Châteaubriant, Oradour, Rue des Saussaies, Tulle, Dachau, Auschwitz, all das bewies uns, daß das Böse kein Schein ist, daß das Wissen um seine Gründe es nicht beseitigt, daß es sich nicht zum Guten verhält wie ein verworrener Gedanke zu einem klaren Gedanken.« Kaum wagt man, einen Zipfel des Schleiers zu lüften, schon fängt die Hand zu zittern an und der Kopf senkt sich wieder; und liest man die Namen, mit denen Sartre schonungslos die Naziverbrechen aufruft, dann packen einen die Gründe, mit denen seine Generation ihr Engagement rechtfertigte, an der Gurgel, doch die Grenzen und die »Verstellungen« ebenso, zählt man die Namen der beim Appell Fehlenden auf ... Noch heute findet man treuherzige Seelen, die bestreiten, daß ein sowjetisches Vernichtungslager summa summarum mit seinem Nazi-Pendant verglichen werden kann, ganz zu schweigen von den unverbesserlichen Avantgarde-Optimisten, die alles pauschal positiv finden in der besten aller möglichen Sozialismus-Welten. Das Wagnis des Intellektuellen ist, dieses Böse, das ihn wach gemacht hat, nicht aus den Augen zu lassen.

3. Er prophezeit. Morgen wird es zu spät sein. Die Wahrnehmung der Übel ist praktizierte Futurologie: im Samenkorn die giftige Blüte erkennen und im kleinen Schönheitsfehler die allgemeine Bedrohung. Der Bürger, der eben noch schuldhaft dazu neigte, die Augen zu schließen, läuft auch Gefahr, sie zur Unzeit weit aufzureißen. Da keine Gesellschaft vollkommen ist, kann er das unvermeidbare Unglück ebenso zu groß wie zu klein ausmalen und als Menschenhasser in der künstlichen Geisteswüste enden, die seine dem System entgegengeschleuderten Verwünschungen und Verdammungen geschaffen haben. Die Unglücks-Prophetie ist ein schwieriges Handwerk; wer das Böse überall sieht, fällt gleichermaßen auf die Nase wie der, der es nirgends erkennt.

Der angehende Kassandra-Nachfolger kann sich aus der Verlegenheit helfen, indem er auf seine intime Kenntnis der Pfade des Bösen zurückgreift. Picquart weiß, wie übel Generalstabs-Machenschaften sind, weil er ihm angehört. Solschenizyn betont: Der Stalinismus läßt sich nicht begreifen, wenn ich nicht den Stalin in mir selbst befrage. Dieses Gesetz des Rückgriffs auf sich selbst, das den christlichen Schriftsteller zu Meditationen über die »Gewissensbisse« veranlaßt, ist schon im sokratischen »Erkenne dich selbst« enthalten, das man viel zu ausschließlich interpretiert, wenn man es euphemistisch mit »erkenne Gott oder das Gute in dir« übersetzt. Oder – selten – etwas schlagfertiger mit »erkenne den Teufel in dir«.

Der Teufel, den ich in mir trage, das bin nicht ich. Er wartet darauf, daß ich zu dösen beginne, »der Schlaf der Vernunft bringt die Ungeheuer hervor« (Goya). Ich muß ihn in mir wecken, um ihn außer mir besser zu erkennen – nichts Unmenschliches soll mir fremd sein. Das Phantombild des »gemarterten Intellektuellen« täuscht nicht, es meint ein Wesen, das sich ständig auf die Schmerzen der Kreißenden vorzubereiten scheint, oft aber ein Nichts, Windblüten oder entsetzliche Hirngespinste gebiert, die es neun Monate, neun Jahre oder neun Jahrhunderte lang an seinem Herzen genährt hat. Die irritierende Fremdheit dieses Mannes, der da sein würdiges Haupt umständlicher herumträgt als eine Hochschwangere ihren Bauch, fiel schon im Altertum aus dem Rahmen. In einem seiner Dialoge skizziert Platon einen jugendlichen Sokrates, der vom weisen Parmenides befragt wird: »Kannst du dir etwas vorstellen unter ... der Idee des Gerechten und Schönen und Guten und was sonst noch dahin gehört?« Bejahend antwortet der junge Platoniker, der sich perfekt in jenem gemütlichen Einmaleins auskennt, das später auf den Universitäten Philosophie heißen wird. Dann kommt die Fangfrage, die der allen guten Sitten abholde Prüfer ihm nicht ersparte: »Bist du aber auch bei solchen Dingen, Sokrates, wo es beinahe lächerlich scheinen könnte, wie z. B. Haar, Kot, Schmutz und dergleichen verächtlichen und gemeinen Dingen in Zweifel, ob man für jedes eine besondere Idee aufzustellen habe?« Der junge Mann lehnt es ab, sich davon eine Idee zu machen, weil er diese Dinge nicht für denk-würdig hält. Durchgefallen. »Du bist noch jung, mein Sokrates«, antwortete Parmenides, »und noch hat die Philosophie nicht derart von dir Besitz ergriffen, wie sie es meiner Meinung nach noch tun wird, und dann wirst du keines dieser Dinge geringachten.« Woher kommen die wahren Gedanken? Was die erbaulichen betrifft, so weiß der Intellektuelle kaum besser Bescheid als der Säufer um die Ecke. Doch was den Unrat betrifft, an dessen Existenz und Philosophiewürdigkeit Platon uns erinnert, so ist die Antwort klar: Das Wissen darum stammt aus aufmerksamer Prüfung und reichlichem Nachdenken über genau den Unrat, der in uns und um uns herum nicht auszurotten ist. Man muß in sich schürfen, wenn man prophezeien will.

4. Er legt Bomben. Eine persönliche, ausschließlich persönliche Beziehung zum Bösen zu begründen, reicht aber nicht aus. Wie kann ausgeschlossen werden, daß die Manien eines Verhaltensgestörten als Weltverständnis gelten und sein Niesen als Revolution? Die List wird sein, die Hexenkessel der inneren

Ängste auf die meistbegangenen Wege zu stellen; Macbeth und die Hexen zugleich zu sein. Die Sorgen, die ihn bedrängen, und die fixen Ideen, die ihm nicht aus dem Kopf wollen, macht der Intellektuelle mit fröhlicher Ungezwungenheit zu seiner lieben Not und Welt. Er kann selbstverständlich daneben zielen, dann erleuchten die Sterne, die er vom Himmel holen wollte, nur die eigene Arroganz. Doch kann es geschehen, daß er, während er mit der jüngsten der drei Parzen tuschelt und den ganzen Planeten ins Vertrauen zieht, ins Schwarze trifft, und »das ganze Universum schwankt und bebt auf meinem Stengel«. Kriege und Revolutionen, Kolonialismen, Nationalismen, gesellschaftliche, moralische, sexuelle Erschütterungen – immer finden sich scharfsinnige Leute, die ihre Schreibstatt am wunden Punkt unseres Sonnensystems aufrichten. Sie brauchen sich keine Apotheose der Geschichte vorzustellen, in der das Geistige und das Wirkliche, das Ewige und das zeitliche Ereignis zusammenfallen würden in einem Geheimnis, dessen hegelianische oder napoleonische Illusion sie zu pflegen hätten. Um eine negative Universalität zu erwerben, sehe man nicht das Ende *der*, sondern unserer Geschichte voraus. Das Sehvermögen im Dunkeln zeichnet Kassandra und die Eule aus, denn der weise Nachtvogel wacht erst auf, wenn der Abend dämmert, er weiß nichts vom Morgen, an dem der Osten rot wird.

Zwar hat er sich im 20. Jahrhundert gewaltig vermehrt, doch neu ist der Intellektuelle nicht in der Landschaft, die älter ist als er. Er hat illustre Vorgänger. Er ist ein Schauspieler: »Hier ist er ein weinendes Mädchen, und er gibt die ganze Geziertheit wieder; dort ist er Priester, ist er König, ist er Tyrann, er droht, er befiehlt, er gerät außer sich; er ist Sklave, er gehorcht, er beruhigt sich, er ist betrübt, er beklagt sich, er lacht; nie den Ton verlierend, das Maß, den Wortsinn, den Liedcharakter« (Diderot, *Le Neveu de Rameau*). Er parodiert den Helden und den Heiligen, er spielt den Weisen, er hofiert scheinheilig der Qualität, die er hinterlistig aushöhlt, und den Mächten, deren Niedergang er enthüllt. »In einem Prälaten sehe ich Pantalon, in einem Präsidenten einen Satyr, in einem Zönobiten ein

Schwein, in einem Minister einen Vogel Strauß, in seinem Ersten Sekretär eine Gans.« Er hat nur wenige Ketten zu verlieren, um so leichter singt und pfeift er – wir werden alles sein, denn wir sind nichts. Der Entrechtete, in dessen Namen er spricht und in dessen Gestalt er als Proletarier, Schwarzer, Frau, Randgruppenangehöriger und Seehundbaby auftritt, wer ist er? Er selbst, er allein verkörpert ihn, »heute in schmutziger Wäsche und zerrissener Hose, in Lumpen, fast ohne Schuhe und mit gesenktem Kopf gehend, stiehlt er sich weg, fast wäre man versucht, ihn herbeizurufen, um ihm ein Almosen zu geben. Morgen rasiert, beschuht, frisiert, gut gekleidet, geht er aufrechten Hauptes, läßt sich sehen, und sie hätten ihn beinahe für einen ehrbaren Mann gehalten. Er lebt in den Tag hinein.« Fordert er nicht alle sich in ihre Fachidiotie verkriechenden Kompetenten auf, sich vor seiner Inkompetenz zu verantworten? Zwingt er nicht die Mächtigen selbst dazu, sich wegen seiner ostentativen Ohnmacht Gedanken zu machen? Die Verdammten dieser Erde können ruhig und vergeblich die Tage zählen, die Spartakus von Cäsar trennen; ohne den Himmel zu erklimmen, erhält seine eigene Form von Lumpenkönigtum hier und jetzt Macht, indem sie den sanft Träumenden seine niedere Philosophie und seine prosaischen Anschauungen aufzwingt.

### Abschied von der Predigt

In den modernen Demokratien ist der Intellektuellen-Markt unkontrollierbaren Schwankungen unterworfen, die auf zählebige Quiproquos hindeuten. Manchmal läßt die Nachfrage der Öffentlichkeit nach, Magier und Führer verstopfen den Markt, der Warenumschlag geht schleppend. Zu anderen Zeiten entspricht das Angebot nicht der stürmischen Nachfrage, und der Kunde ist frustriert. Sartre illustriert alle Phasen der doppelten Entrüstung, die ein Intellektueller hervorruft. Zunächst (um 1945) streichelt er die Nachfrage gegen den Strich und beantwortet mit einer einzelgängerischen, ätzenden und ernüchternden Existenzanalyse die linkskatholischen und kommunistischen Erwartungen, dem Leben einen endgültigen Sinn zu geben. Kurz darauf läßt er seine Kritiker ins Leere laufen und fordert sie auf ihrem eigenen Boden heraus, indem er sie im Utopiepredigen und Neue-Zeit-Verheißen links überholt (der Kolonisierte ist unser Messias, sein Aufbegehren unsere Erlösung), seine engsten Mitläufer und Nachahmer läßt er im Regen stehen. Die Skala der Marktschwankungen scheint durch ein Maximum bestimmt zu werden, bezüglich dessen ein endloser Streit geht, ob es mit Händen zu greifen oder ob es unerreichbar ist. Dieses – reelle oder virtuelle – Nonplusultra des Intellektuellenlebens ist das Predigen.

Auf den ersten Blick scheint die ehrerbietige Bezugnahme auf die brüderliche Einheit aller Menschen und auf das Reich der Liebe nur in einen süßlichen Tolstoiismus zu münden. Aber nicht lange. Die Idee des Heils durch das Gute treibt schnell ihre Blüten in Form diverser Verdammungen, die es auf die Wertfreiheit der Kunst und die Amoralität des Wissens abgesehen haben: außerhalb des Guten kein Heil. »Man hat daher bei Tolstoi immer eine sektiererische Intoleranz gegen die Meinungen der anderen festgestellt, gegen die, die ein anderes Leben führten als er. Das ist die Natur des Guten. Wer nicht für es ist, ist gegen es. Und wer einmal die Herrschaft des Guten anerkannt hat, ist gezwungen, seine Nächsten in Gute und Schlechte zu trennen, das heißt in Freunde und Feinde ...« (Chestov). Die Predigt will nicht den Tod des Sünders, sondern seine Bekehrung, sie ist nur sich selbst Zweck, und wenn Tolstoi den Dante, den Shakespeare und sein eigenes Werk der Schmach preisgibt, so tut er es aus einer höheren Generosität heraus, die reinen Tisch macht, die Gehirne ausfegt und die Herzen für die Erhabenheit der Botschaft öffnet.

So originell er erscheinen mag, der Tolstoiismus läßt unaufhörlich Metastasen wuchern. Der Marxismus ist nur ein partikulärer und auswechselbarer Fetisch der Intelligenz der letzten zwei Jahrhunderte gewesen; ein wirklich »unüberschreitbarer Horizont« ist nur die Predigt. Sie braucht gar nicht die Gestalt moralisierender Sonntagspredigten anzunehmen, um ihre heimtückische Ubiquität zu demonstrieren, denn jedes Urteil – auch das stumme – ist ein Rückgriff auf sie. Was erweist das Verbrechen als Verbrechen? Noch bei Shakespeare war es das, was der Peiniger dem Opfer antut. Bei Dostojewskij ist es schon das, was der Peiniger sich selbst antut. Zur Zeit Macbeths lacht keiner mehr in Schottland, »wo Seufzen, Stöhnen, Schrein die Luft zerreißt, und keiner achtet drauf; ... keiner fragt: *um wen* beim Grabgeläut; der Wackern Leben welkt schneller als der Strauß auf ihrem Hut, sie sterben, eh sie krank sind.« Raskolnikow hingegen bezieht sich nur auf sich selbst, das heißt auf die Napoleon-Liebe, die seine schlechte Predigt bestimmt, und auf seine Gefühle für Sonja, die die gute Predigt auslösen. In *Schuld und Sühne* spielen die beiden vom Helden getöteten Frauen überhaupt keine Rolle, sie sind ihm und uns gleichgültig.

Paradoxe, aber unwiderlegbare Konsequenz: Die zungenfertige Liebe zum Guten, die bei den Modernen so hoch im Kurs steht, gerät zur relativen Unmenschlichkeit. Unter uns gesagt, da plagt man sich herrlich ab, um nicht mehr die Steine schreien zu hören: »Im Werk Dostojewskijs steht die Predigt im Vordergrund ... Dostojewskij will die Menschen überzeugen, daß man dem ›Guten‹ dienen kann, daß er deshalb ein sehr würdiger Mensch ist, während andere dem Bösen folgen und deshalb unwürdig sind. Für Shakespeare ist die Frage des persönlichen Wertes sekundär. Eine entsetzliche Wirklichkeit, das Verbrechen, steht ihm vor Augen« (Chestov). Shakespeare erkennt wie alle Klassiker im Entsetzen etwas Primäres, etwas, das sich unmittelbar aufdrängt. Als etwas originär Ungewöhnliches und Einzigartiges, an seinen Folgen Erkennbares, direkt Mitteilbares, enthüllt es sich angesichts seines Ausstrahlungsvermögens als *de jure* universell. Die Modernen hingegen stellen das Verbrechen als sekundäre Wahrheit hin, als Abweichung von der Idee des Guten, als indirekte Wirkung einer falschen Weichenstellung in wohlgemeinten Reden. Das Böse würde demnach dann auftreten, wenn wir unsere Beziehung zum Guten nicht meistern. »Die Liebe kann alles« – dieser Aberglaube ist uns eigen.

Die Neigung zum Predigen und der Wille zur Beherrschung gehen Hand in Hand, das devote Streben nach Einflußnahme auf den Lauf der menschlichen Abenteuer tut es den modernen Wissenschaften gleich, die die Natur mit Mathematik zur Vernunft bringen wollen. Der predigende Intellektuelle ruht nicht, bevor er, und sei es auf Kosten seines Verstandes, den schlüssigen Beweis für die Existenz des Guten geliefert hat; er öffnet den Königsweg und versperrt dem Bösen den Zutritt – welche Bescheidenheit er auch immer an den Tag legt, er wird immer nur ein verschämter Übermensch sein.

Der Versuchung zum Predigen kann nur widerstehen, wer auf jeden Beherrschungsversuch verzichtet. Man kann also getrost die Verrenkungen unterlassen, mit denen man sich auf den festen Gipfel zu schwingen hofft, von dem aus sich alles einer einzigen Perspektive unterordnet und die Ganzheit unsere innerste Möglichkeit wird. Will man sich nicht auf einen solchen Gipfel schwingen, braucht man auch nicht den Sittlichkeits- oder Unsittlichkeitslehrer zu spielen oder zum Wegweiser der Geschichte und Geschichten zu erstarren: »Um zu urteilen, brauchen wir einen festen Punkt. Der Hafen urteilt über jene, die sich auf einem Schiff befinden, aber woher nehmen wir den Hafen in der Moral?« (Pascal).

Verurteilt die fehlende Verankerung den so »entwurzelten« Intellektuellen? Wenn er nicht nur Gemüse um sich leben hat, verweist ihn die Tatsache, daß er zum Boden, zu den Toten, zu den Wörtern eine nicht-vegetabilische Beziehung hat, auf das allen gemeine Los; von Isolation kann nicht die Rede sein. Er muß selbst zu jener klassischen Intuition finden, daß feste Punkte in der Moral aus zweiter Hand sind. Sie sind nur durch Abdriften aus abgedrifteter Position zu erreichen, eine nicht ausspielbare Spieleröffnung: »Wenn alle sich zur Ausschweifung hin bewegen, scheint es niemand zu tun. Derjenige, der stehenbleibt, läßt wie ein fester Punkt erkennen, daß die anderen abgetrieben werden« (Pascal). Wer der Predigt des guten

Menschen müde ist, kann nach einem Menschen suchen, der zwar nicht gut, aber auch nicht übel ist.

Gehen wir in der Genealogie zurück bis zu jenem nichtsnutzigen Alleskönner, Experte in Sachen Sprachen, Dialekte und Frauen: Panurge, diese sonderbare Mischung aus Eleganz und Elend, wie er zum ersten Mal vor den weit aufgerissenen Augen eines Pantagruel steht: »Ein Mann von schönem Wuchs und elegant in allen seinen Körperlinien, aber erbärmlich zugerichtet an verschiedenen Stellen, und so sehr in Unordnung, daß es wohl schien, als wäre er den Hunden ausgekommen, oder vielmehr, daß er einem Apfelpflücker aus dem Lande Perche ähnlich sah.« *Panourgos* ist das griechische Wort für »Alleskönner«, doch so alleskönnend war unser Spaßvogel auch wieder nicht, das Können des braven Panurge, Spezialist im Geschichtenerzählen und Beutelschneiden, geht über das Nachäffen nie hinaus, und sein Wissen nie über den wissentlichen Gebrauch seiner Unwissenheit.

Der panurgische Intellektuelle ist der einzige Spezialist des Universellen, das bleibt, wenn das Schöne, das Gute und die offenbare Wahrheit sich verdunkeln und der Weise, der Held und der Heilige das Weite suchen. Nimmt er sich bis ins Letzte ernst, verstrickt er sich in Schwierigkeiten. Nur seine allgemeine Inkompetenz scheint ihm eine Kompetenz im Allgemeinen in Aussicht zu stellen. Er wird nie alle Talente haben können, doch da kein Talent dem Ganzen angemessen scheint, wird gerade dieses Ganze zur Hauptsorge einer notwendigen Talentlosigkeit. Niemand ist *panourgos,* in allem beschlagen. Doch Panurge ist nicht nichts, er macht sich eine zweite und abgeleitete Universalität zunutze, um die Grenzen zu verkörpern, die vom Können bis zur Erschöpfung verkannt und vom Wissen zu dessen eigenem Schaden überschritten werden.

Die systematisch überspannten Nachäffereien geben Cäsar nicht, was Cäsar gehört, und Gott nicht, was Gott gehört, sie liefern vielmehr Gott und Cäsar ihrem Unterschied aus. Funktioniert die Tradition noch, halten sich die Repräsentanten des Himmels und die Oberleutnants des Zeitlichen gegenseitig in

Schach; sie erinnern daran, daß keine Macht absolut gut ist, daß also jedes angeblich absolute Vermögen, Können oder Wissen absolut absurd ist. Diese althergebrachte Klugheit gerate in Vergessenheit, und das Hirngespinst einer rationalen Beherrschung der Menschen erobert das aufgeklärte Europa. Dem Spaßvogel namens Intellektueller bleibt dann die Aufgabe, mit der impertinenten Quirligkeit eines Possenreißers die Ohnmächtigkeiten der Macht und die Inkompetenz der Kompetenten aufzuzeigen.

Der Intellektuelle kennt Wandlungen. Er widerspricht sich, er schwankt hin und her. Bei allen macht er Anleihen und alle enttäuscht er, beim Gelehrten holt er sich den kritischen Ernst, verzichtet aber dankend auf dessen apodiktischen Anspruch; er ist auf das Genie eifersüchtig, sieht aber immer zu, daß er ohne aufmunternde Illusionen auskommt. »Das ist nämlich der hervorstechendste Unterschied zwischen meinem Mann und den meisten um uns herum. Er gab die Laster zu, die er hatte, die die anderen haben; aber er war kein Heuchler. Er war nicht mehr und nicht weniger ein Scheusal als sie, er war nur ehrlicher und konsequenter und manchmal tief in seiner Verderbtheit« (Diderot). So betritt eine auf ihre Errungenschaften beschränkte Wahrheit die Bühne, eine Wahrheit in den Grenzen der Wahrheit, die sich nicht auf die reflexive und narzißtische Autorität eines selbstbefriedigten Bewußtseins beruft, sondern durch Abprall von der Bande, *mangels* etwas, an den Grenzen des Reichs der Lüge und der Sinnlosigkeit in Erscheinung ins Spielfeld gerät. »Was schadet allzeit wissen und immer lernen, und sei es von einem Tropf, einem Topf, einer Kartoffel, einem Stoffel, einem Pantoffel« (Rabelais).

Eine Biskuit-Reklame sagt: »Sie sind gut.« Ein Star bedeutet mit seinem Lächeln: »Bin ich nicht schön?« Implizit oder explizit beteuert der Intellektuelle mit seiner Wahrheit: Ich bin kein Dummkopf. Was ist daran? Das Teegebäck scheint sich selbst nicht zu kennen, es überantwortet sich dem Urteil des Essers. Der Filmstar glaubt sich zu kennen und stellt sich zur Schau, die auf ihn geworfenen Blicke entscheiden über Erfolg oder

Gespött. Wird ein Mann von Geist plötzlich einwerfen: »Du weißt, daß ich kein Dummkopf bin ...«, und seinerseits die Zeitgenossen und die Nachwelt darüber urteilen lassen? Der Haken an seiner Bescheidenheit ist, daß sie auf einem Schwindel beruht. Im Unterschied zur Schönheit, die sich bewundern läßt, urteilt die Wahrheit über ihre Richter. Der protestierende unglückliche Unverstandene darf jederzeit das Publikum als töricht erklären, wenn es den Beifall verweigert. Und er darf, wenn er will, für die happy few oder die späteren Jahrhunderte schreiben. Wird er, um der größeren Ehrlichkeit willen, klar und deutlich sagen müssen: »Ich weiß, daß ich nicht dumm bin«? Wird er zuversichtlich hoffen, seinem Titel nicht untreu zu werden und selbstbewußt wissen, was er ist?

Herr X, der gelegentlich über sich selbst bemerkt: »übrigens lüge ich nicht«, sagt damit automatisch auch, daß er lügen könnte, es sei denn, seine Ausdrucksweise macht ihn unfähig dazu, in welchem Falle deren biederste Einfachheit von der Leere des Mundes zeugen würde, der da seine Unschuld über alles lobt. Wenn die Tugendhaftigkeit des Intellektuellen es nicht erträgt, daß man sie bezweifelt, dann ist sie keine Tugend. Und wenn sie bezweifelt wird, so wird sie auch keine besser gesicherte Tugend finden, die ihre Unschuldsbeteuerungen übernimmt. Fazit: Der Überhebliche, der von sich sagt »ich bin nicht dumm«, kann gleichermaßen seine guten Absichten und seine Dummheit beweisen; eigentlich sagt er gar nichts, nicht einmal das – denn man darf annehmen, daß er insgheim lächelt –, daß er von diesem nichts weiß. Ich lüge nicht, ich weiß, daß ich nicht dumm bin, das sind zwei Aussagen, die sich selbst widerlegen; indem sie die Gefahr zu Wort kommen lassen, die sie als inexistent hinstellen, reden sie vom Strick im Hause des Galgenvogels.

Der Anspruch auf Nicht-Dummheit bezeichnet eher einen Zukunftsentwurf als ein Faktum. Er geht nicht vom Ist-Zustand aus, sondern bekundet ein Streben und Trachten: ich will nicht idiotisch sterben. Jeder Wunsch kann zum frommen werden und an einem letzten Faden hängen, auf den er keinen

Einfluß hat. Der Wunsch nach nicht dummer Existenz bleibt strukturell notwendig unbefriedigt. Nie erfüllt, nie ganz unerfüllt. Gerade verquer genug, daß die bewußte Verquertheit beunruhigt, ohne im Bewußtsein dieser Verquertheit, selbst wenn es nur leise ist, irgendwelche unverhoffte Hintertüren zu lassen. Unentwirrbar und unentscheidbar, verurteilt die Konfliktbeziehung zwischen der Intelligenz und der Dummheit diese beiden zu einer Art von wesentlicher Zusammengehörigkeit, jeder Pol starrt im anderen auf die Präfiguration seines Schicksals. Ist nicht das der Gipfel der Dummheit, daß sie sich eine Intelligenz unterwirft, von der sie unterwandert werden sollte?

Zwillingsfähigkeiten, unversöhnlich verfeindet und doch siamesisch untrennbar, ringen auf diesem Turnierplatz miteinander; die Versuchung ist groß, mit fester Hand dazwischenzufahren. Das Axiom des Primats der Intelligenz über die Dummheit versteht sich als die Verheißung, daß letzten Endes der um seine Erdenschwere und seine Zweifel erleichterte Geist die Oberhand gewinnen und sich außer Anfechtungsgefahr bringen wird. Das den Preis zu zahlen gewillte Bewußtsein entflieht der Torheit und sich selbst, geadelt von einer großen Ganzheit und von ihr im Todeskuß umarmt. Die einzige Möglichkeit, sich dagegen zu wehren, besteht darin, daß man umgekehrt den Primat der Dummheit und ihrer umfassenden Ungeheuerlichkeit postuliert; wir sitzen in einem Boot mit der Dummheit, ohne sie können wir nicht denken, denn das Wesentliche ist, an sie zu denken, wir leben nie außerhalb ihrer Reichweite, denn nur der überlebt, der ihr unaufhörlich widerspricht.

Die Vokabel »Intellektueller« hat keine festen Umrisse, mal flößt sie Respekt ein, mal reizt sie zum Kopfschütteln, sie paßt auf ziemlich jeden und fast niemanden. Um das nichtamtliche Prüfsiegel zu verdienen, genügt es nicht, Bücher zu schreiben, Artikel zu veröffentlichen, Informationen zu übermitteln oder diese drei Aktivitäten zu kommentieren: Schriftsteller, Journalisten und Professoren üben mit unterschiedlichem Geschick ihre Aufgabe als Informations-Verkehrspolizisten aus. Zusätzlich erforderlich ist eine Fähigkeit, die weniger spezifisch ist als die jeweilige Fachkompetenz und weniger allgemein als das übliche Know-how in der Kenntnisübermittlung. Ein Gehalt beziehen, Diplome sammeln, in den Statistiken als Kopfarbeiter oder etwas anderes Besseres figurieren, das alles garantiert für nichts; um so mehr, als der Umkehrschluß ganz offensichtlich falsch ist: Ein »Handarbeiter« kann auch im Nicht-Dummen arbeiten und bei Gelegenheit sogar aufsteigen (zu den Diplomen). Der »Intellektuelle« ist ein Irrlicht, notwendigerweise statusungebunden; kein Titel, kein Verdienstnachweis, keine Ehre und keine Beschimpfung weist ihn als solchen aus. Der »Intellektuelle«, das unbekannte Wesen, kommt und geht, man muß ihn im Flug erwischen, gestern war er stupide, morgen wird er uninteressant sein, doch im Augenblick gibt er zu sehen und zu denken, oft auf seine Kosten und manchmal wider Willen. Das Wunder hört hier auf, im stillen Kämmerlein nennt man ihn geistreich und witzig, in Gesellschaft ein Original, »ein Hefekorn, das treibt und jedem eine Portion seiner natürlichen Individualität wiedergibt. Er rüttelt auf, bringt Unruhe, provoziert Beifall oder Mißbilligung; er läßt die Wahrheit herauskommen; er macht die anständigen Leute bekannt; er entlarvt die Spitzbuben; dann hört der vernünftige Mensch auch zu und bringt Ordnung in seine Welt« (Diderot). Panurge und Rameaus Neffe besitzen nicht die Wahrheit, sie stellen nur einige Wahrheiten dem Publikum vor, manchmal auch unwillig.

Der Intellektuelle als klassische Dummheitswehr ist eine geistige Kategorie. Ein vorübergehender Zustand von sehr unterschiedlichen Personen, die keinerlei Rechtsanspruch auf ihn geltend machen können. Tun sie es dennoch, finden sie sich, ehe sie sich's versehen, mit Sack und Pack im gegnerischen Lager des schweren Kretinismus wieder; der Gefahr dieses Falls entgeht nur der, der schon zu tief gefallen ist, um ihn zu ermessen. Fragen wir nicht mehr: was ist der Intellektuelle, wem und wozu ist er nütze? als handelte es sich um einen vornehmen Herrn, der sich selbst erzeugt, selbst reguliert und selbst engagiert, eine Art Gott, der das Bedürfnis empfindet, seine Gedanken ins Reine zu bringen, bevor er zu seiner eigenen Schöpfung schreitet, dabei aber vergißt, daß jede Dummheit auch die Chance einer ihr Paroli bietenden Intelligenz birgt.

## Die Zukunft der Dummheit

Sklaven wird es erst dann nicht mehr geben, wenn die Webstühle völlig selbständig funktionieren. Das bedeutete für Aristoteles wahrscheinlich: »wenn die Hühner Zähne haben«, also nie. Die Sklaverei war für den griechischen Philosophen *in natura* begründet, das heißt in der urmenschlichen Bedingung, und das in doppelter Hinsicht: 1. weil bestimmte Menschen ohne jede Fähigkeit zur demokratischen Erziehung geboren werden; die »Barbaren« haben deshalb keinerlei Gefühl für die Freiheit; 2. weil es selbst in der freien griechischen Gesellschaft nicht ohne Sklaven geht, ist »der Sklave ein belebtes Werkzeug und das Werkzeug ein unbelebter Sklave«. Wenn Marx gelegentlich der Stelle vom automatischen Webstuhl Aristoteles als einen »Geistesriesen« feiert, so räsoniert er als Nach-Renaissance-Europäer (zum Preis eines kleinen Interpretationsfehlers: Während Aristoteles die Abschaffung der Sklaverei als unmöglich bezeichnet, weil die Sklavenarbeit für die Bekleidung der Zivilisierten unerläßlich sei, so liest Marx umgekehrt, daß die Sklaverei eigentlich verschwinden müsse, weil die Automatisierung technisch möglich sei).

Was sich vom Aristoteles-Zeitgenossen zum Marx-Zeitgenossen geändert hat, ist das Verhältnis zur Technik. Was hingegen geblieben ist und was die Originalität der europäischen Kultur ausmacht, ist die Anschauung, nach der die Sklaverei weder ein Gefühlsproblem ist (die Nächstenliebe der Meister mag noch so groß sein, es gibt Arbeiten, die – mehr oder weniger – die Ausführenden versklaven), noch ein biologisches Problem (niemand ist rassistischerweise für die Ketten der Knechtschaft bestimmt), sondern vor allem ein politisches und wirtschaftliches Problem: Damit die Sklaverei, teilweise oder ganz, abgeschafft werden kann, muß erstens die Demokratie in der Civitas herrschen (Aristoteles sagte dies schon) und zweitens die Technik sich entwickeln (wie Leonardo da Vinci voraussah ...).

Die moderne Technik produziert nicht nur nützliche Dinge, sie produziert sogar ihre eigenen Produktionsbedingungen und verändert dadurch die *conditio humana* im allgemeinen, indem sie die Sklaverei, selbst in ihren abgemilderten zeitgenössischen Formen, entnaturalisiert. Die Mikroelektronik und die Robotertechnik lassen das Verschwinden der unangenehmsten und erniedrigendsten manuellen Arbeiten erhoffen, genau jener Arbeiten, die in dreihundert Jahren Arbeiterkämpfen als unerträglich gebrandmarkt wurden. Dennoch ist die Automatisierung alles andere als automatisch, sie schafft ebenso viele Probleme, wie sie löst. Sie ersetzt Muskel- und Nervenkraft nur um den Preis von Umwälzungen und Erschütterungen, von denen die Kapitalinhaber (deren Investitionen sehr schnell überholt sind) und mehr noch die Arbeitskraft betroffen werden (Arbeitslosigkeit). Daher der heftige Widerstand von seiten der Besitzenden (Eigentümer, Staat, Lobbys) und von seiten der Gewerkschaften, von dem man nicht weiß, ob er die mikroelektronische Revolution nur dämpfen oder sie vollkommen zerschlagen will. Zivilisationen, die sich neuen Herausforderungen nicht stellen, beerdigen sich selbst, bemerkte der Historiker Toynbee; Europa läuft Gefahr, zum gut unterhaltenen Mausoleum herabzusinken, zur Reserve der Kohlenpott- und Schienen-Zivilisation, zum Überbleibsel einer abgeschlossenen industriellen Revolution.

Die Frage nach der Technik ist keine technische Frage, auch wenn die modernistischen und neo-liberalen Predigten von links und von rechts dies suggerieren, indem sie der Bevölkerung »Anpassung« empfehlen. Anpassung ist tatsächlich gefragt! Oder soll die neue Gesellschaft »fertig montiert« dem großen Computer entsteigen, so wie Athene in voller Rüstung dem Schenkel des Zeus entsprang, Helm auf dem Haupt und Schild am Arm? Nichts rechtfertigt die Behauptung, das »postmoderne« Individuum sehe sich einer »technisierten Welt« gegenübergestellt, der es sich auf Gedeih und Verderb zu unterwerfen hätte. 1913 spielte sich das Leben der Franzosen im engsten Heimatbereich ab, 80 Prozent der Bewohner starben im Departement, in dem sie geboren wurden, niemand hätte sich die Veränderungen vorstellen können, die die sogenannte Zivilisation des Autos, der Massenproduktion und des Massenkonsums in einem knappen halben Jahrhundert mit sich gebracht hat. Eine plötzliche Explosion der physischen Verkehrs- und Transportmöglichkeiten beendete das Leben in Enklaven, es »nationalisierte« die Bevölkerung und fegte Jahrhunderte alte Strukturen eines noch sehr bäuerlichen Landes hinweg. Kaum auszumalen sind die weit subtileren Veränderungen, die uns die Revolution der geistigen Kommunikationsmöglichkeiten dadurch in Aussicht stellt, daß Bilder, Töne und Gedanken unendlich viel schneller und freier ausgetauscht werden können. Die letzten Grenzen, die Westeuropa teilen, sind womöglich nicht militärischer oder wirtschaftlicher Natur, sondern Grenzen kultureller Tiefe. Sie werden fallen, wenn, und nur wenn die Bevölkerungen es nicht vorziehen, sich fröstelnd in die warme Stube ihrer lokalen Folklore zurückzuziehen, die seit dem 19. Jahrhundert als absoluter Gipfel der moralischen und geistigen Emanzipation gilt.

Wenn er es wagt, kann der Europäer aus der Asche der napoleonischen Nationalismen zu neuem Leben erwachen. Unter der Voraussetzung, daß er zur Erfindungskraft zurückfindet, die ihn seit Gutenberg, Kolumbus und Galilei den unerwarteten Herausforderungen seiner Technik begegnen ließ. Das Wesen der Technik ist nicht technisch (Heidegger), der Zusammenbruch der Religionen der Handarbeit und der auf den Wert der Arbeit gegründeten gesellschaftlichen Beziehungen erfordert mehr als ein schlampiges ideologisches Flickwerk mit ein paar zusätzlichen Management-Tricks. Ein Jahrhundert Arbeiterkultur und diese Industriebastionen, von denen der Reichtum und die Stärke des modernen Europa ausgegangen sind, lassen sich nicht ungestraft zerstören. Kein Krieg »von außen« wird, wie 1914 und 1944, die alten Fabriken zerbomben, um Europa zum Neubau zu zwingen. Um Raum zu schaffen, muß – großes Novum in der Geschichte, Aufbruch ins Abschreckungszeitalter – ein innerer Krieg, ein Krieg mit sich selbst geführt werden. Vor allem heißt das, den Kampf gegen seine eigene Dummheit aufnehmen.

Der Reiche, der es sich in seinem Reichtum zu gut gehen läßt und darin lebendig verfault, und der Arme, der das Elend, in dem er vegetiert, allem anderen vorzieht, das hat es zu jeder Zeit gegeben. Ein Spatz in der Hand scheint oft mehr wert zu sein als zwei Tauben auf dem Dach, doch die Gefahr des Stehenbleibens (wer nicht vorwärts geht, fällt zurück) war selten so unmittelbar bedrohend wie heute. Kein Elend und keine direkte militärische Bedrohung erschüttern heute die relativ glücklichen und befriedeten Bevölkerungen. Nur der Stachel des Denkens, die ruhige Kraft des Möglichen und die luzid erkannte Gefahr einer fernen, doch tödlichen Verkalkung können den alten Kontinent aufwecken, der in seinem frischen und unverhofften Wohlstand eingeschlafen ist.

Die historischen Präzedenzfälle fördern diese so nötige Wachsamkeit nicht sehr. Die Metropolen des Kapitals – Venedig, Genua, Antwerpen, Amsterdam, London, New York – haben einander abgelöst, weil die Reichen auf dem Gipfel ihrer Macht nie bereit waren, ihre Vermögen und Gewinne in neue Produktivkräfte zu investieren. Jede mehr oder weniger allgemeine Änderung in der Produktionsweise stört zu viele Interessen und Positionen, als daß sie große endogene Begeisterung erwecken könnte; die Stagnation stellt sich ein, während ein anderes, dynamischeres – weil ärmeres und jüngeres – Zentrum die Führung und schließlich die Schaltstellen an sich reißt. Dies um so mehr, als dem Malthusianismus des Besitzenden die Verkrustung des kleinen »Leitenden« entspricht, der an den vergänglichen Früchten seines Schweißes hängt; die örtlichen Demagogen dürfen dann erklären, daß man nur den schädlichen Einfluß einer Handvoll Patrizier auszuschalten brauche, um die Seligkeit einer prästabilierten Harmonie einkehren zu lassen. »Die Frau in der Wohnung des USINOR-Arbeiters hatte alle Hände voll zu tun. Sie badete ein Kind. Nicht in einem Badezimmer. Nicht in einer Badewanne, wo Kinder so gerne spielen. Gebadet wurde in einer Plastikschüssel, die schlecht und recht auf dem Küchentisch Platz fand. Im Stahlwerk schmiedete der Mann den Tag lang Stahl, aber zu Hause gab es keine dieser Mindestannehmlichkeiten, für die Stahl verwendet wird. Das ganze Problem der Stahlindustrie liegt heute hierin. Was ist die Stahlindustrie, was ist die Industrie überhaupt, wenn nicht ein Mittel, das sich die Menschen gemeinsam geben, um ihre Bedürfnisse zu befriedigen?« Donnerwetter! Ein paar Zeilen, ein mehr oder weniger hübsches Sittengemälde, und »das ganze Problem« ist gelöst. Nicht nur das der Stahlindustrie; auf dieselbe Weise kann der englische Kumpel sein *home, sweet home* überheizen, um die Bergwerke zu sanieren, und der Fließbandarbeiter bei Renault sich ein zweites Auto zulegen, um die Halden abzubauen. Vielleicht tauschen sie untereinander Fahrzeug gegen Kohle und kommen so irgendwann den Marktgesetzen auf die Spur ...

Der zitierte Leitartikel aus *L'Humanité* bietet in konzentrierter Form den Stumpfsinn, der die verängstigte und mißtrauisch gewordene Bevölkerung zu überschwemmen droht. Da ist zunächst der Leichtsinn des Journalisten, der daneben greift, weil er nicht das elementarste Wissen besitzt; ein kurzer Blick in das Schaufenster des nächsten Klempners und er wüßte, daß Vollstahl-Badewannen auch nicht die Überschußproduktion der Stahlwerke in Lothringen auffangen können, da es im Sanitärhandel seit langem leichtere und weniger sperrige Materialien gibt. Dieser Schnitzer ist aber harmlos und verzeihlich gegenüber der weit profunderen Dummheit, die die symbiotische Integration von Fabrik und Arbeiterwohnung propagiert und Produktion und Konsum mit einer Nabelschnur verbinden will. Das Geld gibt es nicht, es gibt auch keine Interventionen und keinen Exportmark, die Fabrik findet ihren natürlichen Absatzmarkt in den Arbeitervorstädten, die am Arbeitsplatz ihren Mittagstisch finden. Wozu Geldwirtschaft und Lohnzettel? Jeder Proletarier kommt am Freitag abend mit seiner Badewanne aus dem Stahlwerk nach Hause, und im Handumdrehen hat die Krise keine Existenzberechtigung mehr. In Paraguay organisierten die Jesuiten in diesem Geist ihre »Reduktionen«, kirchlich-kommunistische Gemeinwesen, die der Regeneration der Indianer dienen sollten. »Wenn man sich nur von ferne und allgemein diese magische Regierungsform vorstellt, die auf keine anderen Waffen als auf die geistigen aufbaute und durch keine anderen Ketten zusammengehalten war als die der Überzeugung, welche Institution könnte der Menschheit mehr zur Ehre gereichen! Es ist eine Gesellschaft, die auf einer fruchtbaren Erde unter einem glücklichen Klima wohnt, deren sämtliche Mitglieder arbeitsam sind und in der niemand für sich arbeitet; die Früchte des Feldes werden getreulich in die öffentlichen Lagerhäuser gebracht, von wo aus jedem das zugeteilt wird, was er für Nahrung, Kleidung und Haushalt braucht. Der Mann ernährt in den Jahren seiner Kraft das neugeborene Kind, und wenn die Zeit seine Kräfte aufgezehrt hat, empfängt er von den Mitbürgern denselben Dienst, den er ihnen zuvor erwiesen hat ... Die Gebäude sind schön, der Gottesdienst ist einheitlich und wird gewissenhaft besucht; dieses glückliche Volk kennt weder Standesunterschiede noch Dienstbarkeiten, es ist auch vor Reichtum und Armut sicher. So stellten sich wohl die Missionen aus der Ferne und in perspektivischer Täuschung dar, und so stellen sie sich auch mir dar; doch bei den Regierungsformen trennt ein riesiger Abstand die Theorie von der Praxis.« Die Pilger ins neue China wurden Opfer derselben Täuschung.

In diesem theoretisch völlig abgekapselten Universum, wo, wie im *Eingebildeten Kranken,* die Selbstverwaltung bis zur Selbstverdauung getrieben wird, geraten die Praktiken schnell zur Ungeheuerlichkeit. Pater Pfarrer dirigierte seine kleine Welt mit Glockengeläut und Peitschengeknalle, mit mehr als militärischer Genauigkeit; die armen Indianer, die von acht Uhr morgens bis sechs Uhr abends eintönige und mühsame Arbeiten verrichten mußten, gingen an Schwermütigkeit zugrunde. Bougainville stellt überrascht fest, daß die Schützlinge der Patres kränkelnd dahinvegetierten, »diese Langeweile, die zu Recht tödlich heißt, ist Erklärung genug für die Tatsache, daß sie ohne Bedauern aus dem Leben gingen und starben, ohne gelebt zu haben«. Zwei Jahrhunderte lang haben die Arbeiterorganisationen mit Recht das Leben kritisiert, das den Untergebenen von ihren Arbeitsherren in den Schmieden Lothringens und anderswo bereitet wurde. In den vielfältigen Bindungen, die, wie einstmals die Bauern an den Adel, den Arbeiter an die Gießerei fesselten, sah man eine – abgeschwächte, versteht sich – Version der Jesuiten-»Reduktionen«. Diese Welt, in der Generationen von Beschäftigten mit Leib und Seele, von der Geburt bis zum Tod eingesperrt waren, soll sich, kaum daß sie von der wirtschaftlichen Entwicklung aufgebrochen ist, nach dem Willen der Oberverteidiger der Arbeiterklasse schon wieder schließen, entfremdeter und hermetischer denn je. »Lieber am Ort verrecken!«, daheim wollen sie sterben, denn Mobilität ist des Teufels, Umstrukturierung der Ruin und Gripsanwendung der Anfang vom Weltenende. Solche Eseleien als neuen Geist der Arbeiterklasse verkaufend, setzt der kommunistische Journalist dem stumpfsinnigen Revolutionär den professionellen Verdummer hinzu, der im übrigen Konkurrenz erhält von einigen sozialdemokratischen Kollegen in England und Deutschland.

Alle gesellschaftlichen Schichten sind vor die Wahl gestellt. Auf der einen Seite das Universum der Dummheit mit seinen kleinkarierten Daseinsformen, stumpf, aber ge- und bestärkt durch das Gefühl, in der besten der möglichen Welten zu leben, und gekrönt von der Befriedigung, schon immer auf das Richtige gesetzt zu haben, nämlich auf das Gute-Schöne-Wahre. Auf der anderen Seite das Leben in der freien Luft, der nie ablassende Kampf, nach innen und nach außen, gegen eine Dummheit, die schon mehrmals unsere Gefilde überflutet hat. Europa nenne ich die Zivilisation, die es in ihren kulturell entscheidendsten Stunden verstanden hat, ohne kollektives Ideal auszukommen; und jedem Individuum, jeder Gruppe und jedem Grüppchen erlaubt hat, frei gute Gefühle zu säen, unter der Bedingung, daß der Nächste damit nicht belästigt wird. Es erfand die unerhörte und noch nie dagewesene Vergemeinschaftung der unglücklichen Erfahrungen und zweifelhaften Kreuzigungen, es fand sich in Abneigungen und Aufständen zusammen, es einigte sich gegen und nicht für, trotz und nicht kraft des Paradieses, das jeder in seinem fanatischen Innersten trägt. Pest, Ungerechtigkeit und Irrsinn einten die, die gegen sie Front machten und keine anderen Bindungen kannten als die Kantsche negative Weisheit einiger Verweigerungen. Die Ideen, die sich die Europäer vom Schönen, vom Guten und von der Wahrheit machen, spalten und zersplittern sie; ästhetisch, moralisch und doktrinal ist und bleibt Europa eine Diaspora, die stolz ist auf ihre Zerstückelung, auch wenn sie von deren Überwindung träumt. Dieser Zurückhaltung verdankt es eine direkte Erfahrung der Übel, es kennt das Falsche, bevor es das Wahre erfaßt, es entdeckt das Unglück, ohne das Glück zu kennen, es kollektiviert das Gefühl des Unheilvollen und überläßt es den solitären Gehirnen, das Gute mit Zymbeln und Pauken zu feiern. Wenigstens solange es zu überleben gedenkt.

# Nachwort

## Aus den Notizen eines Lesers

»La bête« heißt »Tier« und auch »Dummkopf«. Der Dummkopf, könnte man denken, lebt in einer Welt, die so geschlossen ist wie die des Tieres, das versteht, sachgerecht auf Reize zu reagieren. Die Welt des Tieres ist perfekt, bedroht ist sie nur von dem allgemeinen Lebensgesetz des Kampfes. So wundert es nicht, daß viele sich nach dieser Welt der Eindeutigkeit sehnen und es fehlt nicht an Stimmen, die ohnehin die Welt des Menschen als eine Version der Welt des Tieres ausgeben. Nie war es leicht, besonders in Endphasen einer Kultur, die Menschenwelt gegen den tiefsitzenden Wunsch »Zurück zum Tier« zu verteidigen.

Glucksmann hat einen solchen Versuch gemacht, der Undank ist ihm gewiß. Er zeigt den Spiegel, er sieht sich selbst drin: Jedem seine Dummheit. Wie ich wird gewiß jeder andere Leser seine Dummheit in dem Buch finden. Es geht aber nicht um Publikumsbeschimpfung. Es geht um mehr: Unsere ganze europäische Kultur scheint auf die Dummheit gekommen zu sein. Die europäische Kultur, auf die gerade Glucksmann so stolz ist, scheint sich in den Klischees von der einen solidarischen Welt verfangen zu haben, angefangen von der eschatologischen Theologie bis hinunter zu den sozialistischen Phrasen. Es ist wie eine Selbstüberlistung der Natur: Mit den Parolen Europas, die im Namen der Freiheit endgültig mit der Tierheit des Menschen zu brechen vorgaben, scheint nun der Mensch selig ins Reich der Tiere zurückzusinken, ledig aller Lasten, die ein überfordernder Imperativ der Kultur, des Rechts, der Moral ihm auferlegen wollte. Es ist soweit: Die Sprache des biblischen Gottes scheint ihren Stachel verloren zu haben, das Salz ist schal geworden. Wir sind, wer wir waren –

basta. Was jetzt animiert: Immer weiter in der Regression! Die Ökologisten voran.

Das Buch sagt vieles darüber, wie es soweit kommen konnte, daß die Dummheit gerade nach der Aufklärung so auffällig grassierte, ja geradezu entdeckt wurde. (Darum sind Analysen der gesellschaftskritischen Literatur des 19. Jahrhunderts so aufschlußreich. Wir sind noch mitten drin im 19. Jahrhundert.) Seit der Emanzipation der Technik im Zuge der Aufklärung scheint Intelligenz nur noch im strategischen Bereich gefragt zu sein. Ansonsten wird Dummheit prämiert, damit dieser ungestört bleibt. Die Welt der Menschen wird den Erfordernissen der Technik angepaßt. Das besorgen Ideologien oder der allgegenwärtige Trend.

Glucksmann weiß um die Dummheit produzierende Technik. Denkvorgänge werden programmiert. Sie werden millionenfach reproduziert. Wir geben sie wieder. Wir sind »in«. Wir sind Gefangene. Es gibt nicht nur äußere, auch innere Gefängnisse. Hinter den Phrasen, an die wir unser Denken, unsere Freiheit abgetreten haben, verbirgt sich eine Welt der Zahlen und Formeln. In der Neuzeit sind wir der großen Versuchung erlegen, die theologische Schöpfungslehre zu imitieren. Eine neue Welt, eine utopische Welt aus Beton und Phrasen ist gleichsam aus dem Nichts geschaffen worden. Schon Faust und Iwan Denissowitsch sind an ihren Bauvorhaben gescheitert. Die neue Welt führt aus der Wirklichkeit hinaus, in Gefängnisse und Lager. Einmal wird sie in sich zusammenfallen.

Mit dem Meinungstrend stecken wir mitten drin in diesem Betongefängnis. Das Schlimme ist, daß die Phrasen sämtlich aus dem Repertoire der Tradition stammen, sich auf die höchste Autorität unserer Kultur berufen können. Der herrscht gründlich, der sich zu Recht oder Unrecht auf die heiligsten Worte berufen kann. Was Wunder, daß wir nicht mehr wissen, wo rechts und links, was gut und böse ist.

Wir sind zu weit gegangen. Wir müssen zurück. Es ist die Stunde des Mediziners, der uns wieder die Bedingungen des Lebendigseins nahebringt. Auch in der eindimensionalen Welt der Technik stehen wir in der Polarität von Leben und Tod. Wir müssen die Grunderfahrungen des Lebens neu machen. Insofern sind wir Kandidaten der Dritten Welt. In vielen Fällen wird es die Erfahrung des Fremden sein, die uns wieder emotionale Dichte gibt, um Erfahrungen überhaupt machen zu können. Wir müssen wieder hören und sehen lernen. Die ganze Fülle des Lebens und den Tod zulassen. Dann werden wir langsam merken, daß die Wirklichkeit hinter unserer Welt der Formeln und Phrasen liegt. Entscheidend aber ist das freie Wort, das blitzartig die Situation erhellt. Dieses Wort kommt unerwartet, trifft, betrifft. Der Sprecher kann sich auf nichts berufen – auf keine Autorität, keine Macht, keinen Titel, keine Preise, keine Verkaufsziffern von Büchern oder Fernseheinschaltquoten. Dieses Sprechen meinte Michel Foucault, als er in seiner Kant-Vorlesung[1] von der »Ontologie der Aktualität« sprach. Nicht um die Wahrheit im allgemeinen gehe es, sondern um die Frage: »Was ist unsere Aktualität? Welches ist das Feld der möglichen Erfahrungen?« Foucault hat daran erinnert, daß in Kants Schrift »Was ist Aufklärung?« (1783) erstmals die Frage nach der Gegenwart auftaucht: »Was geschieht heute? Was passiert jetzt? Und was ist dieses ›jetzt‹, in dessen Inneren wir die einen und die anderen sind?«

Für Kant bestand die Aufklärung darin, von der Vernunft in allen Stücken öffentlichen Gebrauch machen zu können. Faulheit und Feigheit nennt er als »die Ursachen, warum ein so großer Teil des Menschen, nachdem sie die Natur längst von fremder Leitung frei gesprochen, dennoch gerne zeitlebens unmündig bleiben; und warum es anderen so leicht wird, sich zu deren Vormündern aufzuwerfen«. Kants Überlegungen haben von ihrer Aktualität nichts eingebüßt. Foucault und Glucksmann stehen in derselben Intention.

Für Kant war es noch relativ leicht zu sagen, worüber aufgeklärt werden sollte. Er hatte die Unmündigkeit in Religionssachen – wie er sich ausdrückt – im Auge, »weil in Ansehung der Künste und Wissenschaften unsre Beherrscher kein Interesse haben, den Vormund über ihre Untertanen zu spielen«. Gewiß hat Kant recht, wenn er die Unmündigkeit in Religionssachen als »die schädlichste, also auch die entehrendste unter allen« bezeichnet. Heute ist die Religionsunmündigkeit zum Glauben an die allgemeine Phraseologie von der einen solidarischen Welt geworden. Besonders unmündig ist der naive Tiermondisme, der Europa und USA für finstere Kolonialmächte hält, die die Dritte Welt ausbeuten. Kein Wunder, daß dieser letzten Variante des sozialen Glaubens vor allem in ehemals kirchentreuen Kreisen gehuldigt wird.

Glucksmann sagt Wesentliches über die Drittweltler. Europa scheint sich mit deren sozialem Glauben selbst den Strick zu drehen. Im Namen Europas, der Menschenrechte, der Freiheit, wird gegen den Kolonialismus – für die Befreiung der Dritten Welt – Front gemacht. Die Rollen haben sich getauscht. Wer so redet, gehört schon selbst zur Dritten Welt, ist die Dritte Welt überhaupt. Er muß nur noch davon überzeugen, daß er es mit der Freiheit und den Menschenrechten ernst meint und daß er nicht denen zuarbeitet, die in den Ländern der Dritten Welt mit dem Schrecken des Todes regieren. Dazu bedarf es mehr als die Wiederholung von Phrasen, dazu bedarf es des Standes mitten im Leben angesichts des Todes. Sollten so viele Helden leben?

Kants Forderung lautet: »Habe den Mut, dich deines *eigenen* Verstandes zu bedienen!« Glucksmann zeigt, wie weit wir von dieser Forderung entfernt sind – wir alle, ohne Ausnahme. Offensichtlich hat Jacques Lacan recht, wenn er feststellt, daß wir es heute »mit Sklaven zu tun (haben), die sich für Herren halten und die in einer Sprache von universeller Reichweite mit den Fesseln der Ambiguität eine Stütze ihrer Knechtschaft finden«[2]. Das scheint doch nicht nur von den Klienten der Psychoanalytiker zu gelten. Nichts ist leichter, als der Feigheit und Faulheit zu folgen und nachzureden, was man redet. Nur zu bereitwillig gleiten wir in die Banalität, die sich alsbald zur Banalität des Bösen wenden kann.

Wir haben ein verbrieftes Recht auf Freiheit. Jede Generation muß sie sich erwerben, muß sich aus den zu Klischees gewordenen großen Worten und Forderungen der Tradition befreien.

Das geschieht im freien Wort. »Es war doch das Wort, das im Anfang war, und wir leben in seiner Schöpfung, aber die Tat unseres Geistes setzt diese Schöpfung stets von neuem fort«[3]. Im Wort der Freiheit, das die Aktualität unmißverständlich aufzeigt, werden Recht und Öffentlichkeit konstituiert. Es gibt keinen anderen Weg aus dem Tierreich zur Menschwerdung.

*Juli 1985*                                          *Helmut Kohlenberger*

---

[1] Vgl. *Tageszeitung*, Berlin (taz) vom 2. 7. 1984.
[2] Jacques Lacan, *Schriften 1* (Frankfurt a. M. 1975, stw 137), S. 136.
[3] Ebd. S. 111 f.

# Anmerkungen

Die Herkunft der Zitate
wird kapitelweise in der Reihenfolge
ihrer Anführung angegeben.

P. Valéry, *Vues,* La Table Ronde, Paris, 1948, S. 131.

P. Valéry, *Variété IV,* Gallimard, Paris, 1938, S. 220.

## Lob der Cremetorte – Ein Kapitel nur über Frankreich

M. Foucault, *L'Usage des plaisirs,* Gallimard, Paris, 1984, S. 14.

»Morgen wird alles besser sein ...«: *Les Nouvelles littéraires,* 14. 5. 81.

Pierre Mauroy, ehemaliger Premierminister, im Französischen Ersten Fernsehen am 15. 7. 81. – Eine erbauliche Sammlung solcher Erklärungen findet sich im bösen Bändchen von C. Jelen und T. Wolton, *Le Petit Guide de la farce tranquille,* Albin Michel, Paris, 1982.

P. Král, *Le Burlesque ou morale de la tarte à la crème,* Stock Cinéma, Paris, 1984, S. 77.

Saint-Simon, in: S. Charléty, *Histoire du saint-simonisme,* Hachette, Paris, 1896, S. 73.

Jack Lang, französischer Kultusminister, vor der französischen Nationalversammlung am 17. 11. 81.

Enfantin, in: S. Charléty, a.a.O., S. 285.

Jean Daniel, Chefredakteur der Wochenzeitung »Nouvel Observateur«, in: *Le Nouvel Observateur,* 21. 12. 84.

B. Keaton, *Slapstick,* l'Atlante, 1984, S. 120.

S. Dali, *Le Mythe tragique de l'Angélus de Millet,* Pauvert, Paris, 1963, S. 63.

Edmond Maire, Generalsekretär der C.F.D.T. (sozialistisch orientierte, zweitgrößte französische Gewerkschaft) in einem Interview mit *Le Monde* vom 21. 8. 84.

B. Keaton, a.a.O., S. 232.

Saint-Simons letzte Worte; in: S. Charléty, a.a.O., S. 28 f.

E. Durkheim, *Le Socialisme,* Hrsg. M. Mauss, Alcan, Paris, 1928, S. 210, 237, 307. (Welche Anleihen Marx bei Saint-Simon und den Saint-Simonisten gemacht hat, kann man im Werk des Soziologen Georges Gurvitch nachlesen.)

Saint-Simon, *De la réorganisation de la société européenne* (1814), Les Presses françaises, 1925, S. 7.

»den man von unten ...«, in: Král, a.a.O., S. 222.

Die saint-simonistische Weste, in: S. Charléty, a.a.O., S. 220.

F. A. Hayek, *Droit, législation et liberté,* Presses Universitaires de France, Paris, 1981, Band II, S. 52.

P. Viansson-Ponté, *Histoire de la République gaullienne,* Robert Laffont, Paris, 1984, S. 225.

K. Marx, *Der 18. Brumaire des Louis Bonaparte*, Kap. 1.

Jacques Attali, Interview in: *Cahiers trimestriels Cadmos* (Institut universitaire d'Etudes européennes de Genève et Centre européen de la Culture), Nr. 14, Sommer 1981.

## Wie die Dummheit weltweit wurde

P. Goubert, *Initiation à l'histoire de France,* Fayard-Tallandier, Paris, 1984, S. 10.

### Zu den Waffen!

D. Diderot, *Rameaus Neffe,* deutsch von Christel Gersch, Rütten & Loening, Berlin, 1979.

C. Baudelaire, »l'Héautontimorouménos«, in: *Blumen des Bösen,* dt. von Carlo Schmid, Insel 1975.

### Der post-totalitäre Geist

Jack Lang, Interview mit Liliane Sichler, in: *Les Nouvelles Littéraires,* Sondernummer über den Staatsstreich in Polen, Nr. 2827. – Claude Cheysson, damals noch Außenminister, hatte am Tag nach der Ausrufung des Ausnahmezustandes in Polen erklärt: »Wir stellen fest, daß es eine innere Angelegenheit Polens ist (...) natürlich werden wir nichts tun.« Diese Erklärung – und andere derselben Sorte seitens des Premierministers (P. Mauroy) und anderer prominenter französischer Sozialisten – rief einen Sturm der Entrüstung und geharnischte Proteste hervor. Am 8. Februar 1985 erklärte Cheysson, nun Minister a.D., jedoch öffentlich (*Le Monde* vom 10./11. 1. 85), daß von allem, was er je gesagt habe und *»was Anstoß, erregt hat«,* er einzig das bedaure, was er bezüglich Polens nach der Ausrufung des Ausnahmezustandes im Dezember 1981 gesagt habe.

»Ich habe einen Fehler begangen, und ich bedaure diese Antwort, die sich nur auf eine militärische Aktion bezog«, erklärte er. »Wir hatten zuvor mit unseren amerikanischen, englischen und deutschen Kollegen über militärische Maßnahmen gesprochen, die angesichts der Ereignisse in Warschau angezeigt waren, und wir stellten fest, daß es kein Eingreifen der Roten Armee gab und daß infolgedessen keine militärischen Maßnahmen zu ergreifen waren. So habe ich mich dazu verleiten lassen, zu sagen *›wir werden nichts tun‹,* wobei ich ausschließlich an den militärischen Aspekt dachte. Das war falsch, ich bedaure diese unangebrachte Erklärung, die mich normalerweise hätte den Posten kosten müssen«, fügte er hinzu. Urkundlich belegt.

Raymond Barre (Premierminister unter Giscard d'Estaing) in Valence am 29. Mai 1984, zit. in: *Commentaires* Nr. 27, Herbst 1984.

H. Arendt, *Le Système totalitaire,* Seuil, Paris, S. 138 und 164.

V. Havel, zit. in: J. Rupnik: »Le Totalitarisme vu de l'est«, in: *Totalitarismes,* Editions Economica 1984.

Petr Fidelius, »Prendre le mensonge au sérieux«, in: *Esprit,* Juli–August 1984, S. 16, und »Le Totalitarisme vu de l'est«, in: *Commentaires,* Nr. 27.

J. Rupnik, a.a.O., S. 59.

J. Linz, in: *Totalitarismes,* S. 244.

Über die sowjetische Völlerei vgl. *Le Monde* vom 26. Dezember 1984:

Moskau (AFP). – In der UdSSR wurden 1980 *»vierzig Millionen Alkoholiker und chronische Trinker«* offiziell registriert, d. i. ein Sechstel der Bevölkerung, wie aus einem vertraulichen Bericht der Sowjetischen Akademie der Wissenschaften hervorgeht. Die nur für höhere Parteikader bestimmte Studie wurde von der sibirischen Abteilung der Akademie der Wissenschaften der UdSSR erstellt, die in Nowosibirsk, dem wichtigsten wissenschaftlichen Forschungszentrum des Landes, beheimatet ist. Ihre Ergebnisse sind nach Ansicht westlicher Experten das Vernichtendste, was bis heute über die in der UdSSR vom Alkohol angerichteten Verheerungen veröffentlicht wurde.

Während der Wodka jedes Jahr eine Million Sowjetbürger tötet, wird die Zahl der klinisch behandlungsbedürftigen Alkoholiker auf siebzehn Millionen geschätzt, der Rest wird als chronische Trinker eingestuft, bei denen der pathologische Zustand noch nicht erreicht ist.

»Dieser Alkohol-Wahnsinn hat eine fortschreitende Degenerierung der Nation, vor allem der russischen (...) zur Folge. Es ist die größte Tragödie in unserer tausendjährigen Geschichte«, erklären die sowjetischen Wissenschaftler. Für sie »ist das ganze Palaver über die Pershings und die internationalen Spannungen lächerlich« im Vergleich zu diesem Tatbestand.

Der Dekan eines pädagogischen Instituts erklärt, daß 16,5 % der Neugeborenen – jedes sechste Kind – debil sind.

Der Wodka-Konsum in der UdSSR steigt ständig: Von weniger als 5 Liter im Jahre 1952 ist der Pro-Kopf-Verbrauch im Jahre 1983 auf 30 Liter gestiegen.

In diesem Land, das keine einschlägigen Statistiken veröffentlicht, ist die Todesrate nach dem Bericht zwischen 1960 und 1980 um 47 % gestiegen, von 7,1 auf 10,4 pro tausend Einwohner. Obwohl die UdSSR im Vergleich sechsmal mehr Ärzte als China habe, sei die Todesrate um 50 % höher.

Der Wodka-Verkauf bringt dem sowjetischen Staat jährlich 45 Milliarden Rubel (56 Milliarden Dollar) ein, wogegen die vom Alkoholismus verursachten wirtschaftlichen Schäden auf 180 Milliarden Rubel geschätzt werden (225 Milliarden Dollar). Auf Alkoholeinfluß, so die Studie weiter, seien 85 % der Morde, Vergewaltigungen, Raubüberfälle und Diebstähle zurückzuführen. Die sowjetischen Soziologen zeichnen ein sehr düsteres Bild vom sibirischen Landleben, wo, sie sie sagen, es praktisch keinen Landwirtschaftsmaschinenführer gebe, der das Rentenalter (60 Jahre) erreiche. Das sei auch nicht erstaunlich, »weil sie vormittags recht und schlecht arbeiten und dabei nur an eines denken, nämlich sich nachmittags zu betrinken«. Abends könne man genausogut einem Marsmenschen begegnen wie einem nüchternen Sibirier.

Zur Selbstzerstörung des Totalitarismus vgl. H. Arendt, a.a.O., S. 231.

Montesquieu, *L'Esprit des Lois,* Buch XIX, Kap. IV.

F. Braudel, *Civilisation matérielle, Économie et Capitalisme,* Armand Colin, Paris, 1979, Band I, S. 462.

Platon, *Timaios* 49a, in: *Werke in acht Bänden,* griech. u. deutsch, hrsg. v. G. Eigler. Wiss. Buchges. Darmstadt, Bd. 7, S. 87.

## Politik der Dummheit

R. Barthes, in: *Barthes par lui-même,* Seuil, Paris, 1975, S. 55 und 166.

### Wer befragt wen?

Sofrès-Umfrage für *Le Monde* (Donnerstag, 6. September 1984).

L. Kolakovski, in: *L'Europe et les intellectuels,* Gallimard, Paris, 1984, S. 177.

G. Flaubert, *Bouvard und Pécuchet,* Rütten und Loening, Berlin 1980, übersetzt von Th. Dobberkau, S. 8.

»sich darin äußert ...«, G. Flaubert, in: *Correspondance I,* La Pléiade. Brief vom 4. September 1850.

### Das Zeitalter der großen Weltbilder

G. Flaubert, *Correspondance,* Editions Rencontre, Band 7, S. 152.

### Die Beharrlichkeit des Unverstands

E. Burke, *Réflexions sur la révolution de France,* 1791.

J. M. Keynes, *Die wirtschaftlichen Folgen des Friedensvertrages,* Duncker & Humboldt, München & Leipzig, 1920.

F. Mitterrand, Interview in: *Expansion,* Nov.–Dez. 1984.

### Die Linke verliert ihre Welt

»Für manche besteht ...«, in: A. Touraine u.a., *Le Mouvement ouvrier,* Fayard, Paris, 1984, S. 51.

M. Merleau-Ponty, *Les Aventures de la dialectique,* Gallimard, Paris, 1955, S. 52, 53, 63, 79.

»Der Verfall ...«, in: A. Touraine u. a., a.a.O., S. 353.

E. Faguet, *Le Socialisme en 1907,* Société française d'imprimerie, S. 290 f.

E. Berl, *Mort de la morale bourgeoise,* Gallimard, Paris, 1928, S. 224.

A. Touraine, a.a.O., S. 54 ff.

A. Dona Gimenez, »La Qualification en question«, in: *Babylone* 2–3, 10/18, Paris, Ausg. 1984, S. 204.

S. de Beauvoir, *Faut-il brûler Sade?,* Gallimard, Paris, S. 184.

A. Touraine, a.a.O., S. 273 und 373.

## Die Dummheit als Daseinsform und als Logik

I. Kant, *Kritik der Urteilskraft,* in: Kants Werke, hrsg. v. d. Königl. Preuß. Akad. d. Wissenschaften, Berlin, 1913, Bd. V, S. 334.

### Ich lache, also gibt es die Dummheit

Abbé Migne, *Dictionnaire des facultés intellectuelles et affectives de l'âme ...,* par le Dr. Poujol, Ateliers catholiques du Petit-Montrouge, 1849, S. 266.

H. Bergson, *Le Rire,* Edition Skira, 1945, S. 35.

G. W. F. Hegel, Vorlesungen über die Ästhetik Bd. 3, S. 559 und 562, in: Sämtliche Werke, hrsg. v. H. Glockner, Fromman Verlag 1964.

I. Kant, *Kritik der Urteilskraft,* a.a.O., S. 332.

G. Flaubert, »Lettre à L. Bouilhet«, *Correspondance I,* Pléiade, S. 689.

### Das Wörterbuch

L. Trotzki, zit. in: I. Deutscher, *Trotzky,* Kohlhammer, Stuttgart 1962/63, Bd. 2.

J.-P. Sartre, *Der Idiot der Familie,* Rowohlt, Reinbek b. Hamburg 1977, Bd. I.

»wollte erfahren ...«, G. Flaubert, *Correspondance,* Band II, Pléiade, S. 179.

J.-P. Sartre, a.a.O.

»Der Verrückte«, in: G. Flaubert, *Mémoires d'un fou,* Gesamtausgabe, Seuil, S. 230.

»Instinktiv ...«, M. Crouzet, »Sur le grotesque triste«, in: *Nouvelles Recherches sur Bouvard et Pécuchet,* Sedes 1981.

J.-P. Sartre, a.a.O., S. 633.

G. Flaubert, *Bouvard et Pécuchet,* zit. in der von Claudine Gothot-Mersch besorgten Ausgabe (Gallimard), die auf das »fabelhafte Mittel der Indifferenzierung« eingeht, das der Dictionnaire darstellt. Siehe Übersetzung des Romans bei Rütten und Loening, Berlin.

»Das ist es, was alle Sozialisten ...«, G. Flaubert, *Correspondance,* Band II, Pléiade, S. 152.

»Was man auch tun mag …«, J.-P. Sartre, a.a.O., Band II.

»Wir werden nun Theorien …«, L. Couturat, *L'Algèbre de la logique,* Gautier-Villards, Scientia 194, S. 29.

»Jeder Erkenntnisprozeß …«, G. Boole, *An Investigation of the Laws of Thought,* Dover Book, New York, S. 42.

G. Flaubert, *Correspondance,* Pléiade, Band II, S. 295 und Band I, S. 680.

Catlobépas, in: G. Flaubert, *La Tentation de saint Antoine,* Gesamtausgabe, Seuil, Paris, S. 440.

### Die geistreiche Parade

»Der Tod und das Leben«, in: J.-P. Sartre, a.a.O., Band II.

S. Freud, *Der Witz und seine Beziehung zum Unbewußten,* in: Ges. Werke, Imago, London 1940–52, Bd. 6, S. 127.

»Wenn man kein Trottel ist …«, G. Flaubert, *Correspondance,* Pléiade, Band II, S. 160.

»Für sich ganz allein … «, ebd., S. 31.

## Theorie der Idiotie in sechs Punkten

J. C. Milner, *Les Noms indistincts,* Seuil, 1983. Dieses subtile und tiefe Buch stellt von einem logischen und psychoanalytischen Standpunkt aus die eminente Denk-Würdigkeit der Dummheit wieder her.

»Haha! Und wie kann …«, Dostojewksi, *Der Idiot,* Droemersche Verlagsanstalt, München und Zürich, 1956, S. 616.

»In diesem Moment …«, ebd., S. 239.

»Dort ist alles Einklang …«, Ch. Baudelaire, »Aufforderung zur Reise« (»Invitation au voyage« in: *Les Fleurs du Mal*), Übers. Jörn Ebeling (unveröffentlicht).

»Und kann man denn wirklich unglücklich sein?«, Dostojewski, ebd., S. 584.

### Nekroskopie

»Ja, als Sie sich vorhin …«, ebd., S. 315.

»der kälteste, platteste Tod …« Hegel, *Phänomenologie des Geistes,* S. 542 der Erstausgabe (1807).

Villiers de l'Isle-Adam, *Tribulat Bonhomet,* Ed. Corti, S. 39 und 44.

### Maschinen-Liebe

Villiers de l'Isle-Adam, *L'Ève future,* Hrsg. José Corti. Vgl. dazu J. Noiray, *Le Romancier et la Machine,* Corti, 1982.

Nikolaus von Cues, *Der Laie über die Weisheit,* in: Schriften des Nikolaus von Cues in deutscher Übersetzung, hrsg. v. E. Hoffmann, Heft 1, S. 48, 53, 55 f., 66 f., Leipzig, 1936.

Vgl. auch: K. H. Volkmann-Schluck, *Die Philosophie im Übergang vom Mittelalter zur Neuzeit,* Vittorio Klostermann 1957, S. 36 ff. ...«. – Über die Idee des Unendlichen bei N. de Cues vgl. M. de Gandillac, »Le rôle du soleil dans la pensée de N. de Cues«, in: *Le Soleil à la Renaissance,* Presses Universitaires de France, Paris, 1965.

## Mittag, wenn der Schatten am kürzesten ist

F. Nietzsche, *Also sprach Zarathustra,* II. Von der Erlösung, Insel Taschenbuch, 1982, S. 142 f.

R. Rémond, *Les Droites en France,* Aubier, Paris, 1982, S. 48.

S. Freud, »Aus der Geschichte einer infantilen Neurose«, in: *Der Wolfsmann, vom Wolfsmann,* Frankfurt 1972, S. 228 und 277.

Zu Sade vgl. P. Klossowski, »Esquisse du système de Sade«, in: *Œuvres complètes du Marquis de Sade,* Band XIII: Ed. Tête de feuilles.

G. Deleuze, *Présentation de Sacher-Masoch,* Editions du Minuit, Paris, 1967, S. 81 f. und 91 ff.

Villiers de l'Isle-Adam, »L'étonnant couple Moutonnet«, in: *Chez les passants,* Plasma, 1979, S. 7–14.

»Manichäismus«, H. C. Puech, *Sur le manichéisme,* Flammarion, Paris, 1979, S. 44.

*Molière – Werke,* übertragen von Arthur Luther, Rudolf Alexander Schröder und Ludwig Wolde, Insel, Wiesbaden, 1954, S. 302, 239, 437, 753 und 372.

»seine Krankheit und die mit ihr verbundene Pflege ...«, R. Garapon, *Le Dernier Molière,* Sedes, 1977.

»unsauberes Wickelkind ...«, ebd., S. 201.

*Molière – Werke,* S. 1014, 1052 und 1078.

## Verteidigung des Intellektuellen

### Ein Grab für Napoleon

Platon, *Politeia,* (Der Staat), Buch VII, 538d und b, Übers. Friedrich Schleiermacher, in: Platon, *Sämtliche Werke,* Hrsg. Ernesto Grassi und Walter Hess, Band 3, Hamburg, 1958, S. 243 f.

M. Barrès, *Les Déracinés,* Ed. Nelson, S. 212 f.

## Yves Montand und drei Generationen

Zu den Entwicklungen, die die Pariser Intellektuellenszene seit dem Café de Flore im Jahre 1943 durchgemacht hat, vgl. das sehr seriöse Buch von S. Signoret, *La nostalgie n'est plus ce qu'elle était,* Seuil, Paris, 1975.
Dieses Kapitel aus der Biographie über Yves Montand wurde von Elmar Tophoven übersetzt. Wir danken dem Seewald Verlag, Stuttgart/Herford, für die freundliche Erlaubnis, es in dieses Buch zu übernehmen.

## Für eine Moral der äußersten Notsituation

Zur Geschichte der »Médecins du Monde« vgl. B. Kouchner, *L'Ile de Lumière,* Ed. Ramsay.
J.-P. Sartre, »Qu'est-ce que la littérature?«, in: *Situations II,* Gallimard 1948, S. 265 ff.

## Die sonderbare Fähigkeit, im Dunkeln zu sehen

E. Brehier, *Transformation de la philosphie française,* Flammarion, Paris, 1950, S. 72 und 126 ff.
Alain. Vgl. dazu René Rémond, *Les Droites en France,* S. 360 ff., der eine Blütenlese von Antworten auf dieselben Fragen im Jahre 1931 bringt.
J.-P. Sartre, *Les Mots,* Folio, Gallimard, Paris, S. 213.
Platon, *Parmenides,* in: Platon, *Sämtliche Dialoge,* hrsg. v. Otto Apelt, Felix Meiner, Leipzig, 1950, Bd. 4., S. 57.
D. Diderot, *Rameaus Neffe,* a.a.O.

## Der Vier-Hindernisse-Lauf

E. Durkheim, »L'Individualisme et les intellectuels« (1898), in: *La Science sociale et l'action,* Presses Universitaires de France, Paris, 1970, S. 270.
J. Jaurès, Boisdeffre und Zola, zit. in: J.-D. Brédin, *L'Affaire,* Julliard, Paris, 1983, S. 250, 264 und 289.
M. Blanchot, »Les Intellectuels en question«, in: *Le Débat,* März 1984.
Zur Kontroverse zwischen Péguy und Jaurès vgl. A. Glucksmann, *Cynisme et Passion,* Grasset, Paris, 1981, S. 104–117.
F. Nietzsche, *Jenseits von Gut und Böse,* in: Friedrich Nietzsche, Werke in drei Bänden, Hanser Verlag, München, 1963, Bd. 2, S. 569.

## Abschied von der Predigt

L. Chestov, *L'Idée de Bien chez Tolstoi et Nietzsche,* Editions du Siècle, 1925, S. 91 und 113 ff.

B. Pascal, *Pensées,* Ed. Brunschwicg, Gedanken 382 und 383.

F. Rabelais, *Pantagruel,* in: Gargantua und Pantagruel, Winkler, München, 1968, Kap. 9.

### Die Zukunft der Dummheit

Aristoteles, *Nikomachische Ethik,* VIII, 1161a b, und *Politik I,* 1253 b; zum Stand der Diskussion vgl. C. Delacampagne, *L'Invention du racisme,* Fayard, Paris, 1983, S. 234 ff.

Vgl. M. Heidegger, »Die Frage nach der Technik«, in: *Gestalt und Gedanke 3,* hrsg. von der Bayerischen Akademie der Schönen Künste, München, 1954.

*L'Humanité* (Organ der KPF), Leitartikel von C. Sylvestre, 24. Januar 1984.

Bougainville, *Voyage autour du monde,* Cercle du bibliophile, 1969, S. 60. Vgl. dazu G. Chinard, *L'Amérique et le rêve exotique,* Droz, 1934.

André
Glucksmann

# Philosophie der Abschreckung

Ullstein Buch 34356

»...Im Sinne von Nietzsche und Marx interpretiert Glucksmann die Ideologie des Pazifismus als Antwort auf eine Welt, die als unlebbar empfunden wird. Unlebbar ist sie, weil das Verhältnis zur Vergangenheit völlig gestört ist. Über den Weg von der verdrängten – nie bewältigten – Vergangenheit zum ›grünen Pazifismus‹ formuliert er in seinem Buch wesentliche Einsichten... André Glucksmann, dem man zustimmen oder den man kritisieren mag, hat den Deutschen, die sein Schicksal sind, einiges zu sagen...« (Jürgen Altwegg, FAZ)

Ullstein Sachbuch